HR
赋能书系

HUMAN
RESOURCE

HR赋能
在职法律风险
预防与处理指南

周晓明　池　翔／编著

法律出版社
LAW PRESS·CHINA
——北　京——

图书在版编目(CIP)数据

HR赋能：在职法律风险预防与处理指南／周晓明，池翔编著. -- 北京：法律出版社，2023
ISBN 978 -7 -5197 -6866 -9

Ⅰ. ①H… Ⅱ. ①周… ②池… Ⅲ. ①劳动争议－处理－中国－指南 Ⅳ. ①D922.591 -62

中国版本图书馆CIP数据核字(2022)第113172号

HR赋能:在职法律风险预防与处理指南
HR FUNENG:ZAIZHI FALÜ FENGXIAN YUFANG YU CHULI ZHINAN

周晓明　池　翔　编著

策划编辑　朱海波
责任编辑　朱海波
　　　　　李　军
装帧设计　臧晓飞

出版发行　法律出版社
编辑统筹　法律应用出版分社
责任校对　邢艳萍
责任印制　刘晓伟
经　　销　新华书店

开本　710毫米×1000毫米　1/16
印张　25.25　　字数　400千
版本　2023年6月第1版
印次　2023年6月第1次印刷
印刷　固安华明印业有限公司

地址:北京市丰台区莲花池西里7号(100073)
网址:www.lawpress.com.cn
投稿邮箱:info@lawpress.com.cn
举报盗版邮箱:jbwq@lawpress.com.cn
销售电话:010 -83938349
客服电话:010 -83938350
咨询电话:010 -63939796

书号:ISBN 978 -7 -5197 -6866 -9　　定价:85.00元
凡购买本社图书,如有印装错误,我社负责退换。电话:010 -83938349

前　言

我自2008年开始从事律师工作,迄今已经有十余年历史。我的律师执业领域主要是企业常年法律顾问工作。十余年来,我们团队累计服务了数十家中大型企业,这些企业的员工加起来有数万人之多,劳动纠纷问题的解答和处理便成为我们提供服务的主要内容。企业与我们外部律师对接的主要人员就是HR,我们对他们的需求和担心最为清楚,我们的工作很大程度上其实是帮助HR应对各种劳资纠纷的状况,这也是我们写作这三本书的初衷。

我们见过许多企业因为对劳动法的不够重视而遭受损失的事情:比如2008年劳动合同法颁布不久的时候,某公司整个设计部门的人都没有签劳动合同,被判赔一百多万未签订劳动合同的双倍工资;比如有公司在劳动者到达退休年龄后返聘,但是未给劳动者购买社会保险,劳动者上班途中发生车祸身故,公司被判赔近百万元;比如有的公司入职审查不够细心,未及时发现冒用他人身份证件入职的劳动者,后该劳动者因工死亡,公司被判承担工伤赔偿责任;比如有的公司在劳动合同到期后,未及时与劳动者续签合同,导致被判赔未续签劳动合同的双倍工资。凡此种种,都是深刻的教训。

这些都是原本可以避免的法律风险,这些事务的处理都是HR的工作,因此,我们希望撰写一本劳动法书籍,面向HR群体,帮助他们更为深刻地理解劳动法,减少工作中的困惑,使他们能够为用人单位避免相关的法律风险。两年前,法律出版社的朱海波编辑给我提到了这三本书的构思,我觉得非常好,便欣然应允,接下了这个任务。如今这三本书终于得以面世,首先应该感谢他。

我们将整个内容分为三本书,分别对应劳动者“入职”“在职”和“离职”问题,争取把这个领域的主题全部囊括进来:

在“入职篇”,我们分为三章,总共写了24个主题。这些主题包括招聘管理、招聘广告、招聘面试、就业歧视、录用条件、入职通知书的设计、如实告知义务、禁止担保和收取费用,还包括入职申请表、入职审查、劳动关系的建立、劳动合同的订立、劳动合同无效、集体劳动合同、试用期、岗位说明书、入职欺诈，以及劳务派遣招聘、非全日制用工、业务外包、外国人就业、招录在校学生、招录离退休人员、非法用工等问题。这些问题是用人单位在招聘和入职过程中经常面对的问题，是企业用工开始的时候，如果能够得到规范的处理，许多风险都可以防范于未然。

在“在职篇”，我们分为七章，总共写了 27 个主题，林林总总，在内容上颇具规模，是三本书中篇幅最长的。该篇包括劳动合同管理、劳动合同中止、无固定期限劳动合同、劳动合同变更这些劳动合同管理问题，也包括规章制度、员工奖惩、绩效考核、薪酬与工资、工作时间、加班与加班费、休假、带薪年休假、医疗期与病假、考勤管理、保密义务、培训与服务期、竞业限制这些员工管理问题，还包括社会保险、工伤、职业病、女职工保护、未成年人保护、残疾人保护、劳务派遣、业务外包、工会、股权激励这些问题。这些问题是劳动者在岗期间用人单位会经常碰到的问题，因为在职的时间是一个较长的过程，HR 难免会碰到上述形形色色的状况，对这些知识的全面掌握，是良好的劳动关系管理的基础所在。

在“离职篇”，我们分为四章，总共写了 17 个主题，包括试用期劳动合同的解除、协商解除劳动合同、劳动者单方解除劳动合同、用人单位解除劳动合同、经济性裁员、劳动合同终止、离职程序、劳动者退休、经济补偿金、赔偿金、违约金这些离职问题，也包括劳动争议协商程序、劳动争议调解程序、劳动争议仲裁程序、劳动争议诉讼程序、劳动争议的证据、劳动争议的执行这些争议解决问题。这些问题是劳资双方解除劳动合同关系的过程中需要面对的问题，HR 要是处理不当，仍然会给用人单位带来较大的法律风险。

在每一个主题的讲解中，我们力求简单明晰，通俗易懂。我们通常会分为七个部分来完成：第一部分是实务精讲，讲解这一主题涉及的相关法律知识；第二部分是案例说法，结合案例来说明这一主题所存在的法律风险；第三部分是风险应对，内容是告诉 HR 如何应对这一主题常见的法律风险；第四部分是操作指引，则是更为清楚地告诉 HR 应该如何处理具体的事务；第五部分是疑难解答，该部分是以问答的方式解答本主题较为疑难的问题，减少 HR 在操作中的困惑；第六部分是法条链接，在这一部分我们会将本主题常用的法律规定汇总于此，便于 HR 检索和引用；第七部分是文书工具，我们会将本主题常用的文书列明于此，放在每本书的最后部分，HR 们可以方便地参考并使用。

我们希望通过对用工过程中的劳动法知识的系统性编写，使公司 HR 及对劳动法实务感兴趣的人能够较为全面地掌握这一领域的知识。至少会有一个工具书，能够为他们的工作提供一些帮助。这三本书篇幅较大，涉及劳动关系管理的方方面面，我们的水平有限，疏漏之处在所而免，希望各位读者包涵。

周晓明

2023 年 1 月于广州

目　录 CONTENTS

文书工具附录

第一章

劳动合同的解除

第一节 劳动合同管理

实务精讲

一、劳动合同管理的概念

劳动合同管理是指用人单位依据现行法律法规，针对劳资双方有关劳动合同缔结、履行、中止、变更、续订以及解除等事项，开展的规划、协商和实施活动。随着劳动者维权意识的提升，劳动纠纷亦与日俱增，如何通过对劳动合同的妥善管理，构建良好劳动关系，降低法律风险，是用人单位应该着重关注的问题之一。本节内容主要包括用人单位在对劳动合同进行管理时殊为常见的两类难题：第一，劳动合同续订；第二，劳动合同文本的妥善保管。

劳动合同续订，即在原劳动合同期满前或期满后，用人单位与劳动者经协商重新订立劳动合同。用人单位选择续订劳动合同挽留在本单位有工作经验和合作关系的劳动者，有利于保证用人单位的平稳经营，在新老员工素质能力相仿的情形下，与劳动者续订劳动合同还能节约人力资源成本和新员工磨合培训时间。但是，续订劳动合同本质上是在连续的劳动法律关系的基础上订立独立的新劳动合同，因此，续订不仅需符合劳动法律法规关于订立劳动合同的一般规定，又存在关于试用期、未及时续订劳动合同以及订立无固定期限劳动合同等特别规定。其中，虽然签订无固定期限劳动合同与本节在逻辑和实践中均有密切联系，但无固定期限劳动合同的相关法律规定与实务问题颇为庞杂，故将在其后专节介绍。

二、未书面续订劳动合同的法律后果

根据《劳动合同法》第 10 条第 1 款的规定，用人单位与劳动者缔结劳动合同的，应当采用书面形式。然而，实践中仍然存在用人单位仅口头与劳动者约定劳动合同，或者以默示接受劳动者继续劳动而不提出异议的方式继续劳动关系。根据最高人民法院组织编撰的《劳动争议司法解释的理解与适用》中的观点，由于劳动法规并未在性质上明确书面形式是劳动合同的有效要件，因此，双方之口头约定可视为续订劳动合同。而用人单位对劳动者继续工作未表示异议的，则认定双方成立事实劳动关系。基于此，未书面与劳动者续订劳动合同的，有两种须分别对待的情形：

第一，如存在口头约定，劳动法律关系既已形成，应当根据《劳动合同法》第 10 条订立书面劳动合同。

第二，如用人单位与劳动者均未对劳动者的劳动行为提出异议，则认定双方以默示的方式，同意以原条件继续履行劳动合同。反之，只要其中一方明示拒绝继续履行的意愿，即可向对方提出终止劳动关系。而用人单位在合同终止履行的情形下，受限较少，亦无须因终止而承担解除劳动合同的赔偿责任。尽管最高人民法院认为用人单位终止事实劳动关系无须补偿损失，[①]但是，就部分地区如上海市的立场，即使用人单位在本场合下已尽诚信义务，且未签订劳动合同系劳动者自主选择所致，用人单位在终止劳动关系时，同样需要向劳动者支付经济补偿，因此，用人单位在与劳动者协商时，应以坚持订立书面劳动合同为宜。

此外，不论是口头约定还是事实劳动关系，均系未以书面形式缔结劳动合同，因此，根据《劳动合同法》第 82 条的规定，用人单位每月应向劳动者支付二倍工资，续订劳动合同同样适用这条规定。如用人单位自用工之日起满 1 年不与劳动者订立书面劳动合同的，根据《劳动合同法》第 14 条第 3 款的规定，视为用人单位与劳动者已订立无固定期限劳动合同。而根据《劳动合同法实施条例》第 6 条第 2 款的规定，每月支付两倍工资的起算时间为用工之日起满 1 个月的次日。但是，在续订劳动合同的情形下，不同地区就双倍工资的起算期限存在争议，大多数地区并未就续订情形作出特别规定，但北京市高级人民法院认为，在续订的情形下，用人单位应当对原合同期限届满及劳动者继续工作有所预期，因此双倍工资的计算无须宽限期，从事实劳动关系成立之日起算。

三、续签劳动合同的法定限制

原则上，续订劳动合同遵循意思自治原则，如用人单位与劳动者就续订与否及劳动合同内容协商一致是劳动合同合法有效的前提，另外，由于在劳动关系中，用人单位对劳动者处于优势地位，享有管理权限，故双方关系又具有隶属性，因此劳动法律规范出于保护劳动者的考量，对劳动合同续订的意思自治原则加以必要限定。

---

① 参见王林清、杨心忠：《劳动合同纠纷裁判精要与规则适用》，北京大学出版社 2014 年版。

第一，在合同类型上，如有以下情形之一，且劳动者向用人单位提出或同意订立无固定期限劳动合同的，用人单位应当与劳动者缔结无固定期限劳动合同：该劳动者已在该用人单位连续工作满 10 年；用人单位初次实行劳动合同制度或国有企业改制重新订立劳动合同时，劳动者在该用人单位连续工作满 10 年且距法定退休年龄不足 10 年；劳动者与用人单位已连续订立两次固定期限劳动合同，且劳动者没有《劳动合同法》第 39 条和第 40 条第 1 项、第 2 项规定的情形。

第二，对特定劳工群体，比如为保障矿井、矿山作业，或从事其他危害健康安全的工种、岗位工作的农民工的健康权，用人单位应实施定时轮岗制度，且劳动合同期限不得超过 8 年，因此，与这类劳动者续订劳动合同还需注意约定的工作岗位应予调整。

第三，在续订决定权上，如劳动者被确诊患有职业病，或被确认工伤达到伤残等级，按照《北京市劳动合同规定》第 43 条的规定，如劳动者提出续订劳动合同的，用人单位应当同意。

四、劳动合同遗失的法律后果

如果用人单位遗失了劳动合同原件，劳动者在申请劳动仲裁或诉讼时，可能以用人单位未与之签订书面劳动合同为由，主张用人单位应当支付未续订劳动合同双倍工资。虽然劳动者的行为不够诚信，但由于用人单位对其与劳动者订立了书面劳动合同负举证责任，因此，如用人单位无法提供劳动合同文本，则仍面临支付未签订劳动合同双倍工资的风险。

案例说法

案例 1：劳动者未履行续订劳动合同告知义务不等于拒绝续订劳动合同

林某与安克建设公司于 2010 年 10 月 22 日第二次续签固定期限劳动合同，期限为 2010 年 10 月 13 日至 2011 年 10 月 12 日。合同约定，如林某未提前 30 日以书面形式通知安克建设公司是否续签劳动合同，视为终止劳动合同。2011 年 10 月 10 日，安克建设公司以林某未履行告知义务为由，单方终止与林某的劳动合同。林某不服，主张安克建设公司系违法终止劳动合同，遂提起劳动仲裁。

经劳动仲裁、一审和二审后，二审法院认为，林某未履行提前告知义务不能推导出林某必然拒绝续签劳动合同。且林某负有提前告知义务并不排除用人单位有在劳动合同届满前30日内告知林某是否续签劳动合同的义务。用人单位在双方签订两次固定期限劳动合同后，并未询问林某是否有意愿签订无固定期限劳动合同，在未履行其告知义务前即单方终止劳动合同，未能给林某提供协商机会，且从林某在接到安克建设公司终止劳动合同通知后多次与安克建设公司商谈继续工作来看，林某有续签劳动合同的意愿。因此，安克建设公司单方终止劳动合同的行为，剥夺了林某选择签订无固定期限劳动合同的权利，构成违法终止劳动合同，应向林某支付赔偿金。

【裁判文书编号】

(2013)二中民终字第17274号

案例2：公司劳动合同被盗，员工要求用人单位支付未签订劳动合同的二倍工资

王某某于2016年3月18日入职某公司做数控车工，于2017年9月8日离职。2017年9月7日，王某某向劳动人事争议仲裁委员会申请仲裁，要求公司向其支付2016年3月18日至2017年8月31日未签订书面劳动合同的二倍工资差额55,000元。该公司称其因办公室内的11份劳动合同及合同签收表被盗向某市公安局某分局派出所报案，有报警回执为证，但公安机关对该案并未立案侦查。该公司除提交报警回执证明劳动合同被盗外，还提交了签订劳动合同通知，在王某某入职前后与其他员工签订的劳动合同，以及部分劳动合同丢失后补签的劳动合同，证明该公司具有签订劳动合同的惯例。

二审法院认为：该公司提交的报警回执等证据不足以证明双方已签订书面劳动合同，该公司应当支付王某某2016年4月18日至2017年3月17日未签订书面劳动合同的二倍工资。

再审法院认为：案件的争议焦点是该公司应否向王某某支付未签订书面劳动合同的二倍工资差额的问题。该公司主张与王某某签订了书面劳动合同，应当就签订劳动合同的事实承担相应的举证责任。该公司提交的报警回执虽可以证明2017年9月6日发生了劳动合同被盗事件，但不能证明被盗的劳动合同中包括与王某某签订的劳动合同；提交的签订劳动合同的通知无证据证明已向王某某送达，王某某也不予确认；提交的劳动合同文本电子版没有王某某的签名，王某某也不予确认；提交的与公司其他员工签订的劳动合同不能证明与王某某签订了书面劳动合同。据此，一审、二审认为该公司提交的证据不足以证明已与王某某签订了书面劳动合同并无不当。《劳动合同法》第 82 条第 1 款规定，“用人单位自用工之日起超过一个月不满一年未与劳动者订立书面劳动合同的，应当向劳动者每月支付二倍的工资”，一审、二审认定该公司应当支付王某某 2016 年 4 月 18 日至 2017 年 3 月 17 日未签订书面劳动合同的二倍工资差额符合法律规定。

【裁判文书编号】

(2019)粤民申 5859 号、(2018)粤 20 民终 7773 号

风险应对

一、风险点：未续签劳动合同的风险

在实务中，诸多用人单位容易忽视对劳动合同的管理工作，从而在原劳动合同期满后才与劳动者续订劳动合同，甚至忘记续订劳动合同。然而，从法律层面来看，如因疏忽导致原合同期限届满超过 1 个月方与劳动者续订，则劳动者可以根据《劳动合同法》第 6 条主张双倍工资，如用人单位超过 1 年未与劳动者续订的，则视为劳资双方已缔结无固定期限劳动合同；而从人力资源层面来看，未能提前了解劳动者的续约意向，如果劳动者已决定不再续签劳动合同，那么仓促之间难以顺利寻找替代人选并完成工作交接，这对于管理和技术岗位来说问题更为严重。

【HR 防范策略】

从源头上看，未能提前续签劳动合同是因为用人单位在与劳动者签订劳动合同后便不再对合同予以关注，因此，有必要建立用人单位内部劳动合同动态管理机制，对劳动者基本信息、劳动合同期限以及竞业限制、服务期等约定条款予以登记，及时确认劳动者合同到期时间。在劳动合同到期之前，考虑是否与劳动者续签劳动合同问题。如果决定续签，应及时与劳动者续签书面劳动合同。

二、风险点：续签劳动合同中的待遇承诺

根据《劳动合同法》第 46 条的旨意，固定期限劳动合同期满，如用人单位提出不低于原劳动合同中提供的待遇，而劳动者仍拒绝续订的，用人单位无须支付经

济补偿即可终止固定期限劳动合同。在实践中,用人单位可能会对本款作狭义理解,认为资薪不变即满足法律要求。但根据部分地区的司法机关的意见,如浙江省《关于审理劳动争议案件若干问题的解答(四)》第9条,待遇应做广义解释,除资薪外还包括工作期限、工作岗位、工作地点等。因此,潜在的风险是用人单位虽维持了待遇不变甚至提高,但是工作的其他方面实际上降低了劳动者的待遇,此时,如劳动者拒绝续订,用人单位将不得不支付经济补偿金才能终止原固定期限劳动合同。

【HR 防范策略】

首先,用人单位可以在劳动合同中就工作岗位和地点作总体性约定,其概念可以囊括数个大致相当的岗位和地点,从而增加条款的弹性,避免劳动者认为续签的劳动合同与此前存在显著差异;其次,为避免因疏忽不了解劳动合同约定而以降低待遇与劳动者续订,HR 应当提前研读待续订的劳动者的劳动合同,掌握待遇情况,避免出现失误;最后,如确因经营管理等因素,有必要对劳动者原有待遇进行适调的,根据《劳动合同法》第46条的文义,在降低待遇的情形下是否拒绝续订是劳动者的自由而非强制性规定,因此,在避免歧视性调岗调职的前提下,HR 可以与劳动者进行交流,说明续订情况,并在可接受范围内对劳动者待遇予以平衡性调整,从而争取劳动者的理解与接受。

三、风险点:劳动合同文本遗失

劳动合同是认定劳动关系的关键依据,但在用工管理实践中,却存在因疏忽大意或不可控因素导致劳动合同遗失从而引发劳动纠纷的问题。然而,目前既有法律规范对劳动合同遗失尚存法律空白,因此,当劳动合同遗失后应如何补救以及诉讼中证据效力问题尚无统一规范。根据《劳动合同法》的规定,劳动合同文本由用人单位和劳动者各执一份,因此,劳动合同遗失有以下三种可能:劳动者遗失劳动合同、用人单位遗失劳动合同和双方同时遗失劳动合同。

当用人单位遗失劳动合同时,最为常见的法律风险是劳动者要求用人单位每月支付未签订劳动合同二倍工资。在劳动合同遗失的情况下,用人单位将缺乏有力证据证明其与劳动者已缔结书面劳动合同,从而不得不承担举证不利的法律后果。如在(2019)苏03民终7387号一案中,当事人刘某于2017年8月11日至2018年4月14日在徐州某公司就职。离职后,刘某主张公司未与其订立劳动合同,而主张该公司应当向其支付双倍工资，公司则主张已与刘某订立了劳动合同，仅是因人事部门人员更换而导致劳动合同丢失，故刘某的请求不能成立。然而，公司在遗失劳动合同又无其他证据的情况下，不能举证与刘某订立劳动合同。因此，法院认定公司未与刘某签订劳动合同，支持刘某要求公司每月向其支付双倍工资之诉请。

另外，根据《劳动合同法》第 50 条第 3 款的规定，用人单位对已经解除或者终止的劳动合同的文本，至少保存 2 年备查。如果用人单位遗失劳动合同，而劳动保障行政部门对违反劳动保障法规的行为进行检查，则用人单位有可能遭遇法律风险。

【HR 防范策略】

为避免不必要的损失，首先应当强化公司人事档案的管理，合同、档案做到专人专柜保管，对于劳动者因故提借人事档案的，应予以登记并督促其及时归还，并对归还的档案真伪、有无修改详加检查。其次，用工单位如遭遇劳动合同遗失的情形，应当及时与劳动者协商，重新订立新的劳动合同。最后，也存在劳动者拒绝签订劳动合同并提起仲裁或诉讼的可能，用人单位对此需未雨绸缪。根据原劳动和社会保障部《关于建立劳动用工备案制度的通知》的规定，用人单位应到县级以上劳动保障行政部门对包括劳动合同在内的劳动用工信息进行备案（劳动用工备案信息系统 http://ldyg.mohrss.gov.cn/），另外，虽然劳动合同并不强制在劳动保障行政部门备案，但考虑到行政机关的公信力，将劳动合同交由劳动行政部门办理备案登记亦可以减少人事风险。

操作指引

以下是某集团公司劳动合同管理的规定，供 HR 参考：①

根据新《劳动合同法》及相关法律法规的规定，为了切实做好集团公司的劳动合同管理工作，更加妥善处理劳动合同管理中的有关问题，特制定劳动合同管理操作规范，请各分厂管理人事科严格按照此规范进行劳动合同管理工作。

---

① 内容来自网络。

一、劳动合同签订操作规范

（一）新订合同

1. 各人事单位负责分管范围新进人员合同签订，原则要求在办理手续的当天签订书面劳动合同，合同期限及试用期时间规定严格按照劳动合同管理标准中的规定实行。

2. 办理录用手续时，《应聘人员登记表》中有声明"劳动者并未与其他企业单位形成劳动法律关系，且无竞业禁止等约定，如果由此而产生法律纠纷，则一切法律后果都由本人承担"栏目，此栏目内容一定要告知劳动者，并由劳动者确认签名。

3. 签订劳动合同的同时要求填写《员工履历表》，签订《员工培训协议》《声明》等，一定等级以上岗位人员签订《保守商业秘密协议》。

4. 定期查询分管范围内是否存在未订立书面劳动合同人员，确保在 1 个月内及时签订合同，若出现在 1 个月内已由人事科书面通知签订劳动合同而不来签订人员，请务必在 1 个月内发出书面《终止劳动关系通知书》；如出现超过 1 个月未签订合同情况的，由人事科口头通知在 1 日内到规定地点及时补签，对于没有来补签人员及时发出书面《签订劳动合同通知书》，对于拒不来签订合同的发出书面《终止劳动合同通知书》，并支付其工作满 1 个月的次日至终止劳动合同的前一日期间所应支付薪酬的 2 倍工资。

（二）续订合同

1. 各人事科应做到提早 2 个月从系统内导出 2 个月合同到期人员名单，下发合同到期续订《意向表》并附通知要求在规定期限内上交，《意向表》的表头（人员基本信息等栏目）统一由人事科正确填写，并严格按照集团公司劳动合同管理标准规定的权限审批，审批后六级以上岗位人员上交人力资源部。

2. 续订劳动合同的要求在合同到期前办理好续订手续，劳动合同书上的期限要求与续订意向表的期限一致。且要注意关注劳动者的年龄情况，灵活掌握签订年限，不可出现签订年限超出劳动者的法定退休年龄的情况，对于合同续订意向的年限距离劳动者法定退休不足 1 年的，则续订至法定退休年龄止。

二、劳动合同书内容的书写规定及签订手续要求

1. 劳动合同书内所填内容可使用打印机进行套打也可手工书写，但不得出现任何涂改的地方。

2. 合同书上由劳动者填写的内容（姓名、身份证号码、现居住地、户口所在地、联系电话），务必告知劳动者填写正确、详细。

3. 各单位人事科按月做好分管范围内合同新订、到期续订人员台账表的建立。

4. 为避免“公司未与劳动者签订劳动合同”的情形发生，请各单位人事科人员务必当场监督劳动者签订劳动合同，明确劳动者在劳动合同书之署名确系本人亲笔，并在劳动合同书的经办人栏签字备查，若由于经办人员的疏忽而导致劳动纠纷的，将追究经办人员的责任。

5. 系统内的合同信息录入要求及时并且做到正确无误。

三、劳动合同归还、职工名册建立规定

1. 根据《劳动合同法》的规定，用人单位在向劳动者送达劳动合同文本时，应保留可证明已送达的证据，所以建立劳动合同归还签收制度，劳动合同书经由经办人员签字盖章后归还劳动者，要求劳动者在劳动合同签订月台账表上签收。各分厂管理人事科按月上交有劳动者签收的劳动合同签订月台账表复印件。合同到期终止或退休人员请单独注明。

2. 各人事科在每月分管范围内，建立职工名册。

四、离职手续办理操作规范

1. 劳动者提出解除劳动合同的，经各级领导审批后由人事科人员及时与其直接上级领导沟通，明确离职手续办理时间，告知劳动者本人在相应时间前往人事科完成离职手续。

2. 单位提出解除劳动合同或者终止劳动合同的，在单位规定的解除劳动合同日和合同的终止日办理离职手续。

3. 办理离职手续时，应当向劳动者出具劳动合同解除证明以及失业证明书，并务必由劳动者本人签收。如需支付经济补偿金的，按双方约定时间结算。

4. 由单位出资培训的各类职业资格证书，在办理离职手续时，由劳动者支付未

摊销完的培训费用并将资格证书归还。

5. 解除劳动合同书上的离职原因和《劳动合同法》上的条款号一定要相对应。

6. 在停缴各类社会保险的同时退还劳动者的养老、失业手册等，人事档案在人才中心人员请各单位在日内将解除劳动合同证明书上交人力资源部，由人力资源部上交人才中心办理档案转移手续。

7. 解除劳动合同后企业的合同保管义务：企业保留劳动者的前 12 个月工资清单和劳动合同书至少 2 年备查。

疑难解答

一、劳动合同中约定合同到期自动续延是否有效？

自动续延条款的效力是司法实践中未能达成共识的议题。从各地法院的纪要类文件来看，对自动续延条款相对普遍的态度是有限制地认可，如北京市《关于劳动争议案件法律适用问题研讨会会议纪要（二）》、江苏省《关于审理劳动争议案件的指导意见》、浙江省《关于审理劳动争议案件若干问题的解答（二）》规定，如果用人单位与劳动者均以实际履行该劳动合同，则视为重新订立一次劳动合同。另外，自动延续条款不适用于二次固定期限劳动合同的情形，如双方已订立了两次固定期限劳动合同，即使约定了自动续延条款，也不能视为劳动者默认愿意再次缔结固定期限劳动合同。

另外，司法实践中对自动续延条款口径亦不尽相同，如在（2017）京民申 2258 号一案中，判决认定自动延续条款系双方协商一致形成，且无违反法律法规的情形，认定该条款具有效力；而在（2019）粤 19 民终 8644 号一案中则持相反态度，不仅认可初审法院关于自动续约条款有违公平的判断，并补充说明该条款使合同期限这一劳动合同核心要素模糊化，违背劳动相关法律法规的立法意图。总体而言，广州、深圳、北京和上海等地大多数情况下仍是认可该条款的效力。

二、劳动合同续签意向书可否作为劳动合同？

劳动合同续签意向书是用人单位提前了解确认劳动者续签意愿的调查表，但在实践中，用人单位可能是将劳动合同续签意向书视为劳动合同，认为劳动者在意向书上同意续签即订立了劳动合同，因而没有另外书面签订劳动合同。然而，劳动合同续签意向书是否可视为劳动合同，司法实践中存在分歧。

在(2019)桂01民终2591号一案中，韦某与南宁某公司的劳动合同于2016年5月31日期满，其后韦某在《劳动合同续订意向书》上表示同意续订劳动合同，并于2016年7月1日至2017年5月31日在公司上班。此后韦某因其他劳动纠纷将公司诉至法院，并主张用人单位在其工作期间未以书面形式与其缔结劳动合同，主张公司应当向其支付两倍工资。在本案中，法院认为《劳动合同续订意向书》仅是征询劳动者意见的文本，签署该意向书不能认定双方达成合意，因此，意向书本身不具有生效合同的约束力；另外，意向书上亦没有记载劳动合同所必备的条款，故不能视为双方订立了劳动合同。因此，法院支持了韦某的诉求。

而在(2015)浙民申字第1377号一案中，同样是仅有意向书而未订立书面劳动合同，劳动者同样诉请用人单位支付两倍工资，但是法官认定劳动者在意向书中选择"同意按原合同顺延"的行为构成真实意思表示，双方已达成合意，因而认定意向书的法律效力。

总而言之，劳动合同续签意向书的法律效力既没有法律规范的明文规定，司法裁判中亦存在分歧，因此，用人单位最为妥当的方式仍然是在劳动者表达续签意向后，另外签订书面劳动合同。

三、劳动合同续订时还可以约定试用期吗？

不可以。根据《劳动合同法》第19条第2款的规定，用人单位只能与同一劳动者约定一次试用期，这不仅是指在同一劳动合同中双方只能约定一次试用期，也包括双方所订立的不同劳动合同，因此，不同于双方初次订立的劳动合同，在续订劳动合同时，约定试用期条款均为无效，其中《北京市劳动合同规定》第42条对此作出了明确规定。如劳动者既已履行试用期条款，依据《劳动合同法》第83条，劳动监察行政部门应当责令用人单位改正；用人单位需按照相应职工试用期整月工资为基准，就超越法定试用期期限且既已履行的部分，向劳动者支付经济赔偿。

四、如一方或双方劳动合同遗失，而仅保存有劳动复印件，其法律效力如何？

根据《最高人民法院关于民事诉讼证据的若干规定》第61条的规定，如果原件或者原物已不存在，但有证据证明复制件、复制品与原件或者原物一致的，可以出示复印件。据此，如想将劳动合同复印件作为证据，不仅需要其他证据作为印证，还需对方当事人认可，举证风险仍较为显著，最为妥当的方式仍是与劳动者重新订立劳动合同。同理，如果劳动者的劳动合同遗失而希望用人单位提供复印件的，用人单位则应当在复印件上加盖印章并标注复印来源。

五、如用人单位保管的劳动合同遗失，而劳动者拒绝重新订立并提起诉讼，有什么证据可以证明用人单位已与劳动者签订劳动合同？

在司法实践中，即使用人单位无法提供劳动合同原件也未必败诉。如在（2018）苏05民终8822号一案中，吴某主张昆山某公司未与其签订书面劳动合同而诉请公司每月支付双倍工资；该公司在劳动合同原件丢失的情况下，向法院出示了当地劳动行政部门盖章的企业职工录用备案花名册，最终法院对公司陈述该期间双方已签订劳动合同予以采信。而在（2015）苏中民终字第04054号一案中，法院对公司提供的加盖劳动行政部门印章的企业职工续用备案花名册、劳动合同备案登记信息等予以采信，认定双方已订立劳动合同。可见，劳动用工备案系统中劳动合同备案信息，经劳动行政部门认定的企业职工录用、续用备案花名册可以作为认定双方签订书面劳动合同的司法依据，同时，为增强可信度，用人单位还可提交考勤记录、照片光盘等日常用工管理资料作为佐证。

法条链接

1.《劳动合同法》

第十四条 无固定期限劳动合同，是指用人单位与劳动者约定无确定终止时间的劳动合同。

用人单位与劳动者协商一致，可以订立无固定期限劳动合同。有下列情形之一，劳动者提出或者同意续订、订立劳动合同的，除劳动者提出订立固定期限劳动合同外，应当订立无固定期限劳动合同：

（一）劳动者在该用人单位连续工作满十年的；

（二）用人单位初次实行劳动合同制度或者国有企业改制重新订立劳动合同时，

劳动者在该用人单位连续工作满十年且距法定退休年龄不足十年的；

（三）连续订立二次固定期限劳动合同，且劳动者没有本法第三十九条和第四十条第一项、第二项规定的情形，续订劳动合同的。

用人单位自用工之日起满一年不与劳动者订立书面劳动合同的，视为用人单位与劳动者已订立无固定期限劳动合同。

第四十六条 有下列情形之一的，用人单位应当向劳动者支付经济补偿：

……

（五）除用人单位维持或者提高劳动合同约定条件续订劳动合同，劳动者不同意续订的情形外，依照本法第四十四条第一项规定终止固定期限劳动合同的。

2.《最高人民法院关于审理劳动争议案件适用法律问题的解释（一）》

第三十四条第一款 劳动合同期满后，劳动者仍在原用人单位工作，原用人单位未表示异议的，视为双方同意以原条件继续履行劳动合同。一方提出终止劳动关系的，人民法院应予支持。

3.《北京市劳动合同规定》

第四十二条 劳动合同当事人协商一致，可以续订劳动合同。

续订劳动合同不得约定试用期。

第四十三条 劳动者患职业病或者因工负伤并被确认达到伤残等级，要求续订劳动合同的，用人单位应当续订劳动合同。

第四十五条 劳动合同期限届满，因用人单位的原因未办理终止劳动合同手续，劳动者与用人单位仍存在劳动关系的，视为续延劳动合同，用人单位应当与劳动者续订劳动合同。

4.《北京市高级人民法院、北京市劳动争议仲裁委员会关于劳动争议案件法律适用问题研讨会会议纪要（二）》

第二十七条 劳动合同期满后未订立劳动合同，劳动者仍在原用人单位继续工作，如何处理？

劳动合同期满后未订立劳动合同，劳动者仍在原用人单位继续工作，应适用《劳动合同法》第十条、第十四条第三款、第八十二条，《中华人民共和国劳动合同法实施条例》第六条、第七条的规定进行处理。在此情况下，因为用人单位对原劳动合同期满和继续用工的法律后果均有预期，因此不需要再给予一个月的宽限期，原劳动合同期满次日，即是用人单位应当订立劳动合同之日和承担未订立劳动合同的法律后果之日。

第三十二条 用人单位与劳动者约定劳动合同到期续延，在劳动合同到期后劳动者继续工作，并主张未签订劳动合同的二倍工资是否支持？

因用人单位与劳动者在劳动合同中已经约定劳动合同到期续延，但未约定续延期限，在劳动合同到期后，劳动者仍继续工作，双方均未提出解除或终止劳动合同时，属于双方意思表示一致续延劳动合同，可视为双方订立一份与原劳动合同内容和期限相同的合同，故劳动者主张未签订劳动合同的二倍工资不应支持。

第三十三条 用人单位与劳动者约定劳动合同到期续延，此后劳动者以连续订立两次固定期限劳动合同为由，提出或者同意续订、订立无固定期限劳动合同，如何处理？

用人单位与劳动者约定劳动合同到期续延，且实际续延劳动合同的，合同约定了续延期限的，续延期限届满时，劳动者以连续订立两次固定期限劳动合同为由，提出或者同意续订、订立无固定期限劳动合同，用人单位应当与劳动者订立无固定期限劳动合同。用人单位不与劳动者订立无固定期限劳动合同的，可以依劳动者的主张确认存在无固定期限劳动合同关系。

5.《上海市高级人民法院关于适用〈劳动合同法〉若干问题的意见》

第二条 劳动关系双方当事人未订立书面合同的处理

劳动合同期满后，劳动者继续为用人单位提供劳动，用人单位未表示异议，但当事人未续订书面劳动合同的，当事人应及时补订书面劳动合同。如果用人单位已尽到诚实信用义务，而劳动者不与用人单位订立书面劳动合同的，用人单位可以书面通知劳动者终止劳动关系，并依照《劳动合同法》第四十七条规定支付经济补偿；如劳动者拒绝订立书面劳动合同并拒绝继续履行的，视为劳动者单方终止劳动合同，用人单位应当支付劳动者已实际工作期间的相应报酬，但无须支付经济补偿金。

6.《劳动部关于加强劳动合同管理完善劳动合同制度的通知》

五、劳动合同期满前应当提前一个月向职工提出终止或续订劳动合同的书面意向，并及时办理有关手续。

7.《劳动部关于贯彻执行〈中华人民共和国劳动法〉若干问题的意见》

21.用人单位经批准招用农民工，其劳动合同期限可以由用人单位和劳动者协商确定。

从事矿山井下以及在其他有害身体健康的工种、岗位工作的农民工，实行定期轮换制度，合同期限最长不超过八年。

文书工具

《续订劳动合同意向通知书》及回执【见书尾文书,文书编号:NO. 01】

《劳动合同续订书》【见书尾文书,文书编号:NO. 02】

第二节　劳动合同中止

实务精讲

一、劳动合同中止的概念

在通常情形下,在合同签订后,如无瑕疵、无效、解除和终止事由,经各方当事人善意履行,等待合同目的实现,合同的法律效力便告终止。然而,在履行过程中,如一方或多方当事人或因风险及不可抗力等原因而暂不能履行合同,这种状态即属合同中止。

而在劳动关系中,如因劳动者、用人单位的原因或不可抗力,致使双方不能按照劳动合同行使权利及履行义务,此时双方可中止履行,待中止事由消灭后,继续履行劳动合同。中止概念可从下述两个概念比较中加以理解:

第一,劳动合同中止不同于劳动合同无效。劳动合同无效将致使劳动合同对双方自始不具有约束力。而劳动合同中止建立在劳动合同有效的基础上,即仅在劳动合同对劳动者和用人单位均具有约束力的基础上,劳动合同方可因法定或约定事由中止。

第二,劳动合同中止不等于劳动合同终止。虽然中止和终止均表现为双方当事人不行使权利履行义务,但是终止为终局性概念,即《劳动合同法》规定的终止事由发生后,双方劳动关系即告消灭。而中止系暂时性概念,即合同仍可继续履行,合同目的也能实现,仅因一定事由而暂时阻却履行,如中止事由消失,双方仍需继续履行劳动合同。

二、劳动合同中止的情形

《劳动部关于贯彻执行〈中华人民共和国劳动法〉若干问题的意见》(以下简称《执行劳动法意见》)、《兵役法》以及上海、山东、江苏、宁夏、安徽、山西等地的地方性法规列举了劳动合同中止的情形:

第一,劳动者被有关机关限制人身自由。《执行劳动法意见》第28条规定,劳动者因被收容审查、拘留和逮捕,导致人身自由受到限制的,在受限制期间,用人单位可与其暂停履行劳动合同。

第二,劳动者服兵役。根据《兵役法》的规定,如劳动者在入伍后系义务兵或服现役不满12年的士官,此时劳动者与原用人单位的劳动合同关系仍然存续,但因劳动者服兵役而暂不履行。

第三,协商中止。根据山西、山东、安徽和江苏等地的地方性法规,在双方就继续履行有效劳动合同存在合意的前提下,劳动者与用人单位可经协商,暂时停止履行劳动合同。需要注意的是,部分地区对中止劳动合同的形式要件作出规定,《山东省劳动合同条例》第26条规定,协商中止劳动合同需采取书面形式;而山西省规定,需以书面形式对劳动合同恢复履行的期限或者条件作出约定。

第四,不可抗力。根据江苏、安徽和山东等地的规定,劳动合同因不可抗力而不能履行,但仍有履行可能的,可中止履行。而根据《民法典》第180条的规定,不可抗力是指不能预见、不能避免并不能克服的客观情况,而根据学理,自然灾害如台风、水灾,政府行为如征收等,以及罢工、骚乱等社会异常事件均属不可抗力。此外,疫情亦可能属于不可抗力。

第五,其他情形。上海市对劳动合同中止作出了兜底性规定,服兵役外的其他原因满足中止履行条件的,亦可中止履行。根据这种理解,如劳动者意外失踪,但仍未被法院宣告失踪或死亡的,虽不符合《劳动合同法》第44条关于劳动合同终止的规定,但可认定为劳动合同中止。此外,根据实务见解,在用人单位停产、变更生产、组织调整、合营、停产、变更生产、组织调整的,合营期限可作为劳动合同中止的条件。①

---

① 参见《劳动合同中止的条件》,载 http://www.64365.com/zs/1026722.aspx,最后访问日期:2020年2月7日。

三、劳动合同中止的法律效果

从各地方立法体例来看，劳动合同中止后双方的权利义务关系适用意定优先原则，即用人单位和劳动者可对中止期间工资、社会保险、工作年限和复工期限等进行约定。而如无约定，根据法律规定，将产生以下影响：

第一，用人单位在中止期间不支付劳动者工资。山东省规定，劳动合同中止期间用人单位可以不支付劳动报酬；而《江苏省工资支付条例》则规定，仅在因劳动者本人的原因中止劳动合同的情形下方可不支付；而按照上海、陕西和吉林的规定，仅当劳动者因违法犯罪被限制人身自由的情形下，用人单位不支付工资才是合法的。

第二，用人单位可暂停缴纳社会保险。根据北京、上海、山东和江苏的规定，在劳动合同中止期间，用人单位可停止缴纳社会保险费。

第三，依照北京、上海、山东、山西和江苏的地方性法规规定，劳动合同中止履行期间不计入劳动者在同一单位的劳动年限。但需要注意的是，如因劳动者服兵役而中止履行劳动合同，退役后又就业的，服役期间计入工龄，但对于劳动者退役后又回到同一单位工作的是否记为同一单位工作时间未作出规定。更为极端的情形是，劳动者服役前的用人单位系计划安置单位，劳动者退役后作为退役军队干部被安置于原用人单位，按照《军队转业干部安置暂行办法》第 37 条的规定，计算为接收安置单位的连续工龄，在此情形下，劳动合同中止期间仍计入同一单位工作时间。

四、中止事由消失的法律效果

山东、山西、安徽、上海和江苏均规定，致使劳动合同中止的事由消失后，劳动合同恢复履行，但已无法履行的除外。而关于劳动合同无法履行的情形未作明确规定，而《劳动合同法》仅概括性地规定，如因缔结劳动合同时凭依的客观经济状况有重大改变，可认定为劳动合同无法履行。而在司法实践中，以下情形可以认定劳动合同无法履行：(1)用人单位破产、解散的；(2)劳动者退休的；(3)劳动者入职新单位的；(4)劳动者从事的是在正常业务中具有较强不可替代性，而该岗位已为他人代替，且劳动者与用人单位不能就岗位达成一致的；(5)双方矛盾激化，丧失继续履行劳动合同的信任基础的。

案例说法

案例1：劳动合同中止期间不计入经济补偿金计算范围

任某与博壮公司建立劳动关系后，双方因故于2016年6月5日至2017年1月19日中止履行劳动合同，其后博壮公司于2017年1月19日单方解除劳动合同，并向任某支付经济补偿金。任某主张，用人单位没有把2016年6月5日至2017年1月19日计入经济补偿金基数，遂起诉至法院，主张经济补偿金计算基数应为2016年1月20日至2017年1月19日这12个月的平均工资。

法院经审理后认为，双方的劳动合同中止期间，双方的权利义务关系暂时停止，故博壮公司在此期间并无支付劳动报酬的义务，因而也不纳入经济补偿金计算范围，故驳回任某的诉请。

【裁判文书编号】

（2018）沪01民终2874号

案例2：劳动关系中止时试用期顺延

彭某与埃森哲公司签订了2014年2月10日至2017年2月9日的劳动合同，约定试用期为6个月，为2014年2月10日至2014年8月9日。在试用期内，因彭某的不当行为，埃森哲公司与彭某解除劳动合同。对此，彭某提出异议，埃森哲公司遂与其于2014年8月7日签订备忘录，2014年8月8日至2014年10月7日先行停止暂停劳动关系。而在2014年10月14日，埃森哲公司认为彭某在试用期内的表现不符合录用要求，单方解除劳动合同。彭某不服，认为早已过试用期，遂诉至法院，要求埃森哲公司继续履行劳动合同。

法院认为，劳动合同中止期间，试用期条款亦不生效，因此试用期并未于2014年8月9日结束，而应当从劳动合同中止事由消失，双方继续履行劳动合同之日起重新有效。而关于中止期限，虽然双方约定中止期限至2014年10月7日，但是，10月7日后埃森哲公司和彭某均未履行合同义务，因此认定10月7日至10月14日仍处于中止期间，因此彭某的试用期应当从公司向其发送解职通知之日即10月14日继续计算，故埃森哲公司仍属于在试用期内解除劳动合同，因此驳回彭某的诉请。

【裁判文书编号】

(2017)京03民终5053号

案例3:用人单位能否以新冠肺炎疫情属不可抗力为由中止劳动合同

张某为某物流公司员工,双方签订的劳动合同约定其从事跨省货品运送工作,月工资为5000元,于每月底发放当月工资。受疫情影响,物流公司按照所在地区人民政府施行的防疫措施,自2020年2月3日起停工。2月底,张某要求公司支付工资,公司答复:“因疫情属不可抗力,公司与你的劳动合同中止,2月停工你无须上班,公司也没有支付工资的义务。”张某于3月初申请劳动仲裁,要求裁决物流公司支付2020年2月工资5000元。仲裁委员会裁决物流公司支付张某2020年2月工资5000元。物流公司不服仲裁裁决起诉,一审法院判决与仲裁裁决一致,物流公司未上诉,一审判决生效。

2020年暴发的新冠肺炎疫情是突发公共卫生事件,属于不能预见、不能避免且不能克服的不可抗力。不可抗力是民法的一个法定免责条款,《民法典》有相关的规定,受疫情影响的民事合同主体可依法适用不可抗力条款。《最高人民法院关于依法妥善审理涉新冠肺炎疫情民事案件若干问题的指导意见(一)》第2条规定:“人民法院审理涉疫情民事案件,要准确适用不可抗力的具体规定,严格把握适用条件。”不过,劳动法的规定与民法的规定并不相同。人力资源和社会保障部、最高人民法院等七部门《关于妥善处置涉疫情劳动关系有关问题的意见》(人社部发〔2020〕17号)第1条规定:“受疫情影响导致原劳动合同确实无法履行的,不得采取暂时停止履行劳动合同的做法,企业和劳动者协商一致,可依法变更劳动合同。”因此,劳动合同主体不适用不可抗力的规定,并不得因此中止履行劳动合同。

本案中,物流公司主张疫情属不可抗力,双方劳动合同因此中止缺乏法律依据,仲裁委员会不予采信。物流公司自2020年2月3日停工,张某2月未提供劳动。根据《人力资源社会保障部办公厅关于妥善处理新型冠状病毒感染的肺炎疫情防控期间劳动关系问题的通知》(人社厅明电〔2020〕5号)第2条规定:“企业停工停产在一个工资支付周期内的,企业应按劳动合同规定的标准支付职工工资。超过一个工资支付周期的,若职工提供了正常劳动,企业支付给职工的工资不得低于当地最低工资标准。”因此,仲裁委员会裁决物流公司按照劳动合同约定,支付张某2020年2月工资5000元。

风险应对

一、风险点：因劳动者涉嫌犯罪而中止劳动合同

尽管劳动者因涉嫌犯罪而被限制人身自由是中止劳动合同的事由之一，但实务中有用人单位未能准确理解该条款，将其误读为劳动者涉嫌犯罪即可中止劳动合同。实际上，中止劳动合同的实质性要件在于劳动者被限制人身自由，而劳动者即使涉嫌犯罪，也有可能被采取取保候审等措施，如在(2018)苏07民终1607号一案中，被上诉人被取保候审，公司以此为由中止劳动合同，不支付工资，后法院认定公司应当支付被上诉人被取保候审期间的劳动报酬；甚至即使被判处刑罚，也有可能被判处缓刑，如在(2019)苏07民终753号一案中，公司主张因其员工刘某被判处缓刑，故中止履行劳动合同，法院认为缓刑并非中止劳动合同履行的法定事由，双方亦无相关约定，遂不予支持。

【HR防范策略】

劳动者因涉嫌犯罪行为而被采取强制措施或被判处刑罚，的确可能影响用人单位的日常管理，由此，《劳动合同法》第39条将劳动者被追究刑事责任作为过失性辞退的事由。由此，如劳动者确实被判处刑罚，用人单位可选择直接解除合同，不必通过中止劳动合同而暂不履行义务。

二、风险点：劳动合同中止的程序

《执行劳动法意见》和各地法规分别列举了中止劳动合同的各类事由，此外，劳资双方还可以经协商约定中止劳动合同。进言之，除法定中止事由外，其余情形下是否中止，需经双方协商、约定，还需让劳动者知悉。然而，有用人单位将中止劳动合同视为用工管理手段，而单方中止劳动合同。如在(2015)苏中民终字第00253号案和(2017)沪01民终9528号案中，用人单位均以劳动者有不当行为为由，单方决定中止劳动合同，后劳动者诉至法院，法院认为用人单位未与劳动者协商，也无证据表明劳动者知悉该决定，故判决合同仍处于继续履行状态。

【HR防范策略】

《劳动法》和《劳动合同法》已赋予用人单位以一定的用工管理权，用人单位

要善用单位章程,通过与劳动者协商,对调岗、调薪乃至惩戒作出相应规定,如劳动者确有不当行为,则可根据章程予以处理,不必借由中止劳动合同而不支付劳动报酬。

三、风险点:劳动合同中止与社会保险

劳动合同中止期间,用人单位可不为劳动者缴纳社会保险。实务中也有用人单位出于种种考虑,仍继续为劳动者缴纳社保费用。然而,在司法实践中,也出现用人单位和劳动者由于未对劳动合同中止作出明确约定,致使劳动合同是否中止履行产生争议,对此,有部分法院通过考察用人单位是否继续缴纳社保费用作为佐证。但是,用人单位缴纳社保的行为能否作为合同为中止的理由,不同地区间裁判意见不一,如在(2019)鲁08民终5030号一案中,虽用人单位依然为劳动者缴纳社保,但法院并未据此认定劳动合同未中止;但在(2017)苏12民终574号一案中,虽然江苏省和山东省的地方性法规的规定均为中止期间用人单位可以不缴纳社保,但法院仍将用人单位缴纳社保作为认定劳动合同未中止履行的依据。

【HR防范策略】

目前,在法律层面上未对劳动合同中止作出规定,而在法规规章和规范性文件层面,相关规定也较为粗略和零散,因此,为避免相关风险,如确有必要与劳动者中止劳动合同,应当就劳动报酬、社会保险、复工复职等事项以书面形式明确约定,以避免诉讼中的不确定风险。

疑难解答

一、劳动合同中止期间是否计入符合签订无固定期限劳动合同的时间或者计发经济补偿的年限?

目前,多地的地方性法规对此作出否定。如江苏省规定劳动合同中止期间不计入劳动者在用人单位的工作年限。

二、劳动合同中止履行,劳动者可否要求用人单位支付生活费?

劳动合同中止期间,劳动者与用人单位并无法律意义上的用人关系,因此,劳动

者并无法定权利主张用人单位向其支付生活费,但双方另有约定的除外。

法条链接

1.《军队转业干部安置暂行办法》

第三十七条 军队转业干部的军龄,计算为接收安置单位的连续工龄(工作年限),享受相应的待遇。在军队从事护理、教学工作,转业后仍从事该职业的,其在军队的护龄、教龄应当连续计算,享受接收安置单位同类人员的待遇。

2.《劳动部关于贯彻执行〈中华人民共和国劳动法〉若干问题的意见》

28. 劳动者涉嫌违法犯罪被有关机关收容审查、拘留或逮捕的,用人单位在劳动者被限制人身自由期间,可与其暂时停止劳动合同的履行。

暂时停止履行劳动合同期间,用人单位不承担劳动合同规定的相应义务。劳动者经证明被错误限制人身自由的,暂时停止履行劳动合同期间劳动者的损失,可由其依据《国家赔偿法》要求有关部门赔偿。

3.《上海市劳动合同条例》

第二十六条 劳动合同期限内,有下列情形之一的,劳动合同中止履行:

(一)劳动者应征入伍或者履行国家规定的其他法定义务的;

(二)劳动者暂时无法履行劳动合同的义务,但仍有继续履行条件和可能的;

(三)法律、法规规定的或者劳动合同约定的其他情形。

劳动合同中止情形消失的,劳动合同继续履行,但法律、法规另有规定的除外。

4.《上海市企业工资支付办法》

第十八条 劳动者因涉嫌违法犯罪被拘押或者其他客观原因,使劳动合同无法履行的,企业不支付劳动者工资,但法律、法规另有规定或者双方另有约定的除外。

5.《上海市劳动和社会保障局关于实施〈上海市劳动合同条例〉若干问题的通知》

第十二条 按照《条例》第二十六条规定,劳动合同中止履行的,劳动合同约定的权利义务暂停履行。中止履行劳动合同期间用人单位可以办理社会保险帐户暂停结算(封存)手续,期间不应计算劳动者同一用人单位工作时间。劳动合同中止期间,合同期满的,劳动合同终止。

但是，法律、法规、规章对劳动合同中止履行期间的权利义务及合同期限另有规定以及当事人双方另有约定的除外。

劳动者在中止履行劳动合同期间不得再与其他用人单位建立劳动关系。

用人单位为不符合中止条件的劳动者办理社会保险帐户暂停结算（封存）手续的，应按规定为其补缴社会保险费用；对劳动者造成损失的，用人单位应当承担赔偿责任。双方当事人有争议的，按劳动争议处理程序解决。

6.《北京市劳动和社会保障局关于人事档案滞留原单位工作人员养老保险补费问题的批复》

第二条 对于自行离开工作单位或虽经批准但逾期未归，工作单位未按有关规定对其做出解除或终止劳动关系决定的人员，因个人原因未给单位提供劳动、单位未给其支付劳动报酬的时间，视为劳动关系中断的时间。劳动关系中断期间，社会保险关系随之中断，缴费工资基数为零，不能以本市最低工资或社会平均工资为基数补缴基本养老保险费。

7.《山东省劳动合同条例》

第二十六条 有下列情形之一的，劳动合同可以中止：

（一）用人单位与劳动者以书面形式协商一致的；

（二）劳动者因涉嫌违法犯罪被限制人身自由的；

（三）因不可抗力致使劳动合同暂时不能履行的；

（四）法律、法规规定的其他情形。

劳动合同中止期间，劳动关系保留，劳动合同暂停履行，用人单位可以不支付劳动报酬并停止缴纳社会保险费。劳动合同中止期间不计算为劳动者在用人单位的工作年限。

劳动合同中止履行的情形消失，除已经无法履行的外，应当恢复履行。

8.《山西省劳动合同条例》

第二十三条 用人单位与劳动者协商一致，可以中止履行劳动合同。

中止履行劳动合同期间，用人单位和劳动者双方暂停履行劳动合同的有关权利和义务。

第二十四条 协商中止履行劳动合同的，双方应当书面约定劳动合同恢复履行的期限或者条件。

中止履行劳动合同的期间，不计入劳动者在用人单位的工作年限。

中止履行劳动合同的情形消失,除劳动合同已经无法履行外,劳动合同应当恢复履行。

9.《江苏省劳动合同条例》

第三十条 有下列情形之一的,劳动合同可以中止:

(一)经双方当事人协商一致的;

(二)劳动者因涉嫌违法犯罪被限制人身自由的;

(三)劳动合同因不可抗力暂时不能履行的;

(四)法律、法规规定的其他情形。

劳动合同中止期间,劳动关系保留,劳动合同暂停履行,用人单位可以不支付劳动报酬并停止缴纳社会保险费。劳动合同中止期间不计算为劳动者在用人单位的工作年限。

劳动合同中止情形消失,除已经无法履行的外,应当恢复履行。

10.《安徽省劳动合同条例》

第二十二条 有下列情形之一的,劳动合同中止履行:

(一)用人单位和劳动者协商一致的;

(二)劳动者被依法限制人身自由的;

(三)因不可抗力致使劳动合同暂时无法履行的;

(四)法律、法规规定的其他情形。中止履行的情形消失,仍具备履行条件的,劳动合同继续履行,法律、法规另有规定的除外。

11.《陕西省企业工资支付条例》

第二十三条第一款 劳动者被依法拘留、逮捕或者其他被依法限制人身自由,使劳动合同中止履行的,用人单位可以不支付劳动合同中止期间的工资。

12.《北京市高级人民法院、北京市劳动争议仲裁委员会关于劳动争议案件法律适用问题研讨会会议纪要》

劳动者长期未提供劳动,用人单位又未依法与其解除劳动关系,双方"长期两不找",可以认定双方劳动关系处于中止履行状态,中止履行期间用人单位和劳动者不存在劳动法上的权利义务关系,也不计算为本单位工作年限。如此后一方当事人提出解除劳动关系,另一方因不同意解除而申请仲裁,劳动仲裁委或人民法院经审查后如认为上述解除符合法律有关规定的,应当确认解除。

文书工具

《劳动合同中止协议》【见书尾文书,文书编号:NO.03】

第三节　无固定期限劳动合同

实务精讲

一、无固定期限劳动合同的概念与立法意旨

(一)无固定期限劳动合同的概念

所谓无固定期限劳动合同,是指劳动法律关系双方缔结的不创设合同终止期限的劳动合同。以合同期限为标准,不同于固定期限劳动合同,无固定期限劳动合同的法定终止事由不包括劳动合同期限届满。签订无固定期限劳动合同就意味着该终止事由将被排除,如无其他合同终止、解除事由,劳动合同将一直存续。

(二)无固定期限劳动合同的立法意旨

首先,《劳动合同法》中关于无固定期限劳动合同的规则具有明显的保护劳动者的价值导向。在具备法定事由的情形下,无固定期限劳动合同的缔结不以协商一致为要件,如劳动者主张或应允与用人单位订立无固定期限劳动合同,则用人单位无拒绝余地,从而避免用人单位在劳动者年纪渐长时“卸磨杀驴”的行为;此外,无固定期限劳动合同条款也是对用人单位与劳动者以书面形式缔结劳动合同的敦促,根据《劳动合同法》第14条第3款的规定,如果用人单位自用工之日起满1年仍未与劳动者缔结书面劳动合同的,《劳动合同法》将这种情形拟制为劳资双方缔结无固定期限劳动合同。

其次,无固定期限劳动合同有利于劳资双方形成相对稳定持久的劳动关系。从用工管理实践来看,如果劳动者在同一用人单位工作年限超过10年,或两次以上订

立劳动合同，说明劳动者确能从事该工作，而用人单位在该岗位上存在刚需，由此无固定期限劳动合同能够让双方维持长时间的劳动关系，也降低了劳动合同续订、终止时的摩擦，这对于核心岗位和稀缺工种而言尤为重要。

最后，无固定期限劳动合同并未给用人单位制造管理困难。实践中，有用人单位对无固定期限劳动合同的原意存有误解，认为一旦与劳动者订立无固定期限劳动合同就无法解除和终止，由此不愿意与劳动者订立。但实际上，无固定期限劳动合同仅仅意味着劳动合同不因期限届满而解除，换言之，即使双方缔结了无固定期限劳动合同，仍可因《劳动合同法》中规定的其他法定事由或双方协商而解除劳动合同。

二、订立无固定期限劳动合同的主体

根据《劳动合同法》第 14 条规定，用人单位和劳动者是无固定期限劳动合同的缔约主体。但随着现代用工形式日益丰富，劳务派遣逐渐成为颇具市场的用工形式之一，但问题在于，被派遣劳动者如果满足《劳动合同法》第 14 条之情形，是否有权提出劳务派遣单位应当与其签订无固定期限劳动合同？对此法律、行政法规和部门规章并未明文规定，而各地区对此规定不一。如广东省《关于劳动人事争议仲裁与诉讼衔接若干意见》对此予以肯定。司法实践中，北京市在(2016)京民申 991 号判决中指出，劳务派遣单位应与符合订立无固定期限劳动合同资格的被派遣劳务者订立无固定期限劳动合同。但江苏省规定，除劳务派遣单位同意的情形外，被派遣的劳动者无权要求劳务派遣单位与之签订无固定期限劳动合同。

三、订立无固定期限劳动合同的情形

《劳动合同法》第 14 条创设了缔结无固定期限劳动合同的三种形式：劳资双方合意订立、因具备法定事由而应当订立和拟制订立。此外，还有行政法规规定了不适用无固定期限劳动合同的例外情形。

1. 合意订立，即劳动者与用人单位对缔结无固定期限劳动合同达成一致意见，基于意思自治形成无固定期限劳动合同。

2. 基于法定事由而应当订立。此处所指的法定事由，既包括《劳动合同法》创设的三种情形，又包括一些省、市的地方性文件还另外规定了应当订立的事由。

(1)用人单位初次实行劳动合同制度或者国有企业改制重新订立劳动合同时，

劳动者在该用人单位连续工作满 10 年且距法定退休年龄不足 10 年的。

(2)劳动者在该用人单位连续工作满 10 年。

在年限计算上,《劳动合同法实施条例》有以下特定规定:第一,《劳动合同法》实施前已参与工作的劳动者,其实施前的工作期限同样计入其中;第二,针对劳动者由于原用人单位调度而前往新用人单位工作的情形,倘若该调度不是基于员工自身原因(如申请调度),那么在计算年限时,劳动者在原劳动单位的工作年限将并入其在新用人单位的工作年限。

需要注意的是,上海市明确将事实劳动关系纳入此情形,即劳动者与用人单位维持事实劳动关系满 10 年,同样有权要求用人单位与之缔结无固定期限劳动合同。此外,由于《劳动合同法》在第 42 条中就用人单位单方解除劳动合同加诸限制,由此,劳动者可能在原劳动合同届满后,因用人单位无权解除劳动合同而在同一工作单位连续工作满 10 年。此种情况是否满足订立无固定期限劳动合同的条件存在争议,如广东省《关于审理劳动人事争议案件若干问题的座谈会纪要》第 18 条对此给予肯定回答,而上海市则对此予以否定。

(3)劳资双方已连续两次缔结固定期限劳动合同,且劳动者并无过失性辞退和无过失辞退事由。

对本条款的理解需注意两点:其一,根据广东省和北京市的规定,在此情况下,如劳动者提出订立无固定期限劳动合同,用人单位没有选择空间,无权以解除劳动合同等方式予以规避;其二,实践中有用人单位在劳动合同中加入自动延期条款,而根据北京市的规定,此类条款的效果等同于再订立一次固定期限劳动合同,因而用人单位也不能以自动延期的方式规避与劳动者签订无固定期限劳动合同的义务。

(4)其他情形。

《北京市劳动合同规定》还创设了三种情形:获得全国劳动模范、先进工作者或者"五一"劳动奖章;复员、转业退伍军人初次分配工作的;建设征地农转工人员初次分配工作的。

3. 拟制订立。拟制订立是指虽劳资双方并未订立无固定期限劳动合同,但在法律上将双方的劳动关系按照存在无固定期限劳动合同的情形对待。推定订立主要有两种情形:其一,用人单位因自用工之日起 1 年内,未与劳动者订立书面劳动合同;其二,在诉讼中,针对用人单位应与劳动者订立无固定期限劳动合同而未订立的情形,诉讼中可视为双方既已缔结无固定期限劳动合同,而以原劳动合同确定双方的权利义务关系。

4. 例外情形。《劳动合同法实施条例》创设了不适用无固定期限劳动合同的情形。比如《劳动合同法实施条例》第12条规定，对于地方各级人民政府及县级以上地方人民政府有关部门为安置就业困难人员提供的给予岗位补贴和社会保险补贴的公益性岗位，其劳动合同不适用《劳动合同法》有关无固定期限劳动合同的规定。

四、未订立无固定期限劳动合同的法律效果

1. 如因劳动者自主选择，而与用人单位订立固定期限劳动合同，且非因用人单位欺诈、恐吓或乘人之危而订立，该劳动合同有效。对于劳动者主张将固定期限劳动合同变更为无固定期限劳动合同应当如何处理，各省、市规定不一，根据北京市和广东省的司法文件规定，法院不予支持变更。但上海市对此有不同规定，《上海市高级人民法院关于审理劳动争议案件若干问题的解答》对此予以支持。

2. 如劳动者符合订立无固定期限劳动合同的条件，但用人单位不与劳动者订立无固定期限劳动合同的，根据《劳动合同法》第82条规定，自应当订立无固定期限劳动合同之日起向劳动者每月支付二倍的工资。对此，有三点需要关注：

(1)二倍工资的计算起点。各地对此规定不一致。按照广东省规定，双倍工资起算日为从应订立无固定期限劳动合同之日满1个月的次日；而北京市则规定应从订立无固定期限劳动合同之日起算。

(2)二倍工资的截止日期。北京市明确规定二倍工资的截止日期为双方实际订立无固定期限劳动合同的前一日，且不受12个月二倍工资上限限制，但受到1年仲裁时效的限制，故实际给付的二倍工资上限为12个月；而广东省和上海市则未作出规定。此外，江苏省和浙江省则明确规定最长支付时效为11个月。

(3)《劳动合同法》第14条第3款不适用二倍工资罚则。根据北京市和广东省的规定，自用工之日起未订立书面劳动合同满1年后，劳动者仅能向法院请求确认存在无固定期限劳动关系，不能要求用人单位支付用工满1年后未订立书面劳动合同的二倍工资。

五、规避与劳动者订立无固定期限劳动合同的法律后果

第一，在劳动者满足《劳动合同法》第14条第3款的情形下，用人单位以劳动关系期限届满与劳动者终止劳动关系从而规避订立无固定期限劳动合同的，根据北京市

《关于审理劳动争议案件法律适用问题的解答》第16条之规定，构成违法终止劳动合同，劳动者可主张用人单位向其支付经济赔偿，或与之订立无固定期限劳动合同。

第二，如用人单位存在减少与劳动者订立固定劳动合同次数或连续工作等规避与劳动者订立无固定期限劳动合同的行为，劳动者订立固定期限劳动合同和工作年限的次数仍应连续计算。比如，为减少计算劳动者的工龄，迫使劳动者与其解除或终止劳动合同后重新与其签订劳动合同的；通过设立关联用人单位，在与劳动者签订合同时交替变换用人单位名称的；仅就劳动合同的终止期限进行变更，用人单位无法做出合理解释的；采取注销原单位、设立新单位的方式，将劳动者重新招用到新单位，且单位经营内容与劳动者的工作地点、工作内容均没有实质性变化的；或其他明显违反诚信和公平原则的规避行为，均在此限。

案例说法

案例1：用人单位通过关联企业逃避与劳动者签订无固定期限劳动合同

邓某于1998年入职广州第吉尔公司，于2011年被原用人单位安排至关联企业奇罗客电子制造有限公司，此后又于2014年被安排至另一关联企业广东第吉尔公司。至2017年，邓某主张其已于同一用人单位工作满10年，提出与广东第吉尔公司订立无固定期限劳动合同，广东第吉尔公司以在关联企业工作不属于在“同一用人单位”工作为由拒绝。邓某遂诉至法院。

法院裁判认为，邓某系非因本人原因从广州第吉尔公司调动至其关联企业工作的，属于在关联企业间安排劳动者轮换工作，工龄连续计算，因此，邓某在广州第吉尔公司连续工作时间为19年，符合订立无固定期限劳动合同的情形，对邓某的诉请予以支持。

【裁判文书编号】

(2019)粤01民终6204号、6205号

案例2：劳务派遣单位多次续签劳动合同但未订立无固定期限劳动合同支付二倍工资差额

2008年8月19日，白某与某人才中心订立劳动合同，并被派遣至石油机械公司

工作。工作期间,白某与某人才中心曾多次订立劳动合同。2017 年 8 月 18 日,白某与某人才中心订立的最后一份劳动合同到期。白某要求与某人才中心订立无固定期限劳动合同,某人才中心不同意。2017 年 12 月 21 日,石油机械公司将白某退回某人才中心。2017 年 12 月 4 日,白某向劳动人事争议仲裁委员会申请仲裁,要求某人才中心、石油机械公司支付 2017 年 8 月 19 日至 2017 年 12 月 4 日未订立无固定期限劳动合同二倍工资差额。2018 年 3 月 14 日,某人才中心向白某送达《续签合同通知单》,内容为某人才中心同意与白某自 2017 年 8 月 19 日开始订立无固定期限劳动合同。白某明确表示不同意,认为无固定期限劳动合同的起始时间应为订立时间等。2018 年 3 月 19 日,某人才中心解除与白某的劳动关系。

法院认为,白某与某人才中心已连续订立数次固定期限劳动合同,白某提出订立无固定期限劳动合同,符合相关法律规定。某人才中心虽在数月后最终同意与白某订立无固定期限劳动合同,但附有将合同起始时间签为 2017 年 8 月 19 日的要求,而当时白某已经与某人才中心就 2017 年 8 月 19 日至 2017 年 12 月 4 日未订立无固定期限劳动合同二倍工资差额进行仲裁及诉讼。在此情形下,白某有权根据实际情况及合法权益不同意某人才中心对其不利的条件,故不属于法律规定的劳动者不与用人单位订立书面劳动合同,用人单位可终止劳动关系的情形。据此,二审法院驳回了某人才中心的上诉请求,维持了一审判决关于某人才服务中心应支付白某未订立无固定期限劳动合同二倍工资差额的判决。

【裁判文书编号】

(2018)京 02 民终 12191 号

案例 3:视为订立无固定期限劳动合同后用人单位仍未与劳动者签订劳动合同的是否应当支付二倍工资

2016 年 8 月 1 日,万某入职某食品公司,从事检验工作,双方口头约定万某月工资为 3000 元。万某入职时,公司负责人告知其 3 个月试用期后签订书面劳动合同,但是双方一直未签订书面劳动合同。2018 年 7 月 31 日,万某与某食品公司解除劳动关系。万某要求某食品公司支付 2017 年 8 月至 2018 年 7 月未与其签订无固定期限劳动合同的二倍工资,该公司拒绝支付。万某遂申请劳动仲裁,请求裁决某食品公司支付 2017 年 8 月至 2018 年 7 月未签订无固定期限劳动合同的二倍工资 36,000 元。仲裁委员会裁决驳回万某的仲裁请求。

本案的争议焦点是2017年8月至2018年7月,万某与某食品公司之间未签订书面劳动合同的情形是否属于《劳动合同法》第82条规定情形。《劳动合同法》第82条规定:“用人单位自用工之日起超过一个月不满一年未与劳动者订立书面劳动合同的,应当向劳动者每月支付二倍的工资。用人单位违反本法规定不与劳动者订立无固定期限劳动合同的,自应当订立无固定期限劳动合同之日起向劳动者每月支付二倍的工资”。从上述条款可知,用人单位支付未依法签订劳动合同二倍工资的情形包括两种:第一种是用人单位自用工之日起超过一个月不满一年未与劳动者订立书面劳动合同的;第二种是用人单位应当与劳动者订立无固定期限劳动合同,但违反本法规定不与劳动者订立无固定期限劳动合同的。第二种情形中的“本法规定”,是指《劳动合同法》第14条第2款规定的“除劳动者提出订立固定期限劳动合同外,应当订立无固定期限劳动合同”的三种情形,而《劳动合同法》第14条第3款规定的“用人单位自用工之日起满一年不与劳动者订立书面劳动合同的,视为用人单位与劳动者已订立无固定期限劳动合同”,是对用人单位不签订书面劳动合同满一年的法律后果的拟制规定,并非有关应当订立无固定期限劳动合同的情形规定。

本案中,万某于2016年8月1日入职,某食品公司一直未与其签订书面劳动合同,自2017年8月1日起,根据上述法律法规的规定,双方之间视为已订立了无固定期限劳动合同,而非《劳动合同法》第82条规定的用人单位违反本法规定不与劳动者订立无固定期限劳动合同的情形。因此,某食品公司无须向万某支付未依法签订无固定期限劳动合同的二倍工资,故依法驳回万某的仲裁请求。

风险应对

一、风险点:未及时订立无固定期限劳动合同

实务中,有用人单位对劳动合同的签订比较重视,但对劳动合同的续订重视不够,劳动者符合应当订立无固定期限劳动合同的要求时,才与劳动者协商续订劳动合同。但合同协商过程可能存在较大争议,进行了较长时间拉锯,迟迟无法完成缔约工作,从而使劳动者有权要求其支付双倍工资。甚至存在劳动者利用协商之机,通过较大幅度提高待遇要求,使HR因被激怒而与之终止劳动合同,从而被判决承担违法终止劳动合同的法律责任。

【HR 防范策略】

应当重视完善劳动合同动态管理机制,对于需要订立无固定期限劳动合同的劳动者,可以提前 1 个月与劳动者进行协商,避免因时间匆忙而处于被动。

二、风险点:无固定期限劳动合同的待遇

用人单位与劳动者订立无固定期限劳动合同,难免需要就待遇进行磋商。用人单位可能面临两层风险:其一,标准待遇低于原劳动合同,劳动者可能不接受并诉至法院,用人单位可能需支付经济补偿金;其二,但若双方约定的薪资待遇等过高,又担心劳动者订立无固定劳动合同后缺乏工作动力,得过且过。

【HR 防范策略】

从法律规范和司法实践来看,对于工资、福利等可量化的待遇,如不低于原劳动合同即可,而工作岗位和地点等,如用人单位是正常用工管理而无侮辱性、惩罚性等违法情形,即使与原合同有所差别,法院亦予支持,《劳动合同法》并未给用人单位施加过大的待遇压力。在此基础上,法律并未规定薪资结构、工作岗位等与原合同一致,因此,如果担心劳动者续约后存在懈怠的现象,可以对劳动报酬、工作岗位和地点等进行弹性化规定,如增进绩效考核标准、增加激励性报酬的比例、约定调岗和培训条款等。

疑难解答

一、用人单位是否有告知劳动者可订立无固定期限劳动合同的义务?

目前,法律、行政法规、部门规章并未就此作出规定。但是,《江苏省劳动合同条例》第 18 条规定,用人单位需在劳动合同期满前 30 日书面告知劳动者有权订立无固定期限劳动合同;而广东、上海和北京等地的地方性法规和司法文件则未加以限制。而在司法实践中,法院从保护劳动者的利益出发认为用人单位负有告知义务,如在(2011)扬广民初字第 237 号一案中,认为除非劳动合同明确提出订立固定期限劳动合同,否则即使劳动者在固定期限劳动合同上签字,也不视为放弃订立无固定期限劳动合同。

二、履行无固定期限劳动合同期间能否将合同协商变更为固定期限劳动合同?

法律法规对此并无限制,故在尚未出台禁止无固定期限劳动合同履行期间禁止变更的规定前,合同变更仍遵循契约自由原则,劳资双方在意见一致的情形下可就合同期限进行变更。

三、劳资双方就无固定期限劳动合同的内容协商不一致怎么办?

如双方仍有缔约意愿,但就具体条款协商不一致的情形下,根据《劳动合同法实施条例》第 11 条的规定,对于协商不一致的内容依照《劳动合同法》第 18 条之规定,先重新协商;协商不成的,适用集体合同规定;没有集体合同或者集体合同未规定劳动报酬的,实行同工同酬;没有集体合同或者集体合同未规定劳动条件等标准的,适用国家有关规定。

而在第二次固定期限劳动合同届满后,用人单位以低于原劳动合同的待遇与劳动者订立固定期限劳动合同,如劳动者拒绝接受的,对于用人单位能否终止与劳动者的劳动关系,尚无明文规定。但就司法实践而言,在(2013)苏审二民申字第 689 号一案中,从保护劳动者的价值立场出发,对于用人单位以劳动者拒绝接受合同待遇为由终止劳动关系这一行为系违法终止劳动合同。

法条链接

1.《劳动合同法》

第十四条 无固定期限劳动合同,是指用人单位与劳动者约定无确定终止时间的劳动合同。

用人单位与劳动者协商一致,可以订立无固定期限劳动合同。有下列情形之一,劳动者提出或者同意续订、订立劳动合同的,除劳动者提出订立固定期限劳动合同外,应当订立无固定期限劳动合同:

(一)劳动者在该用人单位连续工作满十年的;

(二)用人单位初次实行劳动合同制度或者国有企业改制重新订立劳动合同时,

劳动者在该用人单位连续工作满十年且距法定退休年龄不足十年的;

(三)连续订立二次固定期限劳动合同,且劳动者没有本法第三十九条和第四十条第一项、第二项规定的情形,续订劳动合同的。

用人单位自用工之日起满一年不与劳动者订立书面劳动合同的,视为用人单位与劳动者已订立无固定期限劳动合同。

第八十二条 用人单位自用工之日起超过一个月不满一年未与劳动者订立书面劳动合同的,应当向劳动者每月支付二倍的工资。

用人单位违反本法规定不与劳动者订立无固定期限劳动合同的,自应当订立无固定期限劳动合同之日起向劳动者每月支付二倍的工资。

2.《劳动合同法实施条例》

第九条 劳动合同法第十四条第二款规定的连续工作满10年的起始时间,应当自用人单位用工之日起计算,包括劳动合同法施行前的工作年限。

第十条 劳动者非因本人原因从原用人单位被安排到新用人单位工作的,劳动者在原用人单位的工作年限合并计算为新用人单位的工作年限。原用人单位已经向劳动者支付经济补偿的,新用人单位在依法解除、终止劳动合同计算支付经济补偿的工作年限时,不再计算劳动者在原用人单位的工作年限。

第十一条 除劳动者与用人单位协商一致的情形外,劳动者依照劳动合同法第十四条第二款的规定,提出订立无固定期限劳动合同的,用人单位应当与其订立无固定期限劳动合同。对劳动合同的内容,双方应当按照合法、公平、平等自愿、协商一致、诚实信用的原则协商确定;对协商不一致的内容,依照劳动合同法第十八条的规定执行。

第十二条 地方各级人民政府及县级以上地方人民政府有关部门为安置就业困难人员提供的给予岗位补贴和社会保险补贴的公益性岗位,其劳动合同不适用劳动合同法有关无固定期限劳动合同的规定以及支付经济补偿的规定。

3.《最高人民法院关于审理劳动争议案件适用法律问题的解释(一)》

第三十四条第二款 根据劳动合同法第十四条规定,用人单位应当与劳动者签订无固定期限劳动合同而未签订的,人民法院可以视为双方之间存在无固定期限劳动合同关系,并以原劳动合同确定双方的权利义务关系。

4.《广东省高级人民法院、广东省劳动人事争议仲裁委员会关于劳动人事争议仲裁与诉讼衔接若干意见》

第九条 用人单位违反《劳动合同法》第十四条第二款的规定,未与劳动者订立无固定期限劳动合同的，用人单位应根据《劳动合同法》第八十二条第二款的规定，从依法应订立无固定期限劳动合同之日满一个月的次日起向劳动者每月支付二倍工资。

第十七条 符合《劳动合同法》第十四条第二款、第三款规定的情形的，劳务派遣单位应依法与被派遣的劳动者订立无固定期限劳动合同。

5.《北京市劳动合同规定》

第十五条 有下列情形之一，劳动者要求订立无固定期限劳动合同的，用人单位应当订立无固定期限劳动合同：

（一）全国劳动模范、先进工作者或者“五一”劳动奖章获得者；

（二）复员、转业退伍军人初次分配工作的；

（三）建设征地农转工人员初次分配工作的；

（四）尚未实行劳动合同制度的用人单位初次实行劳动合同制度时，劳动者连续工龄满10年，且距法定退休年龄10年以内的；

（五）国家和本市规定的其他情形。

6.《北京市高级人民法院、北京市劳动人事争议仲裁委员会关于审理劳动争议案件法律适用问题的解答》

第十七条 劳动者依照《劳动合同法》规定符合与用人单位签订无固定期限劳动合同条件，但已与用人单位签订了固定期限劳动合同的，现劳动者要求将其固定期限合同变更为无固定期限合同的，如何处理？

劳动者与用人单位签订了固定期限劳动合同后，劳动者要求变更为无固定期限劳动合同的，不予支持，但有证据证明用人单位存在欺诈、胁迫、乘人之危等情形的除外。

7.《上海市劳动合同条例》

第四十条 应当订立劳动合同而未订立的，劳动者可以随时终止劳动关系。

应当订立劳动合同而未订立的，用人单位提出终止劳动关系，应当提前三十日通知劳动者，但劳动者具有第三十九条规定情形之一的，劳动关系应当顺延至该情形消失。

8.《江苏省劳动合同条例》

第十八条 在《中华人民共和国劳动合同法》实施后，用人单位与劳动者连续订立了二次固定期限劳动合同，且劳动者没有《中华人民共和国劳动合同法》第三十九条和第四十条第一项、第二项规定情形的，用人单位应当在第二次劳动合同期满三十日前，书面告知劳动者可以订立无固定期限劳动合同。

劳动者在用人单位连续工作满十年的，用人单位应当在劳动合同期满三十日前，书面告知劳动者可以订立无固定期限劳动合同。

第四节　劳动合同变更

实务精讲

一、劳动合同变更的实质要件与形式要件

在实务中，劳动合同变更的情形主要有劳动者的工作岗位调整、工作地点变动和劳动报酬变化等。从广义上看，本节所指的劳动合同变更，既包括对实际劳动合同内容的调整，也包括变更实际劳动合同虽未记载但依法本应记载的内容，如根据《劳动合同法》第 17 条第 1 款第 4 项规定，劳动合同应当约定劳动者的工作地点，即使没有约定，但用人单位对劳动者工作后对其工作地点进行调整，也属于本节所说的劳动合同变更。而用人单位要合法实现劳动合同变更，需要满足以下法定实质要件和形式要件。

（一）实质要件

实质要件是指要具有应当或可以变更劳动合同的事由。目前，根据《劳动法》和相关法律法规，劳动合同变更主要有三种类型的事由。

第一，依法应当变更。比如《女职工劳动保护特别规定》第 6 条第 1 款规定，女职工在孕期不能适应原劳动的，用人单位应当根据医疗机构的证明，予以减轻劳动量或者安排其他能够适应的劳动。这种情形下，变更劳动合同系用人单位的法定义务，这意味着用人单位应当适当履行义务而不能随意调整工作，不能以该条款为由实施不合理或歧视性工作调整。

第二，劳资双方协商一致变更劳动合同。根据《劳动合同法》第 35 条规定，用人单位与劳动者协商一致，可以变更劳动合同约定的内容。《劳动合同法》第 40 条规定，劳动合同订立时所依据的客观情况发生重大变化，致使劳动合同无法履行，可以经用人单位与劳动者协商变更劳动合同。

第三，用人单位可单方变更劳动合同。用人单位单方变更劳动合同内容有两种情形。其一，依《劳动合同法》明确规定的事由变更劳动合同，如根据《劳动合同法》第 40 条规定，如劳动者不能胜任工作、劳动者患病或者非因工负伤，用人单位可依法单方调整劳动者的工作岗位。其二，为平衡劳动者权益保护和用人单位的自主经营权，用人单位对劳动者的职务、岗位和工作地点予以单方变更权得到了法律法规和司法政策的认可。目前，基于自主经营权进行单方调整主要有四种模式：

一是只要用人单位的单方调整满足法定条件且具有合理性，劳动者应当服从调整决定，如广东、浙江和江苏等地区采用这种模式。

二是用人单位的单方调整不仅需要满足合理性要求，而且需在劳动合同中对单方调整有约定，如天津等地区采用这种模式。

三是将单方调整作为协商一致调整的补充手段，只有当劳动合同对工作岗位、工作地点或其调整条件约定不明时，用人单位的单方调整才具有合法性，且调整决定需经仲裁机构或司法机关的合理性审查，如四川等地区采用这种模式。

四是将劳动合同中明确约定的单方调整拟制为协商一致。根据《上海市高级人民法院关于审理劳动争议案件若干问题的解答》第 6 条规定，只要用人单位与劳动者对调整工作内容和工资报酬有明确的书面约定，或者虽无明确书面约定但已通过实际履行等方式默示调整了原合同约定的，均视为双方对变更劳动合同内容达成一致。据此，即使劳动合同约定或实际履行的调整是用人单位单方决定的，只要此前在劳动合同中已有明示或实际上得到履行，则拟制为协商一致。此外，对于劳动合同中并无明确约定调整条件和内容的，用人单位同样有权单方调整，但需举证调整的合理性。

此外，北京等地区对上述情形进行综合考虑，对不同情形采用不同模式，根据《北京市高级人民法院、北京市劳动人事争议仲裁委员会关于审理劳动争议案件法律适用问题的解答》第 5 条规定，调岗行为合法性判断分为两个阶段，一是劳动合同中是否对工作岗位有明确约定，如果已有明确约定且未对调岗事宜进行约定，那么在不符合《劳动合同法》第 40 条所列情形时，用人单位自行调整劳动者工作岗位的属于违约行为。二是如果没有明确约定工作岗位，用人单位有正当理由，基于生产经营需要所进行的合理调岗，具有法律效力。

（二）形式要件

劳动合同变更可采用书面形式和口头形式。

其中，书面形式是劳动合同变更的一般形式，根据《劳动合同法》第35条第1款规定，变更劳动合同，应当采用书面形式。上海地区对“书面形式”的要求作了进一步细化，《上海市高级人民法院关于适用〈劳动合同法〉若干问题的意见》第3条对“书面变更”进行宽泛解释，即属于文字记载或者其他形式证明即可，包括发给劳动者的工资单、岗位变化通知等。

口头变更的形式，则需要符合一系列要件。根据《最高人民法院关于审理劳动争议案件适用法律问题的解释(一)》第43条的规定，口头变更劳动合同，需要实际履行口头变更的劳动合同超过1个月，且变更后的劳动合同内容不违反法律、行政法规以及公序良俗。值得注意的是，口头变更的劳动合同仍然需要双方协商一致，如果劳动者一直对劳动合同变更表示不同意，那么即使变更后的合同履行超过1个月，仍不能视为劳动合同变更有效。此外，尽管双方合意可以明示或默示的形式达成，然而，劳动者的单纯沉默不能被视为默示同意或不同意劳动合同变更。如在(2021)沪01民终9995号判决中，二审法官认为，“沈某良在仲裁时的陈述是‘当时不同意该征询函，所以没有表态’，‘没有表态’不能得出口头表示不同意的结论，故对合杰公司上述主张本院难以采纳”。

二、劳动合同变更的事由、要件与依据

(一)应当变更劳动合同内容的情形

表1-1 应当变更劳动合同内容的情形

事由	要件	法律依据
工伤	伤残等级达到五级、六级	《工伤保险条例》第36条
孕期	1. 女职工孕期不能适应原劳动 2. 有相应医疗机构的证明	《女职工劳动保护特别规定》第6条、附录第3条
女职工月经期、哺乳期等		《女职工劳动保护特别规定》附录第2条、第4条
职业禁忌	劳动者在职业健康检查中发现有与所从事职业相关健康损害	《职业病防治法》第35条
患职业病	1. 劳动者患职业病 2. 不适宜继续从事原工作	《职业病防治法》第57条
患尘肺病	1. 劳动者已确诊患有尘肺病 2. 必须将其调离粉尘作业岗位	《尘肺病防治条例》第21条

(二)可以协商一致变更劳动合同内容的情形

表1-2　可以协商一致变更劳动合同内容的情形

事由	要件	法律依据
一般情形	劳资双方协商一致	《劳动合同法》第35条
脱密期	1. 劳动者掌握商业秘密 2. 劳动合同中就调岗作出约定 3. 在劳动合同终止前或该劳动者提出解除劳动合同后6个月内,可以对劳动者进行调岗或变更工作内容	《劳动部关于企业职工流动若干问题的通知》第2条 《北京市劳动合同规定》第18条 《上海市劳动合同条例》第15条
	用人单位应对调整劳动者工作内容的合理依据承担举证责任	《上海市高级人民法院关于审理劳动争议案件若干问题的解答》第6条

(三)用人单位可单方变更劳动合同内容的情形

表1-3　用人单位可单方变更劳动合同内容的情形

事由	要件	法律依据
医疗期满	劳动者患病或者非因工负伤	《劳动合同法》第40条
	用人单位应对调整劳动者工作内容的合理依据承担举证责任	《上海市高级人民法院关于审理劳动争议案件若干问题的解答》第6条
不能胜任工作	劳动者不能胜任工作	《劳动合同法》第40条
	用人单位应对调整劳动者工作内容的合理依据承担举证责任	《上海市高级人民法院关于审理劳动争议案件若干问题的解答》第6条
自主经营权	1. 调整劳动者工作岗位是用人单位生产经营的需要 2. 调整工作岗位后劳动者的工资水平与原岗位基本相当 3. 不具有侮辱性和惩罚性 4. 无其他违反法律法规的情形	《广东省高级人民法院、广东省劳动人事争议仲裁委员会关于审理劳动人事争议案件若干问题的座谈会纪要》第22条
	1. 用人单位与劳动者在劳动合同中未约定工作岗位或约定不明 2. 用人单位有正当理由,据生产经营需要,合理调整劳动者工作岗位 3. 判断合理性应参考以下因素:用人单位经营必要性、目的正当性,调整后的岗位为劳动者所能胜任、工资待遇等劳动条件无不利变更	

续表

事由	要件	法律依据
自主经营权	4. 如劳动合同中明确约定岗位但未约定如何调岗，且不属于《劳动合同法》第 40 条所列情形，用人单位自行调整劳动者岗位属违约行为	《北京市高级人民法院、北京市劳动人事争议仲裁委员会关于审理劳动争议案件法律适用问题的解答》第 5 条
	1. 用人单位单方面变更劳动合同中约定的劳动者的劳动内容的行为可认定无效 2. 劳动合同约定用人单位可根据需要调整劳动者工作内容或对工作内容未约定的，用人单位根据需要调整劳动者工作内容可认定有效	《上海市高级人民法院劳动争议案件几个问题的讨论纪要》第 16 条
	1. 用人单位与劳动者对调整工作内容和工资报酬有明确书面约定 2. 或虽无明确书面约定但已通过实际履行等方式默示调整原合同约定 3. 上述情形视为双方对劳动合同变更达成一致	《上海市高级人民法院关于审理劳动争议案件若干问题的解答》第 6 条
	1. 劳动合同中有工作内容和工资报酬调整的约定 2. 调整条件和指向不明确 3. 用人单位应当提供充分证据证明调整的合理性	《上海市高级人民法院关于审理劳动争议案件若干问题的解答》第 6 条

案例说法

案例 1：《岗位聘用协议书》中的用人单位单方调岗条款未必有效

刘某于 2005 年 6 月入职电信通公司，双方于 2009 年 12 月 20 日签订《岗位聘任协议书》，载明刘某在电信通公司行政人事部门从事保安岗位工作。该协议书第 4 条第 1 款内容为："乙方收到甲方晋升、降级或变更工作岗位通知后三日内，如拒绝重新签订《岗位聘任协议书》，将视为乙方单方解除劳动合同关系，甲方不予支付任何经济补偿。"后电信通公司取消刘某所在岗位另行安排其从事验收工程师岗位，但刘某到岗一天后认为不合适即不再出勤。在上诉中，电信通公司主张刘某自 2018 年 10 月 9 日后旷工，其有权解除劳动合同且无须支付经济补偿金。

法院经一审、二审后作出判决：《劳动合同法》第 35 条第 1 款规定，用人单位与劳动者协商一致,可以变更劳动合同约定的内容。变更劳动合同,应当采用书面形式。电信通公司主张其有权依据《岗位聘任协议书》,单方调整刘某工作场所及工作岗位的上诉理由,与上述法律规定不符。电信通公司称其单方调整刘某工作场所及岗位属于用工自主权的意见亦缺乏法律依据,故其所称岗位调整对刘某不发生效力,在电信通公司取消原工作岗位的情况下,刘某未到岗不构成旷工。

【裁判文书编号】

(2021)京01民终7615号

案例2:用人单位撤销劳动者原工作岗位是否属于"劳动合同订立时所依据的客观情况发生重大变化"

观点一:用人单位撤销劳动者原工作岗位属于"劳动合同订立时所依据的客观情况发生重大变化"

朱某于2004年5月入职甜圣公司,并于2014年12月31日、2017年12月31日双方续签《劳动合同》两份,朱某的工作内容变更为物控及相关管理工作。2018年7月3日,甜圣公司停止中央厨房运作,撤销生产部门及物控部门。朱某的物控主管岗位取消后,甜圣公司向朱某发送解除劳动合同协议书,朱某修改后再发给甜圣公司。甜圣公司主张与朱某未就劳动合同变更达成一致,与朱某解除劳动关系。朱某以甜圣公司违法解除劳动合同为由,诉请法院判令甜圣公司支付赔偿金。

法院经一审、二审后作出判决:由于朱某原工作岗位为物控及相关管理工作,而甜圣公司停止中央厨房运作,撤销生产部门及物控部门,应属于劳动合同订立时所依据的客观情况发生重大变化,致使劳动合同无法履行。又,根据甜圣公司提供的2018年6月15日的微信聊天记录,甜圣公司与朱某是在协商解除劳动合同,并非协商变更劳动合同内容。据此,在劳动合同订立时所依据的客观情况发生重大变化,致使劳动合同无法履行的情形下,甜圣公司不符合《劳动合同法》第40条之规定。据此,甜圣公司解除与朱某的劳动合同属违法解除行为。

【裁判文书编号】

(2019)沪01民终15363号

观点二:客观情况应仅限于用人单位自身无法改变或控制的重大变故

2013年9月1日签订无固定期限劳动合同。2021年3月1日,吉百利公司向钟某发出《协商变更劳动合同通知》,对钟某的岗位进行调整,并将其薪资级别从10级调整为7级。后吉百利公司以未能与钟某就协商变更劳动合同达成一致为由,根据《劳动合同法》第40条之规定,与钟某解除劳动合同。钟某不服,遂申请劳动仲裁,后诉至法院请求判决吉百利公司支付违法解除劳动合同赔偿金。

法院经一审、二审后作出判决:《劳动合同法》第40条第3项规定的"客观情况"应仅限于用人单位自身无法改变或控制的重大变故,而非一般的经营状况不佳或人事架构调整。本案中,吉百利公司提交的证据均不足以证明其与钟某解除劳动合同符合"客观情况发生重大变化导致劳动合同无法履行"的情形,故应认定为违法解除。

【裁判文书编号】

(2021)粤01民终29393号

案例3:劳动合同变更不合理或构成用人单位未按照劳动合同约定提供劳动条件

蒋某就职于广东省公安民警培训中心,2019年3月12日至18日,双方就调岗事宜进行协商,民警培训中心将蒋某从政秘办部长调任至档案室文员,且工资有所下调。蒋某不服,以民警培训中心擅自调岗且大幅降薪等为由提出解除劳动合同,双方发生争议。民警培训中心辩称,由于蒋某从调整工作岗位至解除劳动关系止,已在新的工作岗位工作长达3个月,已远超过了1个月,应视为蒋某接受调岗,双方就劳动合同变更已达成合意。蒋某主张,表示其自始至终明确表示不接受调岗降薪,民警培训中心系擅自调整蒋某的岗位并明显降低其工资。

法院经一审、二审后作出判决:蒋某提交的录音资料显示,蒋某已多次提出不同意民警培训中心的调岗行为,即民警培训中心就调岗行为并未与蒋某协商一致。因此,民警培训中心不能举证证明其调整蒋某工作岗位的合理性、正当性与必要性,且蒋某在调岗后确实降低了工资收入,应认定民警培训中心的调岗行为违法。因此,蒋某不同意民警培训中心的调岗行为而提出解除劳动关系,符合《劳动合同法》第38条规定的劳动者因用人单位未按照劳动合同约定提供劳动条件而行使劳动合同单方解除权的情形,系违法解除劳动合同。

【裁判文书编号】

(2020)粤06民终2670号

案例4:用人单位可以行使用工自主权合法调整劳动者的工作岗位和地点

孙某于2017年8月入职某模具公司,双方订立了无固定期限劳动合同,约定孙某的工作地点为某直辖市,岗位为"后勤辅助岗",具体工作内容为"财务、预算管理和其他行政性工作"。双方还约定:"模具公司可以根据生产经营的需要,对孙某工作岗位、工作内容及工作地点进行调整。"入职后,孙某被安排在某模具公司位于某城区的开发中心从事财务人事等辅助性工作。2019年7月1日,基于公司生产经营和管理需要,为减轻各中心的工作负担,某模具公司将各中心的财务工作统一转回公司总部的财务处统一管理。为此,孙某办理了开发中心全部财务凭证的交接,某模具公司与孙某沟通协商,提出安排其到开发中心其他岗位工作,但均被孙某拒绝。后某模具公司安排孙某到位于相邻城区的公司总部从事人事相关工作。7月底,孙某要求某模具公司将其调回原工作地点原岗位工作,双方由此发生争议。孙某申请劳动仲裁,要求某模具公司按原工作地点及原工作岗位继续履行劳动合同。仲裁委员会裁决驳回孙某的仲裁请求。

《就业促进法》第8条规定:"用人单位依法享有自主用人的权利。"但用人单位用工自主权的行使也必须在相关法律和政策的框架内,符合一定条件和范围,如用人单位须对岗位或工作地点的调整作出合理说明,防止用人单位借此打击报复或变相逼迫劳动者主动离职,也即防止其权利的滥用。仲裁和司法实务中,岗位或工作地点调整的合理性一般考虑以下因素:(1)是否基于用人单位生产经营需要;(2)是否属于对劳动合同约定的较大变更;(3)是否对劳动者有歧视性、侮辱性;(4)是否对劳动报酬及其他劳动条件产生较大影响;(5)劳动者是否能够胜任调整的岗位;(6)工作地点作出不便调整后,用人单位是否提供必要协助或补偿措施等。

本案中,双方在劳动合同中约定孙某的工作岗位为"后勤辅助岗",该岗位不属固定或专业岗位;某模具公司根据生产经营需要,适当调整孙某的工作岗位、工作内容及工作地点是基于财务统一管理的需要,对孙某并无针对性;同时,该工作地点和工作内容的调整某模具公司亦与孙某进行了沟通协商,给出了包括在原工作地点适当调整岗位等多种选择方案,体现了对孙某劳动权益的尊重;且调整后的人事岗位与孙某的原先岗位性质相近,孙某也完全能够胜任;最后,孙某调整后的工作地点也处于交通便利的城区,上下班时间虽有所增加,但该地点变更不足以认定对其产生较大不利影响,对其劳动权益也不构成侵害,故依法驳回孙某的仲裁请求。

案例5：用人单位未与劳动者协商一致增加工作任务，劳动者有权拒绝

张某于2018年9月入职某报刊公司从事投递员工作，每天工作6小时，每周工作6天，月工资为3500元。2020年6月，因同区域另外一名投递员离职，某报刊公司在未与张某协商的情况下，安排其在第三季度承担该投递员的工作任务。张某认为，要完成加倍的工作量，其每天工作时间至少需延长4小时以上，故拒绝上述安排。某报刊公司依据员工奖惩制度，以张某不服从工作安排为由与其解除劳动合同。张某申请劳动仲裁，请求裁决某报刊公司支付违法解除劳动合同赔偿金14,000元。仲裁委员会裁决某报刊公司支付张某违法解除劳动合同赔偿金14,000元（裁决为终局裁决）。

《劳动合同法》第31条规定："用人单位应当严格执行劳动定额标准，不得强迫或者变相强迫劳动者加班。"第35条规定："用人单位与劳动者协商一致，可以变更劳动合同约定的内容。"劳动合同是明确用人单位和劳动者权利义务的书面协议，未经变更，双方均应严格按照约定履行，特别是涉及工作时间等劳动定额标准的内容。

本案中，某报刊公司超出合理限度大幅增加张某的工作任务，应视为变更劳动合同约定的内容，违反了关于"协商一致"变更劳动合同的法律规定，已构成变相强迫劳动者加班。因此，张某有权依法拒绝上述安排。某报刊公司以张某不服从工作安排为由与其解除劳动合同不符合法律规定。故仲裁委员会依法裁决某报刊公司支付张某违法解除劳动合同赔偿金。

风险应对

一、风险点：劳动合同约定怀孕调岗

在实务中，有用人单位为避免女职工怀孕对单位业务造成影响，选择在劳动合同中与女职工约定如发生怀孕等影响岗位工作的情形，则用人单位有权根据管理需要调岗。然而，这一条款存在法律风险：第一，在北京、上海和广东等地区，调岗决定本身的合理性是司法审查的对象，而调岗合理性的标准之一是出于用人单位生产经营需要，然而，女职工怀孕本身不必然影响岗位工作，因此，因怀孕而调岗未必具有合理性。第二，根据《女职工劳动保护特别规定》，用人单位决定是否因女职工怀孕而调整其岗位，不仅要证明女职工怀孕期间不能适应原工作，还必须有医疗机构的

证明。

【HR 防范策略】

从风险规避的角度出发，用人单位应当立足于调岗是否存在合理必要的理由，而不应将女职工怀孕本身作为决定调整工作单位的事由，如果女职工从事的岗位工作不受怀孕影响或影响较小，建议通过调整工作分配予以缓解；如确需调整怀孕女职工工作岗位的，可以保障女职工权益为出发点，主张原工作岗位、该岗位的工作内容和工作强度确系女职工在孕期难以适应，在有医学证明的前提下进行工作岗位调整；在工作岗位调整的同时，应当尽量保障孕期女职工的原有待遇，避免引发劳动纠纷。

二、风险点：劳动合同约定用人单位可随意调岗

有用人单位为生产经营需要和用工管理便利，在劳动合同中与劳动者约定，用人单位对劳动者的工作岗位等享有调整权，劳动者应当服从用人单位的工作安排。这种约定用人单位享有宽泛调整权的条款实际上受到相对严格的司法限制，司法机关有权审查其调整的合理性，对于不具有合理性的调岗，不仅可能会被认定为无效，如果用人单位以旷工为由解除与劳动者的劳动合同，可能会被认定为违法解除劳动合同。此外，如果劳动者依据《劳动合同法》第 38 条主张用人单位未按照劳动合同约定提供劳动条件，或者《劳动合同法》第 40 条主张缔约所依据的客观情况发生重大变化，有可能获劳动仲裁机构或法院支持，进而判令用人单位依照《劳动合同法》第 46 条向劳动者支付经济补偿。

【HR 防范策略】

用人单位应当坚持工作岗位调整的合理性原则，用人单位可在订立劳动合同时对劳动者工作岗位、工作地点调整的事由、范围予以明确约定，从而通过事先的协商一致降低法律风险。如用人单位因生产经营需要、内部结构变动等原因确需调整劳动者的工作岗位或工作地点的，一方面应当注意保存引发工作调整的合理性事由的证据，另一方面应当为劳动者提供必要便利，降低因工作岗位变动导致劳动条件降低或增加不便。

三、风险点：劳动合同中工作地点约定过于宽泛

有用人单位为便于调动劳动者前往不同工作地点上班，而选择在劳动合同中将

工作地点约定为“全国”“中国”“全省”，又或不写具体工作地点，而约定“以实际工作分配为准”。然而，即使劳动者不服从这种概括性约定，用人单位以此为由解除劳动合同依然可能构成违法解除。一方面，如《北京市高级人民法院、北京市劳动人事争议仲裁委员会关于审理劳动争议案件法律适用问题的解答》第 6 条规定，用人单位与劳动者在劳动合同中宽泛地约定工作地点是“全国”“北京”等，如无对用人单位经营模式、劳动者工作岗位特性等特别提示，属于对工作地点约定不明。劳动者在签订劳动合同后，已经在实际履行地点工作的，视为双方确定具体的工作地点。用人单位不得仅以工作地点约定为“全国”“北京”为由，无正当理由变更劳动者的工作地点。另一方面，根据 2015 沪二中民三(民)终字第 1436 号判决，法院认为，双方的劳动合同对劳动者工作地点并未明确，意味着用人单位可将员工任意派往任何工作地点，使员工对工作地点的确立和变更丧失预见性，故该条款同《劳动合同法》的立法精神相悖，当属无效。现照明公司单方变更季某的工作地点，季某对此予以拒绝，并无不当。因此，公司以旷工为由与季某解除劳动合同缺乏事实依据，应支付赔偿金。

【HR 防范策略】

用人单位之所以与劳动者就工作地点作出概括约定，主要是为了便于调度劳动者，或在解除劳动合同时处于优势地位。但此举在劳动法上存在风险，仍建议用人单位与劳动者明确约定工作地点。此外，可从以下几点着手，规避法律风险：一是根据用人单位的产业布局，适度宽泛地约定工作地点，如用人单位在周边数个城市均有工作地点，可与劳动者约定该地区为工作地点，或用人单位有权在该地区范围内调整劳动者的工作地点。

二是如果系同城或毗邻城市之间不同工作地点的调整，往往不构成劳动合同订立时所依据的客观情况发生重大变化。用人单位可通过消除因工作地点变动引发的不利条件，在交通出行上为劳动者提供便利即可，如劳动者不服从决定而不上班，就有可能构成旷工，用人单位有权依据规章制度单方解除劳动合同。

三是因产业布局调整等原因，导致对劳动者的工作地点进行较大范围、较远距离的调整，如跨省或者省内相距较远的不同行政区域，此时可能构成《劳动合同法》第 40 条第 3 项中的“劳动合同订立时所依据的客观情况发生重大变化”。如果用人单位与劳动者协商不一致，并根据《劳动合同法》第 40 条解除劳动合同，难免需要根据《劳动合同法》第 46 条支付经济补偿金。从审慎应对法律风险的角度来看，尽管需要支付经济补偿金，但较劳动者通过仲裁和诉讼主张用人单位违法解除劳动合同，风险和代价更小。

疑难解答

一、用人单位有关登记事项发生变更是否构成劳动合同变更事由？

根据《劳动合同法》第33条规定，用人单位变更名称、法定代表人、主要负责人或者投资人等事项，不影响劳动合同的履行。由此可见，用人单位的相关登记事项变更无须与劳动者协商变更劳动合同。

二、劳动者因不服从调岗而不上班，用人单位能否以旷工为由解除劳动合同？

上海、四川和宁波等地区根据调岗是否合理，分别作出不同规定。对于不合理、贬损劳动者利益的调岗决定，《四川省关于审理劳动争议案件若干疑难问题的解答》第22条规定，劳动者面对无合理事由的工作调整而拒不履行的，如用人单位以此为由解除劳动合同，劳动者主张违法解除劳动合同赔偿金的，应予支持。而《宁波市中级人民法院关于审理劳动争议案件若干疑难问题的解答（四）》第6条则规定，应审查增加后的工作量是否远超出同岗位其他员工，或者岗位调整是否具有侮辱性、惩罚性，是否降职降薪，是否给劳动者生活工作造成较大不便，否则属于用人单位的正常管理行为，劳动者应当遵从，如劳动者拒绝上班的行为构成旷工，用人单位予以解除不违反法律规定。

《上海高院民一庭调研与参考》第2条指出，在合法、合理的前提下对劳动者岗位进行适当调整，对此劳动者应当予以配合，这也是劳动关系人身从属性的具体体现。如劳动者对调整工作岗位有异议，应当采用协商的方式解决，而不应当以消极怠工的方式进行抵制或对抗。故如劳动者既未到新的工作岗位报到也未到原岗位出勤的，按照用人单位规章制度规定确属严重违纪的，用人单位可以与劳动者解除劳动合同。可见，即使劳动者因不服从调岗而不上班，只有当该调岗决定合理合法、而劳动者既未到新的工作岗位报到也未到原岗位出勤，用人单位才能解除劳动合同。

三、工作岗位调整能否同时调整工资？

《劳动法》和《劳动合同法》对这一问题并未作明确规定，不同地区的地方性法规、规章、司法政策和裁判各有不同。北京市对此持肯定态度，《北京市高级人民法院、北京市劳动人事争议仲裁委员会关于审理劳动争议案件法律适用问题的解答》第5条规定，用人单位在调整岗位的同时调整工资，劳动者接受调整岗位但不接受同时调整工资的，由用人单位说明调整理由。

浙江、重庆、四川泸州等地区同样持肯定态度的同时，对工资调整幅度作出了实质性限制。泸州市规定，调整工作岗位后劳动者的工资水平与原岗位基本相当。重庆市则以工作调整是否导致薪资报酬与工作条件“显著降低”为标准，判断工作调整得合理性。

四、在单方降低劳动者的工资后，能否以劳动者签收工资单为由主张劳资双方已就工资调整协商一致？

目前，上海地区对这一问题明确作出否定回答。《上海市高级人民法院劳动争议案件几个问题的讨论纪要》第17条规定，劳动者在减少了劳动报酬的工资单上签收，只表明收到工资单上的报酬，不能视为同意变更劳动报酬。

尽管其他地区并未对工资调整的协商方式以及工资单签收的问题作出明确规定，但由于工资问题涉及民生福祉和社会问题，各地仲裁和司法机关往往对相关问题予以严格审查，从审慎的角度出发，建议用人单位在降低工资时，一是应当与劳动者进行充分协商，就降薪理由、降薪幅度、经营方针调整、未来预期等事项达成一致；二是形成书面文件并予以完整保存，包括降薪的通知公告，劳资协商记录、变更后的劳动合同或补充协议、引发降薪的国家政策变更、社会生产环境变化等证明。

五、能否通过延长劳动合同期限以减少签订劳动合同的次数，从而规避与劳动者订立无固定期限劳动合同？

目前，北京、江苏和深圳等地对这种做法持否定态度。《北京市高级人民法院、北京市劳动争议仲裁委员会关于劳动争议案件法律适用问题研讨会会议纪要(二)》第42条规定，用人单位与劳动者协商一致变更固定期限合同终止时间的，如变更后的终止时间晚于原合同终止时间，使整个合同履行期限增加，视为用人单位与劳动者连续订立两次劳动合同。而《江苏省劳动合同条例》第 17 条第 2 款、《深圳经济特区和谐劳动关系促进条例》第 18 条第 2 款均规定,用人单位与劳动者协商延长劳动合同期限累计超过 6 个月的,视为续订劳动合同。

六、用人单位搬迁是否构成《劳动合同法》第 40 条中的"劳动合同订立时所依据的客观情况发生重大变化"?

从(2016)苏 05 民终 3275 号、(2019)苏 0191 民初 1054 号等判决确立的标准来看,需要综合考量多种因素,包括新工作地点的交通状况,新旧工作地点的距离、用人单位是否通过提供交通补贴或交通工具等因素,以判断搬迁是否给劳动者带来不便以至影响劳动合同履行。如经综合考量,搬迁未达到致使劳动者严重不便,则不构成客观情况重大变化。

法条链接

1.《劳动合同法》

第三十五条第一款 用人单位与劳动者协商一致,可以变更劳动合同约定的内容。变更劳动合同,应当采用书面形式。

第三十八条 用人单位有下列情形之一的,劳动者可以解除劳动合同:

(一)未按照劳动合同约定提供劳动保护或者劳动条件的。

第四十条 有下列情形之一的,用人单位提前三十日以书面形式通知劳动者本人或者额外支付劳动者一个月工资后,可以解除劳动合同:

(一)劳动者患病或者非因工负伤,在规定的医疗期满后不能从事原工作,也不能从事由用人单位另行安排的工作的;

(二)劳动者不能胜任工作,经过培训或者调整工作岗位,仍不能胜任工作的;

(三)劳动合同订立时所依据的客观情况发生重大变化,致使劳动合同无法履行,经用人单位与劳动者协商,未能就变更劳动合同内容达成协议的。

2.《职业病防治法》

第三十五条第二款 用人单位不得安排未经上岗前职业健康检查的劳动者从事接触职业病危害的作业;不得安排有职业禁忌的劳动者从事其所禁忌的作业;对

在职业健康检查中发现有与所从事的职业相关的健康损害的劳动者，应当调离原工作岗位，并妥善安置；对未进行离岗前职业健康检查的劳动者不得解除或者终止与其订立的劳动合同。

第五十六条第三款 用人单位对不适宜继续从事原工作的职业病病人，应当调离原岗位，并妥善安置。

3.《女职工劳动保护特别规定》

第六条第一款 女职工在孕期不能适应原劳动的，用人单位应当根据医疗机构的证明，予以减轻劳动量或者安排其他能够适应的劳动。

4.《尘肺病防治条例》

第二十一条 各企业、事业单位对已确诊为尘肺病的职工，必须调离粉尘作业岗位，并给予治疗或疗养。尘肺病患者的社会保险待遇，按国家有关规定办理。

5.《最高人民法院关于审理劳动争议案件适用法律问题的解释(一)》

第四十三条 用人单位与劳动者协商一致变更劳动合同，虽未采用书面形式，但已经实际履行了口头变更的劳动合同超过一个月，变更后的劳动合同内容不违反法律、行政法规且不违背公序良俗，当事人以未采用书面形式为由主张劳动合同变更无效的，人民法院不予支持。

6.《北京市高级人民法院、北京市劳动人事争议仲裁委员会关于审理劳动争议案件法律适用问题的解答》

第五条 用人单位调整劳动者工作岗位的，如何处理？

用人单位与劳动者约定可根据生产经营情况调整劳动者工作岗位的，经审查用人单位证明生产经营情况已经发生变化，调岗属于合理范畴，应支持用人单位调整劳动者工作岗位。

用人单位与劳动者在劳动合同中未约定工作岗位或约定不明的，用人单位有正当理由，根据生产经营需要，合理地调整劳动者工作岗位属于用人单位自主用工行为。判断合理性应参考以下因素：用人单位经营必要性、目的正当性，调整后的岗位为劳动者所能胜任、工资待遇等劳动条件无不利变更。

用人单位与劳动者签订的劳动合同中明确约定工作岗位但未约定如何调岗的，在不符合《劳动合同法》第四十条所列情形时，用人单位自行调整劳动者工作岗位的属于违约行为，给劳动者造成损失的，用人单位应予以赔偿，参照原岗位工资标准补发差额。对于劳动者主张恢复原工作岗位的，根据实际情况进行处理。经审查难以恢复原工作岗位的，可释明劳动者另行主张权利，释明后劳动者仍坚持要求恢复原工作岗位，可驳回请求。

用人单位在调整岗位的同时调整工资，劳动者接受调整岗位但不接受同时调整工资的，由用人单位说明调整理由。应根据用人单位实际情况、劳动者调整后的工作岗位性质、双方合同约定等内容综合判断是否侵犯劳动者合法权益。

第六条 用人单位与劳动者在劳动合同中宽泛地约定工作地点是"全国"、"北京"等，用人单位在履行劳动合同过程中调整劳动者的工作地点，劳动者不同意，用人单位依据规章制度作出解除劳动合同决定是否支持？

用人单位与劳动者在劳动合同中宽泛地约定工作地点是"全国"、"北京"等，如无对用人单位经营模式、劳动者工作岗位特性等特别提示，属于对工作地点约定不明。劳动者在签订劳动合同后，已经在实际履行地点工作的，视为双方确定具体的工作地点。用人单位不得仅以工作地点约定为"全国"、"北京"为由，无正当理由变更劳动者的工作地点。

用人单位与劳动者在劳动合同中明确约定用人单位可以单方变更工作地点的，仍应对工作地点的变更进行合理性审查。具体审查时，除考虑对劳动者的生活影响外，还应考虑用人单位是否采取了合理的弥补措施（如提供交通补助、班车）等。

第七条 劳动者按变更后的工作地点实际履行合同，又以未采用书面形式为由主张劳动合同变更无效的是否支持？

劳动者已经按变更后的工作地点实际履行合同，又以未采用书面形式为由主张劳动合同变更无效的，适用《最高人民法院关于审理劳动争议案件适用法律若干问题的解释（四）》第十一条的规定处理。

7.《上海市高级人民法院关于适用〈劳动合同法〉若干问题的意见》

三、劳动合同变更的形式要求

《劳动合同法》第三十五条规定，劳动合同变更的应当采取书面形式。这里的书面形式要求，包括发给劳动者的工资单、岗位变化通知等等。因为随着劳动合同的持续履行，劳动合同双方的权利义务本身就必然会不断变化。如随着劳动者工作时间的增加，其休假、奖金标准发生的自然变化等等，都属于劳动合同的变更。因此，对于依法变更劳动合同的，只要能够通过文字记载或者其他形式证明的，可以视为"书面变更"。

8.《上海市高级人民法院劳动争议案件几个问题的讨论纪要》

第十六条 用人单位单方面变更劳动合同中约定的劳动者的劳动内容的行为

可认定无效；劳动合同约定用人单位可以根据需要调整劳动者工作内容或对工作内容未约定的，用人单位根据需要调整劳动者工作内容的行为可认定有效。

第十七条 用人单位违反劳动合同及单位工资制度，单方面减少劳动者劳动报酬的行为无效；劳动者在减少了劳动报酬的工资单上签收，只表明收到工资单上的报酬，不能视为同意变更劳动报酬。

9.《上海市高级人民法院民一庭关于审理劳动争议案件若干问题的解答》

（十五）劳动合同中约定用人单位有权随时调整劳动者岗位发生争议的，应如何处理？

答：用人单位和劳动者因劳动合同中约定，用人单位有权根据生产经营需要随时调整劳动者工作内容或岗位，双方为此发生争议的，应由用人单位举证证明其调职具有充分的合理性。用人单位不能举证证明其调职具有充分合理性的，双方仍应按原劳动合同履行。

10.《上海市高级人民法院关于审理劳动争议案件若干问题的解答》

六、关于用人单位调整劳动者工作内容和工资报酬的问题

（一）用人单位与劳动者对调整工作内容和工资报酬有明确的书面约定，或者虽无明确书面约定但已通过实际履行等方式默示调整了原合同约定的，视为双方对变更达成一致。

（二）用人单位在劳动者不胜任工作、劳动者医疗期满后不能从事原工作、对负有保守用人单位商业秘密的劳动者采取保密措施等情形下依法调整劳动者工作内容和工资报酬，用人单位应对调整劳动者工作内容的合理依据承担举证责任。

（三）劳动合同中明确约定调整工作内容与工资报酬的有关调解，当事人可按约定履行。劳动合同中虽有工作内容和工资报酬调整的约定，但调整的调解和指向不明确的，用人单位应当提供充分证据证明调整的合理性，用人单位不能证明调整合理性的，劳动者可以要求撤销用人单位的调整决定。

文书工具

《劳动合同变更协议范本》【见书尾文书，文书编号：NO. 04】

第二章

规章制度、员工奖惩与绩效考核

第一节　规章制度创设与适用

实务精讲

一、规章制度的概念、主要内容和制定原则

规章制度是指由用人单位制定的以规范劳动过程和用工管理为主要内容的内部规定。规章制度的外延相当广泛，其主要内容多数为涉及劳动者切身利益和劳动要求的指引性和评价性规定，如《劳动合同法》第4条所列举的劳动报酬、工作时间、休息休假、劳动安全卫生、保险福利、职工培训、劳动纪律以及劳动定额管理等都在规章制度之列。

规章制度相当于用人单位内部规则，根据《劳动合同法》第4条规定，规章制度不会仅因用人单位制定而有效，相反，规章制度在制定程序和实体内容上还需符合一定原则：

第一，协商民主原则。协商民主原则体现在两个方面：在制定上，用人单位在制定和修改涉及劳动者切身利益的规章制度时，需经由民主程序，由职工代表大会或者全体职工讨论，并与工会或者职工代表平等协商确定；在适用上，在规章制度和重大事项决定实施过程中，工会或者职工认为不适当的，有权向用人单位提出，通过协商予以修改完善。需要注意的是，该规定仅确立了劳动者具有程序上协商的权利，并未确定实体上的决定权。换言之，用人单位虽然需要进行协商程序，但实际上，即使是涉及劳动者切身利益的规章制度的决定权也由用人单位单独享有。

第二，实体合法原则。并非所有规章制度均对劳动者具有约束力，只有合法的规章制度才具有效力，这里的合法，是指规章制度的内容应当不违反法律、行政法规和政策，但当规章制度与部门规章、地方性法规和地方性规章相悖时应当如何处理，尚无明文规定。

第三，程序合法原则。规章制度因对劳动者具有约束力，由于规则将影响被约束者的行为选择和评价，因此有必要使规章制度为劳动者所知晓。因此，《劳动合同法》第4条、《最高人民法院关于审理劳动争议案件适用法律问题的解释（一）》第50条均规定，规章制度的效力以向劳动者公示为前提，使劳动者得以知悉其在劳动过

程中应当遵循的行为规则。

二、规章制度的法条精讲

(一)规章制度的效力

根据《劳动合同法》第4条、《最高人民法院关于审理劳动争议案件适用法律问题的解释(一)》第50条的规定,规章制度对于用人单位和劳动者而言具有约束力,具体体现在两个方面:第一,规章制度可以成为用人单位对劳动者作出处分和解除劳动合同等决定的依据。第二,当发生劳动争议时,规章制度可以作为法院裁判劳动争议案件的根据。

需要注意的是,原则上,规章制度必须同时满足协商民主、内容合法和向劳动者公示三个要件,才具备上述的约束力。而对于什么情况属于经民主程序,中央和多数地方未作详细规定,但天津市高级人民法院的规定可作为其他地区的参考,《天津法院劳动争议案件审理指南》第23条规定,经过职工代表大会或者全体职工讨论协商、与用人单位工会平等协商、和用人单位职工代表平等协商之一的,可认定规章制度经民主程序制定。此外,其公示行为应是使劳动者有知晓可能,否则法院可能不予认可,因此,建议用人单位在公示后要求劳动者签名或者作出回复;另一方面公示是规章制度发生效力的前提,例如,劳动者1月1日违反规章制度规定,用人单位1月2日据此解除劳动合同,但该规章制度1月3日才公示,那么劳动者1月1日时显然不知道规章制度的内容,规章制度在1月3日前也无效力,故用人单位的解除行为属于违法解除劳动合同。

(二)规章制度和劳动合同的关系

规章制度和劳动合同中都涉及了对劳动者权利和义务的规定,而规章制度和劳动合同或集体劳动合同可能对同一事项存在不同甚至相反的规定,此时就有必要明确何者具有优先性。根据《最高人民法院关于审理劳动争议案件适用法律问题的解释(一)》第50条第2款规定,劳动者有权请求优先适用劳动合同。从本条规定来看,劳动合同优先于规章制度不是必然的,而只有在劳动者提出的情形下方得适用。

(三)规章制度违法的法律后果

第一,根据《劳动合同法》第38条第2款第4项规定,如果该规章制度违反法律法规且损害劳动者利益的，劳动者可单方解除劳动合同。且根据《劳动合同法》第46条规定，如劳动者依据《劳动合同法》第38条单方解除劳动合同的，用人单位还需支付经济补偿金。

第二，行政责任。如果违反法律法规的是涉及劳动者切身利益的，由劳动行政部门责令用人单位改正，并给予警告。

第三，民事责任。如果涉及劳动者切身利益的规章制度因违反法律法规而导致劳动者遭受损害的，用人单位还需对劳动者承担赔偿责任。

案例说法

案例1：公司总部制定的规章制度不必然适用于各关联公司

张某2009年与北京太和保兴公司订立劳动合同，2015年，北京太和保兴公司根据佳州投资有限公司的规章制度，认定张某存在严重违纪行为，按照佳州投资有限公司的规章规定暂向张某发放60%的工资，并在其后作出开除决定。张某不服，认为北京太和保兴公司根据佳州投资有限公司的规章制度向其发放60%的工资属克扣工资，遂提起仲裁，在仲裁委作出支持张某请求的裁决后，北京太和保兴公司不服，诉至法院。北京太和保兴公司认为，其与佳州投资有限公司系集团公司，佳州投资有限公司的规章制度应可适用于本公司，因此根据佳州投资有限公司的规章制度向张某发放60%的工资有法可依。

法院经审理后认为，北京太和保兴公司首先无法证明其与佳州投资有限公司系关联公司；其次，即使二者为关联公司，北京太和保兴公司也未能证明佳州投资有限公司的规章制度适用于本公司及张某，也未能就其对张某作出开除决定依据的制度向张某进行有效送达和公示提交任何有效证据予以证明。因此，北京太和保兴公司向张某发放60%的工资无据可依，属克扣工资，遂驳回北京太和保兴公司的诉请。

【裁判文书编号】

（2016）京03民终561号

案例2：规章制度不必然具有溯及力

朱某于2006年8月1日入职耀中学校上海耀中国际学校，2014年，朱某因违反

《员工手册(2008)》的规定受到警告处分。2018年,耀中学校上海耀中国际学校实施新《员工手册》,并规定如员工受到三次警告,学校可作开除处理。旧《员工手册》并无此规定,且新《员工手册》对新旧员工手册如何衔接并未作出规定。其后,朱某于2019年又受到两次警告及警告以上的处分,学校遂依据新《员工手册》决定开除朱某。朱某认为该开除决定违法,经劳动二仲裁后诉请法院,判令耀中学校上海耀中国际学校支付违法解除劳动合同赔偿金。

法院经审理后认为:"员工受到三次警告,学校可作开除处理"仅为新员工手册所作的规定,在新员工手册未明示新旧员工手册的衔接关系时,应认定该规定不具有溯及力,因此虽然朱某受到三次警告,但因2018年实施的新《员工手册》不能约束其实施之前的行为,因此用人单位属违法解除与朱某的劳动合同。

【裁判文书编号】

(2019)沪01民终13221号

案例3:用人单位以规章制度形式否认劳动者加班事实被判支付加班费

常某于2016年4月入职某网络公司。入职之初,某网络公司通过电子邮件告知常某,公司采取指纹打卡考勤。员工手册规定:"21:00之后起算加班时间;加班需由员工提出申请,部门负责人审批。"常某于2016年5月至2017年1月,通过工作系统累计申请加班126小时。某网络公司以公司规章制度中明确21:00之后方起算加班时间,21:00之前的不应计入加班时间为由,拒绝支付常某加班费差额。常某申请劳动仲裁,请求裁决某网络公司支付其加班费差额。某网络公司不服仲裁裁决,诉至人民法院。一审法院判决:某网络公司支付常某加班费差额32,000元。双方不服,均提起上诉。二审法院判决:驳回上诉,维持原判。

本案中,一方面,某网络公司的员工手册规定有加班申请审批制度,该规定并不违反法律规定,且具有合理性,在劳动者明知此规定的情况下,可以作为确定双方权利义务的依据。另一方面,某网络公司的员工手册规定21:00之后起算加班时间,并主张18:00至21:00是员工晚餐和休息时间,故自21:00起算加班。鉴于18:00至21:00时间长达3小时,远超过合理用餐时间,且在下班3小时后再加班,不具有合理性。在某网络公司不能举证证实该段时间为员工晚餐和休息时间的情况下,其规章制度中的该项规定不具有合理性,人民法院依法否定了其效力。人民法院结合考勤记录、工作系统记录等证据,确定了常某的加班事实,判决某网络公司支付常某加班费差额。

风险应对

一、风险点：依照规章制度处罚劳动者的举证责任

内容合法、经民主协商并公示的规章制度可以作为用人单位管理和处分劳动者的依据。但如果劳动者对规章制度的合法性提出异议，用人单位就需对规章制度符合法律和司法解释承担举证责任。而在用人单位按照规章制度规定，对劳动者作出处分后，在法庭上往往因举证不力而败诉。一般而言，存在两种可能：第一，在程序上，无法举证该规章制度已经过民主程序和公示程序，因此无法证明劳动者已经或者可以知晓规章制度的内容；第二，在内容上，由于缺乏事实证据，无法证明劳动者有违反规章制度的行为。

【HR 防范策略】

为防止因举证不能而承担败诉后果，用人单位需要注重对证据的固定。在规章制度的制定上，通过对协商过程进行摄影，录像，保存劳动者、员工代表和工会书面意见等方式，为证明规章制度已进行民主协商保存证据；在公示上，用人单位不仅可以采取上述方式形成证据，也可以通过多种途径告知劳动者规章制度，使法官确信用人单位已充分履行公示义务，劳动者在此种情况下知道或应当知道规章制度的内容；在事实认定上，用人单位既需要保留关于劳动者违规行为的证据材料，另外，在处分决定上应当周详说明对劳动者行为性质的认定，指出该行为在规章制度上有何规定，如果规章制度对同一行为的不同程度（如损失和重大损失）有不同规定，还需要说明程度认定的标准，从而形成清晰的论证。

二、风险点：规章制度的可操作性

规章制度指引和评价劳动者行为的前提在于规章本身是清晰可操作的，可以根据规章形成明确的行动。但实务中，用人单位一方面运用规章制度进行用工管理，另一方面规章制度本身却存有问题。具体存在四种情况：规章内容模糊、规章内容之间相互矛盾、规章的文义与其目的不一致以及规章缺位。其造成的后果是，在司法实践中，法院认为依据规章无法认定劳动者的行为违规，或者劳动者的行为规章并未调整，因此用人单位对劳动者的处分缺乏依据，用人单位应当承担违法责任。

【HR 防范策略】

规避这一风险在根本上是形成清晰自洽的规章制度，具体而言，可以采取以下方式：第一，在规章制度没有明显缺陷的情况下，可通过一定技术手段保障规章制度的灵活性，如在明确规章制度的目的和原则，在遇到边缘情形时，可以依据目的和原则对相应规章制度进行解释，明晰该情形能否适用规章制度；对于无法穷举的情形，在规章制度上采取概括规定和列举规定相结合的方式，一方面，概括条款能使某些未被列举的情形也可以涵摄到该规定中；另一方面，列举条款也为概括规定的适用提供一定的参照标准。第二，规章制度的制定并非从头开始，用人单位可以本行业的行业惯例和一定的规章制度范本为参考，按照本单位实际情况进行修改或参照制定。需要注意的是，规章制度范本为保证普适性，往往无法与特定行业用人单位的需求精确契合，用人单位在参考时需认真审核。

操作指引

企业规章制度制订与修改流程见图 2－1。

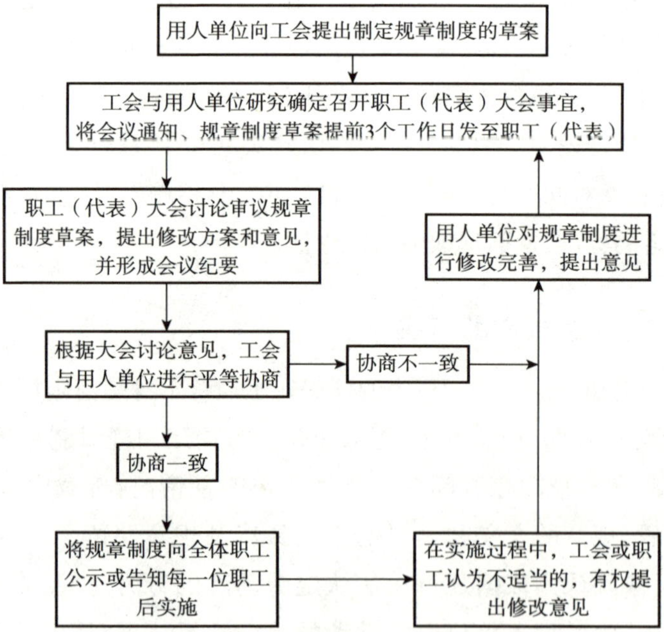

图 2－1　规章制度制订与修改流程

疑难解答

一、事关劳动者切身利益的规章制度存在程序瑕疵的效力如何？

从《劳动合同法》第4条和《最高人民法院关于审理劳动争议案件适用法律问题的解释(一)》第50条来看，如欲使涉及劳动者切身利益的规章制度具有约束力，需经民主程序和公示程序。如果缺乏其中之一，规章制度则存在程序瑕疵。以下将分别从缺失民主程序和缺失公示程序两部分予以说明。

如涉及劳动者切身利益的规章制度未经民主程序，原则上不具有效力。但存在两种例外情形：第一，根据北京市的司法文件，对于《劳动合同法》颁布之前制定的规章制度，如虽未经民主程序，但内容不违反法律法规且经公示的，可以作为用人单位用工管理的依据。第二，对于《劳动合同法》实施后制定的规章制度，即使规章制度内容具有合法性和合理性，且经公示后劳动者并无异议，但未经民主程序的，北京和上海对此未作出规定，宜认为无效。鉴于不同地区对劳动争议案件的观点有所不同甚至截然相反，不同地区的用人单位应仔细了解管辖地法院的司法文件。

对于涉及劳动者切身利益的规章制度，公示程序是生效的必备要件，从既有法律法规来看，均不对劳动者产生效力，理由也是显见的，如果劳动者无法知晓规定内容，那么就不能期待劳动者依照规则行事，否则就会形成“秘密法律”，为损害劳动者利益大开方便之门。

二、规章制度可采取什么方式公示？

公示是规章制度对劳动者具有效力的必要条件，但从风险规避的角度看，公示并非简单地公开即可，正如前面所提及的，在司法实践中用人单位对规章制度的合法性承担举证责任。如果用人单位虽然公开了规章制度，但是事实上劳动者不能或者难以得知规章内容，用人单位就可能因不能证明使劳动者知悉规章内容而败诉。因此，用人单位不仅要进行公示，而且需要证明自己已充分告知劳动者规章制度的有关内容。对此，实务中已总结公示规章制度的种种方法：

(1)在程序上，在规章制定后，向劳动者分发规章制度并提示其详加阅读，并要求劳动者在阅读后签名并承诺已知悉规章的具体内容，由负责人力资源工作的员工以录像拍照的方式加以固定。

(2)在告知方式上,可采取多途径传达的方式,如利用网站、公告栏公示,电邮或OA传达,召开劳动纪律培训会议,对于新入职的劳动者还可将规章制度附于劳动合同中。

三、法院是否审查规章制度的合理性?

从法律规范的文义来看,法院对规章制度内容的审查止于合法性,但对于内容上有明显不合理之处的规章制度,也不排除法院否定其效力的可能性。如深圳市中级人民法院审判长撰文指出,对于性质上显失公平的规章制度,应属无效。[①] 可见,出于对用工管理权的尊重,法院一般不会审查规章制度的合理性,但劳动合同关系仍属于平等主体间形成的法律关系范畴,因此,民法的各项原则仍然适用于劳动合同关系,如果用人单位规章制度有利用自身优势地位明显加重劳动者义务等情形的,就有被法院认定无效的风险。

法条链接

1.《劳动合同法》

第四条 用人单位应当依法建立和完善劳动规章制度,保障劳动者享有劳动权利、履行劳动义务。

用人单位在制定、修改或者决定有关劳动报酬、工作时间、休息休假、劳动安全卫生、保险福利、职工培训、劳动纪律以及劳动定额管理等直接涉及劳动者切身利益的规章制度或者重大事项时,应当经职工代表大会或者全体职工讨论,提出方案和意见,与工会或者职工代表平等协商确定。

在规章制度和重大事项决定实施过程中,工会或者职工认为不适当的,有权向用人单位提出,通过协商予以修改完善。

用人单位应当将直接涉及劳动者切身利益的规章制度和重大事项决定公示,或

① 《怎样的规章制度法院才认?》,载 https://mp. weixin. qq. com/s/gV - cdRKFidPuoZtJBNDNwg,最后访问日期:2020 年 3 月 16 日。

者告知劳动者。

第三十八条第一款 用人单位有下列情形之一的，劳动者可以解除劳动合同：

（一）未按照劳动合同约定提供劳动保护或者劳动条件的；

（二）未及时足额支付劳动报酬的；

（三）未依法为劳动者缴纳社会保险费的；

（四）用人单位的规章制度违反法律、法规的规定，损害劳动者权益的；

（五）因本法第二十六条第一款规定的情形致使劳动合同无效的；

（六）法律、行政法规规定劳动者可以解除劳动合同的其他情形。

第四十六条 有下列情形之一的，用人单位应当向劳动者支付经济补偿：

（一）劳动者依照本法第三十八条规定解除劳动合同的。

第八十条 用人单位直接涉及劳动者切身利益的规章制度违反法律、法规规定的，由劳动行政部门责令改正，给予警告；给劳动者造成损害的，应当承担赔偿责任。

2.《最高人民法院关于审理劳动争议案件适用法律问题的解释（一）》

第五十条第一款 用人单位根据劳动合同法第四条规定，通过民主程序制定的规章制度，不违反国家法律、行政法规及政策规定，并已向劳动者公示的，可以作为确定双方权利义务的依据。

3.《北京市高级人民法院、北京市劳动争议仲裁委员会关于劳动争议案件法律适用问题研讨会会议纪要》

第三十六条 用人单位在《劳动合同法》实施前制定的规章制度，虽未经过《劳动合同法》第四条第二款规定的民主程序，但内容未违反法律、行政法规及政策规定，并已向劳动者公示或告知的，可以作为用人单位用工管理的依据。

文书工具

《用人单位用工管理规章制度参考文本》【见书尾文书，文书编号：NO. 05】

第二节 员工奖惩管理

实务精讲

一、员工奖惩的基本原则

员工奖惩是用人单位根据一定的规则与标准对劳动者作出的激励与处分。在未完全步入市场经济的时代，员工奖惩受到行政法规的调整，如《企业职工奖惩条例》就是其中示例，条例对用人单位可采用的奖惩措施、适用情形作出了规定。但随着中国市场经济越发完善，员工奖惩被视为用人单位用工管理权，应当由用人单位与劳动者协商形成奖惩规定，用人单位自主管理，因此，《企业职工奖惩条例》也在2008年予以废止。目前，法律法规对用人单位的奖惩态度体现为两项原则：

第一，自主原则。现行有效的法律规范并未如《企业职工奖惩条例》那样对员工奖惩加以规定，奖惩作为涉及劳动者切身利益的事项，应当记载于用人单位规章制度中，且规章制度制定应当遵循民主协商、实体合法和程序合法的原则，可见，现行劳动法规主张员工奖惩事项应当由用人单位内部自决与执行。

第二，合法原则。虽然现行法规并未对员工奖惩明细加以规定，但并不意味着员工奖惩是法外之地。法律将奖惩设立和实施的空间交由用人单位和劳动者后，在程序和实体上又有所固定。程序方面体现为涉及劳动者切身利益的规章制度应当经民主协商与公示；在内容上，如采取罚款、侮辱性或体罚性的惩罚手段，需承担行政责任或刑事责任。

二、员工奖惩的注意事项

需要注意的是，由于《劳动法》《劳动合同法》和行政法规等对员工奖惩没有明确规定，因此在司法实践和地方立法中对同一事项存在不同态度，如能否对劳动者处以罚款不同地区的法规和判决结果大相径庭。因此，用人单位在制定奖惩制度时，不仅要考虑单位内部经营与人事管理情况，还需积极了解所在地的立法与司法态度。

案例说法

案例 1:劳动者因小额罚款而单方解除劳动合同不能主张经济补偿

余某于 2012 年 5 月 3 日入职金鼎财会公司,2014 年,余某因迟交假单两天而被金鼎财会公司根据规章制度罚款 100 元,2015 年 5 月,余某以用人单位拖欠或者克扣劳动报酬等为由单方解除劳动合同。后余某主张,用人单位罚款行为应认定为《劳动合同法》第 38 条规定的未及时足额支付劳动报酬,自己系因此而被迫离职,因此诉请金鼎财会公司支付经济补偿金。

再审法院在裁定书中认为,虽然用人单位规定有权对劳动者进行罚款的约定应认定为无效,但是罚款行为属于金鼎财会公司行使管理权中的过错行为,且数额较小,不能构成未及时足额支付劳动报酬,不属于劳动者可以行使单方解除权的情形。故余某关于经济补偿金的请求不能成立。

【裁判文书编号】

(2017)粤民申 7481 号

案例 2:采取惩罚措施应坚持过罚相当原则

刘某系可口可乐公司员工,工作期间,因刘某工作失误,导致公司多付了运费及仓储费,后虽多付的运费及仓储费得到追回,但可口可乐公司认为刘某的行为严重违反了规章制度,并据此作出开除决定。刘某不服,诉至法院,要求可口可乐公司支付违法解除劳动合同赔偿金。

再审法院在裁定书中认为,可口可乐公司系因刘某工作失误与其解除劳动合同,但是综合考虑因刘某工作失误所造成的后果及损失的追回情况,并未达到解除劳动合同的程度,故可口可乐公司以此为由解除与刘某的劳动合同确系违法。

【裁判文书编号】

(2015)高民申字第 01306 号

疑难解答

一、用人单位可设定什么奖惩措施？

如前所述，法律规范对员工奖惩干预较少，宽松来看，《劳动合同法》第 39 条规定可以理解为赋予了用人单位过失性辞退这一惩罚手段，但除此之外基本没有涉及奖惩的规定。而根据各地区出台的规章制度范本和各用人单位的实务经验，常见的奖励有口头嘉奖、书面表扬、提升待遇、发放一次性奖金、晋升职级，针对出勤的还有全勤奖等；而常见的惩罚有口头批评、书面批评、扣发奖金、降薪、降职、解除劳动合同等。值得注意的是，作出解除劳动合同的处分需由用人单位证明劳动者确已严重违反规章制度。此外，还可以设立奖惩分，根据不同情形的程度，给予一定奖惩分，达到一定分值给予一定惩罚，如迟到一次给予惩罚分 1 分，旷工一次给予惩罚分 4 分，一年度满 10 惩罚分者减发奖金等。

二、用人单位可以对劳动者罚款吗？

用人单位对劳动者罚款的合法性问题可作两种理解，一是用人单位可否直接对劳动者的某些行为罚款？二是经民主协商和公示能否将罚款列入规章制度？

对于前者，目前司法实践的态度较为明确，认为此类罚款行为实际上是扣减劳动者工资，违反《劳动法》第 30 条规定的用人单位足额发放工资义务。而对于后者，虽然主要观点认为罚款属于行政处分行为，用人单位无权将罚款手段纳入规章制度中，但据学者观察，司法实践中依然存在肯定说与否定说两种处理观点，持支持态度的有（2013）威民三终字第 232 号、（2019）川 01 民终 4313 号等判决；持反对态度的有（2015）锡滨民初字第 02904 号、（2016）粤 01 民终 12881 号和（2015）吴江民初字第 0942 号判决。[①] 而在地方立法中，《广东省劳动保障监察条例》第 50 条第 1 款规定，用人单位的规章制度规定了罚款内容，或者其扣减工资的规定没有法律、法规依据的，由人力资源社会保障行政部门责令改正，给予警告，但北京市与上海市未见此规定。据此，用人单位采取罚款手段不一定能在司法实践中得到支持，以其他方案

---

① 《企业可以对员工处以罚款吗？》，载 https://mp. weixin. qq. com/s/NOaHEbqB1erG95e5BGSpHA，最后访问日期：2020 年 3 月 16 日。

代替罚款,是用人单位最优选择。

三、罚款与降薪有什么区别?

罚款是用人单位单方面对劳动者作出的处分,而降薪虽然可作为对劳动者的惩罚手段,但从法律性质来看,降薪本质上是变更劳动合同内容。因此,如果用人单位对劳动者作出降薪处分,应当据此协商变更劳动合同,协商不成的,可以双方协商解除劳动合同或劳动者单方解除。因此罚款与降薪存在性质区别,如对劳动者处以降薪处罚,实际能否执行还需经双方协商。

因此,各地对降薪处罚持认可态度,如《上海市企业工资支付办法》第 17 条规定,劳动者违反劳动纪律或规章制度,企业降低其工资的,降低后的工资不得低于本市规定的最低工资标准;《北京市工资支付规定》第 11 条规定,除法律、法规、规章规定的事项外,用人单位扣除劳动者工资应当符合集体合同、劳动合同的约定或者本单位规章制度的规定。

四、如不允许罚款,如何处理劳动者给用人单位造成损失的情形?

虽然用人单位不得对劳动者处以罚款,但并不意味劳动者可以高枕无忧,如果因劳动者过错造成用人单位损失的,除了此前提及的惩罚手段外,用人单位还可以要求劳动者赔偿损失。如《工资支付暂行规定》第 16 条规定,因劳动者本人原因给用人单位造成经济损失的,用人单位可按照劳动合同的约定要求其赔偿经济损失,该赔偿可从劳动者的工资中扣除;但每月扣除的部分不得超过劳动者当月工资的 20%,且扣除后的工资不得低于当地最低工资。北京市、上海市和广东省的地方性法规也作出了相同规定。但需要注意的是,赔偿义务也不是用人单位单方创设的,而必须以劳动合同的约定为依据,因此,在订立劳动合同时,应当加入相应赔偿条款。

五、如不允许罚款,如何在日常管理中规范劳动者的考勤行为?

在用工实践中,迟到、早退乃至旷工的情形时有发生,对于此类行为,如多次发生,采取批评警告显得过轻,而协商调职调薪则显得大费周章。因此,建议用人单位可以适调工资架构,提升绩效工资的权重,并将到勤情况纳入绩效考核中,将一部分报酬以全勤奖的方式体现,从而激励劳动者积极到岗。

法条链接

1.《劳动合同法》

第四条 用人单位应当依法建立和完善劳动规章制度,保障劳动者享有劳动权利、履行劳动义务。

用人单位在制定、修改或者决定有关劳动报酬、工作时间、休息休假、劳动安全卫生、保险福利、职工培训、劳动纪律以及劳动定额管理等直接涉及劳动者切身利益的规章制度或者重大事项时,应当经职工代表大会或者全体职工讨论,提出方案和意见,与工会或者职工代表平等协商确定。

在规章制度和重大事项决定实施过程中,工会或者职工认为不适当的,有权向用人单位提出,通过协商予以修改完善。

用人单位应当将直接涉及劳动者切身利益的规章制度和重大事项决定公示,或者告知劳动者。

2.《劳动法》

第九十六条 用人单位有下列行为之一,由公安机关对责任人员处以十五日以下拘留、罚款或者警告;构成犯罪的,对责任人员依法追究刑事责任:

(一)以暴力、威胁或者非法限制人身自由的手段强迫劳动的;

(二)侮辱、体罚、殴打、非法搜查和拘禁劳动者的。

3.《工资支付暂行规定》

第十六条 因劳动者本人原因给用人单位造成经济损失的,用人单位可按照劳动合同的约定要求其赔偿经济损失。经济损失的赔偿,可从劳动者本人的工资中扣除。但每月扣除的部分不得超过劳动者当月工资的20%。若扣除后的剩余工资部分低于当地月最低工资标准,则按最低工资标准支付。

4.《广东省劳动保障监察条例》

第五十条 用人单位的规章制度规定了罚款内容,或者其扣减工资的规定没有法律、法规依据的,由人力资源社会保障行政部门责令改正,给予警告。

用人单位对劳动者实施罚款或者没有法律、法规依据扣减劳动者工资的,由人力资源社会保障行政部门责令限期改正;逾期未改正的,按照被罚款或者扣减工资的人数每人二千元以上五千元以下的标准处以罚款。

5.《北京市工资支付规定》

第十一条 用人单位不得随意扣除劳动者工资。

除法律、法规、规章规定的事项外，用人单位扣除劳动者工资应当符合集体合同、劳动合同的约定或者本单位规章制度的规定。

6.《上海市企业工资支付办法》

第十七条 劳动者违反劳动纪律或规章制度，企业降低其工资的，降低后的工资不得低于本市规定的最低工资标准。

文书工具

《奖惩审批表》【见书尾文书，文书编号：NO. 06】

第三节 绩效考核

实务精讲

一、绩效考核标准的合法性要求

绩效考核属于用人单位规章制度的组成部分，是用人单位根据工作目标和考察标准，对劳动者的工作业绩进行的评估。和职工奖惩相同，绩效考核是用人单位经营自主权和用工自主权的体现，因此，劳动法规并未对绩效考核的概念、形式、标准以及评价后对劳动者的处理方式进行规定，严格来说，绩效考核并非法律概念。但是，这不等于用人单位开展绩效考核不受法律约束，虽然绩效考核本身不受法律调整，但是绩效考核往往涉及劳动者的劳动报酬、工作时间、职务晋升等切身利益，而这些内容则受到《劳动法》《劳动合同法》及其他劳动法规规章的调整。因此，在法律层面，绩效考核应循的根本原则：虽然考核劳动者的权力向用人单位开放，但考核标准以及考核结果如果涉及《劳动法》的命令性规定，绩效考核即受到法律的约束。

在实务中，与绩效考核紧密相关的法律问题有工资、休假、加班以及劳动合同解除。因此，下文将围绕以上要点，以案例、风险提示和问答的形式加以分析。

二、劳动者绩效考核的主要内容

（一）能力考核

能力考核是考评员工在工作中发挥出来的能力。比如，在工作中判断是否正确、工作效率如何、工作中协调能力怎样等。用人单位根据劳动者在工作中表现出来的能力，参照标准和要求，对劳动者所担当的职务与其能力是否匹配作出评定。这里的能力主要体现在四个方面：常识、专业知识和其他相关知识；技能、技术和技巧；工作经验；体力。

（二）业绩考核

业绩考核是对劳动者担当工作的结果或履行职务工作结果的考察与评价。它是对劳动者贡献程度的衡量，是所有工作关系中最本质的考评。它直接体现出劳动者在用人单位中价值的大小，与劳动者担当工作的重要性、复杂性和困难程度呈正相关关系。

（三）潜力考核

潜力考核的目的在于了解劳动者的工作潜力。潜力考核着重考核劳动者在现任职务中的能力有没有全部发挥出来，要解决的问题：他还能干些什么。不过难点在于：在劳动者还没有干些什么的时候，用人单位如何把握他还能干些什么。

（四）态度考核

态度考核是考评劳动者为某项工作而付出的努力程度，比如是否有干劲、有热情，是否忠于职守，是否服从命令等。态度考核的同时应考虑到工作完成的内部条件和外部条件。

在实际操作过程中，由于各用人单位所处的环境不同，完成目标管理工作中具体的特点不同以及经营者的偏好不同，就可能使用人单位绩效考核偏重于其中一项或几项。比如，企业管理工作的重心在于提高工作效率，其考评内容偏重于业绩考核，如果需要提升一些有才干的人员来促进企业的发展，则考核的内容就偏重于劳动者的能力和潜力考核。

案例说法

案例1：绩效考核需具有程序合法性

胡某与国民信托有限公司订立了期限为2012年6月21日至2015年6月20日的劳动合同。2013年，国民信托有限公司根据本公司绩效考核标准，评定胡某为不及格，并据此扣发当年年终奖。其后，国民信托有限公司又就调整胡某岗位与胡某协商，胡某拒绝调整后，国民信托有限公司未经协商即与胡某解除劳动合同。胡某不服，就扣发年终奖和公司单方解除劳动合同二事提起仲裁。本案经仲裁、一审后，胡某上诉至北京市第二中级人民法院。

对于国民信托有限公司因胡某考核不及格而扣发年终奖，二审法院认为，绩效考核程序对于保障劳动者切身利益具有重要价值，因此，法院有必要对用人单位的考核程序进行审查。另外，法院对绩效考核程序的审查着重于形式层面，如果绩效考核的程序正当性存在问题，则应对考核结果予以否定。具体到本案，国民信托有限公司的考核程序存在多处瑕疵，包括：国民信托有限公司未提交胡某的《2013年度工作总结和2014年度工作计划》，对于胡某拒绝提交该计划的主张，亦未提交证据予以证明；国民信托有限公司提交的胡某2013年度绩效考核表缺少胡某本人的签字确认以及人力资源部经办人的签字，也没有其他证据表明公司在将胡某2013年度绩效表提交人力资源部前已经向胡某征求意见；国民信托有限公司未提交员工日常绩效台账或工作周/月报，未就相关的工作和考核内容尽举证责任；国民信托有限公司未提交证据证明人力资源部汇总各部门员工考核结果后总办会报送的相关证据，亦无总办会核定最终考评结果的相关证据。综上所述，国民信托有限公司的考核程序存在多处瑕疵，故应对其考核结果予以否定。因此，国民信托有限公司因胡某考核不及格而扣发年终奖的行为违法。

【裁判文书编号】

（2015）二中民终字第03710号

案例2:用人单位未与劳动者达成绩效考核协议视为放弃考核权

郑某于2015年11月与聚义丽森公司订立期限为2015年11月16日至2020年11月15日的劳动合同,合同中约定郑某月绩效考核工资为24,000元,而考核工资的支付将依据“补充协议”进行。后聚义丽森公司并未与郑某订立补充协议,并以2016年度郑某绩效不佳为由未发放2016年2月至12月的绩效工资。2017年,郑某与聚义丽森公司的关联公司签订《2017年销售目标&绩效》。2018年1月22日聚义丽森公司单方解除与郑某的劳动合同。

郑某不服,诉至法院,要求聚义丽森公司支付2016年2月至12月的绩效工资和违法解除劳动合同赔偿金。聚义丽森公司辩称:与郑某未就上述期间绩效工资事宜签订补充协议约定考核指标及如何支付,即双方未就绩效工资的发放达成合意,但公司并未放弃对郑某考核销售绩效的权利。

对此,法院认为,聚义丽森公司未与郑某就2016年2月至12月的业绩考核达成补充协议,应认定为聚义丽森公司自动放弃了对郑某进行绩效考核的权利,其责任应由聚义丽森公司承担,聚义丽森公司不能因未达成协议而不向郑某发放24,000元绩效工资。因此,对于郑某诉请聚义丽森公司支付2016年2月至12月的绩效工资予以支持。

【裁判文书编号】

(2018)沪01民终13605号

风险应对

一、风险点:定性考核

用人单位设定的绩效考核标准可以分为两类:一是定量标准,按照劳动者完成的工作业绩或效率评估劳动者绩效;二是定性标准,往往体现为工作态度、同事关系和客户满意度等。固然,劳动者的工作成绩不可能完全量化,因此设定一定定量标准有其必要性。但是,定性标准无可避免地存在内容空泛、评价的主观性强的特点,因此,评价能否反映劳动者真实绩效以及评价标准本身是否妥当,往往缺乏说服力和依据支持。由此,以定性标准对员工扣发绩效奖金、调岗调薪乃至解除劳动合同的行为,往往受到劳动者质疑,而在司法实践中,如果缺乏证据和其他佐证,也难以得到法院认可。例如在(2016)粤民申1990号判决中,虽然用人单位主张其因劳动者工作态度消极而对劳动者进行单方调岗系合法行为,因此,因劳动者拒绝调岗而解除劳动合同亦属合法。但是法院认为,用人单位并无有效证据证实劳动者不能胜任原工作岗位,也无法证明新岗位未降低劳动者的工作条件,因此在一审、二审和再审中均败诉。

【HR防范策略】

为避免因定性标准的空泛性和主观性导致不利后果,HR可从三个方面着手:第一,对某些定性标准予以具体化,如工作不认真不负责等,可以细化为日常考勤、工作成果和错误率等,此类标准具体且可以保留证据,相较于单纯的定性标准更有说服力;第二,对于态度类和关系类的定性标准,由于此类职业态度与同事关系将反映在事实层面才能被感知,因此在评价的过程中应当以事实作为佐证,并说明良好的态度和关系对于被评价者的工作岗位和工作目标而言具有重要性,从而使标准可把握且具有正当性;第三,在绩效考核体系中,合理配置定量考核与定性考核的关系,尽量让具有可证性和说服力的标准作为评估劳动者工作的关键要素。

二、风险点:末位淘汰

末位淘汰被用人单位在考核管理中广泛运用,然而在司法实践中也经常被否定,这不仅是因为末位淘汰涉及劳动者最为关切的利益——工作岗位,同时也因为其自身与法律规范存在潜在的冲突。末位淘汰,是指用人单位在绩效考核排名末端设置淘汰区间(如后10%),对于绩效排名处于该区间的劳动者予以辞退的处理方式。从表面上看,实施末位淘汰的用人单位可以主张,劳动者居于末位表明其不能胜任工作,因此用人单位可与之解除劳动合同,但两者存在重大差异。

首先,处于绩效排名末位不等于不能胜任工作,这是因为排名是劳动者之间的比较,因此即使做得再好也有先后之分,但是不能胜任工作则是劳动者自身与工作的关系,换言之,劳动者即使处于排名末位也不一定能说明其不能胜任工作,如最高人民法院指导案例18号在判决理由中指出,虽然劳动者的考核等级为C2(后10%),但该考核结果不完全等于“不能胜任工作”,不能以比例性结果作为单方解除劳动合同的依据。因此,将末位等于不能胜任是用人单位的第一层法律风险。

其次,即使劳动者的确既处于末位也不能胜任工作,用人单位据此辞退劳动者仍属违法。根据《劳动合同法》第40条的规定,以不能胜任工作为由与劳动者解除劳动合同,以劳动者已接受培训或者已对劳动者工作进行调整为前置要件。因此,末位淘汰将排名末位的劳动者直接淘汰,既没有其他法律依据,也不符合《劳动合同法》第 40 条。未经培训和调岗即解除劳动合同的实施末位淘汰的第二层法律风险。还需注意的是,根据该条文的旨意,劳动者的培训应当是有助于工作的实质性培训,而调岗也应为迫使劳动者辞职而进行的恶意调岗,这也就排除了用人单位以不能胜任之名行末位淘汰之实的情形。

最后,即使根据末位淘汰所依据的标准劳动者确系不能胜任工作,且经培训和调岗仍不能胜任的,也不意味着用人单位可以末位淘汰为由无成本解除劳动合同,如用人单位无条件辞退劳动者,还需按照《劳动合同法》第 40 条的规定,提前 30 日通知或者额外支付劳动者 1 个月的工资(代通知金)。

【HR 防范策略】

从上述分析可以看出,末位淘汰作为绩效考核额处理方式其关键问题在于末位不等于不能胜任。因此,除需严格按照《劳动合同法》第 40 条对劳动者进行培训和调岗外,对于实施末位淘汰的用人单位而言,还应从两方面进行改进:第一,标准调整。绩效考核不仅比较劳动者之间的绩效,更应当设置一定的工作目标,对劳动者的工作业绩本身进行考察,应当重点关注对考核不合格而非未排名靠后的劳动者。第二,由于末位本身不能说明不能胜任,因此在举证时用人单位应当侧重证明解除劳动合同的理由是劳动者不能胜任工作,从而避免不利后果。

疑难解答

一、绩效工资在劳动者工资总额可占多少比例?

目前劳动法规没有绩效这一概念,因此未对绩效工资的细节予以规制。目前,有部分用人单位大幅提高绩效工资在工资总额架构中的权重,而固定工资权重较低甚至没有。这一做法同样存在劳动法律风险,《劳动法》第 48 条设定了最低工资制度,即劳动者每月的工资所不得低于的标准。据此可以认为,不论绩效工资在劳动者工资总额所占比例是多少,劳动者每月实际所得的工资不能低于最低工资。为避免劳动者因绩效工资较低,但是月工资总额低于用人单位所在地区规定的最低工资总额,建议用人单位不仅应当保留固定工资,且数额至少应当不低于当地最低工资水平。

二、从本月扣除一定工资作为下个月的绩效是否合法?

不合法。实践中,有用人单位从劳动者本月工资中扣除一部分,作为下月绩效,并规定如劳动者离职则不再发放。而在司法实践中,(2019)京03民终3247号、(2019)京03民终3539号等判决中已明确,将职工应发工资作为绩效工资扣减属于未及时足额支付劳动报酬,规定离职不发放同样不合法,应当予以补发。

三、能否将加班与绩效考核相挂钩?

加班与绩效的关系可以分为三种情形:

第一,将加班工资作为绩效,达到一定绩效再发放奖金。根据《劳动合同法》第31条的规定,如果劳动者加班是用人单位安排的,应当按照国家有关规定向劳动者支付加班费。因此,不论给加班工资冠以什么名义,如果加班系用人单位安排,则都应当支付,如果用人单位试图将加班工资转化为绩效,但是绩效考核不合格则不发放,属于《劳动合同法》第85条规定的安排加班不支付加班费。当然,该规定限于加班系用人单位安排,因此用人单位可以将劳动者自愿加班作为绩效加分。

第二,如果不加班,则扣除绩效。该行为不同于将自愿加班作为绩效加分,而是以扣除绩效为不加班的后果,因此可能被认定为变相强迫劳动者加班,有违反《劳动合同法》第31条规定的嫌疑,从规避法律风险的角度看,不建议采用。

第三,为了完成绩效而加班。这需要考虑到绩效标准是否合理,如果该绩效标准属于正常工作可以完成,则劳动者的加班可视为自愿加班,但如果该标准按照正常工时不可能完成,那么同样有变相强迫劳动者加班之嫌。需要注意的是,司法实践中法院并无明确的实质审查标准,依赖于双方的举证,因此用人单位宜制定适当的绩效标准并存留证据。

法条链接

1.《劳动合同法》

第三十一条 用人单位应当严格执行劳动定额标准,不得强迫或者变相强迫劳动者加班。用人单位安排加班的，应当按照国家有关规定向劳动者支付加班费。

第四十条 有下列情形之一的，用人单位提前三十日以书面形式通知劳动者本人或者额外支付劳动者一个月工资后，可以解除劳动合同：

（一）劳动者患病或者非因工负伤，在规定的医疗期满后不能从事原工作，也不能从事由用人单位另行安排的工作的；

（二）劳动者不能胜任工作，经过培训或者调整工作岗位，仍不能胜任工作的；

（三）劳动合同订立时所依据的客观情况发生重大变化，致使劳动合同无法履行，经用人单位与劳动者协商，未能就变更劳动合同内容达成协议的。

第八十五条 用人单位有下列情形之一的，由劳动行政部门责令限期支付劳动报酬、加班费或者经济补偿；劳动报酬低于当地最低工资标准的，应当支付其差额部分；逾期不支付的，责令用人单位按应付金额百分之五十以上百分之一百以下的标准向劳动者加付赔偿金：

（一）未按照劳动合同的约定或者国家规定及时足额支付劳动者劳动报酬的；

（二）低于当地最低工资标准支付劳动者工资的；

（三）安排加班不支付加班费的；

（四）解除或者终止劳动合同，未依照本法规定向劳动者支付经济补偿的。

2.《劳动部关于贯彻执行〈中华人民共和国劳动法〉若干问题的意见》

第五十三条 劳动法中的"工资"是指用人单位依据国家有关规定或劳动合同的约定，以货币形式直接支付给本单位劳动者的劳动报酬，一般包括计时工资、计件工资、奖金、津贴和补贴、延长工作时间的工资报酬以及特殊情况下支付的工资等。"工资"是劳动者劳动收入的主要组成部分。劳动者的以下劳动收入不属于工资范围：

（1）单位支付给劳动者个人的社会保险福利费用，如丧葬抚恤救济费、生活困难补助费、计划生育补贴等；

（2）劳动保护方面的费用，如用人单位支付给劳动者的工作服、解毒剂、清凉饮料费用等；

（3）按规定未列入工资总额的各种劳动报酬及其他劳动收入，如根据国家规定发放的创造发明奖、国家星火奖、自然科学奖、科学技术进步奖、合理化建议和技术改进奖、中华技能大奖等，以及稿费、讲课费、翻译费等。

文书工具

《公司绩效考核管理制度》【见书尾文书,文书编号:NO.07】

第三章

工资、工时与休假

第一节　薪酬管理与工资支付

实务精讲

一、工资的概念、类型与薪酬管理的基本原则

工资，又称薪金。其广义是劳动者的劳动报酬，指在劳动关系中，劳动者因履行相应劳动义务，而获得由用人单位以法定形式支付的各种形式的物质补偿。其狭义仅指劳动者劳动报酬中的基本工资。其法定形式包括两方面含义，一方面是指工资的兑现形式，按《执行劳动法意见》第 53 条的规定，工资的兑现形式只能是现存货币；另一方面是我国规定工资支付方式须按合同约定周期来支付，如可以按月、周、日等周期来支付。

工资分为基本工资和非基本工资。基本工资又称标准工资，是指劳动者在法定或约定工作时间内提供正常劳动所得的报酬，它构成劳动者所得工资额的基本组成部分，体现的是对劳动者提供劳动的基本对价，具有稳定性。非基本工资主要指基本工资以外的在工资构成中处于辅助地位的工资组成部分，比如津贴奖、加班加点工资等，不具有常规性。因此，单位可以将工资结构化，将工资划分为相对稳定的基本工资和非基本工资。在签订劳动合同时，对工资的表述，一定要二者兼顾，可以明确基本工资，对非基本工资可以约定为"按照单位的有关规定"如绩效方案等来计算。

同时，薪酬管理对于用人单位人力资源管理来说，是一个比较核心的问题，宏观上涉及公司的战略导向、人才理念、薪酬管理理念等；微观上具体涉及薪酬的结构、标准、操作流程、沟通等多个方面。薪酬代表的是劳动者对用人单位的劳动贡献，用人单位通过薪酬对劳动者进行激励或者约束。因此，用人单位进行薪酬管理规划时，如何在贯彻合法性的标准下，利用管理者的艺术，把公平性原则、激励性原则以及竞争性原则三者平衡其中，是薪酬管理制度可操作性的原则。

二、薪酬管理与工资支付的法条精讲

(一)员工对工资分配方案享有知情权

首先,根据《劳动合同法》第17条的规定,劳动合同中必须具有关劳动报酬的条款,即用人单位在和劳动者签订劳动合同时,合同本身应当注明工资的具体分配形式、发放周期以及数额内容等。而根据《广东省工资支付条例》第17条的规定,用人单位支付工资时,应当向劳动者提供其本人的工资清单。可见员工签订劳动合同或者领取工资时,均有权知道自身工资构成与福利待遇。根据《工资支付暂行规定》第6条的规定,工资条所记录的内容应当包括支付工资的数额、时间、领取者姓名以及签字。这一规定没有特别细化,只规定了工资条所记录内容的基本要求。实践中,工资条所记录的内容,一般分为基本信息、加项、减项、实发工资四个部分。

其次,员工享有的工资分配方案知情权也有相应的法规保障。根据《广东省工资支付条例》第54条第5项的规定,未向劳动者本人提供其工资清单的,可以由县级以上劳动保障部门责令限期改正;逾期未改正的,可以对用人单位处以5000元以上1万元以下的罚款,并可以对其法定代表人处以1000元以上5000元以下的罚款。可见当用人单位不发放工资条,侵害了员工的知情权,员工自身可以向当地劳动保障监察大队举报;给员工造成损失的,也可以依法要求单位承担民事赔偿责任。

(二)薪酬管理制度的程序合法性

《劳动法》《劳动合同法》均确认用人单位有权制定薪酬管理与工资支付的制度。但用人单位在制定、修改有关劳动报酬或者工资支付等涉及员工切身利益的规章制度时,没有经过法定程序则有可能构成违法,也无法在日后的劳动仲裁纠纷或者诉讼活动中作为合理抗辩理由。在制定薪酬管理或者工资支付制度时,以下行为可能构成违法行为:

1. 没有经过职工代表大会或者全体职工讨论,提出意见;

2. 未与工会或者职工代表平等协商确定;

3. 未将直接涉及劳动者切身利益的规章制度和重大事项决定公示,或者告知劳动者,未抄报当地劳动行政部门备案;

4. 制度内容违反法律、行政法规、部门规章或地方性规定,严重侵害劳动者人身权益、财产权利的。

总之,薪酬管理制度的制定在用人单位法律风险防范中具有重要性和紧迫性。只有经过法定的程序制定的薪酬管理制度,才具有相应的法律效力。

(三)薪酬管理制度的内容合法性

根据《劳动法》第50条的规定,薪酬管理与工资支付制度设立应当遵循诚实信用的原则,工资应当以货币形式按月足额支付,不能克扣或者无故拖欠劳动者的工资。也就是说,用人单位不得以实物、有价证券等形式替代工资,不得规定劳动者在指定地点、场合消费,也不得规定劳动者的消费方式。用人单位可以与银行签订代为支付工资协议,在银行设立工资专用账户,并在本单位工资支付日前将劳动者工资足额纳入工资专用账户,由银行在协议约定的时间内代为支付劳动者工资。

案例说法

案例1:未将涉及劳动者切身利益的规章制度公示或告知,用人单位承担不利后果

魏女士于2015年5月1日入职北京某国际物流有限公司,并订立了相应的劳动合同。2019年8月,北京某国际物流有限公司以魏女士在工作时违反公司《薪酬制度》为由,请求撤销仲裁庭支持向魏女士支付未休年休假的补偿裁决。而魏女士辩称,在庭审前从未见过北京某国际物流有限公司所称《薪酬制度》,北京某国际物流有限公司据此要求撤销支付补偿裁决,不具有事实和法律依据。

法院经审理后认为,用人单位应当将直接涉及劳动者切身利益的规章制度和重大事项决定公示,或者告知劳动者。北京某国际物流有限公司主张魏女士违反《薪酬制度》,但未能提交证据证明该项制度公示或者告知过魏女士,在魏女士对此不予认可的情况下,北京某国际物流有限公司不发放魏女士提成工资的主张依据不足,法院难以采信。因此,北京某国际物流有限公司应当向魏女士发放提成工资。

【裁判文书编号】

(2019)京0113民初22752号

案例2:因薪酬制度出现纠纷,以劳资双方确认的版本为准

桂女士与上海某广告有限公司订立了期限至2020年9月30日的劳动合同,桂女士于2014年9月2日进入公司担任客户经理,后双方在2017年12月18日解除劳动合同。上海某广告有限公司认为2016年《薪酬制度》不应适用于2017年,且以2017年《薪酬制度》为计发标准主张桂女士业绩不达标,故不享有季度绩效奖金。而桂女士主张2017年《薪酬制度》双方并未协商一致,因此2017年的绩效提成仍应适用2016年的《薪酬制度》。审理中,双方未能达成调解。

法院认为,虽然2016年《薪酬制度》适用时间为2016年1月1日至2016年12月31日,然而2016年《薪酬制度》载明该期间系支持部门绩效制度的适用时间,桂女士所属大客户部门提成绩效制度并未作此约定。故关于2016年《薪酬制度》不应适用于2017年《薪酬制度》的主张,法院难以采纳。仲裁裁决中以双方不存在争议的2016年《薪酬制度》作为计发标准,于法有据,法院予以认同。判决上海某广告有限公司自判决生效之日起7日内支付桂女士提成差额和绩效奖金共计182,326.8元。

【裁判文书编号】

(2018)沪0105民初16624号

案例3:新冠肺炎疫情期间能否按停工停产的规定支持工资待遇

李某系某软件公司工程师,2020年1月20日因客户需求,某软件公司派李某赴湖北进行系统维护,后因疫情原因致其无法返回。2020年春节后,某软件公司因原料供应中断等原因停工停产。该公司认为李某2020年3月14日至4月13日并未提供劳动,故根据停工停产有关规定向其支付了生活费。李某认为其是因公司安排出差滞留湖北,应按正常劳动支付工资,遂申请劳动仲裁,请求裁决某软件公司按正常劳动支付其2020年3月14日至4月13日工资差额。后经仲裁委员会调解,某软件公司向李某支付了2020年3月14日至4月13日的工资待遇差额。

人力资源社会保障部、最高人民法院等七部门《关于妥善处置涉疫情劳动关系有关问题的意见》(人社部发〔2020〕17号)规定:“对不属于被依法隔离情形但属于因政府依法采取停工停业、封锁疫区等紧急措施情形,导致企业延迟复工或劳动者不能返岗的,区分不同情况处理。……三是对企业未复工或者企业复工但劳动者未返岗且不能通过其他方式提供正常劳动的,企业参照国家关于停工停产期间工资支付相关规定与劳动者协商……”本案中，李某虽未返岗且不能通过其他方式提供正常劳动，但其系因用人单位安排出差而滞留湖北，其滞留行为是为完成用人单位所安排的工作内容导致，应视为提供了正常劳动，故李某在超过一个工资支付周期期间应按正常劳动领取工资。

风险应对

一、风险点：薪酬制度制定程序不完整

部分用人单位在制定规章制度中，尽管体现了讨论、表决的程序，但往往容易遗漏至关重要的公示、告知程序。这导致规章制度即便经过法定表决程序后也并不具有法律效力。只有经过公司与员工双方共同的合意，完善最后的公示、告知程序后，才能对劳动者产生约束。就立法本意而言，公示、告知程序，旨在保护职工善意的、对工资分配方案享有的知情权。所谓“不知者无罪”，而就公司运行而言，职工只有在清楚知悉其规则内容的情况下，才能有效地执行和坚守。即使劳动者的确存在过错，但是对于用人单位以“严重违反用人单位的规章制度的”解除劳动合同的，用人单位还需要证明其规章制度经劳动者知悉和同意，才具有程序合法性，而有些用人单位虽然主张劳动者的行为严重违反用人单位规章制度，但该规章未经劳动者同意也未进行公示，导致败诉。

【HR 防范策略】

在实务操作中，建议用人单位可以在专设的公告栏进行张贴，拍照留存，并设计一份《职工知悉规章制度确认书》，让每个职工签字确认，并作为拟施行规章制度的附件部分。制作《工资支付记录》《工资清单》，且至少留存 2 年以上。同时，用人单位应对劳动合同和章程制度的程序合法性加以重视，应当按照法定的流程，经劳动者知悉、同意而通过，并及时公示说明，为后续可能发生的法律纠纷提供抗辩依据。

二、风险点：劳动合同书中不约定劳动报酬的具体金额

劳动报酬是劳动合同签订的必备条款，用人单位应当与劳动者签订劳动合同，其中应明确约定工资数额及工资的结构等内容。但是有的单位因为每月绩效和奖金的浮动，工资发放的数额不定，没有在劳动合同中约定具体的工资数额。如果仅

约定固定工资数，想要根据考核结果或用人单位的经营状况变更工资的实际发放数额十分困难；如果仅约定一个基本工资，发生争议后，该工资约定很可能会被认定为“劳动合同对工资标准约定不明”，而将劳动者有证据证明的全部实得工资认定为工资标准。

有些用人单位的劳动合同为格式合同，存在很多空白待填写。而劳动报酬一栏留白，遇到有心的劳动者擅自填写，并以此提起仲裁，会导致用人单位在仲裁或诉讼中处于不利的地位。

【HR 防范策略】

实践中，可在劳动报酬一栏中填写基本工资数额，绩效和奖金根据考核情况发放。在签订合同时，有些空白是多余的，应做出删除的标记。推荐采用结构工资制，具体列明基本工资、岗位工资、奖金、津贴、补贴等数额及确定方式，通过固定工资和浮动工资之间的平衡和调解，实现对劳动者的绩效管理，从而获得更大的用工自主权，使得薪酬管理更加灵活，且能最大限度地减少劳动争议、避免法律风险。

疑难解答

一、用人单位能否以“罚款”的形式扣减工资？

这一问题分为两个方面。第一，罚款这种措施是根据《企业职工奖惩条例》作出的，现该条例已经失效，所以罚款也没有了直接的法律依据。第二，用人单位能否以“罚款”的形式扣减工资，在实践中尚无定论。但根据《劳动法》第 50 条可知，用人单位对劳动者罚款，本身具有无故克扣工资的法律风险，因此不建议用人单位对劳动者进行罚款。

究其根本，用人单位针对劳动者的迟到、早退等违反公司规章制度相关条款进行罚款的行为，目的在于规范员工行为，便于企业管理。为了充分达到企业规范化管理的目的，建议公司完善工资结构，一般可以分为基本工资、岗位工资、全勤奖、绩效等项目。基本工资和岗位工资不得随意扣减，但员工迟到、早退则可扣减全勤奖金，而员工为消极怠工未及时完成工作任务等，则可实行减发绩效等措施。一方面降低用人单位法律风险，另一方面促进用人单位自身薪资管理规范化。

二、用人单位能否在工资中扣除赔偿金?

根据《工资支付暂行规定》第16条的规定,因劳动者本人原因造成损失的,可以从工资中扣除赔偿金。但若用人单位无故从劳动者工资中扣除赔偿金,或扣除方式不合法,则可能会引起用工风险,承担赔偿责任。

此外,还需注意的是,从员工工资中扣除赔偿金需要满足三个条件:第一,用人单位的经济损失确实是由劳动者本人原因造成;第二,每月扣除的部分不得超过劳动者当月工资的20%;第三,扣除后的工资不得低于当地的最低工资标准。

法条链接

1.《劳动合同法》

第十七条 劳动合同应当具备以下条款:

(一)用人单位的名称、住所和法定代表人或者主要负责人;

(二)劳动者的姓名、住址和居民身份证或者其他有效身份证件号码;

(三)劳动合同期限;

(四)工作内容和工作地点;

(五)工作时间和休息休假;

(六)劳动报酬;

(七)社会保险;

(八)劳动保护、劳动条件和职业危害防护;

(九)法律、法规规定应当纳入劳动合同的其他事项。

劳动合同除前款规定的必备条款外,用人单位与劳动者可以约定试用期、培训、保守秘密、补充保险和福利待遇等其他事项。

2.《广东省工资支付条例》

第十七条 用人单位支付工资时,应当向劳动者提供其本人的工资清单。

用人单位延长劳动者工作时间或者在休息日、法定休假日安排劳动者工作的,应当在工资清单中列明相应的工资报酬;未列明且无法举证已支付的,视为未支付相应的工资报酬。

工资清单项目及数额应当与工资支付台账相一致。

劳动者有权查询和核对本人工资清单。

第五十四条 用人单位有下列情形之一的,由县级以上人力资源社会保障部门责令限期改正;逾期未改正的,可以对用人单位处以五千元以上一万元以下的罚款,并可以对其法定代表人处以一千元以上五千元以下的罚款:

(一)未依法制定工资支付制度并告知本单位全体劳动者的;

(二)未以货币形式支付劳动者工资的;

(三)未在终止或者解除劳动关系当日结清并一次性支付劳动者工资的;

(四)未如实编制工资支付台账的;

(五)未向劳动者本人提供其工资清单的。

3.《劳动法》

第五十条 工资应当以货币形式按月支付给劳动者本人,不得克扣或者无故拖欠劳动者的工资。

4.《劳动部关于贯彻执行〈中华人民共和国劳动法〉若干问题的意见》

第五十三条 劳动法中的"工资"是指用人单位依据国家有关规定或劳动合同的约定,以货币形式直接支付给本单位劳动者的劳动报酬,一般包括计时工资、计件工资、奖金津贴和补贴、延长工作时间的工资报酬以及特殊情况下支付的工资等。

5.《工资支付暂行规定》

第十六条 因劳动者本人原因给用人单位造成经济损失的,用人单位可按照劳动合同的约定要求其赔偿经济损失。经济损失的赔偿,可从劳动者本人的工资中扣除。

文书工具

《变更工资申请表》【见书尾文书,文书编号:NO.08】

《年终奖发放统计表》【见书尾文书,文书编号:NO.09】

《工资明细表》【见书尾文书,文书编号:NO.10】

第二节　工作时间

实务精讲

一、工作时间的概念与类型

（一）工作时间的基本概念

工作时间是指劳动者依照劳动合同或者协议，在规定的时间内为用人单位提供相应劳动的期间。此外，工作时间也作为工资与奖金发放的衡量标准之一，具有相应的法律规范。例如，根据《劳动法》第36条的规定，国家实行劳动者每日工作时间不超过8小时、平均每周工作时间不超过44小时的工时制度。

从世界工时演变过程来看，工时日趋缩短是历史发展的必然趋势。而影响和决定这种趋势发展的是社会生产力。社会生产力发展的速度决定着工时制度变革的力度。世界工时制度的演变趋势必将规定和影响我国工时制度发展的方向。当代社会已进入信息时代，科技创新日新月异，不断改革创新的生产经营方式与不断提速的生产输出速度决定了工时制度逐渐从18世纪、19世纪愚公移山式"量"的堆砌向高效高产、灵活多元的"质"的方向进行转变。据此，如何将缩短工作时间与市场生产需要妥善结合，实现企业与员工的双赢，将是未来推行缩短标准工时的核心工作。

（二）工时类型

工时制分为标准工时制、综合工时制、不定时工时制以及计件工时制。

1. 标准工时制

标准工时制是我国现行劳动法体系下运用最为广泛的一种工时制度。是指劳动者在职期间按照法律规定实行的标准化工时，超出标准工时的工作时间应当作为加班时长。根据《劳动法》第41条的规定，用人单位由于生产经营需要，经与工会和劳动者协商后可以延长工作时间，一般每日不得超过1小时；因特殊原因需要延长工作时间的在保障劳动者身体健康的条件下延长工作时间每日不得超过3小时，但是每月不得超过36小时。如果用人单位违反了法定的标准工时限制，劳动者可以要求用人单位承担相应的法律责任。

2. 综合工时制

综合工时制是针对因工作性质特殊，需连续作业或受季节及自然条件限制的企业的部分职工，采用以周、月、季、年等为周期综合计算工作时间的一种工时制度。根据《劳动部关于职工工作时间有关问题的复函》第5条至第7条的规定，该类工时制度具有以下的特点：

第一，在综合计算周期内，某一具体日（或周）的实际工作时间可以超过8小时（或40小时），但综合计算周期内的总实际工作时间不应超过总法定标准工作时间。如果在整个综合计算周期内的实际工作时间总数不超过该周期的法定标准工作时间总数，只是该综合计算周期内的某一具体日（或周、或月、或季）超过法定标准工作时间，其超过部分不应视为延长工作时间。

第二，综合计算工时制对于职工从事的行业具有一定限制。在这两类行业的劳动者中，综合工时制比较常见：(1)交通、铁路、邮电、水运、航空、渔业等行业中因工作性质特殊，需连续作业的劳动者；(2)地质及资源勘探、建筑、制盐、制糖、旅游等受季节和自然条件限制的行业的劳动者。

第三，实行综合工时制需要进行审批。

对比可以看出，综合工时制的基础仍然是标准工时制，虽然允许具体周期内可超过法定标准工时，但是要坚持总的工作时间及平均工作时间不能违反法定工时标准。同时，综合工时制加班费的计算在一个结算周期内，总实际工作时间超过总法定标准工作时间的，按照工资的1.5倍的标准支付加班工资，法定节假日上班需按照3倍标准支付工资。综上，用人单位在对员工实行此类工时制管理的时候，应当充分照顾员工的工作强度，合理安排工作时间，注意劳逸结合，切实保障劳动者身体健康。

3. 不定时工时制

不定时工时制是指因生产特点、工作特殊需要或职责范围的关系，对无法按标准工作时间衡量或是需要机动作业的职工所采用的一种工时制度。即每个工作日没有固定的上班、下班时间限制，但企业可以不用支付工作日、双休日、法定节假日的加班费。该类工时制度具有以下特点：

第一，经批准实行不定时工时制的职工，不受《劳动法》第41条规定的日延长工作时间标准和月延长工作时间标准的限制；第二，不定时工时制对于职工从事的行业具有一定限制；第三，实行不定时工时制需要进行审批。

综上，可以看出，不定时工时制是一种较为机动的工时制，适合一些特殊的行业或工种。此外需注意，不定时工时制不受《劳动法》关于“加班”的限制，并不意味着单位可以肆意地压榨劳动者的休息时间、对劳动者科以高强度的工作节奏。相反，用人单位应当确保职工的休息休假权利，切实保障劳动者身体健康。

4. 计件工时制

计件工时制也称为计件工作制，是以工人完成一定数量的合格产品或一定的作业量来确定劳动报酬的一种劳动形式。根据《劳动法》第37条的规定，对实行计件工作的劳动者，用人单位应当根据标准工时的规定，合理确定劳动定额和计件报酬标准。

计件定额基本表现形式有两种：一是生产单位产品消耗的时间，即时间定额；二是单位时间内应当完成的合格产品的数量，即产量定额。实践中，计件定额多是指产量定额。

二、工作时间的法条精讲

（一）综合工时制与不定期工时制的审批问题

根据《劳动部〈关于企业实行不定时工作制和综合计算工时工作制的审批办法〉的通知》，综合工时制与不定期工时制的审批办法，主要由省级以上劳动行政部门制定或者批准。

根据《广东省劳动和社会保障厅关于企业实行不定时工作制和综合计算工时工作制的审批管理办法》，用人单位申请实行不定时或综合计算工时工作制，应报企业法人工商营业执照登记注册地县级以上劳动保障行政部门审批。用人单位需要根据审批办法准备对应的申请材料，若符合实际需要，用人单位仍需接受实地审查。

（二）综合工时制和不定时工作制岗位申报条件

1. 综合工时制岗位申报条件

根据《劳动部关于企业实行不定时工作制和综合计算工时工作制的审批办法》

第5条的规定,企业对符合下列条件之一的职工,可实行综合计算工时工作制,即分别以周、月、季、年等为周期综合计算工作时间,但其平均日工作时间和平均周工作时间应与法定标准工作时间基本相同。

(1)交通、铁路、邮电、水运、航空、渔业等行业中因工作性质特殊,需连续作业的职工;

(2)地质及资源勘探、建筑、制盐、制糖、旅游等受季节和自然条件限制的行业的部分职工;

(3)其他适合实行综合计算工时工作制的职工。

综合计算工时工作制的平均周期内的工作时间应与法定标准工作时间基本相同。因此,实行综合计算工时工作制,平均日工作时间不超过8小时,平均周工作时间不超过40小时,平均月工作时间不超过166.64小时,平均季度和平均年工作时间不超过500小时和2000小时。

2. 不定时工时制岗位申报条件

根据《劳动部关于企业实行不定时工作制和综合计算工时工作制的审批办法》第4条的规定,用人单位对符合下列条件之一的劳动者,可以实行不定时工作制:

(1)用人单位中的高级管理人员、外勤人员、推销人员、部分值班人员和其他因工作无法按标准工作时间衡量的职工;

(2)用人单位中的长途运输人员、出租汽车司机和铁路、港口、仓库的部分装卸人员以及因工作性质特殊,需机动作业的职工;

(3)其他因生产特点、工作特殊需要或职责范围的关系,适合实行不定时工作制的。

三种条件简单概括:(1)无法按照标准工作时间,如无法按照朝九晚五的工时制度来工作;(2)岗位的机动性和主动性比较强;(3)其他适合不定时工作制的。

对于第一种条件中所提到的高级管理人员,适用不定时工作制时需要注意:

根据《公司法》,高级管理人员是指公司的经理、副经理、财务负责人,上市公司董事会秘书和公司章程规定的其他人员。但各地对于这类人员如何适用不定时工时制存在差异,见表3-1。

表 3－1 各地适用不定时工时制的区别

地区	如何适用
北京地区	直接适用,不办理审批手续
上海地区	需要办理审批手续
天津地区	需要办理审批手续

(三)综合工时制的限制与优势

综合计算工时制度在我国劳动立法和实务领域已存在多年,因此,从国家到地方均出台了较为系统的法律法规,鉴于其相较于标准工时制度下的特殊性,在适用主体、申请程序等方面均有较为严格的规定。

从立法规定上可以看出,由于综合计算工时制在工作时间限制及加班时间认定上相对标准工时存在优势,为了避免用人单位因为规避标准工时制度的相关限制而滥用综合工时制,因此,一般情况下,对于用人单位申请综合工时制度在以下三个方面有严格的限制:

一是适用主体有严格限制。从法律规定来看,各地对于可以适用综合工时的岗位以“列举＋兜底”的方式进行了限制,普遍局限于行业特点、生产经营方式或岗位性质有连续作业等特殊需求的情况,因此,并非所有岗位均能适用综合工时制度。

二是适用综合工时的民主程序有严格要求。综合计算工时制是工时制度的一种,属于工作时间的范畴,因此,用人单位决定部分岗位适用综合工时制度,应通过民主协商程序予以确定。就地方立法和实践操作而言,各地在关于综合工时制的审批材料中,一般也要求用人单位提交职代会决议、与工会协商记录或是涉及岗位职工的联署决议等材料。

三是用人单位采取综合工时制要经过严格的审批和监管。综合工时制申请是劳动行政部门办理的行政许可事项,用人单位除应依据地方规范性文件提交申请材料外,劳动行政部门还会根据实际情况采取书面或实地审核,在获得审批后,劳动行政部门还会通过事后监管等方式,监督用人单位执行综合工时的情况。

案例说法

案例1:公司经审批后实行不定时工作制,劳动者主张加班工资未获支持

秦某于2019年4月3日入职吉利优行公司,从事网约车驾驶员工作,双方签有3年期劳动合同。秦某的日常工作状况是驾驶吉利优行公司提供的车辆,在指定App上登录上线,吉利优行公司通过系统派单,秦某接单运营。入职时吉利优行公司向网约车驾驶员宣讲的考勤制度包括,每周工作6天休息1天,当周完成6天工作的支付1天加班工资,工作日6时至24时期间上线需满8小时,其中早晚夜高峰时段上线需满4小时,其余时段及休息日司机可根据自身情况,自行决定是否上线,但法定节假日上线并满足时长要求的,按3倍支付加班工资。但劳动合同还约定了"……主要工作制为标准工作制,公司可以报经劳动部门批准后实行不定时工作制……"后经审批,吉利优行公司获得2019年2月1日至2021年1月31日网约车驾驶员岗位不定时工作制的批文。2021年1月5日,秦某申请仲裁,要求确认劳动关系、吉利优行公司支付违法解除劳动合同赔偿金、加班工资、延时加班工资等。

法院认为,首先经释明,秦某仍坚持其关于延时加班工资的说法,但究其实质是主张了系争期间的延时加班工资与休息日加班工资。其次应言明,劳动者主张加班,应先就加班事实承担举证之责。虽然作为网约车驾驶员上班即上线,但不代表超时仍在线的均系加班。劳动法意义上的加班系指超过法定工作时间继续从事用人单位安排的工作或因工作之需经用人单位同意延长工作的时间。秦某提供的App记录可以证明在线时间越长接单机会越多,借此多劳即可多得,但不足以证明延长是公司要求或安排,故App时长记录不能证明加班事实成立。最后,结合入职时吉利优行公司向网约车驾驶员宣讲的考勤制度,包括工作日累计上线须满8小时、做六休一的支付周六加班工资等,应予认定,秦某、吉利优行公司就考勤制度及加班计付系达成一致并切实履行。秦某又主张2019年的加班工资,不成立,事实上依劳动合同关于吉利优行公司可以报经批准后实行不定时工作制的约定,及吉利优行公司实际于2019年时获得岗位不定时工时审批,吉利优行公司关于不定时工时制的辩称,尚属有依据。综上,秦某关于加班工资的诉请,不予支持。

【裁判文书编号】

(2021)沪0110民初11661号

案例2：公司实行不定时工作制，劳动者以公司拖欠加班工资为由主张违法解除劳动合同经济补偿金未获法院支持

2008年7月，彭某与某人力资源有限公司（以下简称某公司）签订期限至2011年9月30日的劳动合同，但其实际在某计算机科技有限公司（以下简称某某公司）担任驻客户软件维护工程师。2011年10月27日彭某申请了劳动仲裁，随后向法院起诉，其诉称在职期间长时间加班，某某公司也未支付加班工资，故其于2011年9月通知某某公司解除劳动合同。此外，某某公司应支付其项目奖金，但金额不详。

法院认为，彭某主张其加班工资，应提供其在职期间存在加班事实的依据。彭某是驻客户软件维护工程师，某某公司经职能部门批准对该岗位实行不定时工作制，彭某对此应予知晓。事实上，彭某在职期间，工作时间经常自行调整，上、下班时间并不固定，其实际也适用了不定时工作制，且根据2个月的考勤记录，彭某的工作时间并未超过法定工时。彭某陈述其每月存在超时工作的情况，所提供的电子邮件打印件以及系统变更单打印件所载内容并不能证明其主张。彭某要求某某公司及某公司支付其加班工资的诉讼请求，亦缺乏事实依据，法院不予支持。且公司未拖欠彭某工资及奖金，彭某在电子邮件中表示因某某公司未兑现项目奖金等为由提出离职申请，与事实不符。而彭某于2011年9月23日填写的"员工离职单"表明其离职原因为"个人原因"，该意思表示明确，在此情况下，彭某要求某某公司及某公司支付解除劳动合同经济补偿金，不符合法律规定。况且，彭某在办理了离职移交手续，并明确表示"与公司不存在劳动争议"之后，又涉讼要求某某公司及某公司支付奖金、加班工资及经济补偿金，有违诚信原则。对彭某的诉讼请求，法院不予支持。

【裁判文书编号】

（2012）长民一（民）初字第699号

案例3：用人单位与劳动者自行约定实行不定时工作制，法院判决向劳动者支付加班工资

2017年11月1日，张某与某物业公司签订3年期劳动合同，约定张某担任安全员，月工资为3500元，所在岗位实行不定时工作制。某物业公司于2018年4月向当地人力资源社会保障部门就安全员岗位申请不定时工作制，获批期间为2018年5月1日至2019年4月30日。2018年9月30日，张某与某物业公司经协商解除了劳动合同。双方认可2017年11月至2018年4月、2018年5月至9月，张某分别在休息日工作15天、10天，某物业公司既未安排调休也未支付休息日加班工资。张某要求某物业公司支付上述期间休息日加班工资，某物业公司以张某实行不定时工作制为由未予支付。2018年10月，张某申请劳动仲裁，请求裁决某物业公司支付2017年11月至2018年9月的休息日加班工资共计8046元。仲裁委员会裁决某物业公司支付张某2017年11月至2018年4月的休息日加班工资4828元，张某不服仲裁裁决起诉，一审法院判决与仲裁裁决一致，后张某不服一审判决提起上诉，二审判决维持原判。

《劳动法》第39条规定："企业因生产特点不能实行本法第三十六条、第三十八条规定的，经劳动行政部门批准，可以实行其他工作和休息办法"。《劳动部关于企业实行不定时工作制和综合计算工时工作制的审批办法》（劳部发〔1994〕503号）第4条规定："企业对符合下列条件之一的职工，可以实行不定时工作制。（一）企业中的高级管理人员、外勤人员、推销人员、部分值班人员和其他因工作无法按标准工作时间衡量的职工……"从上述条款可知，用人单位对劳动者实行不定时工作制，有严格的适用主体和适用程序要求。只有符合国家规定的特殊岗位劳动者，并经过人力资源社会保障部门审批，用人单位才能实行不定时工作制，否则不能实行。

本案中，张某所在的安全员岗位经审批实行不定时工作制的期间为2018年5月1日至2019年4月30日，此期间内根据《工资支付暂行规定》（劳部发〔1994〕489号）第13条规定，某物业公司依法可以不支付张某休息日加班工资。2017年11月至2018年4月，某物业公司未经人力资源社会保障部门审批，对张某所在岗位实行不定时工作制，违反相关法律规定。因此，应当认定此期间张某实行标准工时制，某物业公司应当按照《劳动法》第44条规定支付张某休息日加班工资。

风险应对

一、风险点：无法提供工时计算的有效依据

实务中，用人单位因为上、下班较为随意，往往没有做好相关的存档工作。缺乏风险防范意识，出现诉讼争议时，用人单位或者劳动者自身已经无法举证证实劳动者工时等相关事实。

【HR 防范策略】

建议用人单位明确上、下班打卡制，每周期进行相应的统计，让劳动者签名确认并存档。

二、风险点：自主决定实行综合计算工时制及不定时工作制

未经审批，实行综合计算工时制度和不定时工作制，可能导致用人单位承担民事责任以及行政责任：第一，劳动者即时解除劳动合同，用人单位支付经济补偿金；第二，用人单位制定的劳动规章制度违反法律、法规规定的，由劳动行政部门给予警告，责令改正，对劳动者造成损害的，应承担损害赔偿责任。

【HR 防范策略】

增进法律知识，了解不同工时制度之间的法律差别，促进对制度本身的灵活运用。确定用人单位需要实行综合计算工时制和不定时工时制后，及时报对应的劳动行政部门审批，待审批流程全部完成后，才能开始实施特殊工时制度，尽量减少工时制度实施过程中的法律风险。

疑难解答

一、互联网公司“996 工作制”的规定是否违反工时制度？

首先，如果没有审批特殊工时，按照标准工时来判断“996 工作制”，每月的加班时间已经超过 36 小时，属于违法延长工作时间，经劳动监察部门立案调查查实后，用人单位将会受到行政处罚。

其次，如果已经审批了综合计算工时工作制，要衡量“996 工作制”是否违法，需要检查一个结算周期内是否平均月工作时间超过 36 小时。如果超过，属于违法延长工作时间，用人单位也会受到处罚。

最后，如果已经审批了不定时工作制，用人单位不能以考勤来约束员工，不能以缺勤、迟到等名义扣发工资。用人单位要求劳动者必须加班的情形，仅限于特殊行业如消防、医疗、救援、电力、交通运输等；也仅限于处理紧急情况或影响公众利益，如救灾、抢修等。在执行“996 模式”的行业如互联网行业中，司法实践中很难认定大部分用人单位存在上述法律规定的例外情形。

二、改变标准工时制是否需要和劳动者协商？

第一，即便是通过了劳动部门的许可，用人单位仍然可以在“平等自愿、协商一致”的原则下与劳动者约定实行标准工时制。如果用人单位要对许可的岗位实行不定时工作制，按照《劳动合同法》第8条关于用人单位“告知义务”的规定，用人单位应当就该岗位实行的是不定时工作制的情况对劳动者进行告知，并与劳动者协商一致，否则，有可能被视为欺诈而导致劳动合同无效。

第二，如果劳动关系成立在前，并且已经约定为标准工时制或约定不明确，而后劳动部门许可该岗位为不定时工作制，这种情况下，用人单位要改变标准工时制为不定时工作制，属于劳动合同的变更。按照《劳动合同法》第35条第1款的规定，用人单位仍然要与劳动者协商，并用书面形式变更劳动合同。如果劳动者不同意变更，只能按照劳动合同约定的条款继续履行劳动合同。

第三，根据《劳动法》第41条的规定，如果用人单位由于生产经营需要，经与工会和劳动者协商后可以延长工作时间，一般每日不得超过1小时；因特殊原因需要延长工作时间的，在保障劳动者身体健康的条件下延长工作时间每日不得超过3小时，但是每月不得超过36小时。

法条链接

1.《劳动法》

第三十六条 国家实行劳动者每日工作时间不超过八小时、平均每周工作时间不超过四十四小时的工时制度。

第三十七条 对实行计件工作的劳动者，用人单位应当根据本法第三十六条规定的工时制度合理确定其劳动定额和计件报酬标准。

第四十一条 用人单位由于生产经营需要，经与工会和劳动者协商后可以延长工作时间，一般每日不得超过一小时；因特殊原因需要延长工作时间的，在保障劳动者身体健康的条件下延长工作时间每日不得超过三小时，但是每月不得超过三十六小时。

2.《劳动部关于职工工作时间有关问题的复函》

第五条 经批准实行综合计算工时工作制的用人单位,在计算周期内若日(或周)的平均工作时间没超过法定标准工作时间,但某一具体日(或周)的实际工作时间工作超过8小时(或40小时),"超过"部分是否视为加点(或加班)且受《劳动法》第四十一条的限制?

依据劳动部《关于企业实行不定时工作制和综合计算工时工作制的审批办法》第五条的规定,综合计算工时工作制采用的是以周、月、季、年等为周期综合计算工作时间,但其平均日工作时间和平均周工作时间应于法定标准工作时间基本相同。也就是说,在综合计算周期内,某一具体日(或周)的实际工作时间可以超过8小时(或40小时),但综合计算周期内的总实际工作时间不应超过总法定标准工作时间,超过部分应视为延长工作时间并按《劳动法》第四十四条第一款的规定支付工资报酬,其中法定休假日安排劳动者工作的,按《劳动法》第四十四条第三款的规定支付工资报酬。而且,延长工作时间的小时数平均每月不得超过36小时。

第六条 若甲企业经批准以季为周期综合计算工时(总工时应为40时/周×12周/季=480时/季)。若乙职工在该季的第一、二月份刚好完成了480小时的工作,第三个月整月休息。甲企业这样做是否合法且不存在着延长工作时间问题,该季各月的工资及加班费(若认定为延长工作时间的话)应如何计发?

某企业经劳动行政部门批准以季为周期综合计算工时(总工时应为508小时/季)。该企业因生产任务需要,经商工会和劳动者同意,安排劳动者在该季的第一、二月份刚好完成了508小时的工作,第三个月整月休息。该企业这样做应视为合法且没有延长工作时间。对于这种打破常规的工作时间安排,一定要取得工会和劳动者的同意,并且注意劳逸结合,切实保防障劳动者身体健康。

工时计算方法应为:

(1)工作日的计算

年工作日:365天/年-104天/年(休息日)-7天/年(法定休假日)=254天/年

季工作日:254天/年÷4季=63.5天

月工作日:254天/年÷12月=21.16天

(2)工作小时数的计算

以每周、月、季、年的工作日乘以每日的小时。

第七条 劳部发〔1994〕489号文第十三条中"其综合工作时间超过法定标准工作时间部分"是指日(或周)平均工作时间超过,还是指某一具体日(或周)实际工作时间超过?

实行综合计算工时工作制的企业,在综合计算周期内,如果劳动者在实际工作时间总数超过该周期的法定标准工作时间总数,超过部分应视为延长工作时间。如果在整个综合计算周期内的实际工作时间总数不超过该周期的法定标准工作时间总数,只是该综合计算周期内的某一具体日(或周、或月、或季)超过法定标准工作时间,其超过部分不应视为延长工作时间。

第八条 实行不定时工作制的工资如何计发?其休息休假如何确定?

对于实行不定时工作制的劳动者,企业应当根据标准工时制度合理确定劳动者的劳动定额或其他考核标准,以便安排劳动者休息。其工资由企业按照本单位的工资制度和工资分配办法,根据劳动者的实际工作时间和完成劳动定额情况计发。对于符合带薪年休假条件的劳动者,企业可安排其享受带薪年休假。

3.《广东省劳动和社会保障厅关于企业实行不定时工作制和综合计算工时工作制的审批管理办法》

第四条 企业申请实行不定时或综合计算工时工作制,应报企业法人工商营业执照登记注册地县级以上劳动保障行政部门审批。省直属企业、部队企业经主管部门审核后报省劳动保障行政部门审批。中央企业驻粤分支机构按国家及省有关规定执行,已经国务院人力资源和社会保障部门批准的,应将批复文件报送企业登记地县级以上劳动保障行政部门备案。

第五条 企业申请实行不定时或综合计算工时工作制,应当提交以下材料:

(一)企业实行不定时或综合计算工时工作制申请表(见附件一),写明岗位(工种)的职能、特点和申请理由。

(二)企业实行不定时或综合计算工时工作制的申请报告、实施方案、工时管理及工资支付规章制度。实施方案及规章制度需向本单位职工公示至少5个工作日,并提交公示反馈意见。

(三)企业申请实行不定时或综合计算工时工作制职工名册及职工签名表(见附件二)。

(四)企业法人营业执照副本及复印件。

(五)实行期满需再次申请的企业,应当书面报告上期实施情况。

(六)法律、法规或规章规定需要提交的其他材料。

第六条 劳动保障行政部门应对企业报送的申请材料进行审核。根据实际需要,可指派两名以上工作人员对企业进行实地核查。有下列情形之一,应对企业进行实地核查:

(一)申请实行不定时和综合计算工时工作制职工人数占企业职工总数50%以上;

(二)申请实行以季、半年或年为周期的综合计算工时工作制的。

4.《北京市企业实行综合计算工时工作制和不定时工作制办法》

第六条 ……综合计算工时工作制适用于从事下列工种或者岗位的人员:(一)因工作性质需连续作业的;(二)生产经营受季节及自然条件限制的;(三)受外界因素影响,生产任务不均衡的;(四)因职工家庭距工作地点较远,采用集中工作、集中休息的;(五)实行轮班作业的;(六)可以定期集中安排休息、休假的。

5.《北京市企业实行综合计算工时工作制和不定时工作制行政许可实施规定》

第八条 劳动保障行政部门受理申请后,依据157号文件对申请材料的内容进行审查,必要时可以到申请单位进行实地核查。实地核查时,应当有两名工作人员同时进行。实地核查应当制作笔录,并由被核查单位的负责人签字。

6.上海市《本市企业实行不定时工作制和综合计算工时工作制的审批办法》

第三条 本办法所称的综合计算工时工作制是指企业因工作情况特殊或受季节和自然条件限制,需要安排职工连续作业,无法实行标准工时制度,采用以周、月、季、年等为周期综合计算工作时间的工时制度。

第七条 劳动保障行政部门受理申请后,应当对申请材料进行审查,必要时可以指派两名以上工作人员到申请单位进行核查。劳动保障行政部门应当自受理申请之日起20个工作日内作出是否准予实行不定时工作制或综合计算工时工作制的决定,并书面批复申请单位。因情况特殊需延长审查期限的,经本部门主管领导批准,可延长10个工作日。

第十条 经批准实行不定时工作制和综合计算工时工作制的企业,应当将劳动保障行政部门出具的批复在企业内公示,严格按批复要求执行,并在实施过程中及时听取工会和职工的意见。

7.《天津市特殊工时工作制行政许可管理办法》

第四条 用人单位对符合下列条件之一的岗位,可以申请实行综合计算工时工作制,即分别以周、月、季、半年、年为周期综合计算工作时间,其平均日工作时间和平均周工作时间应当与法定标准工作时间基本相同:

（一）地质及资源勘探开发、建筑、制盐、制糖、旅游、渔业、海运等行业中，部分受季节、资源、环境和自然条件限制需要集中作业的岗位；

（二）交通、铁路、邮政、电信、内河航运、航空、电力、石油、石化等行业中，部分中断作业可能会影响社会公共利益的岗位；

（三）其他需连续作业等适合实行综合计算工时工作制的岗位。

第十二条 特殊工时工作制行政许可由用人单位所在区行政审批部门管辖。

第十五条 行政审批部门受理申请后，根据实际需要进行书面或实地审查。

书面审查应当重点审核申请材料的形式和内容。

实地审查应当有两名以上工作人员同时进行，重点了解劳动环境、劳动强度、考勤制度和工时安排情况。同时，与劳动者进行座谈，征求实行特殊工时工作制的意见，并公布举报投诉热线，接受问题反馈。座谈会要制作签到名单及会议记录，座谈人员签名后加盖用人单位公章。

文书工具

《不定时工作制和综合工时制申请表》【见书尾文书，文书编号：NO. 11】

第三节 加班与加班费

实务精讲

一、加班的类型与加班费的计算基准

（一）加班的类型

根据《劳动法》第44条的规定，加班通常可以分为延时加班、休息日加班和法定休假日加班三类。

1. 延时加班。延时加班是指除法定或者国家规定的工作时间以外，正常工作日

延长工作时间，通常表现为每周一至周五工作日内的延时加班工作。安排劳动者延长工作时间的，用人单位应当支付不低于工资的150%的工资报酬。

2. 休息日加班。休息日加班是指除法定或者国家规定的工作时间以外，在固定周期休息日延长工作时间，通常表现为周末加班工作。休息日安排劳动者工作又不能安排补休的，支付不低于工资的200%的工资报酬。

3. 法定休假日加班。法定休假日加班是指用人单位要求劳动者在国家法定假期期间工作，通常表现为劳动节、端午节、中秋节、国庆节、春节、元旦等节假日加班。法定休假日安排劳动者工作的，支付不低于工资的300%的工资报酬。

（二）加班费的计算基准

目前，加班费的计算基准尚且没有明确的法律规定。各地对于计算加班费基数的标准不尽相同，有的地方性法规制定了加班工资计算基数的标准。从实务判例来看，对于加班工资计算基数的确定，通常都是采用以下几种方法：

1. 按合同约定计算。加班工资的计算基数，允许用人单位和劳动者在订立劳动合同时进行约定。例如，可以约定以最低工资作为基数、以基本工资或底薪作为基数或者以正常工作时间的工资作为计算基数。如《北京市工资支付规定》第44条规定，对于加班工资的计算基数，先以劳动者与用人单位订立的劳动合同中约定的本人工资标准确定，劳动合同未约定的，按集体劳动合同约定的标准。

2. 没有约定，按正常工作时间计算。加班工资和假期工资的计算基数为劳动者所在岗位相对应的正常出勤月工资，不包括年终奖、上下班交通补贴、工作餐补贴、住房补贴、中夜班津贴、夏季高温津贴、加班工资等特殊情况下支付的工资。

3. 按最低工资标准计算。加班工资和假期工资的计算基数不得低于本市规定的最低工资标准。法律、法规另有规定的，从其规定。

二、加班与加班费的法条精讲

（一）综合工时制的加班费问题

综合计算工作时间超过法定工作时间的部分，按不低于正常工作时间工资的150%支付加班工资；在法定节假日上班的，按不低于正常工作时间工资的300%支付加班工资；当用人单位与员工终止或解除合同时，其综合计算工时的计算周期尚未结束的，若实际工作时间已超过法定标准工作时间的部分，用人单位应当按200%的标准支付工资。

（二）不定期工时制的加班费问题

实行不定时工作制的劳动者，因工作需要，延长劳动时间、休息日、法定节假日工作可不支付加班工资。但对于法定节假日是否可支付加班费的问题，实践中各地的标准不同，如北京地区不支持法定节假日加班费，而上海、深圳等地区则支持法定节假日加班费。以上海为例，《上海市企业工资支付办法》第13条第2款、第3款规定："经人力资源社会保障行政部门批准实行综合计算工时工作制的企业，劳动者综合计算工作时间超过法定标准工作时间的，应当视为延长工作时间，并按本条第（一）项的规定支付劳动者延长工作时间的加班工资；企业在法定休假节日安排劳动者工作的，按本条第（三）项的规定支付加班工资。经人力资源社会保障行政部门批准实行不定时工时制的劳动者，在法定休假节日由企业安排工作的，按本条第（三）项的规定支付加班工资。"也就是说，实行不定时工作制的职工只有在法定节假日被安排工作时，才有加班费。

（三）计件工时制的加班费问题

目前《劳动法》尚未明确计件工时制下加班工资如何计算，其在司法实践具体操作中也较难判定。而根据《工资支付暂行规定》（劳部发〔1994〕489号）第13条第2款规定，计件工时制下也需要支付加班工资。

用人单位与劳动者约定实行计件制度，但无法确定劳动定额或者根本没有定额的，劳动者做一件支付一件的工资，劳动者每天的工作时间可能超过8小时，每周超过40小时，也可能不超过。这种情况下，可以将其转化为计时工资制来计算用人单位是否还需支付加班工资，如果计得的时薪不低于最低工资标准，则合法；如果计得的时薪低于最低工资标准，则按最低工资标准予以补足加班工资。

（四）加班工资基数确定方法

加班费的计算涉及两个方面，一是计算方法，二是计算基数。关于计算方法，法律有明确规定：延时加班为150%，休息日加班为200%，法定节假日加班为

300%。争议最多的,集中于加班工资的计算基数方面。上海市高级人民法院《劳动争议案件若干问题的解答》(民一庭调研指导〔2010〕34号)规定:"用人单位与劳动者对月工资有约定的,加班工资基数应按双方约定的正常工作时间的月工资来确定。"

如双方对月工资没有约定或约定不明的,应按《劳动合同法》第18条规定来确定正常工作时间的月工资,并以确定的工资数额作为加班工资的计算基数。如按《劳动合同法》第18条规定仍无法确定正常工作时间工资数额的,对加班工资的基数,可按照劳动者实际获得的月收入扣除非常规性奖金、福利性、风险性等项目后的正常工作时间的月工资确定。如工资系打包支付,或双方形式上约定的"正常工作时间工资"标准明显不合常理,或有证据可以证明用人单位恶意将本应计入正常工作时间工资的项目归入非常规性奖金、福利性、风险性等项目中,以达到减少正常工作时间工资数额计算目的的,可参考实际收入×70%的标准进行适当调整。其他地区对此问题的规定大同小异。因此,在双方未约定加班费计算基数的情况下,加班费按照劳动者每月恒定发放的工资标准为基数。

对于用人单位与劳动者通过协议约定加班费计算基数的行为,上海地区司法实践中采取"有限适用"的原则,即约定的基数不宜过低,可参照总收入的70%作为约定是否合理的判断标准。但在广东则可以直接约定最低工资为计算基数,各地差异较大。

(五)加班费举证责任

在加班费争议中,劳动者主张加班费存在困难。数据分析显示,劳动者主张加班工资,法院不予支持的情况较普遍。主要原因不在加班费的计算基数争议,而是劳动者往往无法证明存在加班的事实。根据《最高人民法院关于审理劳动争议案件适用法律问题的解释(一)》第42条的规定,劳动者主张加班费的,应当就加班事实的存在承担举证责任。但劳动者有证据证明用人单位掌握加班事实存在的证据,用人单位不提供的,由用人单位承担不利后果。

劳动者要先证明存在加班事实,才能主张加班工资。审判数据显示,劳动者往往无法证明存在加班事实,也无法证明用人单位掌握加班事实存在的证据,导致劳动者主张加班工资存在困难。

案例说法

案例1:劳动者就加班事实承担了初步的举证责任,用人单位无法提供证据予以反驳,需支付加班费

尹某于2012年7月19日入职北京某文化体育中心有限公司,双方签订了期限为2012年7月19日至2014年7月18日的书面劳动合同。在职期间,公司经常要求尹某加班,但未向尹某支付加班费用,也未按照法律规定安排年休假。双方于2013年11月5日解除劳动合同,尹某要求公司支付加班费用。

法院经审理后判决:关于加班费问题。首先,北京某文化体育中心有限公司对尹某提交考勤表加盖的公章持有异议,但在法院释明后,北京某文化体育中心有限公司并不申请对公章的真伪进行司法鉴定,应依法承担相应的不利后果。因此法院对考勤表的真实性予以采信。

其次,北京某文化体育中心有限公司主张员工加班需要填写申请表,经过审批方支付加班费。法院认为,北京某文化体育中心有限公司未举证证明该公司适用集团的该规定,且已将该规定送达给尹某的证据。北京某文化体育中心有限公司作为用人单位,系劳动关系中的管理方,在其未就所持员工加班必须填写申请方视为加班的主张进行充分、有效举证的情况下,法院对其主张不予采信,一审法院依据考勤表所显示实际出勤情况核算尹某加班时间并无不当,北京某文化体育中心有限公司应向尹某支付加班费。

【裁判文书编号】

(2015)一中民终字第2875号

案例2:员工提交的微信和电子邮件证据足以证明公司实行了"996工作制",则应当支付相应的加班费

张女士于2017年3月29日入职天津某教育科技有限公司,双方曾签订期限至2020年3月28日的劳动合同。张女士为证明存在加班事实提交了电子邮件及微信记录予以佐证,以要求某教育科技有限公司支付违法解除劳动合同赔偿金、加班工资等为由向北京市海淀区劳动人事争议仲裁委员会提出申诉,某教育科技有限公司不服仲裁裁决,于法定期限内提起诉讼。

法院经审理后判决：劳动者主张加班费的应当就加班事实存在，承担举证责任。张女士主张工作期间实行“996 工作制”，即每周工作 6 天，周日休息，工作时间为早 9 时至晚 9 时（中间午休 1 小时），其提交的电子邮件系公司首席运营官向管理人员发送，题目及内容措辞为“严格要求 996 工作制”“非常重要”“决定”“每周必须至少工作 72 小时”等，上述词语使用明显与公司所持“996”工作并非强制要求之主张不符。

其次，依据张女士所提交的微信往来记录，多次时间为下午 5 时至晚 11 时，确属工作内容之沟通，法院有理由相信上述时间段张女士存在提供劳动之情形。加之，公司自行提交的考勤表中张女士下属员工赵某 1、赵某 2 均存在周六上班的事实。

结合上述三点理由，法院采信张女士之主张确认其每周工作 6 天，工作时间为早 9 时至晚 9 时（中间午休 1 小时）。经核算，仲裁裁决天津某教育科技有限公司支付张女士 2017 年 3 月 29 日至 5 月 31 日延时加班工资 37,552.68 元，未高于法定标准，张女士亦认可该项裁决结果，故法院对此予以确认。

【裁判文书编号】

（2017）京 0108 民初 53726 号

案例 3：用人单位不能以劳动者加班未经审批否认劳动者加班的事实

吴某于 2019 年 12 月入职某医药公司，月工资为 18,000 元。某医药公司加班管理制度规定：“加班需提交加班申请单，按程序审批。未经审批的，不认定为加班，不支付加班费。”吴某入职后，按照某医药公司安排实际执行每天早 9 时至晚 9 时，每周工作 6 天的工作制度。其按照某医药公司加班管理制度提交了加班申请单，但某医药公司未实际履行审批手续。2020 年 11 月，吴某与某医药公司协商解除劳动合同，要求某医药公司支付加班费，并出具了考勤记录、与部门领导及同事的微信聊天记录、工作会议纪要等。某医药公司虽认可上述证据的真实性但以无公司审批手续为由拒绝支付。吴某申请劳动仲裁，请求裁决某医药公司支付 2019 年 12 月至 2020 年 11 月加班费 50,000 元。仲裁委员会裁决某医药公司支付吴某 2019 年 12 月至 2020 年 11 月加班费 50,000 元。某医药公司不服仲裁裁决起诉，一审法院判决与仲裁裁决一致，某医药公司未上诉，一审判决已生效。

《劳动法》第 44 条规定：“有下列情形之一的，用人单位应当按照下列标准支付高于劳动者正常工作时间工资的工资报酬:(一)安排劳动者延长工作时间的,支付不低于工资的百分之一百五十的工资报酬;(二)休息日安排劳动者工作又不能安排补休的,支付不低于工资的百分之二百的工资报酬。”《工资支付暂行规定》(劳部发〔1994〕489号)第13条规定:“用人单位在劳动者完成劳动定额或规定的工作任务后,根据实际需要安排劳动者在法定标准工作时间以外工作的,应按以下标准支付工资:……”从上述条款可知,符合“用人单位安排”“法定标准工作时间以外工作”情形的,用人单位应当依法支付劳动者加班费。

本案中,吴某提交的考勤记录、与部门领导及同事的微信聊天记录、工作会议纪要等证据形成了相对完整的证据链,某医药公司亦认可上述证据的真实性。某医药公司未实际履行加班审批手续,并不影响对“用人单位安排”加班这一事实的认定。故仲裁委员会依法裁决某医药公司支付吴某加班费。

案例4:用人单位与劳动者约定实行包薪制,仍被判支付加班费

周某于2020年7月入职某汽车服务公司,双方订立的劳动合同约定月工资为4000元(含加班费)。2021年2月,周某因个人原因提出解除劳动合同,并认为即使按照当地最低工资标准认定其法定标准工作时间工资,某汽车服务公司亦未足额支付加班费,要求支付差额。某汽车服务公司认可周某加班事实,但以劳动合同中约定的月工资中已含加班费为由拒绝支付。周某申请劳动仲裁,请求裁决某汽车服务公司支付加班费差额17,000元。仲裁委员会裁决某汽车服务公司支付周某加班费差额17,000元(裁决为终局裁决),并就有关问题向某汽车服务公司发出仲裁建议书。

《劳动法》第47条规定:“用人单位根据本单位的生产经营特点和经济效益,依法自主确定本单位的工资分配方式和工资水平。”第48条规定:“国家实行最低工资保障制度。”《最低工资规定》(劳动和社会保障部令第21号)第3条规定:“本规定所称最低工资标准,是指劳动者在法定工作时间或依法签订的劳动合同约定的工作时间内提供了正常劳动的前提下,用人单位依法应支付的最低劳动报酬。”从上述条款可知,用人单位可以依法自主确定本单位的工资分配方式和工资水平,并与劳动者进行相应约定,但不得违反法律关于最低工资保障、加班费支付标准的规定。

本案中,根据周某实际工作时间折算,即使按照当地最低工资标准认定周某法定标准工作时间工资，并以此为基数核算加班费，也超出了4000元的约定工资，表明某汽车服务公司未依法足额支付周某加班费。故仲裁委员会依法裁决某汽车服务公司支付周某加班费差额。

风险应对

一、风险点：无法提供已支付加班费用的有效依据

实务中，一方面，有用人单位因为加班本身较为随机，故给予劳动者加班费用时较为随意，往往没有做好相关的存档工作。有争议时，用人单位自身已经无法举证加班费已支付。另一方面，用人单位对值班和加班不能正确区分，往往会导致对值班人员支付了加班费用，或未对加班劳动者支付加班费，而仅以值班对待等情况。

【HR 防范策略】

建议完善加班审批制，明确劳动者需加班时应向公司审批，并需要本人签名确认。用人单位根据自身情况和行业管理，制定具体的《值班规章制度》，于其中明确劳动者在值班期间的义务和支付值班津贴的标准。审判数据显示，劳动者往往无法证明存在加班事实，也无法证明用人单位掌握加班事实存在的证据，导致劳动者主张加班工资存在困难，劳动者败诉率高。同时，为避免用人单位与劳动者之间对加班事实是否存在产生争议，建议在劳动合同中明确约定，加班须得到公司书面同意，否则不视为加班。如此一来，公司可留有书面证据，证明劳动者是否存在加班事实，以避免产生争议。若存在加班时，在工资表中注明加班费项，工资表让劳动者签字确认。当然，对于一些劳动密集型公司，加班是常态，采用加班审批制并不具有可操作性，这又另当别论。

二、风险点：延长工作时间但不支付加班费

根据《劳动保障监察条例》第25条的规定，用人单位延长劳动者工作时间的，由劳动保障行政部门给予警告，责令限期改正，并可以按照受侵害的劳动者每人100元以上500元以下的标准计算，处以罚款。劳动者主张上述加班费，可以通过劳动仲裁的方式起诉，也可以向劳动监察部门进行投诉的方式来维权，则贵司在被劳动行政部门警告后仍不改正的情况下，则面临被罚款以及降低企业劳动保障诚信等级

评价的可能。

【HR 防范策略】

用人单位如确实存在需要支付加班费的情况，建议在工资结构中体现，并让劳动者及时签名确认。

1. 调整员工薪资模式，实行复合式薪资结构。用人单位可以对自己的薪资事项根据自身情况进行自行设计。建议可以进行复合工资制而不是单一的工资制。复合型工资包括多个部分，有相对固定的如岗位、职务、技能工资等；也有浮动的如提成工资、绩效工资、月奖金等。弹性工资有助于增强企业用工的灵活性。

2. 在复合型薪资结构的基础上，在劳动合同中约定加班费计算基数。加班费计算基数最好跟基本工资一致，并且依照法律规定不低于当地的最低工资标准。将工资结构中的固定部门视情况调整为工资外的补贴，将风险降到最低。

疑难解答

一、妇女节、青年节等节日，用人单位未安排劳动者休息的，用人单位是否应该支付法定休假日加班工资？

全体公民放假的节日包括元旦、春节、清明节、劳动节、端午节、中秋节和国庆节，部分公民放假的节日和纪念日包括妇女节、青年节、儿童节和建军纪念日。需要支付法定休假日加班工资的法定假日，是指全体公民放假的节日。对此，在《北京市工资支付规定》第 20 条中也有明确规定：妇女节、青年节等部分公民节日期间，用人单位安排劳动者休息、参加节日活动的，应当视同其正常劳动支付工资；劳动者照常工作的，可以不支付加班工资。

二、劳动者在法定节假日加班的，用人单位应当另外支付三倍还是二倍加班工资？

关于这一法律问题，全国各地仲裁和人民法院审判中有两个裁判标准。

第一种是支持用人单位应当另外支付劳动者二倍加班工资。其依据是《劳动法》第 44 条规定。因为法定节假日本身带薪休假已经包含一倍工资，所以用人单位再支付二倍工资即可。

第二种是支持用人单位应另外支付劳动者三倍加班工资。首先，基于文义解释，无论是延时加班，还是休息日加班或者法定休假日加班，用人单位之所以要给150%、200%或者300%的加班工资，均基于劳动者在正常工作之外提供了额外的劳动。因此，应理解为劳动者额外提供劳动的报酬，就是在原工资一倍的基础上，另外支付三倍工资的加班费。其次，基于劳动部回函答复可知，劳动部在《对〈工资支付暂行规定〉有关问题的补充规定》(1995年5月12日，劳部发〔1995〕226号)中明确："安排在法定休假节日工作的，应另外支付给劳动者不低于劳动合同规定的劳动者本人小时或日工资标准300%的工资。"在答复广州市劳动局的《关于职工工作时间有关问题的复函》(1997-09-10，劳部发〔1997〕271号)中明确：法定休假日安排劳动者加班工作的，应另外支付不低于工资的300%的工资报酬。文件均明确注明是另外支付。最后，从《劳动法》立法本意来看，为了更好地倾斜保护劳动者，也应当是另外支付三倍加班工资。假设休息日加班和法定节假日加班都是另外支付二倍工资，那么劳动者无论是在休息日还是在法定节假日加班，其实际获得的额外报酬是相同的，都是二倍工资。有可能会变相鼓励用人单位在法定休假日安排劳动者加班，不利于维护良好的用工环境和和谐的劳动秩序。

综上所述，劳动者法定节假日加班，用人单位除支付正常工作上班工资外，还应另外支付三倍工资的加班工资，即在法定节假日加班的劳动者最终到手的为四倍工资。

三、产假期间上班是否可以主张加班费？

鉴于劳动者提供了正常劳动，公司应支付其正常工作期间的工资福利待遇即可。《劳动法》规定的法定休假日其中并不包括产假。目前并无其他法律法规规定劳动者产假期间提前上班，公司应支付三倍加班工资。

四、能否以调休代替加班费？

根据《劳动法》第44条第2项规定，休息日安排劳动者工作又不能安排补休的，支付不低于工资200%的工资报酬。因此，休息日安排劳动者工作，用人单位可以首先安排补休。在无法安排补休时，才支付不低于工资200%的加班费。需要提醒的是，如果在法定节假日安排劳动者工作的，用人单位只能按照《劳动法》的相关规定支付加班工资，而不得以调休的方式代替。

《劳动法》第44条第1项规定，用人单位安排劳动者延长工作时间的，支付不低于工资的150%的工资报酬。可见，法律并未规定此种情况下，用人单位拥有像休息日加班一样的“安排调休或支付加班工资”的选择权。具体操作中，许多用人单位通过合同或者规章制度的形式，与劳动者达成一致，规定对工作日延长工作的时间统一安排调休。这样的约定是否有效？法律没有明确禁止加点可以调休，同时也未赋予用人单位选择权，此种情况下，可根据“意思自治”原则，允许用人单位与劳动者协商确定。如果用人单位在实际履行过程中征得劳动者同意，可视为有效约定。

在许多用人单位，劳动者加班后，用人单位往往以开“调休单”形式赋予员工休息权。然而由于种种原因，一些劳动者常会出现本月“调休单”未能在当月使用完的情形，那么能否累计到下月呢？根据法律规定，劳动者在休息日加班，用人单位应首先安排补休。用人单位以开“调休单”的形式赋予员工权利，应视为用人单位对何时安排调休“决定权”的放弃，劳动者可以自行决定何时安排自己补休。那么，劳动者是否拥有调休还是支付加班工资的决定权呢？答案也是否定的。因为用人单位既已通过开调休单形式给予劳动者补休，那么劳动者只能决定何时调休而不能决定是否调休。因此，在双方没有特殊约定的情况下，调休单可以累计到下月，但不能折算成加班工资要求用人单位支付。

五、用人单位在休息日举办员工文体活动属于加班吗？

一般不认为是加班。但考虑到类似活动用人单位都会要求劳动者必须参加的，因此，实践中认定可能会有争议。用人单位也可以在规章制度中规定这类情况，比如在节假日和休息日组织的郊游及其他娱乐活动或者在工作日下班后组织的娱乐活动，不属于加班。

六、拒绝加班是否违纪？

用人单位安排劳动者加班，应当与工会和劳动者协商。如没有协商，用人单位单方面安排劳动者加班的，劳动者有权予以拒绝。对此，用人单位不能按违纪处理。在劳动者同意安排加班的情况下，加班应该作为用人单位正常的工作安排处理，员工因故不来的，属于旷工。因用人单位安排加班须与劳动者协商，故如果用人单位安排加班，劳动者因故不能出勤的，不能认定为旷工，全勤奖金应该发放。

七、值班和加班的区别是什么?

一般认定值班则不支持加班费计算,加班需要另外支付加班费。值班是指单位因安全、消防、假日等需要,临时安排或根据制度安排与劳动者本职无关联的工作;或虽与劳动者本职工作有关联,但值班期间可以休息的工作,一般为非生产性的责任,如看门、接听电话等。加班则指劳动者在平时正常工作时间外,继续从事自己的本职工作。认定加班还是值班,主要以劳动者是否继续在原来的岗位上工作,或是否有具体的生产或经营任务、用人单位是否提供休息场所、劳动者是否有睡眠时间等综合判断。如果认定为值班,则不支持加班费计算,但劳动者可以根据规章制度、劳动合同、集体合同以及惯例要求用人单位支付值班待遇如值班津贴。

法条链接

1.《劳动法》

第四十四条 有下列情形之一的,用人单位应当按照下列标准支付高于劳动者正常工作时间工资的工资报酬:

(一)安排劳动者延长工作时间的,支付不低于工资的百分之一百五十的工资报酬;

(二)休息日安排劳动者工作又不能安排补休的,支付不低于工资的百分之二百的工资报酬;

(三)法定休假日安排劳动者工作的,支付不低于工资的百分之三百的工资报酬。

2.《劳动部关于贯彻执行〈中华人民共和国劳动法〉若干问题的意见》

第七十条 休息日安排劳动者工作的,应先按同等时间安排其补休,不能安排补休的应按劳动法第四十四条第(二)项的规定支付劳动者延长工作时间的工资报酬。法定节假日(元旦、春节、劳动节、国庆节)安排劳动者工作的,应按劳动法第四十四条第(三)项支付劳动者延长工作时间的工资报酬。

3.《工资支付暂行规定》

第十三条第二款 实行计件工资的劳动者,在完成计件定额任务后,由用人单位安排延长工作时间的,应根据上述规定的原则,分别按照不低于其本人法定工作时间计件单价的150%、200%、300%支付其工资。

4.《北京市工资支付规定》

第二十条　妇女节、青年节等部分公民节日期间,用人单位安排劳动者休息、参加节日活动,应当视同其正常劳动支付工资;劳动者照常工作的,可以不支付加班工资。

5.劳动部关于印发《对〈工资支付暂行规定〉有关问题的补充规定》的通知

第二条　关于加班加点的工资支付问题 1.《规定》第十三条第(一)、(二)、(三)款规定的在符合法定标准工作时间的制度工时以外延长工作时间及安排休息日和法定休假节日工作应支付的工资,是根据加班加点的多少,以劳动合同确定的正常工作时间工资标准的一定倍数所支付的劳动报酬,即凡是安排劳动者在法定工作日延长工作时间或安排在休息日工作而又不能补休的,均应支付给劳动者不低于劳动合同规定的劳动者本人小时或日工资标准150%、200%的工资;安排在法定休假节日工作,应另外支付给劳动者不低于劳动合同规定的劳动者本人小时或日工资标准300%的工资。

6.《关于职工工作时间有关问题的复函》

四、休息日或法定休假日加班,用人单位可否不支付加班费而给予补休?补休的标准如何确定?

依据《劳动法》第四十四条规定,休息日安排劳动者加班工作的,应首先安排补休,不能补休时,则应支付不低于工资的百分之二百的工资报酬。补休时间应等同于加班时间。法定休假日安排劳动者加班工作的,应另外支付不低于工资的百分之三百的工资报酬,一般不安排补休。

7.《劳动合同法》

第三十一条　用人单位应当严格执行劳动定额标准,不得强迫或者变相强迫劳动者加班。用人单位安排加班的,应当按照国家有关规定向劳动者支付加班费。

8.《劳动保障监察条例》

第二十五条　用人单位违反劳动保障法律、法规或者规章延长劳动者工作时间的,由劳动保障行政部门给予警告,责令限期改正,并可以按照受侵害的劳动者每人100元以上500元以下的标准计算,处以罚款。

9.《最高人民法院关于审理劳动争议案件适用法律问题的解释(一)》

第四十二条　劳动者主张加班费的,应当就加班事实的存在承担举证责任。但劳动者有证据证明用人单位掌握加班事实存在的证据,用人单位不提供的,由用人单位承担不利后果。

文书工具

《加班申请表范本》【见书尾文书,文书编号:NO. 12】

第四节　休假

实务精讲

一、休假的概念与类型

休假是根据国家法律规定和用人单位的作息制度,劳动者在履行劳动义务中可以休息一定的时间,不必从事工作,休息完毕后继续工作。休假制度是为保障劳动者休息权利而实行的带薪休息假期的制度。有的国家允许劳资双方通过签订集体合同或劳动合同确定休假,但必须符合劳动法律、法规的规定。①

休假的类型包括休息日、法定休假日(含全体公民、部分公民放假的节日及纪念日)、婚假、丧假、事假、带薪年休假以及其他假期。

二、休假的法条精讲

(一)事假批准的决定权

在司法实践中,员工除国家已明确规定的各种公休节假日和假期外,如遇特殊情况本人必须离开工作岗位的可请事假,但批准权在于用人单位。如果员工未经请假擅自离开工作岗位,或者假满未经批准续假而逾期不归的,应按旷工论处。在

① 曹灿明:《中国休假制度变迁研究》,载《苏州大学学报(哲学社会科学版)》2009年第6期。

(2019)京民申2307号案中，经过高级人民法院裁定，员工向公司请事假未获准许的情况下，违反公司管理规定，连续旷工3天以上，公司据此与员工解除劳动合同，并未违反法律规定。

在用人单位的日常经营管理过程中，员工提出请事假的，原则上应由本人事先亲自提出书面申请，填写《请假审批单》，明确请假的类型、事由、请假的时间，再按用人单位相关工作人员的管理权限进行审核批准，由主管领导签字审批后，报人事部门备案。

(二)事假请假批准权的界限

从用人单位角度来看，可以通过合法的规章制度制定不同假期的请休制度，比如年休假，用人单位可以根据生产、工作的具体情况，并考虑职工本人意愿，统筹安排。对于非劳动者依法享有的假期，用人单位一般有完全的批准权，但在行使这类假期批准权时应注意合理性，对于类似病假、事假这类假期，并不是用人单位不批准，劳动者不按时上班就按旷工处理，判断标准主要是用人单位作出不批准的决定是否合理。

较之病假，用人单位对于事假请假批准权有更大的自由判断的空间。但是在劳动者告知相关事由的情况下应当批准，除非用人单位有证据证明劳动者编造虚假的事由。为了避免劳动者频繁请事假，用人单位可以在规章制度中规定，在一段时间内累计请事假达到一定天数不享有全勤奖金等。

(三)事假期间工资发放问题

员工请事假期间并未向用人单位提供劳动，用人单位原则上无须向员工支付事假期间的劳动报酬。虽然《工资支付暂行规定》对员工请事假是否计发工资未作出明确规定，但是各地的工资支付规定均对此作出明确的规定。

比如，《北京市工资支付规定》第22条规定，劳动者在事假期间，用人单位可以不支付其工资。《江苏省工资支付条例》第26条规定，劳动者在事假期间的，用人单位可以不予支付其休假期间的工资。《广东省工资支付条例》第25条规定，劳动者因事假未提供劳动期间，用人单位可以不支付工资。

由此可知，若职工请事假，用人单位可依据当地的规定进行处理。如果用人单位的规章制度中对于职工请事假期间工资的计发方式有明确规定的，依据规章制度的具体规定进行处理。

案例说法

案例1:劳动者未能举证证明其向公司请假获批,诉请公司支付工资未获法院支持

黄某于2010年1月9日入职广州市某五金机械厂,担任磨工。黄某于2017年6月4日8时20分左右在车间使用人字梯取工具架上的物品时,不慎踩空摔下受伤,送到医院治疗,工伤治疗期间一共住院两次,第一次是2017年6月4日至28日;第二次是2019年6月10日至18日。2018年5月31日,黄某被人力资源和社会保障局认定为工伤。2018年8月25日,黄某被劳动能力鉴定委员会鉴定为劳动功能障碍程度八级;生活自理障碍程度未达级;停工留薪期从2017年6月4日至2018年3月3日。2019年9月27日,黄某被广州市劳动能力鉴定委员会确认2019年6月10日至7月9日,关于手部取出内固定的治疗属于工伤复发;确认2019年8月14日,关于内固定术复查的治疗不属于工伤复发,但属于原工伤部位的继续治疗。

2019年6月3日至9日、2019年7月18日至8月13日、2019年8月15日至9月18日:黄某主张其在上述期间没有上班,但有向公司请假,遂诉请公司支付该期间的工资。

法院认为,从黄某提交的上述证据来看,黄某在微信和电话中仅提及"这段期间做不了事""后天做手术",既未明确提出请假时间,也未提交书面请假单。据此,黄某在上述期间没有提供劳动,亦未能举证证明其在上述期间已向公司请假并获批准,黄某要求公司支付上述期间的工资无理据,法院不予支持。

【裁判文书编号】

(2020)粤0113民初8794号、8886号

案例2:劳动者未请假销假,用人单位据此解除劳动合同,劳动者请求支付违法解除赔偿金未获法院支持

来某于2009年4月开始在陕西玻璃纤维总厂劳动服务公司从事分切工作。2014年12月16日,来某与陕西华特玻纤材料集团有限公司实业分公司签订了《劳动合同》,继续在公司从事分切工作。2019年3月6日上午9:59分,来某因脑梗塞

入住秦岭医院治疗 7 天。2019 年 8 月 28 日委托工友至公司人力资源部办理事假请假手续,2019 年 9 月 25 日之后来某未向公司请假或正常上班。公司对来某实行的是“早、中、夜”三班倒的上班制度,工资实行的是计件工资制,多劳多得。

法院认为,来某 2019 年 8 月 28 日委托工友至被告人力资源部办理事假请假手续,随后来某于 2019 年 9 月 25 日向兴平市劳动人事争议仲裁委员会提出仲裁申请,申请劳动仲裁是每个劳动者所享有的法定权利,劳动者享有权利的同时,也应履行作为用人单位所属职工应尽的请销假职责及义务,自 2019 年 9 月 25 日之后,来某未向被告请销假或正常上班,公司据此解除与来某的劳动合同关系,公司的行为符合《劳动合同法》第 39 条的规定,来某要求被告支付经济补偿金、赔偿金的请求不符合《劳动合同法》第 46 条、第 48 条规定的情形,且就这一诉讼请求本院以(2020)陕 0481 民初 25 号民事判决已予以驳回,本案不再审理。

【裁判文书编号】

(2021)陕 0481 民初 413 号

风险应对

一、风险点:超过 20 天事假请假记录不完整

根据《职工带薪年休假条例》第 4 条的规定,由此可见,如果职工在一个自然年度内请事假累计在 20 天以上,且用人单位不扣其事假期间工资的,将不再享有当年度的年休假。如果当年度的年休假已经享受,根据《企业职工带薪年休假实施办法》第 8 条的规定,职工将不再享受下一年度的年休假。[1]

实务中,用人单位对于事假何种情况下可以抵充带薪年休假的法律知识可能较为缺乏,导致劳动者和用人单位出现休假纠纷。

【HR 防范策略】

要求用人单位对于劳动者请事假、休年假等情形,应当及时做好书面记录,并要求劳动者进行签字确认。同时,用人单位还应当注意,如果劳动者在当年度虽然请事假累计天数达到 20 天以上,但依据规定已经扣除其对应事假天数工资的,此时劳

① 赖明:《合规管理才能减少法律风险》,载《人才资源开发》2017 年 4 月 11 日。

动者仍享有休年假的权利，用人单位不得予以剥夺。[1]

二、风险点：用人单位忽视地方性规定

用人单位在日常管理中，往往主要关注国家的法律法规，却忽视了地方性法规对于休假方面的限制，例如全国各地的婚假时间均有不同规定，有些地方规定了陪产假等情况。

【HR 防范策略】

一方面，应当了解国家对于各种法定的节假日的规定，保证规章制度的合法性。另一方面，对于各种类别的休息休假，在制定规章制度的过程中应当将其适用条件、不适用的情况一一列出，明确法律关系，以免以后发生争议。这也是保护用人单位自身权益的一种方式。

疑难解答

一、国家规定的婚假天数是多少？

原国家劳动总局、原财政部于 1980 年 2 月 20 日发布的《关于国营企业职工请婚丧假和路程假问题的通知》进一步明确，职工本人结婚或职工的直系亲属（父母、配偶和子女）死亡时，可以根据具体情况，由本单位行政领导批准，酌情给予 1 ~ 3 天的婚丧假。需要注意的是，婚假的具体天数是由地方条例规定的，各地的时间并不统一。

二、再婚者有婚假吗？

对于再婚者的婚假问题，劳动和社会保障部门曾有明确答复，再婚者与初婚者的法律地位相同，用人单位对再婚职工应当参照国家有关规定，给予同初婚职工一样的婚假待遇。

三、婚假期间的工资待遇如何？

根据《关于国营企业职工请婚丧假和路程假问题的通知》，劳动者本人结婚，假

① 姚均昌：《企业人力资源用工管理实务操作指南》，中国法制出版社 2020 年版。

期在3个工作日以内的，工资照发。在批准的婚丧假和路程假期间职工的工资照发。而关于工资的具体发放标准则没有具体的规定，其中《上海市企业工资支付办法》对这个问题有一定的规定，即有合同约定按合同约定行使；没有合同约定的，按集体合同规定；完全无约定的，按照正常出勤的月工资的70%确定。

四、哪些亲属去世，劳动者可休丧假？

法定丧假只针对劳动者的父母、配偶和子女(直系亲属)去世的情形。对于法定丧假，用人单位必须批准，因为这是劳动者的法定权利。

但受我国传统文化及风俗习惯的影响，祖辈的丧礼，孙辈一般也在必须列席的范围内；岳父母或公婆去世，女婿(儿媳)通常也需要帮忙料理丧事。因此在实际操作中，不少单位从人文关怀的角度出发，非直系亲属(如岳父母、公婆、祖父母、外祖父母、兄弟姐妹等)去世的，也给予员工丧假待遇。对于这类非法定丧假，公司可自行决定是否给予休假。

五、劳动者请丧假逾期不归单位可以开除吗？

劳动者无故逾期不归，且不顾提醒，构成旷工的，用人单位可依据规定解除合同。如果丧假期间确实有特殊情况导致无法按期回归的，一般可按事假处理。只有当劳动者无故逾期不归，且在用人单位催告的情形下，仍然不顾催告，才构成无故旷工，情节严重的，用人单位可根据规章制度规定，按严重违纪解除劳动合同。

法条链接

1.《劳动法》

第五十一条 劳动者在法定休假日和婚丧假期间以及依法参加社会活动期间，用人单位应当依法支付工资。

2.《工资支付暂行规定》

第十一条 劳动者依法享受年休假、探亲假、婚假、丧假期间，用人单位应按劳动合同规定的标准支付劳动者工资。

3.《劳动和社会保障部办公厅关于对再婚职工婚假问题的复函》

根据《中华人民共和国婚姻法》和国家有关职工婚丧假的规定精神，再婚者与初婚者的法律地位相同，用人单位对再婚职工应当参照国家有关规定，给予同初婚职工一样的婚假待遇。

4.《关于国营企业职工请婚丧假和路程假问题的通知》

一、职工本人结婚或职工的直系亲属（父母、配偶和子女）死亡时，可以根据具体情况，由本单位行政领导批准，酌情给予一至三天的婚丧假。

二、职工结婚时双方不在一地工作的；职工在外地的直系亲属死亡时需要职工本人去外地料理丧事的，都可以根据路程远近，另给予路程假。

三、在批准的婚丧假和路程假期间，职工的工资照发。途中的车船费等，全部由职工自理。

5.《上海市企业工资支付办法》

十三、企业根据实际需要安排劳动者在法定标准工作时间以外工作的，应以本办法第九条确定的计算基数，按以下标准支付加班工资：

（一）安排劳动者在日法定标准工作时间以外延长工作时间的，按照不低于劳动者本人小时工资的150%支付；

（二）安排劳动者在休息日工作，而又不能安排补休的，按照不低于劳动者本人日或小时工资的200%支付；

（三）安排劳动者在法定休假节日工作的，按照不低于劳动者本人日或小时工资的300%支付。

企业依法安排实行计件工资制的劳动者完成计件定额任务后，在法定标准工作时间以外工作的，应当根据以上原则相应调整计件单价。计件定额应通过一定的民主管理程序合理制定。

经人力资源社会保障行政部门批准实行综合计算工时工作制的企业，劳动者综合计算工作时间超过法定标准工作时间的，应当视为延长工作时间，并按本条第（一）项的规定支付劳动者延长工作时间的加班工资；企业在法定休假节日安排劳动者工作的，按本条第（三）项的规定支付加班工资。

经人力资源社会保障行政部门批准实行不定时工时制的劳动者，在法定休假节日由企业安排工作的，按本条第（三）项的规定支付加班工资。

在妇女节、青年节等部分公民休假的节日期间，对参加社会或企业组织的庆祝活动和照常工作的劳动者,企业应支付工资,但不支付加班工资。如果该节日恰逢休息日,企业安排劳动者工作的,应当按本条第(二)项的规定支付加班工资。

6.《广东省企业职工假期待遇死亡抚恤待遇暂行规定》

第四条 职工的直系亲属(父母、配偶、子女)死亡,可给予3天以内的丧假。职工配偶的父母死亡,经单位领导批准,可给予3天以内丧假。需要到外地料理丧事的,可根据路程远近给予路程假,途中交通费由职工自理。

7.《职工带薪年休假条例》

第四条 职工有下列情形之一的,不享受当年的年休假:

(一)职工依法享受寒暑假,其休假天数多于年休假天数的;

(二)职工请事假累计20天以上且单位按照规定不扣工资的;

(三)累计工作满1年不满10年的职工,请病假累计2个月以上的;

(四)累计工作满10年不满20年的职工,请病假累计3个月以上的;

(五)累计工作满20年以上的职工,请病假累计4个月以上的。

文书工具

《请假休假申请单范本》【见书尾文书,文书编号:NO. 13】

第五节 带薪年休假

实务精讲

一、带薪年休假的概念

根据《职工带薪年休假条例》和《企业职工带薪年休假实施办法》的规定,带薪年休假,是指在一公历年度内,符合年休假资格的劳动者享受的带薪休假福利待遇。根据这一概念,用人单位在安排带薪年休假时有三点注意事项:

第一,安排带薪年休假的时间单位是年。根据《职工带薪年休假条例》第5条、

《企业职工带薪年休假实施办法》第 9 条的规定，年休假一般安排在本年度而不跨年度安排，如确因工作原因需跨年度安排年休假的，需征得劳动者同意。

第二，带薪年休假要求用人单位支付工资。根据《企业职工带薪年休假实施办法》第 11 条的规定，年休假期间用人单位所支付的薪酬是指劳动者的工资收入，而根据《关于工资总额组成的规定》第 4 条规定，工资包括计时工资、计件工资、奖金、津贴和补贴、加班加点工资、特殊情况下支付的工资。其中，情况较为复杂的指奖金发放的问题，虽然劳动者在年休假期间享受足额工资待遇，但并不意味着劳动合同或规章制度中规定的奖金必须全部发放，例如双方约定，以达到一定出勤天数或者规定时间内完成一定任务为发放条件的奖金，那么劳动者如因年休假没有出勤或者完成既定任务，同样不需要发放。

第三，带薪年休假在性质上属于劳动者的法定福利待遇。因此，虽然用人单位有统筹劳动者年休假的权利，但是在假期安排上，这一权利只能用在法定假期基础上增加福利的权利而不能扣减。

二、带薪年休假的法条精讲

（一）享受带薪年休假的条件

第一，在主体上，根据《职工带薪年休假条例》第 2 条和《企业职工带薪年休假实施办法》第 2 条的规定，与机关、团体、企业、事业单位、民办非企业单位、有雇工的个体工商户等单位形成劳动关系的劳动者，是享有带薪年休假的主体；此外，根据《企业职工带薪年休假实施办法》第 14 条的规定，劳务派遣单位的职工同样也是享受带薪年休假的主体。但是，对于非全日制员工是否享受带薪年休假，仍有争议，但根据人力资源和社会保障部办公厅关于《企业职工带薪年休假实施办法》有关问题的复函，《企业职工带薪年休假实施办法》规定“累计工作时间”是指职工在前述从事全日制工作期间，而从体系解释的角度出发，应认为带薪年休假适用主体不包括非全日制员工，当然，法律也并非禁止非全日制员工休年休假，如用人单位与劳动者有约定或规章制度有规定非全日制员工休年休假的，同样有效。

第二，在工作年限上，根据《劳动法》第 45 条、《职工带薪年休假条例》第 2 条和《企业职工带薪年休假实施办法》第 3 条的规定，劳动者连续工作满 12 个月（1 年）以上的，得享受带薪年休假，这一规定是资格性的，即劳动者连续工作满 12 个月（1 年），即享有休年休假的资格，而不需要在每年休年休假前连续工作满 12 个月（1

年)。而连续工作并不限于在同一单位,根据《企业职工带薪年休假实施办法》第4条的规定,连续工作既包括劳动者在同一单位连续工作,又包括在不同单位连续工作,还包括服兵役等视同工作期间。此外,从文义解释的角度看,"不同单位"可以不包括劳动者新入职的单位,如北京市高级人民法院发布的《审理劳动争议案件法律适用问题的解答》第18条规定:"'连续工作满12个月',指劳动者在参加工作后曾经在同一或两个以上用人单位连续不中断工作满12个月",例如,甲先后在A公司、B公司连续工作满12个月,即入职C公司,虽然C公司并未出现在甲连续工作满12个月的经历中,但法律上依然允许甲就职C公司后立即休年休假。有争议的是,如果劳动者从旧用人单位辞职但在新用人单位任职有短暂间隔,是否属于连续工作满12个月?目前仅有重庆市明确规定如间隔不超过1个月的可以认定为连续工作。

(二)带薪年休假天数的计算

第一,在计算标准上,年休假按照累计工龄计算,与连续工作的计算标准一样,工龄计算同样不限于在同一单位。另外,累计工龄不要求劳动者连续工作,例如,乙连续工作10年后,失业10年,再工作时仍然按照10年工龄计算其年休假天数。

第二,在具体假期上,劳动者累计工作已满1年不满10年的,年休假5天;已满10年不满20年的,年休假10天;已满20年的,年休假15天。

第三,对于新进本单位的劳动者,如符合休年休假的条件,本年度年休假的天数按照其在本单位剩余日历天数折算,不足一天的不计入年休假。计算公式为当年度在本单位剩余日历天数÷365天×劳动者本年度全年应享受的年休假天数。例如,丙能享受5天年休假,其于2021年1月2日入职新单位,到2021年12月31日,那么其可享受的年休假天数为364天÷365天×5=4.98,则丙能休4天年休假。

但是,对于在本单位跨年度工作满12个月的,在其达到12个月这一节点的年度,如丁于2020年5月1日参加工作,至2021年5月1日工作满12个月,那么其在2021年剩余年度的年休假天数是适用于折算,还是休5天年休假,目前仅有浙江省明确规定该情形下适用折算。

第四,年休假所称的年度,按照公历年计算,因此,用人单位不能自行规定休年休假的年度,如规定2020年3月1日至2021年3月1日作为带薪年休假的一个年度,将违反带薪年休假的规定。

第五,根据立法语言,影响年休假天数的年限均为整数,即使劳动者累计工作年限为9年11个月,也属于“不满10年”。

(三)带薪年休假与其他假期的关系

第一,以下假期或期间不计入带薪年休假:国家法定休假日、休息日、探亲假、婚丧假、产假和因工伤停工留薪期间。

第二,以下假期将影响劳动者的带薪年休假:

首先,劳动者请事假累计20天以上且用人单位按照规定不扣工资的,本年度不享受年休假。如本年度已享受年休假的,则不享受下一年度的年休假。

其次,劳动者享受寒暑假,其休假天数多于年休假天数的,本年度不休年休假。如果寒暑假短于年休假的,用人单位应当补足年休假天数。

最后,劳动者如果休病假,根据其累计工龄,达到一定天数后不享受年休假。具体为累计工作满1年不满10年的职工,请病假累计2个月以上;累计工作满10年不满20年的职工,请病假累计3个月以上的;累计工作满20年以上的职工,请病假累计4个月以上。同理,如本年度已享受年休假的,则不享受下一年度的年休假。

(四)带薪年休假的安排与放弃

第一,根据《职工带薪年休假条例》第5条、《企业职工带薪年休假实施办法》第9条的规定,劳动者的带薪年休假由用人单位根据生产、工作的具体情况,并考虑职工本人意愿,统筹安排年休假。这一规定说明:其一,用人单位为劳动者何时休年休假的决定主体,换言之,劳动者可以随时提出休年休假,但是否批准取决于用人单位;其二,用人单位的决定权限于安排休年休假的时间段,而不包括劳动者是否休年休假,休多久年休假;其三,年休假由用人单位统筹安排,而不以劳动者申请为前置条件,即使劳动者全年不提出休年休假申请,由于年休假是劳动者的法定福利,因此用人单位也需要为劳动者安排年休假。

第二,如在本年度内用人单位没有安排劳动者休年休假、所休年休假天数少于应休天数的,有两种处理方案:其一,在本年度内对劳动者应休未休年休假天数,按照其日工资收入的300%支付未休年休假工资报酬;其二,安排劳动者跨年休年休假,但跨年度最多只能跨一年度。但是上述方案均需以劳动者同意为前提。

第三,只有当劳动者因本人原因,拒绝了用人单位安排的年休假,并以书面方式提出,用人单位才能仅支付其正常工作时间的工资收入。换言之,年休假既不能默示放弃，也不能口头放弃。在实践中，也有用人单位要求劳动者签署《自愿放弃年休假承诺书》，从法律的角度看，只要劳动者不能证明其系因被胁迫而签署，同样具有效力。

（五）应休未休年休假的工资报酬

第一，在总额上，用人单位应支付的应休未休年休假工资报酬为劳动者日工资收入的300%×劳动者应休未休年休假的天数，其中300%的应休未休年休假工资报酬由两部分组成：其一，100%部分为劳动者正常工作期间的工资收入；其二，200%部分为劳动者未休年休假的法定补偿。

第二，在计算基数上，日工资收入按照职工本人的月工资除以月计薪天数（21.75天）进行计算；而月工资又按照劳动者在用人单位支付其未休年休假工资报酬前12个月剔除加班工资后的月平均工资，如果劳动者在本用人单位工作时间不满12个月，则按照其实际工作月份来计算月平均工资。值得注意的是，这一计算方法不仅适用于按月支付的用人单位，实施计件工资、绩效工资的用人单位也参照这一计算方式。

第三，如劳资双方解除劳动合同，或者劳动合同终止时，当年度未安排职工休满应休年休假的，应当按照劳动者当年已工作时间折算应休未休年休假天数并支付未休年休假工资报酬，但不足一整天的不计入其中。其天数折算公式为当年度在本单位已过日历天数÷365天×职工本人全年应当享受的年休假天数－当年度已安排年休假天数，如戊应休年休假为5天，当年实休1天年休假，于12月30日离职，那么其应休未休年休假天数为335天÷365天×5－1＝3.58，即3天，那么用人单位支付的应休未休年休假工资报酬为3×300%日应休未休年休假工资报酬。此外，还有三点需要注意：

其一，根据《企业职工带薪年休假实施办法》第12条的表述，只要在劳动者仍有应休未休年休假的情形下用人单位与劳动者解除劳动合同或劳动合同终止的，均需进行折算，这就意味着即使是用人单位因劳动者过错而单方解除劳动合同、劳动合同因劳动者死亡或退休而终止包括在该情形内。

其二，《企业职工带薪年休假实施办法》第12条规定的“用人单位与劳动者解除劳动合同”应当理解为包括双方协商解除劳动合同、劳动者单方解除劳动合同，而不限于用人单位单方提出解除劳动合同。

其三，根据《企业职工带薪年休假实施办法》第12条第3款的规定，只有劳动者少休年休假可以折算为应休未休年休假工资报酬，如果是用人单位方面多安排年休假，则不再扣回。

第四，应休未休年休假工资报酬能否约定放弃，现行法律并无明文规定，而在司法实践中，如(2019)粤07民终3098号判决等，法院往往认为只要劳动者不能证明其系被强迫，则放弃应休未休年休假工资报酬具有法律效力。

(六)劳动派遣单位职工的带薪年休假规定

《企业职工带薪年休假实施办法》第14条对劳务派遣单位职工的带薪年休假作出了特别规定。劳务派遣单位职工在本年度内能否休年休假，取决于其在劳动合同期限内无工作期间由劳务派遣单位依法支付劳动报酬的天数。如劳动者无工作且由劳务派遣单位发放工资的天数多于应休年休假天数，则本年度内不在休年休假，反之，则由劳务派遣单位和用工单位协商补足劳动者的年休假天数。

如已应休年休假为5天，其在2020年中有6天未被派遣至其他单位工作，且用人单位在6天中已按照劳动合同为其支付工资，那么2020年内已不再享受年休假待遇。

(七)用人单位违反带薪年休假规定的法律责任

根据《企业职工带薪年休假实施办法》第15条第2款的规定，用人单位不安排职工休年休假又不依照条例及本办法规定支付未休年休假工资报酬的，由县级以上地方人民政府劳动行政部门依据职权责令限期改正。

如逾期不改正的，除支付支付未休年休假工资报酬外，还按照未休年休假工资报酬的数额加处赔偿金，总计为600%日应休未休年休假工资报酬×劳动者应休未休年休假天数。

案例说法

案例1：带薪年休假“过期作废”的约定无效

薛某与北京王府世纪发展有限公司于2016年1月1日订立无固定期限劳动合

同，公司规定，休年休假需员工提出申请，如不休年休假过期作废。就职期间，薛某在2017年未休年休假。后薛某认为公司在2017年未向其支付未休年休假报酬，提起劳动仲裁，要求公司向其支付未休年休假报酬。公司抗辩称，薛某并未申请休年休假，而年休假按公司规定，如不休即作废，因此无须向薛某支付未休年休假报酬。

法院经一审、二审后作出判决：北京王府世纪发展有限公司以公司制度规定休年休假需员工提出申请，如不休年休假过期作废。因该主张缺乏法律依据，故法院对此不予支持，故此，公司仍需要按照薛某的工资标准和2017年未休年休假天数支付报酬。

【裁判文书编号】

(2020)京02民终3225号

案例2：在家办公同样享受带薪年休假待遇

姜某与华杰上海公司于2011年12月29日订立2012年1月1日至2014年12月31日的劳动合同，姜某以在家办公的方式工作。2014年，双方劳动合同到期不再续签，姜某主张其工作期间未休年休假，遂申请劳动仲裁仲裁要求公司支付其未休年休假工资报酬。公司抗辩称姜某系在家办公，工作时间和休息时间均可自行安排，无须坐班的员工，不得再要求单位支付年休假工资。

法院经一审、二审后判决：不论劳动者是在家办公还是在公司办公，仅是工作地点不同，并非享受年休假与否的条件，因此，对公司以在家办公为由不支付姜某未休年休假报酬不予支持。

【裁判文书编号】

(2016)沪02民终5099号

案例3：实施不定时工作制是否适用未休年休假报酬存在争议

观点1：肯定态度

涂某与上海丽施美垫业有限公司于2013年5月29日订立期限自2013年5月29日至2016年5月28日的劳动合同，合同约定实施不定期工作制。2015年1月29日，公司以涂某严重损害公司利益和名誉与其单方解除劳动合同。涂某不服，遂提起劳动仲裁，要求公司支付违法解除劳动合同赔偿金、2014年度未休年休假工资等。公司主张：涂某作为销售部员工，工作及休假时间比较宽松，均可由其自己根据情况自行安排,因此不应适用关于带薪年休假的规定。

一审、二审法院对此均不予支持,上海丽施美垫业有限公司不服,提起再审申请。法院经审查后裁定:不定时工作制只是对工作时间的约定而与是否享受年休假无关,而公司未能举证证明其已安排涂某享受了年休假,遂维持二审法院作出的上海丽施美垫业有限公司向涂某支付年休假工资的判决。

【裁判文书编号】

(2017)沪民申51号

观点2:否定态度

冯某就职于北京金建出租汽车有限公司,岗位为出租车司机,根据规定,北京金建出租汽车有限公司对出租车司机执行不定时工作制。后公司与冯某解除劳动合同,冯某不服,先后提起劳动仲裁和诉讼,要求公司支付解除劳动合同的经济补偿金、带薪年休假工资等。

经一审、二审和再审申请审查,法院判决:根据双方的劳动合同和出租车行业的惯例,由于冯某可以自行安排其上班和休息时间,因此冯某要求北京金建出租汽车有限公司支付未休年休假工资,缺乏依据,遂裁判维持二审法院关于北京金建出租汽车有限公司无须向冯某支付未休年休假工资的判决。

【裁判文书编号】

(2015)高民申字第04613号

风险应对

一、风险点:预支年休假

根据《职工带薪年休假条例》和《企业职工带薪年休假实施办法》的规定,劳动者年休假天数与工龄挂钩,但实践中存在预支年休假的情形,如劳动者应休年休假为5天,劳动者又提前预支5天。但是,当劳动者休完年休假后选择离职,其多休的年休假能否折抵工资,法律并无规定,司法实践中也存在相反处理。因此,就存在用人单位同意劳动者预支年休假,反而承受了损失的风险。

【HR防范策略】

一方面,用人单位应当尽量避免劳动者预支年休假的申请,这样做亦符合年休假的法律规定;另一方面,从用人管理的角度出发,劳动者难免存在不得不预支的情形,如果一律拒绝,则不利于形成和维续和谐的劳资关系,因此,用人单位可设定福利年休假等制度,设定享受福利年休假的条件和福利年休假的天数,如劳动者确有必要多休假可以安排福利年休假,可以避免预支带薪年休假可能存在的法律风险和经济损失。

二、风险点:福利年休假

福利年休假是许多企业常用的激励方式,但是,福利年休假存在一定的法律不确定性:第一,劳动者可能放弃休福利年休假,能否要求用人单位300%补偿?第二,在既有法定年休假又有福利年休假的情况下,劳动者只休了一部分的假期,该部分假期属于法定年休假还是福利年休假?第三,劳动者对于未休的部分,如主张未休的假期系法定年休假能否得到支持?如果以上问题不解决,那么用人单位就可能面临安排了特别福利,反而要额外支付补偿的法律风险。

【HR 防范策略】

为避免上述情形,用人单位在规定福利年休假的同时,需要在劳动合同或规章制度上明确该假的明细。第一,福利年休假在性质上是用人单位额外安排的福利待遇,不同于带薪年休假的法定性质,因此,即使不安排劳动者休福利年休假,也不适用300%的未休年休假报酬;第二,建议规定劳动者休年休假应先休完带薪年休假而后再休福利年休假,从而避免劳动者休假后再主张未休带薪年休假而要求300%未休年休假报酬;第三,对于劳动者未休福利年休假的,可以在劳动合同或规章制度中规定比照普通休息日予以工资补偿。

三、风险点:劳动者年休假期间选择上班

劳动者有权在年休假期间自主安排活动,但是,如果劳动者休年休假期间选择回来上班,其行动又具有劳动性质,如果认为劳动者的行为本质上属于未休年休假,那么用人单位就需要向劳动者支付300%未休年休假报酬。

【HR 防范策略】

首先,劳动者选择上班这一行为是劳动者的自愿选择,其上班行为本身并不影响对劳动者休年休假的认定,而认定是否为未休年休假情形,关键在于用人单位对劳动者上班的态度,有专家指出:"但用人单位是否应当比照《职工带薪年休假条

例》第5条的规定向职工支付其日工资收入300%的报酬。这需要看用人单位是否同意其回来工作。”[①]如果劳动者向用人单位申请上班且用人单位同意，那么其行为应属于变更此前双方对休年休假的约定，劳动者上班期间应认定为未休年休假；反之，如果用人单位对劳动者休年休假期间上班持不同意态度，那么劳动者的上班行为仍属于自行安排年休假。综上所述，如果不是有特别事态，劳动者提出休年休假期间回来上班，用人单位可以通过明确表态不同意并留存相关证据，以避免产生支付300%未休年休假报酬的后果。

疑难解答

一、劳动者能否以用人单位未支付未带薪年休假报酬为由单方解除劳动合同并主张经济补偿金？

目前，主流的司法观点认为不可以，如《北京市高级人民法院审理劳动争议案件法律适用问题的解答》第20条规定：“劳动者以用人单位未支付其未休带薪年休假工资中法定补偿（仅200%部分）而提出解除劳动合同时，不宜认定属于用人单位‘未及时足额支付劳动报酬’的情形。”

未休年休假报酬在组成上具有复杂性，其中100%部分是劳动者原本的工资收入，而200%则是未休年休假的补偿。北京市高级人民法院对此的区分较为明确，如果用人单位仅是作为补偿的200%部分未支付，则劳动者不可以此为由单方解除劳动合同并主张经济补偿金。相反，如果用人单位是未支付100%的工资收入，则仍属于未及时足额支付劳动报酬的情形。

如果用人单位所在地区的规范性文件未区分这两种情形，从合法性的角度看，如果用人单位未支付100%部分的工资劳动者仍然不能单方解除劳动合同并主张经济补偿，则与《劳动合同法》相悖，因此，从审慎的角度出发，用人单位仍应将100%和200%加以区分。

---

① 《年休假中的14个实务问题全梳理》，载https://mp.weixin.qq.com/s/t2YASquRT67jeIdf8L0-9A，最后访问日期：2020年5月21日。

二、试用期员工是否享有带薪年休假？

从《劳动法》、《劳动合同法》、《职工带薪年休假条例》和《企业职工带薪年休假实施办法》来看，劳动者享受带薪年休假所需符合的唯一标准是连续工作满 12 个月(1 年)以上，而不论劳动者处于试用期还是正式入职，因此，从法律的角度看，试用期员工如符合标准，同样享受带薪年休假。

三、带薪年休假能否分割为半日或者小时？

目前，法律规范并未明确年休假的最小单位，有观点认为由于法律未作出强制性规定，因此用人单位可以自行作出分割决定，也有观点认为，年休假是为了劳动者能够正常休假放松，因此，如果年休假以极为零碎的方式安排，则不符合年休假规定的要旨，因此，年休假应以“天”为单位。

从规避违法风险的角度看，第二种观点最符合年休假法律规定的核心要求，如果用人单位没有需全体劳动者全年保持满员出勤的必要，不建议将年休假分解到小时或半天，应当通过安排统筹和协商避免劳动者集中休年休假的情形发生。

四、能否以安排旅游、培训等方式替代年休假？

一方面，从年休假的要旨来看，年休假期间劳动者有自行安排行动的权利，因此，如果用人单位安排的旅行和培训不论是否有利于劳动者，如果以此取代年休假，其行为在本质上都属于侵夺劳动者自主安排的机会。另一方面，从体系解释的角度出发，从《劳动法》第 68 条第 1 款“用人单位应当建立职业培训制度，按照国家规定提取和使用职业培训经费，根据本单位实际，有计划地对劳动者进行职业培训”和《劳动合同法》关于服务期的规定来看，培训显然应当被认定为广义的用工；而根据《最高人民法院关于审理工伤保险行政案件若干问题的规定》第 4 条第 2 项规定，“职工参加用人单位组织或者受用人单位指派参加其他单位组织的活动受到伤害的”，应认定为工伤，由此可见，如果旅游系用人单位单方决定的，其性质更接近于上班而显然不同于年休假。

综上所述，如果用人单位系单方安排旅游或培训，难以认定为安排劳动者休年休假。但是，如果劳动者和用人单位自愿协商一致，那么在性质上可以理解为劳动者休年休假期间自愿参与用人单位安排组织的活动，同样符合法律规定。

法条链接

1.《劳动法》

第四十五条 国家实行带薪年休假制度。

劳动者连续工作一年以上的,享受带薪年休假。具体办法由国务院规定。

2.《职工带薪年休假条例》

第二条 机关、团体、企业、事业单位、民办非企业单位、有雇工的个体工商户等单位的职工连续工作1年以上的,享受带薪年休假(以下简称年休假)。单位应当保证职工享受年休假。职工在年休假期间享受与正常工作期间相同的工资收入。

第三条 职工累计工作已满1年不满10年的,年休假5天;已满10年不满20年的,年休假10天;已满20年的,年休假15天。

国家法定休假日、休息日不计入年休假的假期。

第四条 职工有下列情形之一的,不享受当年的年休假:

(一)职工依法享受寒暑假,其休假天数多于年休假天数的;

(二)职工请事假累计20天以上且单位按照规定不扣工资的;

(三)累计工作满1年不满10年的职工,请病假累计2个月以上的;

(四)累计工作满10年不满20年的职工,请病假累计3个月以上的;

(五)累计工作满20年以上的职工,请病假累计4个月以上的。

第五条 单位根据生产、工作的具体情况,并考虑职工本人意愿,统筹安排职工年休假。

年休假在1个年度内可以集中安排,也可以分段安排,一般不跨年度安排。单位因生产、工作特点确有必要跨年度安排职工年休假的,可以跨1个年度安排。

单位确因工作需要不能安排职工休年休假的,经职工本人同意,可以不安排职工休年休假。对职工应休未休的年休假天数,单位应当按照该职工日工资收入的300%支付年休假工资报酬。

第七条 单位不安排职工休年休假又不依照本条例规定给予年休假工资报酬的,由县级以上地方人民政府人事部门或者劳动保障部门依据职权责令限期改正;对逾期不改正的,除责令该单位支付年休假工资报酬外,单位还应当按照年休假工资报酬的数额向职工加付赔偿金;对拒不支付年休假工资报酬、赔偿金的,属于公务员和参照公务员法管理的人员所在单位的,对直接负责的主管人员以及其他直接责任人员依法给予处分;属于其他单位的,由劳动保障部门、人事部门或者职工申请人民法院强制执行。

3.《企业职工带薪年休假实施办法》

第二条 中华人民共和国境内的企业、民办非企业单位、有雇工的个体工商户等单位(以下称用人单位)和与其建立劳动关系的职工,适用本办法。

第三条 职工连续工作满12个月以上的,享受带薪年休假(以下简称年休假)。

第四条 年休假天数根据职工累计工作时间确定。职工在同一或者不同用人单位工作期间,以及依照法律、行政法规或者国务院规定视同工作期间,应当计为累计工作时间。

第五条 职工新进用人单位且符合本办法第三条规定的,当年度年休假天数,按照在本单位剩余日历天数折算确定,折算后不足1整天的部分不享受年休假。

前款规定的折算方法为:(当年度在本单位剩余日历天数÷365天)×职工本人全年应当享受的年休假天数。

第六条 职工依法享受的探亲假、婚丧假、产假等国家规定的假期以及因工伤停工留薪期间不计入年休假假期。

第七条 职工享受寒暑假天数多于其年休假天数的,不享受当年的年休假。确因工作需要,职工享受的寒暑假天数少于其年休假天数的,用人单位应当安排补足年休假天数。

第八条 职工已享受当年的年休假,年度内又出现条例第四条第(二)、(三)、(四)、(五)项规定情形之一的,不享受下一年度的年休假。

第九条 用人单位根据生产、工作的具体情况,并考虑职工本人意愿,统筹安排年休假。用人单位确因工作需要不能安排职工年休假或者跨1个年度安排年休假的,应征得职工本人同意。

第十条 用人单位经职工同意不安排年休假或者安排职工年休假天数少于应休年休假天数,应当在本年度内对职工应休未休年休假天数,按照其日工资收入的300%支付未休年休假工资报酬,其中包含用人单位支付职工正常工作期间的工资收入。

用人单位安排职工休年休假,但是职工因本人原因且书面提出不休年休假的,用人单位可以只支付其正常工作期间的工资收入。

第十一条 计算未休年休假工资报酬的日工资收入按照职工本人的月工资除以月计薪天数(21.75天)进行折算。

前款所称月工资是指职工在用人单位支付其未休年休假工资报酬前12个月剔除加班工资后的月平均工资。在本用人单位工作时间不满12个月的,按实际月份计算月平均工资。

职工在年休假期间享受与正常工作期间相同的工资收入。实行计件工资、提成工资或者其他绩效工资制的职工,日工资收入的计发办法按照本条第一款、第二款的规定执行。

第十二条 用人单位与职工解除或者终止劳动合同时,当年度未安排职工休满应休年休假的,应当按照职工当年已工作时间折算应休未休年休假天数并支付未休年休假工资报酬,但折算后不足1整天的部分不支付未休年休假工资报酬。

前款规定的折算方法为:(当年度在本单位已过日历天数÷365天)×职工本人全年应当享受的年休假天数－当年度已安排年休假天数。

用人单位当年已安排职工年休假的,多于折算应休年休假的天数不再扣回。

第十四条 劳务派遣单位的职工符合本办法第三条规定条件的,享受年休假。

被派遣职工在劳动合同期限内无工作期间由劳务派遣单位依法支付劳动报酬的天数多于其全年应当享受的年休假天数的,不享受当年的年休假;少于其全年应当享受的年休假天数的,劳务派遣单位、用工单位应当协商安排补足被派遣职工年休假天数。

第十五条 县级以上地方人民政府劳动行政部门应当依法监督检查用人单位执行条例及本办法的情况。

用人单位不安排职工休年休假又不依照条例及本办法规定支付未休年休假工资报酬的,由县级以上地方人民政府劳动行政部门依据职权责令限期改正;对逾期不改正的,除责令该用人单位支付未休年休假工资报酬外,用人单位还应当按照未休年休假工资报酬的数额向职工加付赔偿金;对拒不执行支付未休年休假工资报酬、赔偿金行政处理决定的,由劳动行政部门申请人民法院强制执行。

4.《北京市高级人民法院审理劳动争议案件法律适用问题的解答》

第十九条 劳动者要求用人单位支付未休带薪年休假工资的,如何处理?

对劳动者应休未休的年休假天数,单位应当按照该职工日工资收入的300%支付年休假工资报酬。劳动者要求用人单位支付其未休带薪年休假工资中法定补偿(200%福利部分)诉请的仲裁时效期间应适用《劳动争议调解仲裁法》第二十七条第一款规定,即劳动争议申请仲裁的时效期间为一年。仲裁时效期间从当事人知道或者应当知道其权利被侵害之日起计算。考虑年休假可以集中、分段和跨年度安排的特点,故劳动者每年未休带薪年休假应获得年休假工资报酬的时间从第二年的12月31日起算。

第二十条 劳动者因用人单位不支付未休年休假工资,而依据《劳动合同法》第三十八条"未及时足额支付劳动报酬"的规定要求解除劳动合同并支付经济补偿,如何处理?

劳动者未休年休假,根据《职工带薪年休假条例》第5条规定,用人单位按职工日工资收入300%支付年休假工资报酬。支付未休年休假的工资报酬与正常劳动工资报酬、加班工资报酬的性质不同,其中包含用人单位支付职工正常工作期间的工资收入(100%部分)及法定补偿(200%部分)。《职工带薪年休假条例》在于维护劳动者休息休假权利,劳动者以用人单位未支付其未休带薪年休假工资中法定补偿(仅200%部分)而提出解除劳动合同时,不宜认定属于用人单位"未及时足额支付劳动报酬"的情形。

第六节 医疗期与病假

实务精讲

一、病假与医疗期的概念

病假与医疗期是关联但性质不同的概念。病假是实际用工管理中使用的概念,泛指劳动者因病休假的期间,部分地区的劳动法规对病假期间的工资作出了规定,但总体而言,中国劳动法对病假时限及其他事项并无明确规定。

而劳动法上的医疗期在性质上是保障劳动者在一定患病期限内免于被解雇的期间,医疗期仅适用于劳动者患病和非因工负伤的情形,而不适用于工伤。《企业职工患病或非因工负伤医疗期规定》第2条规定,"医疗期是指企业职工因患病或非因工负伤停止工作治病休息不得解除劳动合同的时限”，其具体时限一般在 3 ~ 24 个月，特殊情形下可以延长。还需注意的是，医疗期是对劳动者的保障待遇，因此，用人单位可以提供较法定医疗期更长的期限，而不能缩减。

就两者的关系而言，医疗期以病假为前提，换言之，只有劳动者患病需要休息才会产生医疗期，但是两者并不必然重叠，如果劳动者在医疗期结束后仍然请病假，用人单位同样可以解除与劳动者的劳动合同。

医疗期与病假的关系见图 3 – 1：

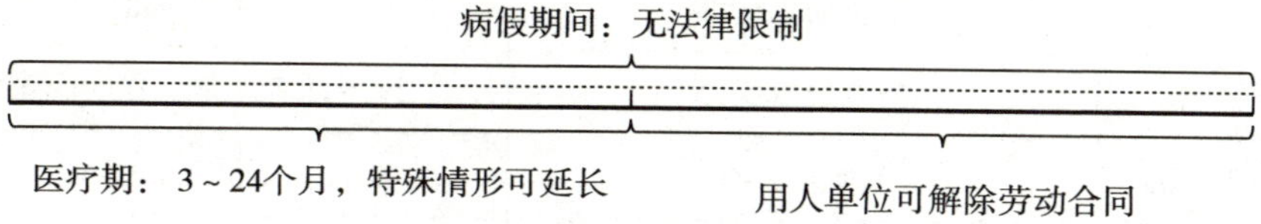

图 3 – 1　医疗期与病假的关系

二、病假与医疗期的法条精讲

（一）医疗期期限

目前，医疗期期限有原劳动部标准和一些地方的标准。原劳动部标准以《企业职工患病或非因工负伤医疗期规定》《劳动部关于贯彻〈企业职工患病或非因工负伤医疗期规定〉的通知》为法律渊源；地方标准则来自地方的规定，比如上海标准则来自《关于本市劳动者在履行劳动合同期间患病或者非因工负伤的医疗期标准的规定》。

（二）病假及医疗期工资计算

第一，如前所述，病假期与医疗期并非同一概念，根据《执行劳动法意见》第 59 条规定，医疗期内用人单位需向劳动者支付病假工资或疾病救济费。可见，医疗期内用人单位仍有支付工资的法定义务。但是对于医疗期之外劳动者请病假的，用人单位是否需要支付工资则存在争议。其中北京市和上海市规定，劳动者在医疗期之外请病假，用人单位仍需支付工资，《北京市工资支付规定》第 21 条规定：“劳动者患病或者非因工负伤的，在病休期间，用人单位应当根据劳动合同或集体合同的约定支付病假工资”以及《上海市企业工资支付办法》第 9 条第 1 款规定：“劳动者在依法享受婚假、丧假、探亲假、病假等假期期间，企业应当按规定支付假期工资。”而广东省则对此持否定态度，根据《广东省工资支付条例》第 24 条的规定，劳动者因病或者非因工负伤停止工作进行治疗，在国家规定医疗期内，用人单位应当依照劳动合同、集体合同的约定或者国家有关规定支付病伤假期工资。

第二，对于医疗期内病假工资的计算方法，目前存在原劳动部、上海、重庆和深圳等多种标准，具体规定见表 3－2。

表 3－2　医疗期内病假工资的计算方法

<table>
<tr><td></td><td colspan="2">原劳动部标准</td><td>深圳标准</td></tr>
<tr><td>计算基准</td><td colspan="2">当地最低工资</td><td>该劳动者正常工作时间工资</td></tr>
<tr><td>一般计算标准</td><td colspan="2">不低于 80%</td><td>不低于 60%</td></tr>
<tr><td>每月计薪日</td><td colspan="2">无规定</td><td>无规定</td></tr>
<tr><td>日工资基数</td><td colspan="2">无规定</td><td>无规定</td></tr>
<tr><td>工资上限</td><td colspan="2">无规定</td><td>无规定</td></tr>
<tr><td>工资下限</td><td colspan="2">不低于当地最低工资标准的 80%</td><td>不低于当地最低工资标准的 80%</td></tr>
<tr><td colspan="4">重庆标准</td></tr>
<tr><td>计算基准</td><td colspan="3">本人工资</td></tr>
<tr><td rowspan="2">一般计算标准</td><td>医疗期≤6 个月</td><td colspan="2">连续工龄不满 10 年：70%
连续工龄满 10 年不满 20 年：80%
连续工龄满 20 年不满 30 年：90%
连续工龄满 30 年：95%</td></tr>
<tr><td>医疗期＞6 个月</td><td colspan="2">连续工龄不满 10 年：60%
连续工龄满 10 年不满 20 年：65%
连续工龄满 20 年及以上：70%</td></tr>
<tr><td>每月计薪日</td><td colspan="3">无规定</td></tr>
<tr><td>日工资基数</td><td colspan="3">无规定</td></tr>
<tr><td>工资上限</td><td colspan="3">医疗期在 6 个月以内的，可在上述标准的基础上上浮 5%</td></tr>
<tr><td>工资下限</td><td colspan="3">医疗期在 6 个月以内的，可在上述标准的基础上下调 5%，下调超过 5% 的，应报所在区县（自治县、市）劳动和社会保障行政部门批准；但不低于当地最低工资标准的 80%</td></tr>
</table>

续表

上海标准		
计算基准	1. 按本人工资计算 2. 计算基数为劳动者所在岗位相对应的正常出勤月工资，不包括年终奖，上下班交通补贴、工作餐补贴、住房补贴，中夜班津贴、夏季高温津贴、加班工资等	
一般计算标准	医疗期≤6个月	连续工龄不满2年：60% 连续工龄满2年不满4年：70% 连续工龄满4年不满6年：80% 连续工龄满6年不满8年：90% 连续工龄满8年及以上：100%
	医疗期>6个月	连续工龄不满1年：40% 连续工龄满1年不满3年：50% 连续工龄满3年及以上：60%
每月计薪日	按实际休假日数计，剔除连续休假期内的休息日、节假日	
日工资基数	1. 劳动合同有约定的，按不低于劳动合同约定的劳动者本人所在岗位相对应的工资标准确定。集体合同确定的标准高于劳动合同约定标准的，按集体合同标准确定 2. 劳动合同、集体合同均未约定的，可由用人单位与职工代表通过工资集体协商确定，协商结果应签订工资集体协议 3. 用人单位与劳动者无任何约定的，假期工资的计算基数统一按劳动者本人所在岗位正常出勤的月工资的70%确定	
工资上限	1. 高于本市上年度月平均工资：可按本市上年度月平均工资 2. 低于本企业月平均工资40%：补足到本企业月平均工资的40%，但不得高于其原工资水平和本市上年度职工月平均工资	
工资下限	1. 月平均工资：当年本市企业职工最低工资标准的80% 2. 假期工资基数：不得低于本市规定的最低工资标准 3. 最低标准不包括应由职工缴交的养老、医疗、失业保险费和住房公积金	

（三）医疗期与劳动合同解除、终止的关系

第一，就医疗期与劳动合同解除的关系而言，还需注意的是，医疗期所提供的保护具有有限性，根据《劳动合同法》第42条的规定，“劳动者有下列情形之一的，用人单位不得依照本法第四十条、第四十一条的规定解除劳动合同：……（三）患病或者非因工负伤，在规定的医疗期内的”。反言之，如果劳动者有《劳动合同法》第39条

规定的情形,如严重违反用人单位的规章制度的、不符合录用条件、被追究刑事责任等,即使处于医疗期,用人单位依然可以作出过失性辞退的决定。

第二,即使不存在过错,在医疗期内劳动者仍有可能与用人单位解除劳动关系。根据《企业职工患病或非因工负伤医疗期规定》第6条的规定,“企业职工非因工致残和经医生或医疗机构认定患有难以治疗的疾病,在医疗期内医疗终结的,不能从事原工作,也不能从事用人单位另行安排的工作的,应当由劳动鉴定委员会参照工伤与职业病致残程度鉴定标准进行劳动能力的鉴定。被鉴定为一至四级的,应当退出劳动岗位,终止劳动关系,办理退休、退职手续,享受退休、退职待遇;被鉴定为五至十级的,医疗期内不得解除劳动合同”。根据该规定,劳资双方在医疗期内解除劳动关系需满足三个条件:其一,由于劳动者因工致残程度较重或疾病难以治愈,因此在医疗期内即告终结医疗;其二,劳动者不能从事原工作,也不能从事用人单位另行安排的工作;其三,劳动者经劳动能力鉴定,伤残等级为一至四级。同时满足此三项条件,劳动者退出劳动关系,享受退休退职待遇。

第三,在医疗期内如劳动合同因届满而终止,根据《劳动合同法》第45条、《执行劳动法意见》第34条的规定,劳动合同应当续延至医疗期满。需要注意的是,上述规定并非指医疗期内劳动合同不能终止,而仅指不因期限届满而终止,如出现《劳动合同法》第44条除期满外的其他终止情形,劳动合同同样可以终止。另外,在此种情形下,劳动合同系因特殊情形顺延,因此,用人单位无须与劳动者续签劳动合同,《北京市高级人民法院、北京市劳动争议仲裁委员会关于劳动争议案件法律适用问题研讨会会议纪要(二)》第30条做了明确说明:“劳动合同期满,有《劳动合同法》第四十二条规定的情形的,劳动合同应当续延至相应的情形消失时终止,故在续延期间用人单位与劳动者无须订立书面劳动合同,故不应支付二倍工资。”

第四,如在劳动合同存续期间医疗期结束的,分为四种情形,其一,劳动者仍能履行劳动合同,则可以继续履行劳动合同;其二,根据《劳动合同法》第40条,如劳动者在规定的医疗期满后不能从事原工作,也不能从事由用人单位另行安排的工作的,用人单位可作出无过失辞退的决定;其三,医疗期届满后劳动者仍不能从事原工作也不能从事由单位另行安排的工作的,且被鉴定为一至四级的,应当退出劳动岗位,解除劳动关系,办理因病或非因工负伤退休退职手续,享受相应的退休退职待遇;其四,根据《执行劳动法意见》第35条,劳动者不仅不能从事原工作以及由用人单位另行安排的工作,而且根据劳动能力鉴定达到了伤残被鉴定为五至十级的,如用人单位解除劳动合同，还需支付医疗补助费。

（四）医疗补助费

根据《执行劳动法意见》第35条、《劳动部关于实行劳动合同制度若干问题的通知》第22条和《劳动部办公厅关于对劳部发[1996]354号文件有关问题解释的通知》的规定，医疗期结束后，劳动者仍不能从事原工作也不能从事由单位另行安排的工作，且经劳动能力鉴定达到伤残五至十级的，如用人单位解除其劳动合同或劳动合同因期满而终止的，用人单位需支付医疗补偿金，其标准为不低于劳动者6个月工资。

有些地方规定的标准与上述标准存在差异，比如上海市对劳动合同解除情形下支付医疗补助金作出了不同的规定。《上海市劳动合同条例》第44条规定："用人单位根据本条例第三十二条第一款第（一）项的规定解除劳动合同的，除按规定给予经济补偿外，还应当给予不低于劳动者本人六个月工资收入的医疗补助费"，可见，在解除劳动合同的情形下，劳动者在上海市取得医疗补助金无须经过劳动能力鉴定这一前置程序。此外，上海并未对劳动合同终止情形和医疗补助金的数额作出规定，因此应认为与原劳动部的规定一致。

案例说法

案例1：劳动者开虚假病假证明，用人单位以旷工为由单方解除劳动合同

孙某系桦林佳通轮胎有限公司职工，2017年，孙某根据牡丹江市第一人民医院以郑某名义出具的孙某患有"混合痔"的诊断书，向公司提出休病假。后公司经调查发现，郑某系骨科大夫，不能出具肛肠病诊断书，且2012年6月1日进修结束至调离医院后未再上班，并由医院出具记载此内容的书面证明。后公司以郑某出具的诊断书系虚假信息，违反了公司规章制度，单方解除与孙某的劳动合同。郑某不服，主张公司系违法解除劳动合同，后诉至法院。

经一审、二审和再审申请审查，法院裁定：公司提供的医院证明真实有效，且孙某未能提供其他证明其病情的其他信息，因此采信公司证据，认定郑某所提供的诊断书系虚假信息。而根据公司制定的《员工奖惩管理规定》与《考勤与假期管理规定》,虚假病假者应解除劳动合同,因此,公司单方解除与孙某的劳动合同合法有效。

【裁判文书编号】

(2019)黑民申2954号

案例2:劳动者患病不必然享受医疗期

杨某与重庆空港人力资源管理有限公司订立了2010年12月29日至2012年12月28日的劳动合同,2012年11月8日杨某因“发作性跌倒”就医,同年12月,杨某前往重庆医科大学附属第一医院就医,诊断意见为“休息理疗3个月”。杨某据此主张享有3个月的医疗期,用人单位在医疗期内不得解除劳动合同。2012年12月26日,公司以杨某旷工违反规章制度为由与其解除劳动合同,后杨某于2013年4月15日才收到《解除劳动合同通知书》,杨某不服,诉至法院,主张该规章制度程序不合法,公司系违法解除劳动合同。

经一审、二审和再审申请审查后,法院认为,劳动者并非只要患病或者非因工负伤就一定能享有医疗期,只有当劳动者系因患病或非因工负伤需停工休息治疗时,才可享受医疗期,而杨某所提交的重庆医科大学附属第一医院的诊断意见中并未载明其休息理疗的依据,据此不能认定杨某已达到了需享有医疗期的程度。因此,杨某的劳动合同并未顺延,而于2012年12月28日终止。因此,不论用人单位用以解除劳动合同的规章制度是否合法,杨某与公司的劳动关系已于2012年终止,因此,公司的《解除劳动合同通知书》不具有法律效力,也因此,杨某主张公司违法解除劳动合同不能成立。

【裁判文书编号】

(2014)渝高法民申字第01139号

风险应对

一、风险点:病假请假流程瑕疵

应注意的风险:大多数用人单位在规章制度中都会规定劳动者申请病假的流程和所需提供的资料,并规定如果请假程序或者资料存在缺陷,则构成旷工并与劳动者解除劳动合同。但是,并非所有以请假流程瑕疵为由的解除劳动合同都能够得到法院认可。如(2017)沪民申1652号判决中,在劳动者未按照规定,以短信方式向用人单位请假的情形下,法官认为:"……张某在3月17日(周二)向威士迪公司补交了病假证明,尚在合理期限内",再如,(2019)京民申4420号判决中,法院同样认可劳动者存在请假流程瑕疵,但用人单位"主张因郝某未按规定申请病假,故其有权解除与郝某之间的劳动关系,但其未提交充足的证据证明其具有合法的解除权"。由此可见,并非劳动者的所有请假瑕疵都能被法官认定为旷工,特别是考虑到用人单位可能以劳动者的小过错为借口解除劳动合同,法官在审查时如果认为劳动者虽然不符合用人单位请假流程,但其瑕疵无重大影响,那么用人单位的解除行为将被认定为违法解除劳动合同。

【HR防范策略】

要规避这一风险,就需要对不同请假流程瑕疵的程度作出区分。审视实践中法院认定请假流程瑕疵足以构成解除劳动合同事由的案例,如(2019)沪民申906号判决中,法院认为,"徐某在2016年3月至5月通过其主管代为申请病假并存在未及时向中芯公司提交病假单的情况。在中芯公司多次通知徐某返岗上班的情况下,徐某仍未至公司上班,中芯公司以旷工为由解除徐某的劳动合同,并无不当",以及(2019)京民申5052号判决中"双方签订的《考勤制度》中明确约定了休病假的条件和程序,而马某并未按照要求提供需要休病假的医嘱材料,国投公司以其旷工为由解除劳动关系属于合法解除",研读上述判决理由可以发现,能够被认为构成解除劳动合同事由的请假流程瑕疵,其不仅违反了用人单位规章制度,而且属于经用人单位多次催促,劳动者仍未提交证明病假真实性证明的情形。由此可以建议:

第一,用人单位可以细化其章程,将不同情形区分对待。对于有影响病假真实性的请假流程瑕疵,用人单位经通知后,可以与劳动者解除劳动合同;对于一般性的、可补正的瑕疵,不建议作为解除劳动合同的事由,可以通过训诫、内部批评或者扣除奖金的方式予以规范。

第二,对于不批准劳动者请病假但劳动者仍不上班的情形,用人单位需保留其考勤表,交流的音频、视频或文字记录,以及事后多次通知劳动者上班的证据,在举证上取得优势。

二、风险点:病假的核实与批准

实践中,用人单位为核实病假真实性,避免虚假病假情形,往往在规章制度中规定只有劳动者前往其指定的医院检查或复查，才批准其病假申请，如果劳动者拒绝则以劳动者违反规章制度为由解除劳动合同。尽管在成文法层面，用人单位的规定也可称得上有法可依，比如《加强企业伤病长休职工管理工作的通知》第 2 条规定："……职工因伤病需要休假的，应凭企业医疗机构或指定医院开具的疾病诊断证明，并由企业审核批准。"但在司法实践中，法院往往不支持用人单位以劳动者拒绝前往用人单位指定医院检查或复查为由解除劳动合同，如(2018)京 01 民终 3442 号判决中，法官认为："在此情况下，再考虑到宁某的家庭住址距离指定的复查医院北京市海淀医院较远，以及宁某在产后长期就医的身体情况，尽管宁某未按照 2017 年 3 月 24 日和 4 月 1 日家乐福中关村广场店两次《通知》的要求进行复查，但不宜认定宁某的病假申请不能成立，不宜按旷工处理"，而在(2018)粤 0604 民初 12191 号一案中，面对用人单位以劳动者拒绝前往指定医院检查的质疑，法院认为："但根据《企业职工患病或非因工负伤医疗期规定》第 5 条的规定，以被告没有按要求到佛山治疗检查，认定原告的异议成立依据不足。"

【HR 防范策略】

从上述判决的态度来看，如果指定医院检查的规定系经民主程序形成，法院并不直接否定其效力，而是质疑这一规定在个案适用的合理性。因此，建议用人单位作出以下改进：

第一，指定医院检查或复查的规定依然可以保留，作为单位内部的行为准则，但该规定的运用主要是在规范单位内部病假请假流程上，即使劳动者尽量形成前往指定医院检查的习惯，而不建议用人单位以劳动者违反该规定为由单方解除劳动合同。

第二，采取其他方式核实劳动者病假的真实性。具体流程包括：(1)要求劳动者提交就诊记录、诊断及其医学证明(如化验单等)、病历、医疗费发票。(2)对上述文件进行形式审查，包括病假资料有无缺失、资料之间是否存在矛盾、就诊时间是否符合、有无医师签章等。(3)对上述文件进行实质审查，包括建议休假时间或诊疗费用与确证疾病有无明显不符，签章的接诊医生有无接诊资格、专业是否对口或当日出诊有无出诊记录。(4)经过前述检查，认为劳动者病假存疑的，可以前往医疗机构核实，可以就专业问题咨询相关医疗人员，如某病症的依据是什么，需要进行何种检查，需要何种医疗方案等，根据医生的专业见解判断劳动者的病假建议书有无专业错误。

疑难解答

一、用人单位向患重病或绝症的劳动者支付的医疗补助费的上限是多少?

目前,尚无法律明文限制医疗补助费的上限,因此,对于患重病和绝症的劳动者而言,超过6个月的部分应由双方协商,如果协商不一致的,根据当前的司法实践,如(2018)苏0202民初3165号判决和(2016)粤19民终5745号判决,一般判决用人单位支付200%,即12个月的医疗补助费,因此,在医疗期过后与患重病或绝症的劳动者解除劳动合同时,在协商医疗补助费时可以12个月为上限。

二、医疗补助费的计算以病休前的月工资还是解除前的月工资为基数?

对该问题中央和多数地区的法律法规无明文规定。一般来说,由于劳动者在医疗期的工资较低,因此选择以解除劳动合同前劳动者12个月的平均工资作为计算基数对用人单位而言更为有利,而在司法实践中,多数法院也支持以劳动者12个月的平均工资计算。但并非所有地区均是如此,如《重庆市关于贯彻执行〈重庆市企业职工病假待遇暂行规定〉若干问题的意见》第2条规定,医疗补助费按照劳动者病休前的12个月平均工资计算。

三、特殊疾病的医疗期一律为24个月吗?

对这一问题不同地区有不同规定。认为即使劳动者患特殊疾病也应当按照工作年限计算的有广东与浙江,如《广东省劳动和社会保障厅关于疾病医疗期问题的复函》规定:"职工患特殊疾病的医疗期也应按劳部发479号文规定执行,即根据本人实际工作年限、在本单位工作年限计算医疗期,而不能理解为患特殊疾病的最少有24个月的医疗期,"而江苏省则认为劳动者患有特殊疾病的,可以突破工作年限限制,《江苏省劳动仲裁疑难问题研讨会纪要》规定:"根据原劳动部的规定,对某些患有特殊疾病(如癌症、精神病、瘫痪等)的职工,不论其工作年限长短,均给予不少于24个月的医疗期,医疗期满后能否延长、延长多久,应由用人单位根据劳动者的具体情况自行确定。"根据专家总结,广东、四川、重庆、河南等地区倾向于按照工作年限计算医疗期，而北京、上海、浙江、山东等地的判例则支持突破工资年限一律给予24个月医疗期。[①]

四、劳动者在试用期内进入医疗期可否解除劳动合同？

如前所述，医疗期内不得解除劳动合同是指用人单位不得对医疗期的劳动者作出无过失性辞退和经济性裁员，但是有《劳动合同法》第39条情形之一的，即使劳动者处于医疗期，同样可以解除劳动合同。因此，如果劳动者在试用期内不符合录用条件，即使在医疗期内，用人单位同样可以解除劳动合同。但是，如果劳动者在整个或者大部分试用期内均处于医疗期，那么用人单位可以直接以此为由认定劳动者不符合录用资格吗？实际上，这一理由并不充分，因为录用资格系实质性标准，如果劳动者常年缺席试用期，就很难说明其工作能力是否达到录用标准。但这并不意味着用人单位只能等待劳动者在医疗期内度过试用期：

第一，目前，江苏、浙江和上海地区的地方立法与判例认为，如果劳动者在试用期内进入医疗期的，试用期中止或扣除，因此，该地区的用人单位可以根据上述规定和判例，中止处于医疗期的试用期员工的试用期。

第二，对于其他地区的用人单位，可以在其规章制度中规定，试用期员工在试用期间不论何种原因缺勤×天，属于“不符合录用条件”，从而将医疗期转化到录用标准中。但是值得注意的是，即使作出这一规定，但如果劳动者的医疗期长于试用期，且用人单位在试用期内没有作出解除劳动合同的决定，那么就只能等到劳动者医疗期结束后再行解除，否则根据《劳动合同法》第42条和第48条，将构成违法解除劳动合同，需支付经济赔偿金。

① 参见《特殊疾病一开始就享受24个月医疗期吗》，载https://mp.weixin.qq.com/s/xFqpMb18KL3t8xBMRZ_D4g，最后访问日期：2020年5月3日。

法条链接

1.《劳动合同法》

第四十二条　劳动者有下列情形之一的，用人单位不得依照本法第四十条、第四十一条的规定解除劳动合同：（一）从事接触职业病危害作业的劳动者未进行离岗前职业健康检查，或者疑似职业病病人在诊断或者医学观察期间的；（二）在本单位患职业病或者因工负伤并被确认丧失或者部分丧失劳动能力的；（三）患病或者非因工负伤，在规定的医疗期内的；（四）女职工在孕期、产期、哺乳期的；（五）在本单位连续工作满十五年，且距法定退休年龄不足五年的；（六）法律、行政法规规定的其他情形。

第四十五条　劳动合同期满，有本法第四十二条规定情形之一的，劳动合同应当续延至相应的情形消失时终止。但是，本法第四十二条第二项规定丧失或者部分丧失劳动能力劳动者的劳动合同的终止，按照国家有关工伤保险的规定执行。

2.《企业职工患病或非因工负伤医疗期规定》

第二条　医疗期是指企业职工因患病或非因工负伤停止工作治病休息不得解除劳动合同的时限。

第三条　企业职工因患病或非因工负伤，需要停止工作医疗时，根据本人实际参加工作年限和在本单位工作年限，给予三个月到二十四个月的医疗期：

（一）实际工作年限十年以下的，在本单位工作年限五年以下的为三个月；五年以上的为六个月。

（二）实际工作年限十年以上的，在本单位工作年限五年以下的为六个月；五年以上十年以下的为九个月；十年以上十五年以下的为十二个月；十五年以上二十年以下的为十八个月；二十年以上的为二十四个月。

第四条　医疗期三个月的按六个月内累计病休时间计算；六个月的按十二个月内累计病休时间计算；九个月的按十五个月内累计病休时间计算；十二个月的按十八个月内累计病休时间计算；十八个月的按二十四个月内累计病休时间计算；二十四个月的按三十个月内累计病休时间计算。

第六条　企业职工非因工致残和经医生或医疗机构认定患有难以治疗的疾病，

在医疗期内医疗终结,不能从事原工作,也不能从事用人单位另行安排的工作的,应当由劳动鉴定委员会参照工伤与职业病致残程度鉴定标准进行劳动能力的鉴定。被鉴定为一至四级的,应当退出劳动岗位,终止劳动关系,办理退休、退职手续,享受退休、退职待遇;被鉴定为五至十级的,医疗期内不得解除劳动合同。

第七条 企业职工非因工致残和经医生或医疗机构认定患有难以治疗的疾病,医疗期满,应当由劳动鉴定委员会参照工伤与职业病致残程度鉴定标准进行劳动能力的鉴定。被鉴定为一至四级的,应当退出劳动岗位,解除劳动关系,并办理退休、退职手续,享受退休、退职待遇。

3.《劳动部关于贯彻〈企业职工患病或非因工负伤医疗期规定〉的通知》

第一条 关于医疗期的计算问题

1. 医疗期计算应从病休第一天开始,累计计算。如:应享受三个月医疗期的职工,如果从1995年3月5日起第一次病休,那么,该职工的医疗期应在3月5日至9月5日之间确定,在此期间累计病休三个月即视为医疗期满。其他依此类推。

2. 病休期间,公休、假日和法定节日包括在内。

第二条 关于特殊疾病的医疗期问题

根据目前的实际情况,对某些患特殊疾病(如癌症、精神病、瘫痪等)的职工,在24个月内尚不能痊愈的,经企业和劳动主管部门批准,可以适当延长医疗期。

4.《劳动部关于实行劳动合同制度若干问题的通知》

第二十二条 劳动者患病或者非因工负伤,合同期满终止劳动合同的,用人单位应当支付不低于六个月工资的医疗补助费;对患重病或绝症的,还应适当增加医疗补助费。

5.《劳动部办公厅关于对劳部发[1996]354号文件有关问题解释的通知》

第二条 《通知》第22条"劳动者患病或者非因工负伤,合同期满终止劳动合同的,用人单位应当支付不低于六个月工资的医疗补助费"是指合同期满的劳动者终止劳动合同时,医疗期满或者医疗终结被劳动鉴定委员会鉴定为5~10级的,用人单位应当支付不低于六个月工资的医疗补助费。鉴定为1~4级的,应当办理退休、退职手续,享受退休、退职待遇。

6.《劳动部关于贯彻执行〈中华人民共和国劳动法〉若干问题的意见》

第三十四条 除劳动法第二十五条规定的情形外,劳动者在医疗期、孕期、产期和哺乳期内,劳动,劳动合同期限届满时,用人单位不得终止劳动合同。劳动合同的期限应自动延续至医疗期、孕期、产期和哺乳期期满为止。

第三十五条 请长病假的职工在医疗期满后，能从事原工作的，可以继续履行劳动合同；医疗期满后仍不能从事原工作也不能从事由单位另行安排的工作的，由劳动鉴定委员会参照工伤与职业病致残程度鉴定标准进行劳动能力鉴定。被鉴定为一至四级的，应当退出劳动岗位，解除劳动关系，办理因病或非因工负伤退休退职手续，享受相应的退休退职待遇；被鉴定为五至十级的，用人单位可以解除劳动合同，并按规定支付经济补偿金和医疗补助费。

第五十九条 职工患病或非因工负伤治疗期间，在规定的医疗期间内由企业按有关规定支付其病假工资或疾病救济费，病假工资或疾病救济费可以低于当地最低工资标准支付，但不能低于最低工资标准的80%。

7.《上海市劳动合同条例》

第四十四条 用人单位根据本条例第三十二条第一款第(一)项的规定解除劳动合同的，除按规定给予经济补偿外，还应当给予不低于劳动者本人六个月工资收入的医疗补助费。

8.《上海市企业工资支付办法》

第九条 企业安排劳动者加班的，应当按规定支付加班工资。劳动者在依法享受婚假、丧假、探亲假、病假等假期期间，企业应当按规定支付假期工资。

加班工资和假期工资的计算基数为劳动者所在岗位相对应的正常出勤月工资，不包括年终奖，上下班交通补贴、工作餐补贴、住房补贴，中夜班津贴、夏季高温津贴、加班工资等特殊情况下支付的工资。

9.《北京市工资支付规定》

第二十一条 劳动者患病或者非因工负伤的，在病休期间，用人单位应当根据劳动合同或集体合同的约定支付病假工资。用人单位支付病假工资不得低于本市最低工资标准的80%。

10.《北京市高级人民法院、北京市劳动争议仲裁委员会关于劳动争议案件法律适用问题研讨会会议纪要(二)》

第三十条第二款 劳动合同期满，有《劳动合同法》第四十二条规定的情形的，劳动合同应当续延至相应的情形消失时终止，故在续延期间用人单位与劳动者无须订立书面劳动合同，故不应支付二倍工资。

11.《广东省工资支付条例》

第二十四条 劳动者因病或者非因工负伤停止工作进行治疗,在国家规定医疗期内,用人单位应当依照劳动合同、集体合同的约定或者国家有关规定支付病伤假期工资。

用人单位支付的病伤假期工资不得低于当地最低工资标准的百分之八十。

法律、法规另有规定的,从其规定。

12.《深圳市员工工资支付条例》

第二十三条 员工患病或者非因工负伤停止工作进行医疗,在国家规定的医疗期内的,用人单位应当按照不低于本人正常工作时间工资的百分之六十支付员工病伤假期工资,但是不得低于最低工资的百分之八十。

13.《广东省劳动和社会保障厅关于疾病医疗期问题的复函》

第二条 职工患特殊疾病的医疗期也应按劳部发 479 号文规定执行,即根据本人实际工作年限、在本单位工作年限计算医疗期,而不能理解为患特殊疾病的最少有 24 个月的医疗期。

第七节　考勤管理

实务精讲

一、考勤管理制度的制定程序

考勤管理制度在劳动法上属于《劳动合同法》第 4 条规定的劳动规章制度,因此,在制定程序上也与用人单位一般规章制度一致,即在原则上,规章制度必须同时满足协商民主、内容合法和向劳动者公示三个要件,才具备上述的约束力。而对于什么是协商民主,法律并无明确规定,一般认为,有经过职工代表大会或者全体职工讨论协商、与用人单位工会平等协商、用人单位职工代表平等协商之一的,可认定规章制度经民主程序制定。

二、考勤管理的内容

用人单位进行考勤管理的主要目的既是对劳动者的工时作出记录,从而对劳动者的工资、加班等事宜作出准确认定，又是确保劳动者按照法律和规章制度的规定按时到岗工作，避免迟到早退等情形，因此，制定周详的考勤管理机制，应包含以下要素：第一，工作时间，如周工作日和日工作时间等；第二，考勤认定标准，如以打卡时间为准等；第三，对迟到、早退、旷工及其他违反考勤规定的情形进行界定，明确何种情况构成上述情形，并按照严重程度设置相应处理；第四，休假，应对假期的类型、请假程序与所需资料、假期上限以及假期工资作出规定；第五，出差和外出公干的申请、审核和批准程序。

案例说法

案例1：公司考勤记录无劳动者签名，无法证明争议期间劳动者是否为公司提供了劳动

葛某与爱涛物业公司签订《劳动合同书》，劳动合同期限为2017年1月1日至2018年12月31日，由葛某担任爱涛物业公司项目经理。2018年3月1日，爱涛物业公司委托诉讼代理人通过微信向葛某发出通知，称葛某自2017年10月以来不能正常出勤，出现严重旷工现象，要求葛某于7日内与爱涛物业公司联系并办理离职手续。葛某遂诉至法院要求公司支付欠付工资等。

法院认为，《江苏省工资支付条例》第17条第2款规定，用人单位应当建立劳动考勤制度，书面记录劳动者的出勤情况，每月与劳动者核对并由劳动者签字。用人单位保存劳动考勤记录不得少于2年。本案中，爱涛物业公司主张葛某自2017年10月起即未提供劳动，在一审提交了考勤表，但上述考勤表均未有劳动者的签字，葛某仅对2017年10月的考勤表真实性不持异议，对2017年11月至2018年2月的考勤表不予认可，不能达到其证明目的；而葛某主张其2017年10月至2018年3月仍在正常提供劳动，其提交的与爱涛物业公司工作人员张某的微信聊天记录显示，其于2018年2月9日仍在提供劳动，与其提交的证人栾某的书面证言能够相互印证，而其申请出庭的证人张某、栾某的证言均系陈述2018年4月至6月与葛某沟通的事实，而葛某陈述该期间其属于待岗期间，故该两名证人的证言不能达到葛某的证明目的。现因双方均确认爱涛物业公司已于2018年3月1日通知葛某离职，并为葛某缴纳社会保险至2018年2月，一审判决结合双方提交的证据及陈述认定葛某提供劳动至2018年2月28日，并无不当，法院予以确认。爱涛物业公司应当依法向葛某支付2017年10月至2018年2月的工资。葛某要求爱涛物业公司支付2018年3月工资的诉讼请求，缺乏事实依据，法院不予支持。现爱涛物业公司已提交有葛某签字确认的工资支付记录证明其已实际发放葛某2017年10月工资，葛某亦认可爱涛物业公司有时采取现金方式发放工资，其再行要求爱涛物业公司支付2017年10月工资，证据不足，法院不予支持。据此，爱涛物业公司应支付葛某2017年11月至2018年2月的工资24,000元。

【裁判文书编号】

(2019)苏01民终9195号

案例2：劳动者找人代为打卡，严重违反公司考勤制度，公司可以此为由解除劳动合同

2004年5月14日，秦某入职华润万家有限公司，担任水产部门经理。秦某身为水产部门经理，2015年6月至2016年6月，迟到13次、让他人代为打卡考勤8次、忘记打卡考勤8次、开会迟到1次、未参加会议1次，在该部门的3次检查中都存在管理失职的情形。2016年7月29日，秦某接到华润万家有限公司向其出具的《解除劳动合同通知书》，该通知书称秦某多次违反公司规章制度，因此决定从2016年8月1日起与秦某解除双方劳动关系。秦某认为其并无任何违纪行为，华润万家有限公司系违法解除劳动合同，遂诉至法院。

法院认为，华润万家有限公司的《华润万家员工行为奖惩办法(2014年修订稿)》内容未违反法律、行政法规及政策的规定，不存在明显不合理的情形，并已向秦某告知，依法可作为华润万家有限公司用工管理的依据。根据该奖惩办法，秦某累计违纪扣分超过12分，已达到解除劳动合同的条件。故法院认定，秦某严重违反华润万家有限公司的规章制度，华润万家有限公司依法与其解除劳动合同，无须向其支付违法解除劳动合同赔偿金。

【裁判文书编号】

(2016)粤0303民初18524号

风险应对

一、风险点：考勤制度的内容和执行

实践中，大多数用人单位已建立了一定的考勤制度，但是，考勤制度在运行中往往不够精细，因此使考勤制度的管理效能大打折扣，而诉讼中其法律效力也可能受到质疑。

第一，用人单位在实践中同时采用多项考勤制度，如电子考勤和手工考勤并用，但是不同考勤记录显示的考勤状况不一致，如果存在上述不一致但均支持用人单位的主张，那么并无大碍；但如果两份考勤记录呈现相反结果，如电子考勤证明了劳动者根据用人单位安排进行了加班，而手工考勤则并无此记载，在实务中，考虑到用人单位系考勤记录的制作和保管主体，因此应对上述情形承担主要责任，由此裁判者就有可能从有利于劳动者的角度采信证据。

第二，考勤记录事项存在瑕疵。例如，根据《劳动法》第 36 条规定，用人单位实施标准工时制的，每日工作不超过 8 小时，但考勤记录上未将工作时间和工休时间区分，记载劳动者的工作时间为 9 小时或者更多，那么劳动者就有可能根据考勤记录主张自己根据用人单位安排进行了加班，进而要求用人单位支付加班费。

第三，考勤制度实际得不到执行。如考勤制度规定未书面请假的构成旷工，劳动者旷工的应做解除劳动合同处理，然而实际运行中用人单位一方面认定劳动者旷工，另一方面又给劳动者正常发工资，一旦发生劳动合同解除之诉，用人单位的行为就存在自相矛盾的情形，就存在法院不认定劳动者有旷工行为的可能。

【HR 防范策略】

对此，用人单位应从考勤制度规定和执行两方面着手。第一，在考勤制度设置上，应尽量统一采用一种考勤方式和标准，如数项考勤记录并行，应按周对不同记录进行核对，对于不一致之处，应开展调查并与劳动者确认，从而形成一致记载，但调整考勤记录的，还需经劳动者同意并签名确认。第二，在考勤记录精细度上，应尽量将事项精细化，如具体工作时间、加班是否得到用人单位、劳动者的请假类别等可能涉及劳动法争议的细节应一一载明。第三，考勤制度应得到严格执行，这不仅要求用人单位具有较强执行力，而且考勤制度应当合理设置，以得到执行为目的，而不应故意设置严苛的考勤制度在劳动关系上占据优势，如过于严苛的规定不仅在司法实践中难以被采纳为裁判依据，而且在实践中也无法执行，其最终的结果将演变为劳动者违规常态化。

二、风险点：考勤记录的证明力

由于考勤记录记载了劳动者出勤、休假、加班和违纪的情况，因此，司法实践中是认定工资争议、加班争议和劳动合同解除争议的重要证据之一。根据《劳动争议调解仲裁法》第6条规定，发生劳动争议，当事人对自己提出的主张，有责任提供证据。与争议事项有关的证据属于用人单位掌握管理的，用人单位应当提供；用人单位不提供的，应当承担不利后果。而考勤记录一般掌握在用人单位手中，因此，如果争议涉及出勤记录，而用人单位不能提供有证明力的出勤记录，往往将承担不利后果，这主要有两种情况：

第一，用人单位未依法保存出勤记录，导致诉讼中无法举证，从而被法院认定为不提供证据，采信劳动者的主张。

第二，用人单位所保存的出勤记录中没有劳动者的签名签章。在司法实践中，由于用人单位掌握有考勤记录，又与劳动者处于争讼状态，因此法官有理由认为用人单位有能力有动机伪造、修改出勤记录。因此，如果出勤记录上并无劳动者签名或签章，而劳动者又不认可这一证据的效力，将难以获得采信，如在（2016）津02民终5025号一案中，用人单位根据出勤记录否定劳动者有4天应休未休年休假，但是该出勤记录上并无劳动者签名，用人单位又无其他证据加以佐证，因此，法院对用人单位提出的劳动者已休4天年休假的主张不予采信。

第三，考勤记录缺乏关键细节。如考勤记录中记载劳动者有休假，却并未记载劳动者的休假性质，那么若用人单位与劳动者因是否已休年休假发生争议，如果假期中并未载明假期性质，劳动者主张其未休年休假，那么用人单位的考勤记录难以作为否定依据，如果没有其他证据，那么用人单位往往需承担不利后果。此外，劳动者是否有加班等情形，往往也需要以出勤记录作为证明，如果上述信息记载不详细，出勤记录的证明力就不容乐观。

【HR防范策略】

保证出勤记录的证明力，应从以下几个方面着手。第一，对考勤记录做专人专柜保存管理，考勤记录保存3年为宜；第二，考勤记录需经劳动者确认并签名，包括电子考勤记录也应打印纸质版由劳动者签名；第三，考勤记录应详载各类可能与劳动争议有关的事项。

疑难解答

一、对执行不定时工作制的劳动者能否进行考勤?

根据普遍实务见解,不论实施何种工作制,用人单位都享有用工管理权,在劳动时间内,有权安排、考核劳动者的工作,要求劳动者按规定出勤。这也符合《劳动法》第3条第2款“劳动者应当完成劳动任务……遵守劳动纪律和职业道德”的规定,而目前法律规范并未规定执行不定时工作制的劳动者可以不按照规章制度的考勤规定出勤,因此,对执行不定时工作制的劳动者进行考勤于法不悖。

但是,用人单位有权考勤,不等于用人单位可以标准工时制的出勤标准要求劳动者出勤。从不定时工作制的性质来看,不定时工作制本身就是为了工作无法按照标准时间衡量,或者需要机动工作的劳动者设置的,如果认为劳动者没有按照标准工时制下的考勤标准出勤就构成旷工的,违背了不定时工作制的本意。进言之,有专家指出,如果以标准工时制的标准,那么“可能出现不定时工作制员工的实际提供劳动的时间远远超过平均每天8小时的情况”,[①]此种情况下,对于超过8小时的部分,劳动者如能证明该部分属于用人单位安排的加班,可以主张用人单位应支付其加班费用。因此,对于适宜执行不定时工作制的劳动者,用人单位宜以计量或者工作进程等方式,作为考勤标准。

二、员工有代打卡行为的,用人单位能否作为过失性辞退的决定?

仅凭代打卡行为不一定能按照《劳动合同法》第39条规定对劳动者作出可过失性辞退决定。

第一,如果劳动者委托他人代打卡,视为迟到,早退或旷工,此时,劳动者的行为构成了虚假考勤,若用人单位的规章制度规定迟到、早退、旷工或虚假考勤是用人单位无过失辞退的事由,或者劳动者这一行为构成《劳动合同法》第39条规定的其他

---

① 《不定时工作制下考勤管理的案例一则》,载 https://mp. weixin. qq. com/s/ZwaofoBuK89qSssO_DitWQ,最后访问时期:2020年5月25日。

情形的,那么此时用人单位可以单方解除与劳动者的劳动合同合同。

第二,如果劳动者委托他人打卡,仅是为便捷或者因故不能自己打卡的,而本身有按照用人单位规定到岗的,那么用人单位此时很难按照《劳动合同法》第 39 条解除劳动合同。即使用人单位规定代打卡行为本身构成严重违纪事由,也未必能获得司法机关支持,司法机关有可能会对用人单位的奖惩行为作出,如(2015)高民申字第 01306 号判决中,法院认为劳动者的过错并未达到解除劳动合同的程度,因此认定用人单位系违法解除劳动合同。

法条链接

《劳动争议调解仲裁法》

第六条 发生劳动争议,当事人对自己提出的主张,有责任提供证据。与争议事项有关的证据属于用人单位掌握管理的,用人单位应当提供;用人单位不提供的,应当承担不利后果。

文书工具

《考勤管理制度范本》【见书尾文书,文书编号:NO. 14】

《考勤表单》【见书尾文书,文书编号:NO. 15】

第四章

保密义务、服务期与竞业限制

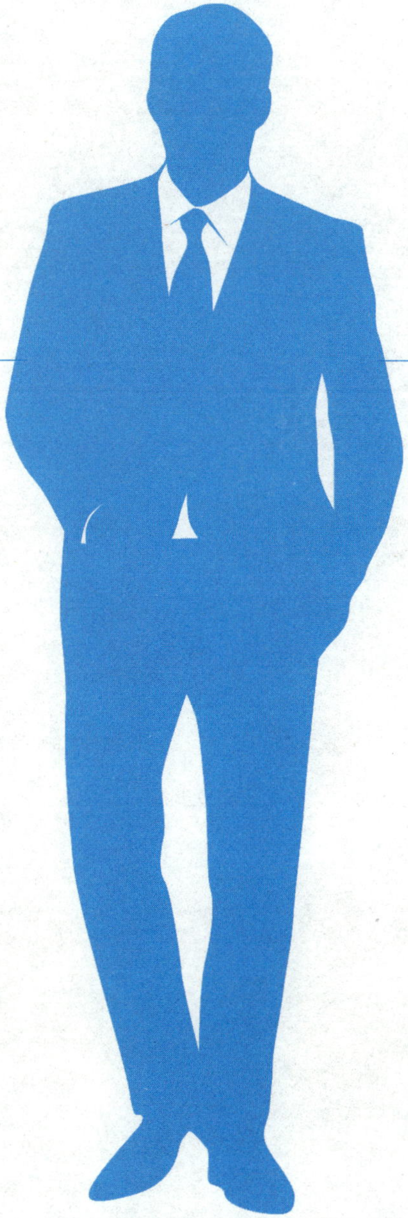

第一节 保密义务

实务精讲

一、保密义务的性质

劳动者的保密义务是指以劳动者为义务主体，以保守其在工作中掌握或解除的用人单位的知识产权或商业秘密为内容的义务。从性质上看，保密义务有两个特征：

第一，义务的相对独立性。劳动者保密义务以劳动者和用人单位存在劳动关系为先决条件，但这不等于劳动关系结束后，劳动者不再负有保密义务。如果劳资双方既已缔结保密协议，或原劳动合同中约定有保密条款，那么即使在劳动者离职后，在知识产权受保护的期限内或商业秘密未被公知前，劳动者仍负有保密义务，此外，如果保密协议有约定保密期限的，也可依约定执行。同时，劳动者还需按照《专利法》、《商标法》和《著作权法》之规定，不得侵犯用人单位的知识产权。

第二，主体的相对广泛性。《公司法》第 148 条中也设定了董事、高级管理人员禁止披露公司秘密的义务，但是其主体仅限于公司高层；而《劳动法》和《劳动合同法》所设立的保密义务，其主体及于所有知悉用人单位知识产权和商业秘密的劳动者。

二、保密义务的法条精讲

（一）保密义务的适用主体

《劳动合同法》第 13 条对哪些劳动者应当承担保密义务予以类型化规定，一为掌握了单位的知识产权的劳动者，二为掌握了其他商业秘密的劳动者。据此，用人单位可以依据其生产经营和用工管理安排，确认有必要与哪些岗位的劳动者订立保密协议。从用工管理事务来看，除用人单位的管理层面外，以下岗位最有可能掌握或接触商业秘密：技术研发人员、技术实施人员、财务会计、市场销售以及办公秘书人员等。

(二)保密义务所保护的单位秘密

如上所述,保密义务是要求劳动者保守的是用人单位的知识产权和商业秘密。

就知识产权而言,根据《专利法》、《商标法》和《著作权法》的规定,与保密义务相关度较高的知识产权包括发明、实用新型、外观设计、商品商标、服务商标、集体商标、证明商标、工程设计图、产品设计图、地图、示意图等图形作品和模型作品、计算机软件。

对于商业秘密,根据《反不正当竞争法》第 9 条第 4 款的规定,有三个特征:其一,隐秘性,该秘密不为公众所知晓;其二,营利性,该秘密具有商业价值;其三,权利人已对该秘密采取相应保密措施。通常而言,以下内容可能属于商业秘密:商业活动的经营信息,如市场行销策略、货源情报、定价政策、不公开的财务资料、合同、交易相对人资料、客户名单等;未申请知识产权保护的技术信息,如技术方案、制造方法、工艺流程、计算机软件、数据库、实验结果、技术数据、图纸、样品、样机、模型、模具、说明书、操作手册、技术文档等。

值得注意的是,保密义务以秘密存在为前提,在知识产权期限届满、无效,单位商业秘密已公开的情形下,则针对该知识产权和商业秘密的保密协议自动失效,如《上海市劳动合同条例》对此予以明确规定。

(三)劳动者违反保密义务的法律责任

第一,侵权责任。根据《劳动合同法》第 90 条规定,劳动者未按照约定履行保密义务或未适当履行,是用人单位向劳动者主张赔偿损失请求权的法定事由之一,但前提是劳动者的泄密行为确使用人单位经受损失。就赔偿标准,根据《违反〈劳动法〉有关劳动合同规定的赔偿办法》第 5 条规定,按《反不正当竞争法》第 20 条(现行《反不正当竞争法》第 17 条)的规定执行。具体而言,可以分为两种情形:先按用人单位因被侵犯商业秘密所受到的实际损失确定;如实际损失难以计算,则按劳动者因违反保密义务所获得的利益确定。而对于劳动者侵犯用人单位知识产权的,按照《专利法》、《商标法》和《著作权法》确立的标准承担赔偿责任。

第二,行政责任。根据《反不正当竞争法》第 20 条规定,劳动者违反保密义务,侵犯用人单位商业秘密的,由监督检查部门责令停止违法行为,没收违法所得,并按情节处以罚款。此外,劳动者侵犯用人单位知识产权的,根据《专利法》、《商标法》

和《著作权法》的规定，由各管理知识产权工作的部门追究责任。

第三，刑事责任。如劳动者违反保密义务，情节严重的，还将承担刑事责任。根据《刑法》第213条至第218条的规定，劳动者侵犯用人单位知识产权的，按照知识产权的类型与劳动者行为，可能构成假冒注册商标罪，销售假冒注册商标的商品罪，非法制造、销售非法制造的注册商标标识罪，假冒专利罪，侵犯著作权罪和销售侵权复制品罪。根据《刑法》第219条的规定，劳动者侵犯用人单位商业秘密，给商业秘密的权利人造成重大损失的，构成侵犯商业秘密罪。

案例说法

案例1：员工公开其个人薪酬不构成侵犯商业秘密

关某与健康有益公司于2015年订立《劳动合同》，其中规定了保密条款，且将员工薪酬列为商业秘密之一，并在公司内部建立薪酬保密制度。其后，关某于2017年在朋友圈公开了健康有益公司多名员工的工资单。健康有益公司知晓后，以关某违反保密义务，侵犯公司商业秘密将其诉至法院。

法院经审理作出裁判，商业秘密应当符合下列三个特征：商业秘密之内容符合不为公众知悉、权利人对相关信息采取了保密措施、该商业秘密具有商业价值。而就员工个人薪酬而言，公司通过建立薪酬保密制度并在劳动合同中加以约定，符合采取保密措施特征；而在采取保密措施的基础上，工资一般不为公众知悉。但法院认为，关某所泄露的是员工的个人薪酬，而非公司的薪酬制度，且公司亦未能举证被泄露的员工薪酬所具有的商业价值，因此关某的行为不构成侵犯商业秘密。

【裁判文书编号】

(2018)京0105民初8193号

案例2：将商业秘密发送自用第三方软件是否违反保密义务需综合认定

案例观点一

孙某与波马嘉仕其公司于2010年订立《聘用合同》，并约定了保密条款，后将保密信息从公司邮箱转发到其私人邮箱，波马嘉仕其公司认为孙某的行为违反了保密条款，单方与孙某解除劳动合同，孙某不服，诉至法院，主张波马嘉仕其公司系违法解除劳动合同。

法院经审理后认为，邮箱不仅可用于通信，同时也是信息储存载体，故孙某虽将其掌握的商业秘密转发至个人邮箱，但不必然表明其向第三方或者他人披露或使用相关资料，故波马嘉仕其公司不能举证孙某存在违法保密义务的行为，其解除劳动合同的行为违法。

【裁判文书编号】

(2018)京03民终14705号

案例观点二

杭某与众安在线财产保险股份有限公司于2015年订立《劳动合同》，并约定了保密条款，后将保密信息从公司邮箱转发到其私人邮箱，众安在线财产保险股份有限公司认为杭某的行为违反了保密条款，单方与杭某解除劳动合同。杭某主张该邮箱系自用，因此不属于保密条款中规定的向第三人泄露商业秘密，故诉至法院，诉请确认众安在线财产保险股份有限公司解除劳动合同的行为违法。

法院判决认为，综合来看，其一，公司保密制度已对电子邮箱的使用规范作出明文规定，杭某的行为本身系违反了公司的保密制度；其二，杭某的行为使得该信息即超出了公司可控范围，必然增加保密信息泄露的风险；其三，原告本已掌握了公司邮箱，即使在外办公，也可以通过手机等登录公司邮箱，也无必要将信息发送至第三方。因此判决杭某败诉。

【裁判文书编号】

(2018)沪0101民初362号

风险应对

一、风险点：关于商业秘密保密措施的认定

要认定某些信息属于商业秘密，就要求用人单位为使该资讯不为人知而采取了保密措施。然而，在劳动法领域，却未明确规定什么情形可认定已采取保密措施；而根据《反不正当竞争法》第32条规定，商业秘密权利人对已采取保密措施负初步举证责任。但在实践中，有用人单位对保密工作不加重视，直至商业秘密被劳动者泄

露后才主张劳动者侵犯商业秘密；另外，有用人单位未能准确理解竞业限制和保密义务的概念与二者的区别，误认为劳资双方缔结竞业限制协议这一行为本身构成了对商业秘密的保护。而从司法实践来看，法院可能对用人单位的保密措施是否确实有效进行实质性审查：如在(2017)最高法民申 2945 号一案中，法院认为该用人单位虽主张已订立保密协议，但协议存在倒签、未盖公章的情形，认定其随意性较大，加之没有采取其他保密措施，综合来看不足以认定已采取保密措施；而在(2011)最高法民申字第 122 号一案中，法院认为竞业限制虽然与保密有关，但是与劳动者订立竞业限制协议的行为不能认定为采取了保密措施，故用人单位关于商业秘密存在以及劳动者侵犯商业秘密的主张不能成立。

【HR 防范策略】

从(2017)最高法民申 2945 号的认定标准来看，以下几点可以认定用人单位已在人事上采取了保密措施。第一，与劳动者订立了真实、严肃的保密协议；第二，对涉密的劳动者进行保密培训，告知劳动者掌握了何种商业秘密，应当如何采取保密措施；第三，建立商业秘密保护制度，如在章程中规定保密条款，在日常工作中针对商业秘密实施保密流程等。

二、风险点：保密协议规定违约金的有效性

实务中有用人单位担忧劳动者违反保密义务的违约成本较低，而选择泄露知识产权或商业秘密以牟利，故在保密协议中加入违约金条款。然而在司法实践中，普遍不支持此类违约金条款的有效性，如在北京(2019)京 01 民终 7053 号、(2018)京 0113 民初 10565 号、上海(2014)沪二中民三(民)终字第 125 号、广东(2019)粤 03 民终 7939 号和(2018)粤 03 民终 10420 号等司法裁判中均认为，关于劳资双方在何种情形下可以约定劳动者承担违约责任，《劳动合同法》已予以穷尽列举，其中并不包含劳动者未履行或未适当履行保密义务，因此保密协议之违约金条款违反《劳动合同法》的强制规定，应属无效。

【HR 防范策略】

实际上，《劳动合同法》第 90 条和《反不正当竞争法》第 21 条中分别设定了劳动者违反保密义务侵权责任和行政责任，没有必要额外再行设定违约金条款。但需要注意的是，《劳动合同法》第 90 条的适用前提还包括劳动者违反保密义务造成了用人单位损失，因此，用人单位需要对自身的损失进行统计并保留证据，以避免因举

证不能而败诉。

疑难解答

一、保密义务是否以订立保密协议为前提?

保密义务可分为保守知识产权和保守商业秘密两部分。

对于保守知识产权方面,根据《专利法》、《商标法》和《著作权法》的规定,只要是未经知识产权人许可,实施其知识产权的,即侵犯其知识产权。由此可见,知识产权在存续期间是对世权,不论有无订立保密协议,劳动者都不能实施和泄露用人单位的知识产权。

对于保守商业秘密方面,《反不正当竞争法》第 9 条第 1 款的规定较为模糊,并未说明其所指的保密义务应当解释为法定义务还是约定义务。而在司法实践中对此也仍存在争议,如(2019)粤 0307 民初 14481 号认为保密义务系法定义务,不以存在保密协议为前提;但在(2017)鄂 09 民终 1467 号一案中,法院认为用人单位未与劳动者约定保密义务条款,故要求劳动者保守商业秘密缺乏依据。

因此,在裁判标准尚未统一的情形下,订立保密协议和在章程中规定保密义务极为必要;此外,订立保密协议能够使用人单位在举证方面占据优势:这是因为,特定信息是否属于商业秘密需满足相应法定要件,而采取保密措施是个中要件之一,故而订立保密协议还有两项功能:其一,用人单位以此为证据,证明其确已采取了保密措施,从而为认定商业秘密存在提供部分依据;其二,在人事上明确什么岗位的哪些员工涉及商业秘密,而在其后的人事变动中加以关注。

二、劳动者要求用人单位支付保密费再履行保密义务是否于法有据?

劳动者对保密费的主张并无相应法律依据。首先,《劳动合同法》《反不正当竞争法》抑或知识产权相关法律等均未明文对用人单位施与支付保密费的法定义务,而在司法实践中,如在(2018)京 0115 民初 10704 号一案中,法院认为保守用人单位的商业秘密系劳动者的基本义务,因此,在没有约定的情况下,用人单位要求劳动者适当履行保密义务不必向其给付“保密费”;其次,保密义务衍生自劳动者的诚实信用义务,在存在保密协议或条款的情况下,是作为劳动者在劳动合同关系中应履行的基本义务;最后,不同于保密义务,竞业限制本质上是用人单位在劳动者脱离劳动关系后施加的,限制其就业与择业权利的条款,故此需要予以支付竞业限制津贴,然而,保密义务并未在劳动者法定义务之外加以限制,故此不必额外支付保密费。当然,如用人单位为保证劳动者切实履行保密义务,也可以在保密协议中加入保密费条款,并约定如劳动者未履行或未适当履行保密义务,应当向用人单位返还保密费。

三、用人单位与劳动者约定脱密期是否有效?

脱密期有法定适用和约定适用两种可能。

第一,如果劳动者掌握的是国家秘密,那么根据《保守国家秘密法》第 38 条规定,涉及国家秘密的用人单位,应当对离职的涉密劳动者进行脱密管理。

第二,对于不涉及国家秘密的用人单位而言,脱密期的合法性在实践中仍有争议,需谨慎适用。在法律规范上,《关于企业职工流动若干问题的通知》规定,用人单位可与知悉商业秘密的劳动者约定,在其劳动合同终止前或劳动者提出解除劳动合同后的 6 个月内,调整其工作岗位,变更劳动合同中相关内容,而北京和上海的地方性法规规章也作出了相同规定。但在司法实践中,各地法院对脱密期的态度不一:北京(2015)三中民终字第 07030 号认为,脱密期实际上是劳动者提前向用人单位告知其离职行为,然而《劳动合同法》所设定的最长提前通知期为 30 日(劳动者通知用人单位),因此该规定违反《劳动合同法》,不具有法律效力;上海(2016)沪 0115 民初 1291 号则持相反态度,认为约定保密期已得到双方合意,故合法有效;广东(2010)深中法民六终字第 3612 号虽未明确认为脱密期的效力,但是在法律论证中却以脱密期协议存在且合法为前提,故可视为默示认定。

综上所述,是否适用脱密期需要根据用人单位所处的地域而定。首先,如确有必要适用脱密期的,应当先行查阅所在地区的地方性法规规章和司法案例;其次,对于实施脱密期的劳动者,用人单位应积极提供脱密条件如留薪停职、平行调岗等,减少争议发生。

法条链接

1.《劳动法》

第一百零二条 劳动者违反本法规定的条件解除劳动合同或者违反劳动合同中约定的保密事项,对用人单位造成经济损失的,应当依法承担赔偿责任。

2.《劳动合同法》

第十七条 劳动合同应当具备以下条款:(一)用人单位的名称、住所和法定代表人或者主要负责人;(二)劳动者的姓名、住址和居民身份证或者其他有效身份证件号码;(三)劳动合同期限;(四)工作内容和工作地点;(五)工作时间和休息休假;(六)劳动报酬;(七)社会保险;(八)劳动保护、劳动条件和职业危害防护;(九)法律、法规规定应当纳入劳动合同的其他事项。

劳动合同除前款规定的必备条款外,用人单位与劳动者可以约定试用期、培训、保守秘密、补充保险和福利待遇等其他事项。

第二十三条第一款 用人单位与劳动者可以在劳动合同中约定保守用人单位的商业秘密和与知识产权相关的保密事项。

第九十条 劳动者违反本法规定解除劳动合同,或者违反劳动合同中约定的保密义务或者竞业限制,给用人单位造成损失的,应当承担赔偿责任。

3.《反不正当竞争法》

第九条 经营者不得实施下列侵犯商业秘密的行为:

(一)以盗窃、贿赂、欺诈、胁迫、电子侵入或者其他不正当手段获取权利人的商业秘密;

(二)披露、使用或者允许他人使用以前项手段获取的权利人的商业秘密;

(三)违反保密义务或者违反权利人有关保守商业秘密的要求,披露、使用或者允许他人使用其所掌握的商业秘密;

(四)教唆、引诱、帮助他人违反保密义务或者违反权利人有关保守商业秘密的要求,获取、披露、使用或者允许他人使用权利人的商业秘密。

经营者以外的其他自然人、法人和非法人组织实施前款所列违法行为的,视为侵犯商业秘密。

第三人明知或者应知商业秘密权利人的员工、前员工或者其他单位、个人实施本条第一款所列违法行为，仍获取、披露、使用或者允许他人使用该商业秘密的，视为侵犯商业秘密。

本法所称的商业秘密，是指不为公众所知悉、具有商业价值并经权利人采取相应保密措施的技术信息、经营信息等商业信息。

第十七条 经营者违反本法规定，给他人造成损害的，应当依法承担民事责任。

经营者的合法权益受到不正当竞争行为损害的，可以向人民法院提起诉讼。

因不正当竞争行为受到损害的经营者的赔偿数额，按照其因被侵权所受到的实际损失确定；实际损失难以计算的，按照侵权人因侵权所获得的利益确定。

第二十一条 经营者以及其他自然人、法人和非法人组织违反本法第九条规定侵犯商业秘密的，由监督检查部门责令停止违法行为，没收违法所得，处十万元以上一百万元以下的罚款；情节严重的，处五十万元以上五百万元以下的罚款。

第三十二条 在侵犯商业秘密的民事审判程序中，商业秘密权利人提供初步证据，证明其已经对所主张的商业秘密采取保密措施，且合理表明商业秘密被侵犯，涉嫌侵权人应当证明权利人所主张的商业秘密不属于本法规定的商业秘密。

商业秘密权利人提供初步证据合理表明商业秘密被侵犯，且提供以下证据之一的，涉嫌侵权人应当证明其不存在侵犯商业秘密的行为：

（一）有证据表明涉嫌侵权人有渠道或者机会获取商业秘密，且其使用的信息与该商业秘密实质上相同；

（二）有证据表明商业秘密已经被涉嫌侵权人披露、使用或者有被披露、使用的风险；

（三）有其他证据表明商业秘密被涉嫌侵权人侵犯。

4.《保守国家秘密法》

第三十八条 涉密人员离岗离职实行脱密期管理。涉密人员在脱密期内，应当按照规定履行保密义务，不得违反规定就业，不得以任何方式泄露国家秘密。

5.《专利法》

第七十一条 侵犯专利权的赔偿数额按照权利人因被侵权所受到的实际损失或者侵权人因侵权所获得的利益确定；权利人的损失或者侵权人获得的利益难以确定的，参照该专利许可使用费的倍数合理确定。对故意侵犯专利权，情节严重的，可以在按照上述方法确定数额的一倍以上五倍以下确定赔偿数额。

权利人的损失、侵权人获得的利益和专利许可使用费均难以确定的，人民法院可以根据专利权的类型、侵权行为的性质和情节等因素，确定给予三万元以上五百万元以下的赔偿。

赔偿数额还应当包括权利人为制止侵权行为所支付的合理开支。

人民法院为确定赔偿数额，在权利人已经尽力举证，而与侵权行为相关的账簿、资料主要由侵权人掌握的情况下，可以责令侵权人提供与侵权行为相关的账簿、资料；侵权人不提供或者提供虚假的账簿、资料的，人民法院可以参考权利人的主张和提供的证据判定赔偿数额。

6.《著作权法》

第五十四条 侵犯著作权或者与著作权有关的权利的，侵权人应当按照权利人因此受到的实际损失或者侵权人的违法所得给予赔偿；权利人的实际损失或者侵权人的违法所得难以计算的，可以参照该权利使用费给予赔偿。对故意侵犯著作权或者与著作权有关的权利，情节严重的，可以在按照上述方法确定数额的一倍以上五倍以下给予赔偿。

权利人的实际损失、侵权人的违法所得、权利使用费难以计算的，由人民法院根据侵权行为的情节，判决给予五百元以上五百万元以下的赔偿。

赔偿数额还应当包括权利人为制止侵权行为所支付的合理开支。

7.《商标法》

第六十三条第一款 侵犯商标专用权的赔偿数额，按照权利人因被侵权所受到的实际损失确定；实际损失难以确定的，可以按照侵权人因侵权所获得的利益确定；权利人的损失或者侵权人获得的利益难以确定的，参照该商标许可使用费的倍数合理确定。对恶意侵犯商标专用权，情节严重的，可以在按照上述方法确定数额的一倍以上五倍以下确定赔偿数额。赔偿数额应当包括权利人为制止侵权行为所支付的合理开支。

8.《关于企业职工流动若干问题的通知》

第二条 用人单位与掌握商业秘密的职工在劳动合同中约定保守商业秘密有关事项时，可以约定在劳动合同终止前或该职工提出解除劳动合同后的一定时间内（不超过六个月），调整其工作岗位，变更劳动合同中相关内容。

9.《违反〈劳动法〉有关劳动合同规定的赔偿办法》

第五条 劳动者违反劳动合同中约定的保密事项，对用人单位造成经济损失的,按《反不正当竞争法》第二十条的规定支付用人单位赔偿费用。

10.《北京市劳动合同规定》

第十八条 用人单位在与按照岗位要求需要保守用人单位商业秘密的劳动者订立劳动合同时,可以协商约定解除劳动合同的提前通知期。提前通知期最长不得超过6个月,在此期间,用人单位可以采取相应的脱密措施。

11.《上海市劳动合同条例》

第十五条 劳动合同当事人可以在劳动合同中约定保密条款或者单独签订保密协议。商业秘密进入公知状态后,保密条款、保密协议约定的内容自行失效。

对负有保守用人单位商业秘密义务的劳动者,劳动合同当事人可以就劳动者要求解除劳动合同的提前通知期在劳动合同或者保密协议中作出约定,但提前通知期不得超过六个月。在此期间,用人单位可以采取相应的脱密措施。

第十七条 劳动合同对劳动者的违约行为设定违约金的,仅限于下列情形:

(一)违反服务期约定的;

(二)违反保守商业秘密约定的。

违约金数额应当遵循公平、合理的原则约定。

12.《广东省技术秘密保护条例》

第十一条 单位可以在劳动合同中约定技术秘密保护条款,也可以与有关当事人依法签订技术秘密保护协议。

在技术秘密保护期限内,劳动合同终止的,当事人仍负有保护技术秘密的义务。

第十二条 技术秘密保护协议应当采用书面形式。

技术秘密保护协议主要内容包括:

(一)保护内容和范围;

(二)保护期限;

(三)双方的权利和义务;

(四)违约责任;

(五)其他。

文书工具

《保密协议范本》【见书尾文书,文书编号:NO.16】

第二节　培训与服务期

实务精讲

一、劳动者培训的概念、类型与服务期

(一)劳动者培训的概念、类型

劳动者培训是指用人单位为使劳动者取得从事某项工作的资格或提升劳动者专业技能而要求、组织劳动者参与的技能培训。根据《劳动法》和《劳动合同法》的规定,劳动者培训主要有两种类型:

第一,职业培训。职业培训旨在使劳动者掌握所从事的职业和岗位所需具备的技能。职业培训具有以下特征:其一,法定性,设置职业规培机制系用人单位的法定义务,如果劳动者从事的是技术工种,那么接受相应培训是从事该工作的前置条件;其二,普遍性,劳动者在上岗前,需要通过职业培训熟悉基本技能、工作流程和注意事项,因此职业培训面向用人单位的大多数劳动者开展。

第二,专业技术培训。专业技术培训是指用人单位对从事专门岗位的劳动者特别安排的技能培训。专业技术培训不同于职业培训:一方面,专业技术培训不具有强制性,可由劳动者和用人单位协商开展;另一方面,专业技术培训的培训内容主要为具有专业性、能够提高劳动者能力的技能课程,往往需要支付不菲的培训费用。

(二)服务期

如前所述,专业技能培训一般需要用人单位支付培训费用,而培训提升了劳动

者的专业知识和职业技能,劳动者是培训的直接受益者。由此,为了避免劳动者培训归来后单方解除劳动合同,导致用人单位"竹篮打水一场空",《劳动合同法》规定,如果劳动者所接受的培训属于专项培训,且培训费用由用人单位支出的,用人单位可以与其约定一定年限的服务期。在服务期内,劳动者应当在本单位工作,如劳动者在服务期结束前解除劳动合同的,需依约定向用人单位支付违约金。

二、培训与服务期的法条精讲

(一)职业培训

对于职业培训,根据《劳动法》第 68 条,用人单位应当依法提取职业培训经费,用于对劳动者的职业培训中。根据实务见解,职业培训一般是指用人单位根据法律法规、政策,结合自身生产经营和用人管理情况,对劳动者开展的安全培训、岗前培训和业务培训等。此外,对于从事技术工种的劳动者,必须进行岗前技术培训才能上岗,而从事特种作业的工作人员,则需先行取得作业资格。

(二)约定服务期的条件

用人单位与劳动者约定服务期的条件有两个:

第一,用人单位为劳动者支付专项培训费用,不包含劳动者自行支出培训费用的情形。所谓专项培训费用,《劳动合同法实施条例》第 16 条作出了原则性规定,主要包括三类:有凭证的培训费用、培训期间的差旅费用以及因培训产生的用于该劳动者的其他直接费用。对此,用人单位可以在培训协议上与劳动者约定培训费用的范围和细目,减少争议的发生。

第二,该培训属于专业技术培训。如果进行的是岗前培训、安全培训或资格培训等,则不属于此列。但是,排除上述内容后,对于专业技术培训的外延仍有较大争议,目前法律法规尚未明确作出界定。而在司法实践中,一些判决提出了专业技术培训的认定标准,如(2019)京 03 民终 2846 号判决中提出,专业技术培训需符合两个标准:其一,专业性,是针对劳动者的专业能力开展的培训;其二,对象的特定性,专业技术培训为仅提供给特定劳动者的人才发展计划,而非面向全体劳动者一般培训。也有裁判文书从反面提出了排除专业技术培训的标准,如(2018)冀民申 1532 号判决中认为对非专业技术岗位的员工开展的培训不属于专业技术培训,而(2017)

京03民终12611号判决中认定使员工获取从事工作岗位的必要技能的培训不属于专业技术培训。

(三)服务期的年限

目前,法律规范并未限制服务期的年限,但是用人单位亦不得滥用权利。在司法实务中,服务期年限系法院审查服务期约定合理性的要素之一,如期限过长,服务期协议可能会被认定为有违公平原则。而在实务中,一般行业的服务期普遍约定为3~5年。

此外,服务期和劳动合同期限的关系需要特别关注。

第一,服务期需经用人单位与劳动者特别约定,不能将劳动合同存续期间理解为服务期。如双方未约定服务期,劳动者即使接受了用人单位提供的专业技术培训,也不自动受服务期约束。

第二,如服务期期限长于劳动合同期限,根据《劳动合同法实施条例》第17条规定,劳动合同应当续延至服务期满;如双方另有约定,则从其约定。但北京和上海的司法机关将本条款解读为对劳动者的单方约束,如2016年北京市劳动争议典型案例中认为,服务期相关法律规则以保护用人单位期待利益为立法意旨,因此,如用人单位在劳动合同期满后终止劳动合同的,不构成违法解除劳动合同。《上海市高级人民法院关于适用〈劳动合同法〉若干问题的意见》第6条也将续延劳动合同期限作为用人单位的权利,同时规定,如用人单位终止劳动合同的,不得向劳动者追索服务期的赔偿责任。

(四)劳动者违反服务期约定的法律责任

根据《劳动合同法》第22条规定,用人单位可以与劳动者约定违约金,作为对接受专业技术培训的劳动者的约束,服务期违约金具有以下性质:

第一,补偿性。由于服务期违约金是为保障用人单位的期待利益,因此违约金的数额遵循填平原则,以用人单位实际支出的专业技术培训费用为限。

第二,动态性。实际履行的违约金与劳动者实际履行的服务器年限挂钩,劳动者仅支付未履行的服务期所应分摊的费用。如用人单位支付了培训费用20,000元,约定服务期为2年,违约金为20,000元,如将费用分摊至每年,则为10,000元/年,若劳动者仅履行了1年服务期即解除劳动合同,那么违约金为未履行服务期的1年所分摊到的10,000元。此外,由于劳动者不一定恰好履行了整数年的劳动合同,比如履行1年8个月就辞职,故违约金数额可具体分摊到月。

(五)劳动者承担违约金的情形及其例外

第一,劳动者提出与用人单位协商解除劳动合同的,如用人单位未放弃权利的,可以向劳动者追索服务期违约金。

第二,如果劳动合同已对服务期作出约定,或劳资双方缔结了单独的服务期协议,如劳动者以提前告知的方式离职,同样构成对服务期约定的违反。

第三,劳动者虽未解除劳动合同,但根据《劳动合同法实施条例》第26条第2款规定,用人单位因劳动者的法定过错事由而解除劳动合同的,同样可以向劳动者追索违约金。

第四,劳动者解除劳动合同也存在无须支付违约金的例外,如果劳动者因用人单位有《劳动合同法》第38条中规定的行为之一而解除劳动合同,用人单位对违约金的请求权将被排除。

此外,需要注意的是,虽然此前《关于试用期内解除劳动合同处理依据问题的复函》第3条中规定,劳动者在试用期内接受培训后解除劳动合同的,不需支付培训费,但是该规定已于2016年被废止,因此该说法缺乏法律依据。但从稳健的实务角度出发,用人单位依然不宜为试用期的劳动者提供专业技术培训,如确有必要的,可以与劳动者协商,由劳动者先行递交转正申请,转正后再行进行培训。

案例说法

案例1:用人单位对劳动者确已接受专业技术培训负证明责任

杨某于2016年入职芬坦达海事公司,担任轮机工程师。在职期间,杨某与公司先后签订两份《培训协议书》,由芬坦达海事公司资助杨某前往芬兰总部参与培训,并约定服务期5年(2018年7月15日至2023年7月14日)。后杨某于2020年离职,芬坦达海事公司认为杨某的离职行为已违反双方约定的服务期协议,遂诉请法院判令杨某依约定支付违约金。

法院经审理后认为,芬坦达海事公司除《培训协议书》外,未能举证杨某确已按照协议书的目标和要求在芬兰总部接受培训。虽然公司出示了芬兰总部提供的培训证明，但芬坦达海事公司与芬兰总部存在利害关系，且培训证明系杨某申请劳动仲裁后方才出具，故不足以采信。据此，芬坦达海事公司应当承担举证不利的责任，无权向杨某追索违约金。

【裁判文书编号】

(2021)沪0106民初21281号

案例2：因基于劳动者特殊待遇而约定服务期协议无效，但可根据诚信原则追偿

案例观点一

许某于2017年与上海雅捷公司订立劳动合同，期限3年。双方于同年9月签订落户补充协议，约定在服务期到期前，除《劳动合同法》第38条规定的情形外，被告不得单方解除劳动合同，否则产生违约金。后许某于2018年1月单方解除劳动合同，上海雅捷公司以许某违反落户补充协议为由，诉至法院，要求许某支付违约金。

法院经审理后认为，用人单位为劳动者提供的特殊待遇不属于专项培训，且用人单位可与劳动者约定违约金的穷尽列举中并不包含用人单位为劳动者提供特殊待遇，因此，落户补充协议相关条款违反了法律的禁止性规定，当属无效，上海雅捷公司无权要求许某支付违约金。

【裁判文书编号】

(2018)沪0112民初22681号

案例观点二

何某与泰康之家投资公司于2015订立劳动合同，期限3年，同日，何某又与泰康之家投资公司订立服务期协议书，泰康之家投资公司为何某办理户口进京审批手续，何某需提供服务期限不低于5年的劳动服务。在服务期限内，如果何某因个人原因在服务期限届满前提出辞职，或因何某导致公司提前终止《劳动合同》，致使何某在公司的服务期不足5年的，何某应当向公司支付补偿金。在落户北京后，何某于2016年单方解除劳动合同。泰康之家投资公司遂起诉要求何某支付补偿金。

法院经审理后认为，虽然泰康之家投资公司不能基于服务期协议向劳动者追偿。但何某的行为的确违反了诚实信用原则，导致泰康之家投资公司遭到损失，何某应予以赔偿。

【裁判文书编号】

(2019)京03民终4376号

案例3:新用人单位可依据劳动合同(由新用人单位与劳动者缔结)约定,承继原用人单位与劳动者在服务期协议中约定的权利义务

王某于2016年入职上海某某公司,并于2017年与某某公司签订服务期协议,约定服务期3年,自王某培训结束之日起算。王某于2017年8月17日完成培训。2018年,王某、某某公司与帝泰公司缔结三方协议,约定由帝泰公司与王某订立新的劳动合同,某某公司与王某于2018年2月28日解除劳动合同,并约定双方互不承担任何责任。根据王某与帝泰公司的劳动合同,帝泰公司将承继某某公司与王某在原劳动合同中约定的权利义务。其后,王某于2018年5月7日以个人原因为由,解除与帝泰公司的劳动合同。帝泰公司主张,王某单方解除劳动合同的行为违反服务期协议,遂诉至法院,请求判决王某支付违约金。

法院经审理后认为,根据帝泰公司与王某的劳动合同,帝泰公司将承继某某公司与王某在原劳动合同中约定的权利义务,而某某公司与王某的服务期协议属于原劳动合同的附件,服务期协议中的权利义务自然由帝泰公司承继。据此,王某的行为的确违反服务期协议,应当承担违约责任。

【裁判文书编号】

(2020)沪01民终862号

案例4:培训期间工资不属于专项培训费用

2013年6月1日,张某与某体检公司签订无固定期限劳动合同,到体检公司工作。2014年7月3日,张某与体检公司签订培训协议,该公司安排张某到外地参加一年专业技术培训。该培训协议约定:由体检公司支付培训费、差旅费,并按照劳动合同约定正常支付张某培训期间工资;张某培训完成后在体检公司至少服务5年;若张某未满服务期解除劳动合同,应当按照体检公司在培训期间所支出的所有费用支付违约金。培训期间,体检公司实际支付培训费47,000元、差旅费5600元,同时支付张某工资33,000元。培训结束后,张某于2015年7月3日回体检公司上班。2018年3月1日,张某向体检公司递交书面通知,提出于2018年4月2日解除劳动合同。体检公司要求张某支付违约金85,600元(47,000元+5600元+33,000元),否则拒绝出具解除劳动合同的证明。张某在支付违约金后申请仲裁,请求裁决体检公司返还违法收取的违约金85,600元。仲裁委员会裁决体检公司返还张某61,930元(85,600元-23,670元)。

本案的争议焦点是体检公司支付给张某培训期间的工资是否属于专项培训费用。《劳动合同法》第22条规定:“用人单位为劳动者提供专项培训费用,对其进行专业技术培训的,可以与该劳动者订立协议,约定服务期劳动者违反服务期约定的,应当按照约定向用人单位支付违约金。违约金的数额不得超过用人单位提供的培训费用。用人单位要求劳动者支付的违约金不得超过服务期尚未履行部分所应分摊的培训费用”。专项培训费用与工资存在明显区别:(1)从性质看,专项培训费用是用于培训的直接费用,工资是劳动合同履行期间用人单位支付给劳动者的劳动报酬;(2)从产生依据看,专项培训费用是因用人单位安排劳动者参加培训产生,工资是依据国家有关规定或劳动合同约定产生;(3)从给付对象看,专项培训费用由用人单位支付给培训服务单位等,工资由用人单位支付给劳动者本人。本案中,张某脱产参加培训是在劳动合同履行期间,由体检公司安排,目的是提升其个人技能,使其能够创造更大的经营效益,张某参加培训的行为,应当视为履行对体检公司的劳动义务。综合前述法律规定,体检公司支付给张某培训期间的33,000元工资不属于专项培训费用。

风险应对

一、风险点:服务期协议

实践中,有用人单位出资为劳动者提供专业培训,却没有约定服务期和违约金,在劳动者解除劳动合同后才起诉追索违约金。然而,劳动者专业技术培训并不当然产生返还培训费或者违约金的义务,如果双方没有就培训费由谁支出或服务期作出约定,劳动者并不因解除劳动合同而承担法律责任。如在(2020)粤01民终11936号、(2016)苏05民终3682号、(2018)京01民终1051号裁判文书中,法院均认为,虽然用人单位确实支付费用为劳动者提供职业培训,但因劳资双方未约定服务期的内容,因此用人单位要求劳动者退还培训费亦于法无据。但是在民航行业,由于飞行员职业的特殊性,民航公司往往需支付巨额成本为劳动者提供培训,法院基于公平考虑,在没有双方约定服务期协议情况下,也会判令劳动者向民航公司支付补偿金[参见(2018)京03民终13680号、(2014)穗中法民一终字第3639号、第3640号民事判决]。

【HR 防范策略】

不签订服务期协议而导致的风险完全是因用人单位未能贯彻《劳动合同法》的规定所致，由此，及时与劳动者订立服务期协议，并约定相应的服务期和违约金条款，则可避免因劳动者在服务期内辞职造成的损失。但是，由于目前的司法实践一般不支持用人单位的诸如寻找替代劳动者的间接损失，因此，除了依法订立协议外，根本的解决之道还是在培训前应当慎重选择可靠的劳动者参与培训，从而避免发生此类争执。

二、风险点：举证责任

一方面，根据《劳动合同法实施条例》第 16 条规定，用人单位所主张的培训费用仅限于有凭证加以证明的费用，反言之，如果用人单位不能提出证据证明其支出或者证据存在瑕疵，对于不能证明的部分，将不获支持。另一方面，即使用人单位保存了相应凭证，但由于法律对培训费用的规定较为原则，有些培训费用不属于法定培训费用的范围，因此还存在培训费用不被认定的风险。

【HR 防范策略】

首先，用人单位可在规章制度、培训协议等文件提出培训费用的细化标准，说明培训费用的大体数额、支出项目和计算方式，从而确定培训费的范围，如(2014)沪一中民三(民)终字第 232 号判决中，用人单位事先与劳动者约定机票、住房补贴等属于培训费范围，因此劳动者虽在审判过程中主张上述费用与培训无关，依然不获法院支持；其次，对于事先难以确定的费用，可由劳动者先行垫付，待培训完毕数目确定后再报销，但用人单位应与劳动者就此安排达成合意，并形成书面记载；最后，在培训管理制度上，用人单位可通过要求劳动者签订《专项培训费用确认书》，细化发票报销流程，及时完全保留专业技术培训支出的票据。

疑难解答

一、在劳务派遣中，用工单位能否与被派遣劳动者约定服务期？

目前，法律规范并未就此明文规定。在司法实践中，有仲裁委认为服务期是以

劳动关系为基础的法律关系，而用工单位与被派遣劳动者之间系劳务关系，因此双方订立的服务期协议无效。但在(2018)吉01民终1826号判决中，法院认为服务期同样适用于劳务派遣关系。因此，用工单位不宜为被派遣劳动者提供专业技术培训，况且岗位具有辅助性本就是劳务派遣应用的法定限制之一，用工单位为节约成本或省事在核心岗位施行劳动派遣，本身就存在法律风险。

二、劳动者违反服务期约定的，用人单位能否同时主张违约金和返还培训费？

从合同法原理和司法实践来看，同时主张违约金和返还培训费难获支持。如(2019)京03民终13966号、(2018)京03民终13680号和(2018)京03民终852号等判决中，法院均认为用人单位在诉请劳动者支付违约金后再返还培训费系于法无据，不予支持。从合同法的角度出发，不论是服务期违约金还是返还培训费，均非惩罚性手段，在劳动者承担其中一种责任后，用人单位支出专项培训费用的行为就可得到救济，再要求其他赔偿，有利用他人过错牟利之嫌，不能得到法律的支持。

三、在劳动者脱产参加专业技术培训期间所得工资是否属于培训费？

从司法实践来看，在北京、上海和广东地区，如在(2018)京03民终852号、(2016)沪01民终636号、(2017)粤0183民初5997号和(2019)粤0781民初4161号等案件中，法院均认为工资是劳动者基于劳动关系所获利益，与服务期并无联系，同时《劳动合同法实施条例》也并未将工资列入培训费用范畴，因此主张工资属于培训费缺乏依据。也有少数法院认为劳动者在此期间并未参加工作，因此用人单位仅需支付当地最低工资即可，而超过部分应认定为用人单位为劳动者提供的培训费，可要求劳动者返还[参见(2019)苏03民终3094号]。

四、约定服务期在劳动合同届满后开始履行，劳动者在履行前解除劳动合同是否承担违约责任？

有观点认为，劳动者在服务期期间解除劳动合同的，才构成违约责任。[1] 但从

---

① 参见《培训与服务期七大风险全解析(一)》，载 https://mp.weixin.qq.com/s/kGVNjDb11pXjdHZ-N17TyA，最后访问日期：2020年2月18日。

《劳动合同法》第 22 条的文义来看,劳动者承担违约责任的事由是违反服务期约定,而并非在服务期内违反服务期约定;而从合同性质来看,服务期协议系诺成合同,自达成合意即对双方具有约束力,而不以开始履行为生效要件,劳动者尚未开始履行约定即解除劳动合同,当然违反了服务期约定,如(2019)苏 03 民终 3094 号即持此种观点。从用工实务上看,由于法律规范并未规定服务期年限,且用人单位又在劳动合同届满而服务期限未满的情况下续延劳动合同,因此,约定服务期在劳动合同届满后开始履行并无必要,因此,从风险规避的角度出发,用人单位可以与劳动者约定服务期自培训结束之日起算。

法条链接

1.《劳动法》

第六十八条 用人单位应当建立职业培训制度,按照国家规定提取和使用职业培训经费,根据本单位实际,有计划地对劳动者进行职业培训。

从事技术工种的劳动者,上岗前必须经过培训。

2.《劳动合同法》

第二十二条 【服务期】用人单位为劳动者提供专项培训费用,对其进行专业技术培训的,可以与该劳动者订立协议,约定服务期。

劳动者违反服务期约定的,应当按照约定向用人单位支付违约金。违约金的数额不得超过用人单位提供的培训费用。用人单位要求劳动者支付的违约金不得超过服务期尚未履行部分所应分摊的培训费用。

用人单位与劳动者约定服务期的,不影响按照正常的工资调整机制提高劳动者在服务期期间的劳动报酬。

3.《劳动合同法实施条例》

第十六条 劳动合同法第二十二条第二款规定的培训费用,包括用人单位为了对劳动者进行专业技术培训而支付的有凭证的培训费用、培训期间的差旅费用以及因培训产生的用于该劳动者的其他直接费用。

第十七条 劳动合同期满,但是用人单位与劳动者依照劳动合同法第二十二条的规定约定的服务期尚未到期的,劳动合同应当续延至服务期满;双方另有约定的,从其约定。

第二十六条 用人单位与劳动者约定了服务期,劳动者依照劳动合同法第三十八条的规定解除劳动合同的,不属于违反服务期的约定,用人单位不得要求劳动者支付违约金。

有下列情形之一,用人单位与劳动者解除约定服务期的劳动合同的,劳动者应当按照劳动合同的约定向用人单位支付违约金:

(一)劳动者严重违反用人单位的规章制度的;

(二)劳动者严重失职,营私舞弊,给用人单位造成重大损害的;

(三)劳动者同时与其他用人单位建立劳动关系,对完成本单位的工作任务造成严重影响,或者经用人单位提出,拒不改正的;

(四)劳动者以欺诈、胁迫的手段或者乘人之危,使用人单位在违背真实意思的情况下订立或者变更劳动合同的;

(五)劳动者被依法追究刑事责任的。

4.《北京市高级人民法院、北京市劳动争议仲裁委员会关于劳动争议案件法律适用问题研讨会会议纪要》

第三十三条 用人单位为其招用的劳动者办理了本市户口,双方据此约定了服务期和违约金,用人单位以双方约定为依据要求劳动者支付违约金的,不应予以支持。确因劳动者违反了诚实信用原则,给用人单位造成损失的,劳动者应当予以赔偿。

5.《上海市高级人民法院关于适用〈劳动合同法〉若干问题的意见》

第六条 劳动合同期满而约定的服务期未到期的处理

服务期是用人单位以给付一定培训费用为代价,要求接受对价的劳动者为用人单位相应提供服务的约定。用人单位依约支付相应对价后,即已完全履行自己的合同义务,是否要求劳动者履行提供服务则成为用人单位的权利。基于民事权利都可以放弃的原则,在劳动合同期满后,用人单位放弃对剩余服务期要求的,应当准许。

此时,劳动合同可以终止,但用人单位不得向劳动者追索服务期的赔偿责任;用人单位继续提供工作岗位并要求劳动者履行服务期约定的,双方当事人应当继续履行。继续履行合同期间,用人单位不提供工作岗位的,视为其放弃对剩余服务期的要求,劳动合同终止。

文书工具

《专业技术培训与服务期合同范本》【见书尾文书,文书编号:NO.17】

第三节　竞业限制

实务精讲

一、竞业限制的基本概念、类型与约定方式

(一)竞业限制的基本概念

竞业限制是指用人单位通过与劳动者达成一致协议,限制劳动者在双方劳动法律关系存续期间或消灭后的一段时间内,以自营或就职的方式从事与原用人单位同类型的业务。对于何种业务属于"同类型",一般认为,如劳动者在职或离职后开展自营业务或新就职单位业务在产品生产经营、服务提供等方面相同,或与原就职单位存在竞争关系的,构成同类业务。

进言之,根据竞业限制义务的存续期间为标准,可将竞业限制划分为在职期间竞业限制以及离职期间竞业限制。在职竞业限制一般被认为是劳动者忠实义务的延伸,而离职竞业限制属于劳动者的约定义务,以劳资双方对此达成合意为前提,但由于在《劳动合同法》中并无明文规定,用人单位应通过单位规章制度或者劳动合同加以明确为妥。

(二)竞业限制的约定方式

1. 以劳动合同补充协议或附件的形式对竞业限制进行约定,对于入职后即从事用人单位内高级管理事务或掌握相关秘密的劳动者,此种形式更为便利和稳妥。

2. 单独订立竞业限制协议。对于不负有保密义务或未担任高级管理人员的劳动者,用人单位不能与之就竞业限制义务进行约定,然而在实务中,时有原本入职签

订劳动合同时，劳动者还是普通工作人员而不需要约定竞业限制，但在签订新劳动合同时却成为竞业限制义务的适格主体，此时，如用人单位尚不打算与劳动者订立新劳动合同，可以选择另行单独与劳动者签订竞业限制协议。

二、竞业限制的法条精讲

（一）竞业限制的义务主体

根据《劳动合同法》第24条的规定，竞业限制义务适格主体仅限于用人单位的高级管理人员、高级技术人员和其他负有保密义务的人员。其中，其他负有保密义务的人员按照用人单位的保密情况和秘密内容等自行判断，一般而言，以下人员可以作为负有保密义务的人员：(1)一般技术人员和关键岗位的技术工人；(2)计划和调度人员；(3)市场销售人员；(4)财会人员；(5)秘书人员。①

（二）竞业限制的范围和时间

《劳动合同法》第24条规定，竞业限制的范围为本单位生产或者经营同类产品、从事同类业务的有竞争关系的其他用人单位，或者自己开业生产或者经营同类产品、从事同类业务；且竞业限制的期限不得超过2年。

在实务中，难以认定的问题是如何判断竞业限制义务主体所从事的是否是同类产品或同类业务。在判断是否属于同类产品、业务或是否存在竞争关系时，不仅要注意竞业限制义务主体所就职或设立的单位的营业执照中确定的经营范围，还要看其实际经营业务情况。

（三）竞业限制补偿金金额、支付方式与不及时支付的法律后果

1. 竞业限制补偿金额

第一，竞业限制补偿金额以双方约定为优先，如果双方对补偿数额达成约定且数额适当的，按照约定金额支付。

第二，如双方未就竞业限制补偿金额作出约定，且劳动者已履行竞业限制义务，按照《最高人民法院关于审理劳动争议案件适用法律问题的解释(一)》规定，不能

① 参见国家法官学院案例开发研究中心：《中国法院2016年度案例劳动纠纷》，中国法制出版社2016年版。

认定协议无效或对劳动者不具有约束力，劳动者可以主张用人单位按照劳动合同解除或者终止前12个月平均工资的30%按月支付经济补偿。此外，不同省、直辖市和地级市设定了用人单位与劳动者就竞业限制补偿不能达成一致时，补偿金的上下限，如北京市为双方劳动关系终止前最后一个年度劳动者工资的20%～60%支付补偿费，上海市为劳动者此前正常工资的20%～50%支付。

在未约定竞业限制补偿金额的情形下还存在诸多复杂情况，图4－1整理了可能存在的个案情形。

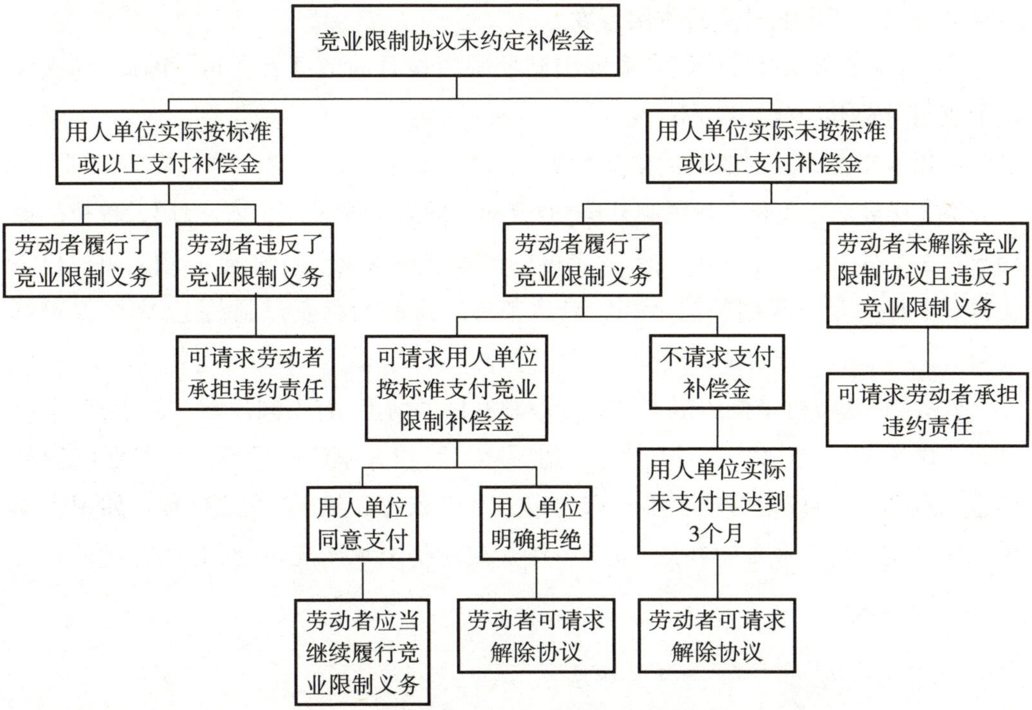

图4－1　未约定竞业限制补偿金额的情形下还存在诸多复杂情况

第三，如双方未就竞业限制补偿金额作出约定，且劳动者在劳动合同解除或者终止前12个月平均工资的30%低于劳动合同履行地最低工资标准的，则按照劳动合同履行地最低工资标准支付。其中，最低工资标准应当按照劳动合同履行地的标准确定。所谓劳动合同履行地，是指劳动者实际工作场所地，劳动合同履行地的确定可以由用人单位和劳动者在劳动合同中予以约定，如果未作约定，则需要从劳动者办公地点、劳动者工资发放地、办公地点提供者、场所与岗位职责是否具有密切联系等角度综合考虑。

2. 离职后的竞业限制的经济补偿支付方式

第一，在北京市，根据(2018)京03民终389号等判决，竞业限制补偿应在解除或者终止劳动合同后向劳动者支付。但在上海市，从(2018)沪民申2574号判决可见，上海市司法机关认为竞业限制补偿可在劳动关系存续期间随劳动报酬发放。但需要注意的是，用人单位需证明向劳动者支付的款项确系竞业限制补偿款，用人单位可以在工资单细目上名列竞业限制补偿款，与劳动者协商一致，并以书面、录音或影像等方式固定证据。而在江苏地区同样对用人单位在劳动关系存续期间提前向劳动者支付竞业限制补偿持肯定态度。

第二，竞业限制补偿应当在竞业限制期限内按月向劳动者支付。因此，一次性提前支付、按季度支付等均不合法。

3. 用人单位不及时支付的法律后果

双方已经约定支付竞业限制补偿，但劳动合同解除或者终止后，因用人单位的原因导致3个月未支付经济补偿，劳动者可以请求解除竞业限制约定，且用人单位仍需支付3个月的竞业限制补偿金。如劳动者未诉请解除竞业限制约定，则协议仍然有效。

各省、直辖市对未按约定支付竞业限制补偿的情形，有不同规定。其中，北京市高级人民法院规定，如双方约定竞业限制补偿后，用人单位明示不支付竞业限制补偿金，竞业限制协议对劳动者不具有约束力。广东省高级人民法院规定，如用人单位未按约定支付竞业限制补偿，且至工作交接时仍未承诺支付的，劳动者无须履行协议约定的义务。

(四)违反竞业禁止义务的法律后果

第一，如劳动者违反竞业限制协议中约定的义务，需向用人单位支付违约金。违约金的数额由双方在竞业限制协议中约定，如未就违约金作出约定，则用人单位不得要求劳动者支付违约金。

第二，用人单位和劳动者在竞业限制协议中约定的违约金过分高于或者低于实际损失，可以请求调整违约金的数额。一般幅度超过30%可认定为过高或过低。

第三，劳动者在支付违约金后，用人单位仍可要求劳动者按照竞业限制协议的约定，继续履行竞业限制义务。

(五)用人单位单方解除劳动者竞业限制义务

在竞业限制期限内,用人单位可以单方解除劳动者竞业限制义务,但是司法解释对用人单位的单方解除权作出了限制,劳动者可以请求用人单位额外支付劳动者3个月的竞业限制经济补偿。

案例说法

案例1:入职签订竞业限制协议不能一劳永逸

朱某于2012年入职深圳甲公司担任销售总监,并与公司签订了《竞业限制协议》,并明确其为第一份劳动合同的附件,该《竞业限制协议》未单独约定使用期限。双方在2015年签订第二份劳动合同时,未将前述《竞业限制协议》作为合同附件,也未单独签订新的竞业限制协议。

朱某于2016年离职并出资设立与甲公司经营同类产品并存在竞争关系的乙公司。甲公司遂诉至深圳市罗湖区人民法院要求朱某继续履行竞业限制义务并支付违约金。

法院经审理后判决:该《竞业限制协议》系第一份劳动合同的附件,且未单独约定使用期限,故其适用期限应该与作为主合同的第一份劳动合同期限一致,即2012年7月20日至2015年7月30日。虽然被告于2016年7月22日出资设立公司的行为违反了上述《竞业限制协议》所约定的义务,但因双方签订的《竞业限制协议》已经过期,原告依据已经过期的协议要求被告支付违约金,法院不予支持。

【裁判文书编号】

(2019)粤0303民初31625号

案例2:订立竞业限制协议后,离职时即告知劳动者无须履行竞业限制义务也需额外支付3个月补偿

袁某于2018年入职北京时代公司,双方缔结了竞业限制协议。在协议有效期内,袁某从该公司离职,离职时北京时代公司向袁某出具离职证明,并告知袁某无须履行竞业限制义务。袁某向北京时代公司主张其应额外支付3个月补偿,但北京时代公司认为，其已在出具的《离职证明》中明确告知袁某离职后无须履行竞业限制义务，自然无须额外支付其3个月的补偿金。袁某不服，遂提起诉讼。

法院经审理后认为，即使袁某事实上未曾履行竞业限制义务，但依据《最高人民法院关于审理劳动争议案件适用法律若干问题的解释(四)》第9条(现《最高人民法院关于审理劳动争议案件适用法律问题的解释(一)》第39条)之规定，在竞业限制期限内，用人单位请求解除竞业限制协议时，劳动者请求用人单位额外支付劳动者3个月的竞业限制经济补偿的，人民法院应予支持。本案中，袁某与北京时代公司解除劳动关系后，北京时代公司于竞业限制期限内告知袁某无须履行竞业限制义务系在竞业限制期限内解除竞业限制协议，故袁某要求该公司支付3个月竞业限制补偿金并无不当，法院予以支持。

【裁判文书编号】

(2019)京0108民初6057号

案例3:用人单位未支付竞业限制经济补偿，劳动者是否需要承担竞业限制违约责任

2013年7月，乐某入职某银行，在贸易金融事业部担任客户经理。该银行与乐某签订了为期8年的劳动合同，明确其年薪为100万元。该劳动合同约定了保密与竞业限制条款，约定乐某须遵守竞业限制协议约定，即离职后不能在诸如银行、保险、证券等金融行业从事相关工作，竞业限制期限为两年。同时，双方还约定了乐某如违反竞业限制义务应赔偿银行违约金200万元。2018年3月1日，某银行因乐某严重违反规章制度而与乐某解除了劳动合同，但一直未支付乐某竞业限制经济补偿。2019年2月，乐某入职当地另一家银行依旧从事客户经理工作。2019年9月，某银行向劳动人事争议仲裁委员会(以下简称仲裁委员会)申请仲裁，请求裁决乐某支付违反竞业限制义务违约金200万元并继续履行竞业限制协议。仲裁委员会裁决驳回了某银行的仲裁请求。

本案中，双方当事人在劳动合同中约定了竞业限制条款，劳动合同解除后，竞业限制约定对于双方当事人发挥约束力。劳动者的竞业限制义务与用人单位的经济补偿义务是对等给付关系，用人单位未按约定支付经济补偿已构成违反其在竞业限制约定中承诺的主要义务。具体到本案中，某银行在竞业限制协议履行期间长达11个月未向乐某支付经济补偿，造成乐某遵守竞业限制约定却得不到相应补偿的后果。根据公平原则，劳动合同解除或终止后，因用人单位原因未支付经济补偿达3个月，劳动者此后实施了竞业限制行为，应视为劳动者以其行为提出解除竞业限制约定，用人单位要求劳动者承担违反竞业限制违约责任的不予支持，故依法驳回某银行的仲裁请求。

案例4：用人单位主张竞业限制期限应将仲裁和诉讼的审理期限扣除，未获法院支持

马某某于2005年9月28日入职某公司，双方最后一份劳动合同期限自2014年2月1日起至2017年2月28日止，马某某担任高级总监。2014年2月1日，某公司（甲方）与马某某（乙方）签订《不竞争协议》，其中第3.3款约定："……竞业限制期限从乙方离职之日开始计算，最长不超过12个月，具体的月数根据甲方向乙方实际支付的竞业限制补偿费计算得出。但如因履行本协议发生争议而提起仲裁或诉讼时，则上述竞业限制期限应将仲裁和诉讼的审理期限扣除；即乙方应履行竞业限制义务的期限，在扣除仲裁和诉讼审理的期限后，不应短于上述约定的竞业限制月数。"2017年2月28日劳动合同到期，双方劳动关系终止。2017年3月24日，某公司向马某某发出《关于要求履行竞业限制义务和领取竞业限制经济补偿费的告知函》，要求其遵守《不竞争协议》，全面并适当履行竞业限制义务。马某某自某公司离职后，于2017年3月中旬与优酷公司开展合作关系，后于2017年4月底离开优酷公司，违反了《不竞争协议》。某公司以要求确认马某某违反竞业限制义务并双倍返还竞业限制补偿金、继续履行竞业限制义务、赔偿损失并支付律师费为由向北京市劳动人事争议仲裁委员会申请劳动仲裁，之后又起诉至法院，法院判决马某某双倍返还竞业限制补偿金，但无须再承担竞业限制义务。

法院生效裁判认为，本案争议焦点为《不竞争协议》第3.3款约定的竞业限制期限的法律适用问题。某公司上诉主张该协议第3.3款约定有效，马某某的竞业限制期限为本案仲裁和诉讼的实际审理期限加上12个月，以实际发生时间为准且不超过二年，但本院对其该项主张不予采信。

本案中，某公司在《不竞争协议》第3.3款约定马某某的竞业限制期限应扣除仲裁和诉讼的审理期限，该约定实际上要求马某某履行竞业限制义务的期限为：仲裁和诉讼程序的审理期限+实际支付竞业限制补偿金的月数（最长不超过12个月）。从劳动者择业自由权角度来看，虽然法律对于仲裁及诉讼程序的审理期限均有法定限制，但就具体案件而言该期限并非具体确定的期间，将该期间作为竞业限制期限的约定内容，不符合竞业限制条款应具体明确的立法目的。加之劳动争议案件的特殊性，相当数量的案件需要经过“一裁两审”程序，上述约定使得劳动者一旦与用人单位发生争议，则其竞业限制期限将被延长至不可预期且相当长的一段期间，乃至达到二年。这实质上造成了劳动者的择业自由权在一定期间内处于待定状态。另外，从劳动者司法救济权角度来看，对于劳动者一方，如果其因履行《不竞争协议》与某公司发生争议并提起仲裁和诉讼，依照该协议第3.3款约定，仲裁及诉讼审理期间劳动者仍需履行竞业限制义务，即出现其竞业限制期限被延长的结果。如此便使劳动者陷入“寻求司法救济则其竞业限制期限被延长”“不寻求司法救济则其权益受损害”的两难境地，在一定程度上限制了劳动者的司法救济权利；而对于用人单位一方，该协议第3.3款使得某公司无须与劳动者进行协商，即可通过提起仲裁和诉讼的方式单方地、变相地延长劳动者的竞业限制期限，在一定程度上免除了其法定责任。综上，法院认为，《不竞争协议》第3.3款中关于竞业限制期限应将仲裁和诉讼的审理期限扣除的约定，即“但如因履行本协议发生争议而提起仲裁或诉讼时……乙方应履行竞业限制义务的期限，在扣除仲裁和诉讼审理的期限后，不应短于上述约定的竞业限制月数”的部分，属于《劳动合同法》第26条第1款第2项规定的“用人单位免除自己的法定责任、排除劳动者权利”的情形，应属无效。而根据该法第27条规定，劳动合同部分无效，不影响其他部分效力的，其他部分仍然有效。

据此，依据《不竞争协议》第3.3款仍有效部分的约定，马某某的竞业限制期限应依据某公司向其支付竞业限制补偿金的月数确定且最长不超过12个月。鉴于某公司已向马某某支付2017年3月至2018年2月共计12个月的竞业限制补偿金，马某某的竞业限制期限已经届满，其无须继续履行对某公司的竞业限制义务。

风险应对

一、风险点：离职后竞业限制的有效依据

实务中，有用人单位未与高级管理人员、高级技术人员和其他负有保密义务的人员订立竞业限制协议或在劳动合同中加入竞业限制条款，而是在员工手册中加以

规定。根据《劳动合同法》第 23 条规定，竞业限制的有效依据应当是劳动合同、保密与竞业限制协议中的竞业限制条款，而员工手册、公司章程等不在此列，因此，如仅在员工手册或公司章程对竞业限制作出规定，对离职后的劳动者不具有约束力。

【HR 防范策略】

HR 应当及时与《劳动合同法》规定中的竞业限制义务主体订立竞业限制协议，或在其入职时劳动合同中加入竞业限制条款，如是单独订立竞业限制协议的，需要注意协议的有效期限，在失效前及时订立新的竞业限制协议。

二、风险点：竞业限制义务主体不适格

《劳动合同法》规定，用人单位可以与负有保密义务的人员订立竞业限制协议，但是并未限定主体的具体范围，因此用人单位就何为负有保密义务的人员享有判断权。但在实务中，有用人单位以求万全，从而与全体员工签订竞业限制协议，这种方式可能会涉及主体不适格，导致竞业限制条款无效；更甚之，如无须竞业限制的人员未主张竞业限制协议无效，而是离职后主张竞业限制经济补偿，则将徒增企业成本。

【HR 防范策略】

根据《劳动合同法》第 24 条的规定，竞业限制义务适格主体仅限于为用人单位的高级管理人员、高级技术人员和其他负有保密义务的人员。因此，若与负有保密义务的劳动者签订竞业限制协议，HR 应当与业务部门及时联络，确认用人单位的商业秘密和技术秘密所涉及的岗位和领域，有针对性地与相应劳动者订立竞业限制协议；如因劳动者岗位发生调动，或因用人单位经营范围变更、技术创新等情形使商业秘密的内容有所变化的，应当及时与相应负保密义务的劳动者修改、终止竞业禁止协议。

三、风险点：竞业限制协议的限制范围

《劳动合同法》规定，用人单位可以在竞业限制协议中限制劳动者在约定期限内到与本单位生产或者经营同类产品、从事同类业务的有竞争关系的其他用人单位，或者自己开业生产或者经营同类产品、从事同类业务。但是并未明文规定上述内容的认定标准。因此，存在以下风险：

第一，劳动者就职或开设的单位章程中规定的经营范围虽不与原用人单位重合，但是实际经营过程中所从事的业务或生产的产品却与原用人单位重合，存在竞

争关系。

第二,劳动者新就职的新单位安排员工与一家无竞争关系的其他单位签订劳动合同,而实际为新单位工作、安排员工在家办工等,从而使用人单位无法提供竞业的相关证据。

【HR防范策略】

从举证责任角度来看,对离职劳动者违反竞业限制协议的违约行为的举证责任由原用人单位承担,故原用人单位需证明新单位的存在,且离职劳动者为该公司提供服务,还需证明新单位与原用人单位存在竞争关系。首先,应以章程或营业执照上记载的经营范围进行初步审查,判断原用人单位与新任职用人单位的营业范围是否一致;其次,如有证据证明与章程记载的经营范围不一致,则需判断二者的实际经营范围内容和经营目的是否一致,即一方的产品或服务与另一方的产品或服务存在替代关系;最后,原用人单位还应证明离职劳动者为新公司提供服务,不论其是以何种方式提供服务。

四、风险点:竞业限制补偿金支付

《最高人民法院关于审理劳动争议案件适用法律问题的解释(一)》中规定因用人单位的原因导致3个月未支付经济补偿,劳动者请求解除竞业限制约定的,人民法院应予支持。但是并未就3个月未支付经济补偿的具体情形进行说明。在实务中,用人单位或因资金周转困难等自身客观原因或银行等金融机构未及时办理结算手续等第三人原因,而未足额支付竞业限制补偿金,或以为3个月未支付是指连续3个月未支付补偿金。根据司法解释的目的解释,3个月未支付经济补偿不仅指连续3个月未支付,而是累计3个月未支付;其次,如果未足额支付经济补偿,则该月亦为未支付。

另外,在证明责任分配上,劳动者不负有证明系因用人单位的原因而未支付竞业限制补偿的举证责任,相反,由用人单位负担证明其之所以未支付并非其原因所致,如举证不能则劳动者可主张解除竞业限制协议。

【HR防范策略】

及时足额支付竞业限制补偿金是用人单位应尽的义务,因此应避免故意不支付或因过失未能及时支付的情形。但如因资金周转困难等情形,虽因合同的无因性,法律上仍属违约,但是实务中,是否诉请法院要求解除竞业限制协议是由劳动者自主决定，因此，如事前 HR 和用人单位与劳动者保持友好关系，避免在职和离职时产生矛盾，可在资金周转困难或其他情形发生时与劳动者进行协商，尽量取得谅解。

此外，在证据存留上，由于用人单位对未支付竞业限制补偿是因自身之外的原因所致负举证责任，因此，如在支付经济补偿时发生异常情况，如该情况是因劳动者原因或者不可抗力所致，需及时取证并保留；同理，如未支付是因第三方所致的，虽然不能因此主张劳动者诉请不成立，但所存留的证据可用于事后向第三人追究责任，从而减少损失。

五、风险点：竞业限制协议设定违约金存在的风险

首先，若原用人单位未约定竞业限制违约金，则可能存在无法得到损失赔偿的可能，虽然员工违反竞业限制义务的，用人单位可以要求员工赔偿给原单位造成的损失，但在实践中，用人单位往往较难提供证据证明因员工违反竞业限制义务而生产的直接经济损失以及损失金额，导致赔偿的诉求不能获得法院的支持。其次，违约金如设定不合理，同样存在风险。如违约金太低则员工违约成本低，竞业限制义务形同虚设；相反，如出于威吓目的而约定过高的违约金数额，法院会行使自由裁量权对违约予以调低，[①]将会使在职员工会对公司规章制度公信力产生质疑。

【HR 防范策略】

用人单位完善竞业限制协议，不仅要明确规定相关违约金条款，而且对违约金数额进行适当约定。根据《第八次全国法院民事商事审判工作会议（民事部分）纪要》规定，用人单位和劳动者在竞业限制协议中约定的违约金过分高于或者低于实际损失，当事人可以请求调整违约金数额的，而过高或过低的标准为超过或低于实际损失的 30%。因此，用人单位应当根据其商业秘密价值、经营状况和市场评估等对如劳动者违反竞业限制协议所造成的实际损失进行预估，以此为基准，在不超过 30% 的幅度内与劳动者协商一致，不仅保证金额在法律规范上恰当，也使劳动者可以接受。当然，为了防止实际损失无法举证的情形出现，应约定违约金的下限。

---

① 乔继玉：《人力资源管理风险防控操作指南　风控规划 + 应对措施 + 典型案例 + 政策法规》，人民邮电出版社 2021 年版。

六、风险点：用人单位解除竞业禁止协议中的风险

《最高人民法院关于审理劳动争议案件适用法律问题的解释（一）》中规定，在竞业限制期限内，用人单位可以请求解除竞业限制协议，但并未规定具体的行使方式。因此，实践中有用人单位认为，如 3 个月未支付竞业限制补偿金则意味着解除竞业禁止协议，但是，根据司法解释的精神，用人单位应当以劳动者知道或应当知道的方式通知劳动者解除竞业禁止协议，故试图以 3 个月不支付竞业限制补偿金的方式解除竞业限制协议，不仅不能实现目的，而且如果劳动者仍继续履行竞业限制协议，用人单位还需继续支付其他月份的经济补偿。

【HR 防范策略】

用人单位在竞业限制期限内享有任意解除权，因此如需解除竞业限制协议，以口头、电话、电子邮箱或通讯软件等可保证劳动者知道或应当知道即可；此外，用人单位在书面通知劳动者无须履行竞业限制协议时，应尽量以文字方式明确告知劳动者无须履行竞业限制义务，避免采取划勾等方式告知，减轻自身举证责任。

疑难解答

一、用人单位能否与普通劳动者在职期间约定竞业限制？

区别于公司董事、高级管理人员的法定竞业限制义务，从《劳动法》、《劳动合同法》与《最高人民法院关于审理劳动争议案件适用法律问题的解释（一）》的规定来看，均未有关于在职期间竞业限制的强制性规定，因此，可以认为是否签订在职竞业限制协议由用人单位和普通劳动者双方协商确定。另外，从竞业限制的立法目的来看，是防止负有保密义务的劳动者利用其掌握的商业秘密损害用人单位利益，这与《劳动法》第 2 条第 3 款中规定的劳动者应遵守职业道德相一致。此外，《劳动合同法》亦未禁止普通劳动者同时与数家用人单位形成多重劳动关系，换言之，如负有保密义务的普通劳动者与复数的同业具有竞争关系的用人单位形成劳动关系，就存在利用所掌握的商业秘密谋取不正当利益的可能性，尽管法律规范对商业秘密侵权已有其他救济措施，但是仍不充分。因此，与负有保密义务的劳动者订立在职竞业限制协议合法且必要。但仍需注意两个问题：

第一，与负有保密义务的普通劳动者订立在职竞业限制协议，在限制范围上，并非及于所有与本用人单位有同业竞争关系的其他用人单位，而仅限制普通劳动者不得就业于其所掌握的商业秘密有用武之地的岗位。

第二，如双方签订在职竞业限制协议并约定相应竞业限制补偿的，负有保密义务的普通劳动者可以向用人单位请求支付竞业限制补偿。

二、劳动合同解除或终止影响竞业限制协议吗？

竞业限制协议具有与劳动合同的相对独立性。一方面，竞业限制协议的确以劳动合同的订立为前提；但另一方面，竞业限制协议并不因劳动合同消灭而自然失效，否则竞业限制无法发挥其应有效用。

在劳动合同解除的情形下：

第一，劳动合同是合法解除的。首先，如果双方当事人协商解除且为约定解除竞业限制协议的，竞业限制协议仍有效力；其次，如为劳动者单方解除的，不论是预告解除还是及时解除，均不影响竞业限制协议的有效性；最后，如为用人单位单方解除，不论是劳动者存在过失的单方性解除、劳动者不存在过失的单方性过失性解除，还是经济性裁员，竞业限制协议不因此无效。

第二，劳动合同是违法解除的。用人单位违法解除劳动合同的，不影响竞业限制协议的有效性，但不同地方对此仍有不同规定，如《深圳经济特区企业技术秘密保护条例》第 27 条规定，企业违反法律或劳动合同的，员工可解除竞业限制协议，因此不同地域的用人单位还需注意所在地域的相关规定；同理，劳动者违法解除劳动合同的，用人单位不得因此主张不支付竞业限制补偿。

在劳动合同终止的情形下，需区分情形对待。首先，如因劳动合同期满、劳动合同约定的终止条件成就以及因劳动者享受养老保险待遇而导致劳动合同终止的，竞业限制协议不因劳动合同终止而消灭；其次，如因劳动者死亡的，劳动合同与竞业限制协议一同终止，但在劳动者被宣告死亡或被宣告失踪的情形下，劳动合同终止，但竞业限制协议则不一定，比如劳动者虽被宣告死亡或被宣告失踪但仍然存活的，依然需要负竞业限制义务；最后，如因用人单位终止而导致劳动合同终止的，竞业限制协议亦终止，但是，法人终止需经清算，并进行注销登记，在此之前用人单位依然续存，此时不认定竞业限制协议约定的权利义务关系归于消灭。

法条链接

1.《劳动合同法》

第二十三条 用人单位与劳动者可以在劳动合同中约定保守用人单位的商业秘密和与知识产权相关的保密事项。

对负有保密义务的劳动者,用人单位可以在劳动合同或者保密协议中与劳动者约定竞业限制条款,并约定在解除或者终止劳动合同后,在竞业限制期限内按月给予劳动者经济补偿。劳动者违反竞业限制约定的,应当按照约定向用人单位支付违约金。

第二十四条 竞业限制的人员限于用人单位的高级管理人员、高级技术人员和其他负有保密义务的人员。竞业限制的范围、地域、期限由用人单位与劳动者约定,竞业限制的约定不得违反法律、法规的规定。

在解除或者终止劳动合同后,前款规定的人员到与本单位生产或者经营同类产品、从事同类业务的有竞争关系的其他用人单位,或者自己开业生产或者经营同类产品、从事同类业务的竞业限制期限,不得超过二年。

2.《最高人民法院关于审理劳动争议案件适用法律问题的解释(一)》

第三十六条 当事人在劳动合同或者保密协议中约定了竞业限制,但未约定解除或者终止劳动合同后给予劳动者经济补偿,劳动者履行了竞业限制义务,要求用人单位按照劳动者在劳动合同解除或者终止前十二个月平均工资的30%按月支付经济补偿的,人民法院应予支持。

前款规定的月平均工资的30%低于劳动合同履行地最低工资标准的,按照劳动合同履行地最低工资标准支付。

第三十七条 当事人在劳动合同或者保密协议中约定了竞业限制和经济补偿,当事人解除劳动合同时,除另有约定外,用人单位要求劳动者履行竞业限制义务,或者劳动者履行了竞业限制义务后要求用人单位支付经济补偿的,人民法院应予支持。

第三十八条 当事人在劳动合同或者保密协议中约定了竞业限制和经济补偿,劳动合同解除或者终止后,因用人单位的原因导致三个月未支付经济补偿,劳动者请求解除竞业限制约定的,人民法院应予支持。

第三十九条 在竞业限制期限内，用人单位请求解除竞业限制协议时，人民法院应予支持。

在解除竞业限制协议时，劳动者请求用人单位额外支付劳动者三个月的竞业限制经济补偿的，人民法院应予支持。

第四十条 劳动者违反竞业限制约定，向用人单位支付违约金后，用人单位要求劳动者按照约定继续履行竞业限制义务的，人民法院应予支持。

3.《第八次全国法院民事商事审判工作会议（民事部分）纪要》

第二十八条 用人单位和劳动者在竞业限制协议中约定的违约金过分高于或者低于实际损失，当事人请求调整违约金数额的，人民法院可以参照《最高人民法院关于适用〈中华人民共和国合同法〉若干问题的解释（二）》第二十九条的规定予以处理。

4.《北京市高级人民法院、北京市劳动争议仲裁委员会关于劳动争议案件法律适用问题研讨会会议纪要》

第三十七条 用人单位与劳动者在劳动合同或保密协议中约定了竞业限制条款，用人单位如在此后认为劳动者不必履行竞业限制约定的，应当明确告知劳动者。在用人单位告知前劳动者已按约定履行了义务，因而要求用人单位支付履行期间的经济补偿的，应予支持。

第三十八条 用人单位与劳动者在劳动合同或保密协议中约定了竞业限制条款，但未就补偿费的给付或具体给付标准进行约定，不应据此认定竞业限制条款无效，双方可以通过协商予以补救，经协商不能达成一致的，可按照双方劳动关系终止前最后一个年度劳动者工资的20%～60%支付补偿费。用人单位明确表示不支付补偿费的，竞业限制条款对劳动者不具有约束力。

劳动者与用人单位未约定竞业限制期限的，应由双方协商确定，经协商不能达成一致的，限制期最长不得超过两年。

5.《江苏省高级人民法院、江苏省劳动人事争议仲裁委员会关于审理劳动人事争议案件的指导意见（二）》

第十一条 用人单位与负有保密义务的劳动者约定了竞业限制条款，并在劳动关系存续期间先行给付了合同约定且不低于法定标准的经济补偿，劳动合同解除或终止后，劳动者请求确认该竞业限制条款无效的，不予支持。如用人单位在劳动关系存续期间先行给付经济补偿的数额低于法定标准的，应予补足；用人单位在劳动合同解除或终止后超过一个月仍未补足的，除劳动者要求履行外，该竞业限制条款对劳动者不具有法律约束力。

第十二条 劳动合同因劳动者退休而终止的，用人单位与负有保密义务的劳动者约定的竞业限制条款对双方仍具有法律约束力。

6.《上海市劳动合同条例》

第十六条 对负有保守用人单位商业秘密义务的劳动者，劳动合同当事人可以在劳动合同或者保密协议中约定竞业限制条款，并约定在终止或者解除劳动合同后，给予劳动者经济补偿。竞业限制的范围仅限于劳动者在离开用人单位一定期限内不得自营或者为他人经营与原用人单位有竞争的业务。竞业限制的期限由劳动合同当事人约定，最长不超过三年，但法律、行政法规另有规定的除外。

劳动合同双方当事人约定竞业限制的，不得再约定解除劳动合同的提前通知期。

竞业限制的约定不得违反法律、法规的规定。

7.《上海市高级人民法院关于适用〈劳动合同法〉若干问题的意见》

第十三条 当事人对竞业限制条款约定不清的处理

劳动合同当事人仅约定劳动者应当履行竞业限制义务，但未约定是否向劳动者支付补偿金，或者虽约定向劳动者支付补偿金但未明确约定具体支付标准的，基于当事人就竞业限制有一致的意思表示，可以认为竞业限制条款对双方仍有约束力。补偿金数额不明的，双方可以继续就补偿金的标准进行协商；协商不能达成一致的，用人单位应当按照劳动者此前正常工资的20% ~50%支付。协商不能达成一致的，限制期最长不得超过两年。

文书工具

《竞业禁止协议范本》【见书尾文书，文书编号：NO. 18】

第五章

社保、工伤与职业病

第一节　社会保险

实务精讲

一、社会保险的概念

社会保险作为一种公民从国家及社会获取物质帮助的重要途径，最早以立法的形式产生于德国，发展至今，已较为完备。从概念上考究，社会保险的概念有广义和狭义之分。从广义上看，其涵盖的范围更广，除常见的社会保险名目之外，还包含各类社会救助，其保障对象覆盖面更广。从狭义上看，是政府或某一团体对其成员提供包括一般项目在内的保险救济的保障。

我国《社会保险法》第 2 条规定，国家建立基本养老保险、基本医疗保险、工伤保险、失业保险、生育保险等社会保险制度，保障公民在年老、疾病、工伤、失业、生育等情况下依法从国家和社会获得物质帮助的权利，该条明确了保障的主体、保障对象等内容。从相关规定可知，我国的社会保险是国家建立的具有强制性的保险制度，主要系在公民因疾病、伤残、生育、年老、身故等原因而暂时或永久性丧失劳动能力时，没有收入的情形下能够得到国家通过再分配提供的保障。该制度主要由基本养老保险、基本医疗保险、工伤保险、失业保险、生育保险五项内容构成。

我国社会保险既是一项权利也是一项义务，作为保障对象的社会全体劳动者有权在符合条件的情形下向国家主张社会保险；同时，全体劳动者欲享受该项权利，则必须先履行缴纳保险费用的义务。尽管该费用承担主体因保险险种的不同而有缴纳比例上的差异，但并不影响义务的承担。

社会保险制度作为一种保障性的制度，在劳动者暂时或永久丧失经济收入或劳动能力的情形下，通过社会保险令其有能力维持自身及其家庭成员的基本生计。社会保险制度的目的并非仅是单一地为全体劳动者提供物质上的帮助，同样也通过就业培训、技能提升、政策支持等方式来促进劳动再生产。社会保险是一种为丧失劳动能力、暂时失去劳动岗位或因健康原因造成损失的人口提供收入或补偿的一种社会和经济制度。社会保险系由国家政府提供，并以立法的形式征收税费以建立社会保险基金，在特定情形下，被保险人可从基金获得一定的补偿。该制度体现了社会财富再分配的过程。

为加深对社会保险制度的理解，确有必要了解其特征。社会保险主要具有以下特征：第一，强制性。社会保险制度系通过立法之形式确立，由国家主导和干预，依靠国家强制力保证实施。劳动者和用人单位对于是否参与社会保险以及参与何种险种等不具有任意选择权。第二，保障性。该制度的出发点是为了保障劳动者及其家庭成员的基本生活。第三，互济性。由于保障对象收入的差异，但又通过该制度对于缴纳的保险金进行了重新分配，相互满足需要，社会保险在不同群体之间具有互济性。第四，普及性。该社会保险保障的对象系全体劳动者，而并非单一保护某一特殊群体的权益。第五，福利性。社会保险是政府进行的一项非营利性活动。

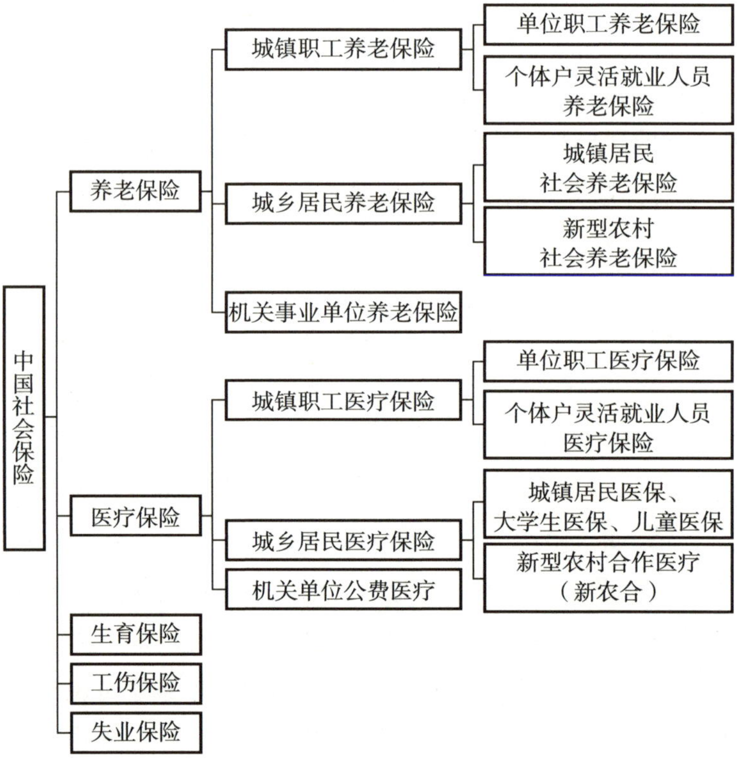

图5-1　中国社会保险

一般来说，作为用人单位，需为其职工购买以下五类险种：养老险、医疗险、工伤险、生育险、失业险，其中养老、医疗、失业三种保险系由职工和用人单位共同承担。

二、养老保险

在老龄化加剧的当前，养老保险的重要性自是不言而喻。养老保险是法定范围内的社会成员在达到法定退休年龄退出劳动岗位后，由国家和社会提供一定的经济补偿物质帮助和服务以保证其老年生活稳定的一项社会保险制度。基本养老保险制度包括以下三类：城镇职工养老保险、城乡居民养老保险和机关事业单位养老保险。在覆盖范围上，做到了城乡全覆盖，让年老者真正实现老有所养。养老保险的给予需要满足以下两个条件：达到法定退休年龄；累计缴纳满 15 年。

国有企业、集体企业、外商投资企业、私营企业和其他城镇企业及其职工，实行企业化管理的事业单位及其职工必须参加基本养老保险。我国职工基本养老保险的缴纳模式采用的是统账结合。当前我国的企业职工法定退休年龄固定如下：男职工退休年龄达到 60 岁；女职工 50 岁，从事管理和科研工作的女干部 55 岁。

基本养老金由统筹养老金(亦称基础养老金)和个人账户养老金组成，养老保险的缴纳属于多缴多得、长缴多得。当保障对象累计缴满 15 年养老保险，并符合发送退休条件即可享受养老保险服务。当缴纳年限累计不满 15 年时，可采用如下做法：(1)延长缴费至满 15 年；(2)一次性补缴满 15 年；(3)申请转移保险关系；(4)书面申请终止保险关系。

三、失业保险

失业保险指给予劳动者在失业期间的生活费、医疗费以及转业培训、生产自救及职业介绍等保障措施的一项社会保险制度。非个人意愿失业才可以享受，失业金将达到 90% 工资。失业保险是国家通过立法强制实行的，由社会集中建立基金，对因失业而暂时中断生活来源的劳动者提供物质帮助的制度。各类企业及其职工、事业单位及其职工、社会团体及其职工、民办非企业单位及其职工，国家机关与之建立劳动合同关系的职工都应办理失业保险。失业保险基金主要是用于保障失业人员的基本生活。城镇企业、事业单位、社会团体和民办非企业单位按照本单位工资总额的 2% 缴纳失业保险费，其职工按照本人工资的 1% 缴纳失业保险费。无固定工资额的单位以统筹地区上年度社会平均工资为基数缴纳失业保险费。单位招用农牧民合同制工人本人不缴纳失业保险费。[①]

---

① 段海宁：《人力资源法律风险管控操作实务》，北京大学出版社 2012 年版。

四、工伤保险

工伤保险指给予劳动者从事职业活动中发生事故伤害或患有职业病，暂时或永久丧失劳动能力后的工资收入补偿的一项社会保险制度，这是对劳动者在职业期间收入损失的一种补偿性措施。缴纳过工伤保险，工伤才能享受待遇；没有缴纳，用人单位承担工伤赔付责任。如果用人单位不支付或者倒闭，职工可以享受社保工伤待遇先行支付。工伤保险以多种形式为劳动者提供保障，包括治疗费用支出、生活护理费、伤残补助、伤残津贴等。工伤保险也称作职业伤害保险。工伤保险保障的情形包括劳动者在劳作过程中因突发性事故所遭受的伤害，因工作环境中存在的危害因素引发职业病以及在上下班途中发生的交通事故等情形。同样，仍由国家和社会为负伤、致残以及死亡的劳动者生前所供养亲属提供必要的物质帮助。

工伤保险的缴纳义务仅由用人单位承担，职工个人并不需要承担缴纳工伤保险费的责任。影响工伤保险基金水平的因素包括单位职工工资的基数和缴纳费率。职工工资总额也称作“缴费基数”，这个基数是用人单位直接支付给所有职工的劳动报酬的总额。根据行业工伤风险程度不同，适用的缴纳费率也不同。在工伤事故发生率较高的行业，缴纳费率通常高于一般标准，区分不同的缴纳费率有助于用工单位增强风险意识。

五、医疗保险

医疗保险指补偿参保人员因疾病或非因工伤受伤需或因生育等原因就医所需的相关医疗费用的一项社会保险制度。关系到住院报销以及门诊大病待遇，退休达到当地要求年限，可以不用缴纳继续享受待遇。医疗保险包括城镇职工基本医疗保险、城镇居民基本医疗保险以及新型农村合作医疗保险。城镇职工基本医疗保险覆盖了所有城镇从业人员，当然，无雇佣人员的个体户、未在单位参保的非全日制从业人员和各类灵活就业人员也可以参加职工医保，这类群体的参保义务并非是强制的。

六、生育保险

生育保险是国家通过立法组织实施的，对法定范围内怀孕、分娩的女性社会成员在其生育期间提供生活和物质帮助的一项社会保险制度。用人单位缴费与职工无关,生孩子报销部分产前检查和住院费用,休产假期间,享受生育津贴待遇。生育保险是妇女权利保障的重要政策之一,其支付期限涵盖了整个生育期间,既包括分娩前也包括分娩后,这也是生育保险与其他社会保险的重要区别之一。生育保险待遇包括带薪产假、生育津贴和生育医疗服务以及生育补助四项内容。生育保险由用人单位缴纳,生育保险基金由用人单位所缴纳的生育保险费、生育保险基金所产生的利息、滞纳金以及其他依法被纳入基金范围的资金构成。女性成员在产假期间的生育津贴、生育的医疗费用、计划生育的医疗费用等均从生育保险基金中支出。

案例说法

案例1:为劳动者购买商业保险不能免除用人单位的社保缴纳义务

安某卫于2012年就职于深圳市水湾远洋渔业有限公司,双方约定,以人身意外商业保险取代工伤保险。2013年,安某卫在工作期间因事故遇难,后深圳市人力资源和社会保障局认定安某卫系工伤,应当享受工伤待遇。后安某卫的法定继承人诉请法院,请求判令深圳市水湾远洋渔业有限公司向其支付工伤保险待遇。该公司主张,公司已与安某卫约定人身意外商业保险取代工伤保险,且保险公司已经赔付,安某卫的法定继承人无权请求公司支付工伤保险待遇。

经一审、二审后,法院判决:缴纳工伤保险系用人单位的法定义务,不因约定而免除。深圳市水湾远洋渔业有限公司为安某卫购买的商业保险属于员工福利,不能替代工伤保险。根据《工伤保险条例》第62条第2款的规定,用人单位未依法缴纳工伤保险的,在劳动者遭遇工伤后,由用人单位承担工伤保险待遇和相关费用。兼之法律并不禁止劳动者遭遇工伤时获得双重赔偿,据此作为安某卫法定继承人的主张应获支持。

【裁判文书编号】

(2016)粤民终字第711号

案例2:用人单位不能以劳动者协商的方式免除用人单位的社保缴纳义务

李某就职于润加物业服务(上海)有限公司,双方在《劳务协议书》中约定,无须润加物业服务(上海)有限公司为李某缴纳社会保险。后李某以润加物业服务(上海)有限公司未为其缴纳社会保险为由,单方解除劳动合同,并要求公司向其支付经济补偿。润加物业服务(上海)有限公司主张,双方已通过协商的方式免除了用人单位的社保缴纳义务。

经一审、二审后,法院判决:李某因用人单位未为其缴纳社保而单方解除劳动合同,其要求用人单位支出经济补偿的主张于法有据,应获支持。

【裁判文书编号】

(2021)沪0114民初10198号

风险应对

一、风险点:未为劳动者缴纳社保

实务中,有用人单位为节约成本而不为劳动者缴纳社会保险。但社保缴纳具有强制性,用人单位如不缴纳社保,不仅需承担行政责任,还可能面临用工风险。

第一,行政责任。若用人单位未按时足额为劳动者缴纳社会保险费,社会保险费征收机构可以责令用人单位限期缴纳或者补充,若用人单位逾期仍未缴纳或补足社会保险费,征收机构可以向银行和其他金融机构查询其存款账户;并可以申请县级以上有关行政部门作出划拨社会保险费的决定,书面通知其开户银行或其他金融机构社会保险费。除此之外,还可以自欠缴之日起,按日加收万分之五的滞纳金;逾期仍不缴纳的,由有关行政部门处欠缴数额一倍以上三倍以下的罚款。

第二,劳动者单方解除劳动合同并要求支付经济补偿金的风险。用人单位未依法为劳动者缴纳社会保险费是《劳动合同法》规定的劳动者单方解除劳动合同事由,劳动者单方解除劳动合同的,用人单位需按照《劳动合同法》第47条支付经济补偿。

第三,向劳动者赔偿相应费用的风险。用人单位未依法为劳动者缴纳社保的,在劳动者出现工伤、失业或患病时,原本由社保基金支付的费用将由用人单位负责支付。

【HR防范策略】

用人单位按照《社会保险法》等相关法律规定缴纳社会保险费,降低企业经营风险。此外,一些地方政府为了降低企业的用工成本,允许用人单位不按劳动者实际工资缴纳社会保险费,用人单位按最低工资标准或者稍高于最低工资标准为劳动者缴纳社会保险费,这也是可行的。

二、风险点:非全日制用工的社会保险

目前,部分用人单位对保安、保洁等辅助性岗位采用非全日制的用工形式,以此降低社保支出,节约用工成本。但此处存在两种风险。第一,用人单位与劳动者的劳动关系不符合《劳动和社会保障部关于非全日制用工若干问题的意见》第1条的规定,或在劳动合同中未作明确规定。由此,一旦双方的劳动关系被认定为全日制用工,那么用人单位属于未依法缴纳社保,不仅可能承担劳动法责任,还可能面临行政处罚和民事责任。第二,并未为依法适用非全日制用工的劳动者缴纳社保,根据《劳动和社会保障部关于非全日制用工若干问题的意见》第10条、第11条、第12条的规定,用人单位没有法定义务为适用非全日制用工的劳动者缴纳养老保险和医疗保险,但明确规定用人单位应当缴纳工伤保险。据此,用人单位至少应当为适用非全日制用工的劳动者缴纳工伤保险。

【HR防范策略】

首先,用人单位应当在劳动合同中明确约定劳动者适用非全日制用工。其次,应当规范非全日制用工的过程,目前,对于非全日制用工的日工作时长和周工作时长,《劳动合同法》第68条规定为平均每日不超过4小时,每周累计不超过24小时,而《劳动和社会保障部关于非全日制用工若干问题的意见》第1条规定为平均每日不超过5小时,每周累计不超过30小时。由于《劳动合同法》的法律位阶更高,从规避法律风险的角度看,宜参照《劳动合同法》规范非全日制用工。最后,用人单位应当依法为适用非全日制用工的劳动者缴纳工伤保险,并保存相应凭据,避免因未承担举证责任而承担法律责任。此外,如果用人单位所在地不允许单独缴纳工伤保险,用人单位可以为劳动者购买商业保险作为补充。

疑难解答

一、能否通过降低劳动者月工资,提高年终奖以降低社保缴纳基数?

不可行。根据《关于规范社会保险缴费基数有关问题的通知》第3条规定,奖金作为工资总额统计,在计算缴费基数时作为依据。其中,奖金包括生产奖、节约奖、

一次性发放的年终奖、平时训练奖和其他奖金。据此，少发月工资，多发年终奖无法降低社保缴纳基数。

二、能否通过降低劳动者月工资，向其发放福利以降低社保缴纳基数？

《关于规范社会保险缴费基数有关问题的通知》第4条将劳动者福利剔除出工资计算总额。但一般认为，只有当福利具有非常态性，系为特定人群或在特定时期发放，才能被认定为非工资构成。据此，以福利取代部分工资支出以降低社保缴纳基数，其适用范围和效果都极为受限。此外，如果因用人单位采取以福利取代部分工资发放，导致劳动者的实发工资与劳动合同中约定不一致的，劳动者还可能根据《劳动合同法》第38条第1款第2项规定，以用人单位未足额支付劳动报酬为由，单方解除劳动合同并要求用人单位支付经济补偿。

三、能否通过发票报销或以其他渠道发放收入等方式，降低劳动者的名义工资，以降低社保缴纳基数？

不可行。一方面，让劳动者找发票报销等行为本身就可能涉及虚开发票，且税务部门对发票报销事宜的数据监控严格，采取上述方式降低社保缴纳基数，不仅可能面临行政责任，甚至可能触犯《刑法》。另一方面，即使采用上述方式，也未必能降低社保缴纳基数。根据《个人所得税法实施条例》第6条规定，工资包括补贴、与任职或者受雇有关的其他所得等，据此，劳动者的报销或其他收入同样可能被认定为工资。

四、能否雇用劳动者父母等为用人单位返聘员工，并将劳动者的一部分工资作为劳动者父母的工资，以降低用人单位的社保支出？

不可行。根据《关于规范社会保险缴费基数有关问题的通知》第2条规定，留任或聘用离退休的工作人员，或者劳动者不在岗的，用人单位向他们发放的工资同样计入工资总额。

法条链接

1.《劳动合同法》

第三十八条第一款　【劳动者单方解除劳动合同】用人单位有下列情形之一的，劳动者可以解除劳动合同：

（一）未按照劳动合同约定提供劳动保护或者劳动条件的；

（二）未及时足额支付劳动报酬的；

（三）未依法为劳动者缴纳社会保险费的；

（四）用人单位的规章制度违反法律、法规的规定，损害劳动者权益的；

（五）因本法第二十六条第一款规定的情形致使劳动合同无效的；

（六）法律、行政法规规定劳动者可以解除劳动合同的其他情形。

2.《社会保险法》

第十条第一款　职工应当参加基本养老保险，由用人单位和职工共同缴纳基本养老保险费。

第十二条第一款　用人单位应当按照国家规定的本单位职工工资总额的比例缴纳基本养老保险费，记入基本养老保险统筹基金。

第二十三条第一款　职工应当参加职工基本医疗保险，由用人单位和职工按照国家规定共同缴纳基本医疗保险费。

第三十三条　职工应当参加工伤保险，由用人单位缴纳工伤保险费，职工不缴纳工伤保险费。

第三十五条　用人单位应当按照本单位职工工资总额，根据社会保险经办机构确定的费率缴纳工伤保险费。

第三十六条第一款　职工因工作原因受到事故伤害或者患职业病，且经工伤认定的，享受工伤保险待遇；其中，经劳动能力鉴定丧失劳动能力的，享受伤残待遇。

第四十四条　职工应当参加失业保险，由用人单位和职工按照国家规定共同缴纳失业保险费。

第五十三条　职工应当参加生育保险，由用人单位按照国家规定缴纳生育保险费，职工不缴纳生育保险费。

第五十四条 用人单位已经缴纳生育保险费的，其职工享受生育保险待遇；职工未就业配偶按照国家规定享受生育医疗费用待遇。所需资金从生育保险基金中支付。

生育保险待遇包括生育医疗费用和生育津贴。

第六十三条第一款 用人单位未按时足额缴纳社会保险费的，由社会保险费征收机构责令其限期缴纳或者补足。

用人单位逾期仍未缴纳或者补足社会保险费的，社会保险费征收机构可以向银行和其他金融机构查询其存款账户；并可以申请县级以上有关行政部门作出划拨社会保险费的决定，书面通知其开户银行或者其他金融机构划拨社会保险费。

第八十六条 用人单位未按时足额缴纳社会保险费的，由社会保险费征收机构责令限期缴纳或者补足，并自欠缴之日起，按日加收万分之五的滞纳金；逾期仍不缴纳的，由有关行政部门处欠缴数额一倍以上三倍以下的罚款。

3.《社会保险费征缴暂行条例》

第十三条 缴费单位未按规定缴纳和代扣代缴社会保险费的，由劳动保障行政部门或者税务机关责令限期缴纳；逾期仍不缴纳的，除补缴欠缴数额外，从欠缴之日起，按日加收2‰的滞纳金。滞纳金并入社会保险基金。

4.《工伤保险条例》

第十条 用人单位应当按时缴纳工伤保险费。职工个人不缴纳工伤保险费。

用人单位缴纳工伤保险费的数额为本单位职工工资总额乘以单位缴费费率之积。

对难以按照工资总额缴纳工伤保险费的行业，其缴纳工伤保险费的具体方式，由国务院社会保险行政部门规定。

第六十二条 用人单位依照本条例规定应当参加工伤保险而未参加的，由社会保险行政部门责令限期参加，补缴应当缴纳的工伤保险费，并自欠缴之日起，按日加收万分之五的滞纳金；逾期仍不缴纳的，处欠缴数额1倍以上3倍以下的罚款。

依照本条例规定应当参加工伤保险而未参加工伤保险的用人单位职工发生工伤的，由该用人单位按照本条例规定的工伤保险待遇项目和标准支付费用。

用人单位参加工伤保险并补缴应当缴纳的工伤保险费、滞纳金后，由工伤保险基金和用人单位依照本条例的规定支付新发生的费用。

第二节 工伤

实务精讲

一、工伤的概念与常见类型

（一）工伤的概念

工伤，是指劳动者在从事本职工作或者与本职工作有关的活动时所遭受的不良因素的伤害和职业病伤害。1921 年国际劳工大会通过的公约中对“工伤”的定义是由于工作直接或间接引起的事故为工伤。1964 年第 48 届国际劳工大会也规定了工伤补偿应将职业病和上下班交通事故包括在内。

（二）工伤的常见类型

根据相关法律法规规定，可以被认定为工伤的情形主要包括：

1. 应当被认定为工伤的情形：根据《工伤保险条例》第 14 条的规定，职工有下列情形之一的，应当认定为工伤：在工作时间和工作场所内，因工作原因受到事故伤害的；工作时间前后在工作场所内，从事与工作有关的预备性或者收尾性工作受到事故伤害的；在工作时间和工作场所内，因履行工作职责受到暴力等意外伤害的；患职业病的；因工外出期间，由于工作原因受到伤害或者发生事故下落不明的；在上下班途中，受到非本人主要责任的交通事故或者城市轨道交通、客运轮渡、火车事故伤害的；法律、行政法规规定应当认定为工伤的其他情形。

2. 视同工伤的情形：根据《工伤保险条例》第 15 条的规定，“职工有下列情形之一的，视同工伤：在工作时间和工作岗位，突发疾病死亡或者在 48 小时之内经抢救无效死亡的；在抢险救灾等维护国家利益、公共利益活动中受到伤害的；职工原在军队服役，因战、因公负伤致残，已取得革命伤残军人证，到用人单位后旧伤复发的”。

二、工伤的法条精讲

(一)认定工伤的七种法定情形

依据《工伤保险条例》第 14 条规定,应当认定为工伤的法定情形有以下七种:

1. 在工作时间和工作场所内,因工作原因受到事故伤害的。“三工”中最核心的因素——工作原因,是构成工伤的充分条件,“工作场所”和“工作时间”更多证明工作原因的辅助因素,起补强证据的作用。在工作时间和工作场所内受到伤害,用人单位或者社会保险行政部门没有证据证明是非工作原因导致的,则推定为工作原因,亦可认定为工伤。

2. 工作时间前后在工作场所内,从事与工作有关的预备性或者收尾性工作受到事故伤害的。所谓“预备性工作”,是指在工作前的一段合理时间内,从事与工作有关的准备工作,如运输、准备工具等。所谓“收尾性工作”,是指在工作后的一段合理时间内,从事与工作有关的收尾性工作,如清理、安全贮存、收拾工具等。

3. 在工作时间和工作场所内,因履行工作职责受暴力等意外伤害的。“因履行工作职责受到暴力等意外伤害”包括两层含义,一层是指职工因履行工作职责,使某些人的不合理的或违法的目的没有达到,这些人出于报复而对该职工进行的暴力人身伤害;另一层是指在工作时间和工作场所内,职工因履行工作职责受到的意外伤害,如地震、失火、房屋倒塌以及由于单位其他设施不安全而造成的伤害等[①]。

4. 患职业病的;职业病必须是职工在职业活动中引起的疾病。如果某人患有职业病目录中规定的某种疾病,但不是在职业活动中因接触粉尘、放射性物质或其他有毒、有害物质等因素引起的,而是由于其居住环境周围有生产有毒物品的单位引起的,那该人的这种疾病就不属于工伤保险条例中所称的职业病。

对依法取得职业病诊断证明书或者职业病诊断鉴定书的,社会保险行政部门不再进行调查核实,可直接认定工伤。

5. 因工外出期间,由于工作原因受到伤害或者发生事故下落不明的。因工外出期间包括:(1)职工因工作需要在工作场所以外从事与工作职责有关的活动期间;(2)职工受用人单位指派外出学习或者开会期间;(3)职工因工作需要的其他外出

---

① 法律出版社法规中心:《工伤保险、认定、赔偿法律全书(实用版)》,法律出版社 2012 年版。

活动期间。

职工因工外出期间发生事故下落不明的，从事故发生当月起3个月内照发工资，从第4个月起停发工资，由工伤保险基金向其供养亲属按月支付供养亲属抚恤金。生活有困难的，可以预支一次性工亡补助金的50%。职工被人民法院宣告死亡的，按照《工伤保险条例》第39条职工因工死亡的规定处理。

6. 在上下班途中，受到非本人主要责任的交通事故或者城市轨道交通、客运轮渡、火车事故伤害的。

"上下班途中"包括：(1)在合理时间内往返于工作地与住所地、经常居住地、单位宿舍的合理路线的上下班途；(2)在合理时间内往返于工作地与配偶、父母、子女居住地的合理路线的上下班途中；(3)从事属于日常工作生活所需要的活动，且在合理时间和合理路线的上下班途中；(4)在合理时间内其他合理路线的上下班途中。

"非本人主要责任"事故包括非本人主要责任的交通事故和非本人主要责任的城市轨道交通、客运轮渡和火车事故。

"交通事故"是指《道路交通安全法》第119条规定的车辆在道路上因过错或者意外造成的人身伤亡或者财产损失事件。"车辆"是指机动车和非机动车。"道路"是指公路、城市道路和虽在单位管辖范围但允许社会机动车通行的地方，包括广场、公共停车场等用于公众通行的场所。

7. 法律、行政法规规定应当认定为工伤的其他情形。

(二)视同工伤的情形有三种：

依据《工伤保险条例》第15条规定，应视同工伤的有以下三种情形：

1. 在工作时间和工作岗位，突发疾病死亡或者在48小时之内经抢救无效死亡的。

2. 在抢险救灾等维护国家利益、公共利益活动中受到伤害的。维护国家利益、公共利益活动中受到伤害的，无须符合工作时间、工作地点、工作原因等因素。

3. 职工原在军队服役，因战、因公负伤致残，已取得革命伤残军人证，到用人单位后旧伤复发的，不再享受一次性伤残补助金，但其他工伤保险待遇均可享受。

(三)最高人民法院司法解释中认定工伤的四种情形

依据《最高人民法院关于审理工伤保险行政案件若干问题的规定》第4条规定，以下四种情形可认定为工伤：

1. 职工在工作时间和工作场所内受到伤害，用人单位或者社会保险行政部门没有证据证明是非工作原因导致的；

2. 职工参加用人单位组织或者受用人单位指派参加其他单位组织的活动受到伤害的；

3. 在工作时间内，职工来往于多个与其工作职责相关的工作场所之间的合理区域因工受到伤害的；

4. 其他与履行工作职责相关，在工作时间及合理区域内受到伤害的。

（四）人社部关于达到退休年龄工伤认定最新规定

2016 年 3 月 28 日，人社部在《关于执行〈工伤保险条例〉若干问题的意见（二）》中对达到退休年龄人员工伤认定问题作了新规定：

1. 达到或超过法定退休年龄，但未办理退休手续或者未依法享受城镇职工基本养老保险待遇，继续在原用人单位工作期间受到事故伤害或患职业病的，用人单位依法承担工伤保险责任。

2. 用人单位招用已经达到、超过法定退休年龄或已经领取城镇职工基本养老保险待遇的人员，在用工期间因工作原因受到事故伤害或患职业病的，如招用单位已按项目参保等方式为其缴纳工伤保险费的，应适用《工伤保险条例》。

（五）不得认定工伤或视同工伤的情形

依据《工伤保险条例》第 16 条的规定，职工有下列情形之一的，不得认定为工伤或者视同工伤：

1. 故意犯罪的。

“明知自己的行为会发生危害社会的结果，并且希望或者放任这种结果发生，因而构成犯罪的，是故意犯罪”。“故意犯罪”的认定，应当以刑事侦查机关、检察机关和审判机关的生效法律文书或者结论性意见为依据。过失犯罪不影响工伤认定，比如交通肇事罪、重大责任事故罪。

2. 醉酒或者吸毒的。

对于醉酒标准，可以参照《车辆驾驶人员血液、呼气酒精含量阈值与检验》（GB 19522—2004）。该标准规定：驾驶人员血液中的酒精含量大于（等于）20 毫克/100 毫升、小于 80 毫克/100 毫升的行为属于饮酒驾车，含量大于（等于）80 毫克/100 毫升的行为属于醉酒驾车。公安机关交通管理部门、医疗机构等有关单位依法出具的检测结论、诊断证明等材料,可以作为认定醉酒的依据。

3. 自残或者自杀的。

“自残”是指通过各种手段和方式伤害自己的身体,并造成伤害结果的行为。“自杀”是指通过各种手段和方式结束自己生命的行为。自残或者自杀与工作没有必然联系,因此,不能认定为工伤。

案例说法

案例1:认定工伤并不以用人单位是否缴纳工伤保险费为前提

2017年6月16日6时13分许,汪某驾驶电动自行车,沿北翟路由西向东行驶,遇吴某驾驶重型特殊结构货车向南右转弯,大货车车头右前角与电动自行车左后侧相撞,汪某倒地当场死亡。经道路交通事故认定,汪某与吴某承担事故的同等责任。2018年5月31日,汪某的丈夫提出工伤认定申请。人社局认定2017年6月16日6时13分许,汪某骑电动自行车上班途中,遭遇非本人主要责任交通事故死亡。汪某受到的事故伤害,符合《工伤保险条例》第14条第6项、《上海市工伤保险实施办法》第14条第6项之规定,属于工伤认定范围。某公司不服,遂诉至原审法院。某公司辩称,汪某放弃缴纳社保申请不予认定工伤,且应负主要事故责任。

法院经审理后判决:职工应当参加工伤保险,缴纳工伤保险费是用人单位的法定义务,不能由职工和用人单位协商排除用人单位的法定缴纳义务。认定工伤并不以用人单位是否缴纳工伤保险费为前提。用人单位未依法缴纳工伤保险费的,职工在被认定为工伤后可以依法请求用人单位承担相应的工伤保险待遇。对某公司主张的汪某放弃缴纳社保申请不予认定工伤的理由法院不予采信。另外,某公司认为汪某发生交通事故应负主要事故责任,也无证据证实。故人社局认定汪某符合《工伤保险条例》第14条第6项、《上海市工伤保险实施办法》第14条第6项之规定,属于工伤认定范围,所作认定工伤决定事实清楚、适用法律正确,并无不当。综上,上诉人的上诉请求及理由缺乏事实证据和法律依据,法院不予支持。原审判决驳回上诉人的诉讼请求正确,应予维持。据此,依据《行政诉讼法》第86条、第89条第1款第1项之规定,判决驳回上诉,维持原判。

【裁判文书编号】

(2019)沪03行终101号

案例2:"上下班途中"是在合理时间内往返于工作地与居住地的合理路线

根据《工伤保险条例》第14条第6项、《最高人民法院关于审理工伤保险行政案件若干问题的规定》第6条的规定,职工在上下班途中受到非本人主要责任的交通事故伤害的,应认定为工伤。该"上下班途中",是指在合理时间内往返于工作地与居住地的合理路线。本案中,闫某乘坐孙某的车到达宿舍,后来又乘坐张某驾驶的小型客车去酒泉市区找朋友,其在找朋友的过程中发生交通事故。闫某下班后先回到宿舍的事实客观存在,闫某也未予否认,在无其他合理解释的情况下,其"下班途中"过程已经完毕,不符合可以认定为工伤的情形。故法院依照《最高人民法院关于适用〈中华人民共和国行政诉讼法〉的解释》第116条第2款的规定,驳回闫某的再审申请。

【裁判文书编号】

(2018)最高法行申10337号

风险应对

一、风险点:工伤赔偿协议有可能会被认定为无效协议或者撤销

实务中,发生工伤后,用人单位希望能够尽快解除工伤赔偿问题,劳动者也希望尽快得到赔偿金能够支付医药费进行医疗,所以用人单位会与员工签订《工伤赔偿协议》之类的协议。《工伤赔偿协议》有可能会被认定为无效协议或者可能应劳动者的申请而撤销。比如:(1)在未经工伤认定和劳动能力鉴定之前,就对是否认定工伤和劳动能力等级做出协议的;(2)存在显失公平、重大误解,甚至是在用人单位欺诈、胁迫、乘人之危的情况下签订的,违背了劳动者的真实意思表示;(3)违反了工伤保险条例对工伤事故的管理制度,而且以合法的形式掩盖非法的目的。在这三种情形下,工伤赔偿协议都有可能被认定为无效协议,或者应劳动者申请而被撤销。

【HR防范策略】

HR在招聘员工时应该注意以下几点:

第一，用人单位应为劳动者缴纳社会保险，购买项目至少应包括工伤保险。用人单位每月为劳动者缴纳极少的工伤保险费用，最后却能为用人单位规避很大的经济法律风险。

第二，如果用人单位没有为劳动者缴纳工伤保险，一旦出现工伤，用人单位最好先请工伤认定部门进行认定。如果认定不是工伤，用人单位无须承担支付工伤待遇的法律责任；如果认定是工伤，用人单位要为劳动者做伤残等级鉴定，然后根据《工伤保险条例》的规定，给予劳动者相关的工伤待遇。

第三，用人单位应谨慎与劳动者签订工伤赔偿协议。前文已述，如果存在上述三种情形，用人单位与劳动者经协商达成的工伤赔偿协议可能被认定为无效协议，也可能应劳动者的申请被撤销。

二、风险点：岗位急招增加用工风险

岗位急招在招聘工作中很常见，因为时间紧、任务重，完成急招很考验 HR 的业务能力和人才储备能力。但稍不留神，用人单位遇上职工本身体质问题等用工风险的概率会成倍增加。

【HR 防范策略】

HR 招聘过程中，除把好人才质量关，做背景调查外，还需要做好劳动者入职体检工作，降低用人单位用工风险，以防万一；入职后，持续关注员工身体健康状况、家庭等疾病史也是非常有必要的。

第一，建议用人单位对候选人进行体检，然后根据体检结果综合判断是否发放录用通知书以及入职。在实践中某些用人单位的体检是在员工入职后进行的，届时再发现员工的一些潜在疾病，公司是不能据此解除劳动合同的。

第二，入职后尽快缴纳社保。HR 尽可能在劳动者入职前就准备好参加社保所需资料，劳动者入职后尽快办理社保缴纳手续。用人单位应当合理确定劳动者的入职时间，由于每个地方的社保对于何时可以进行加员规定不同。因此，建议用人单位尽量选取可以加员的时间段安排劳动者入职，否则一旦出现劳动者已入职，但在社会保险还未开始缴纳的“真空”阶段出现工伤，工伤保险拒赔的，将由用人单位自身承担支付工伤保险待遇的责任。

操作指引

一、工伤伤残等级评定标准及赔偿标准

工伤鉴定划分的标准：

符合评残标准一级至四级的为全部丧失劳动能力；五级至六级为大部分丧失劳动能力；七级至十级为部分丧失劳动能力。

一级：器官缺失或完全丧失功能，其他器官不能代替，存在特殊医疗依赖，生活完全或大部分不能自理者；

二级：器官严重缺损或畸形，有严重功能障碍或并发症，存在特殊医疗依赖，或生活大部分不能自理者；

三级：器官严重缺损或畸形，有严重功能障碍或并发症，存在特殊医疗依赖，或生活部分不能自理者；

四级：器官严重缺损或畸形，有严重功能障碍或并发症，存在特殊医疗依赖，生活可以自理者；

五级：器官大部分缺损或明显畸形，有较重功能障碍或并发症，存在一般医疗依赖，生活能自理；

六级：器官大部分缺损或明显畸形，有中等功能障碍或并发症，存在一般医疗依赖，生活能自理者；

七级：器官大部分缺损或畸形，有轻度功能障碍或并发症，存在一般医疗依赖，生活能自理者；

八级：器官部分缺损，形态异常，轻度功能障碍，有医疗依赖，生活能自理者；

九级：器官部分缺损，形态异常，轻度功能障碍，无医疗依赖，生活能自理者；

十级：器官部分缺损，形态异常，无功能障碍，无医疗依赖，生活自理者。

二、工伤赔偿标准

1. 一级至四级：

一次性伤残补助金标准：一级伤残为 27 个月的本人工资，二级伤残为 25 个月的本人工资，三级伤残为 23 个月的本人工资，四级伤残为 21 个月的本人工资。

每月领取伤残津贴标准：一级伤残为本人工资的 90%，二级伤残为本人工资的

85%,三级伤残为本人工资的80%,四级伤残为本人工资的75%。

2. 五级、六级:

一次性伤残补助金标准:五级伤残为18个月的本人工资,六级伤残为16个月的本人工资。保留劳动关系的,由单位安排适当工作直至退休;难以安排工作的,每月发给伤残津贴,伤残津贴标准:五级伤残为本人工资的70%,六级伤残为本人工资的60%。

3. 七级至十级:

(1)一次性伤残补助金标准:七级伤残为13个月的本人工资,八级伤残为11个月的本人工资,九级伤残为9个月的本人工资,十级伤残为7个月的本人工资。

(2)劳动合同期满,或者劳动者本人提出解除劳动合同的,享受一次性工伤医疗补助金,以及一次性伤残就业补助金。

(3)若工伤职工本人提出解除或者终止劳动关系,享受一次性工伤医疗补助金。

由此可见,工伤等级分为十级,伤残严重程度从一级到十级依次降低。赔偿项目包括伤残补助金、医疗费用、误工费及解除劳动合同补偿金等。

三、工伤鉴定流程

首先,申请工伤认定的主体有两个:其一,受伤劳动者的所在单位;其二,受伤的劳动者自己申请认定。

其次,申请工伤有时效限制,根据《工伤保险条例》第17条的规定,劳动者发生事故伤害或者按照职业病防治法规被诊断、鉴定为职业病,所在单位应当自事故伤害发生之日或者被诊断、鉴定为职业病之日起30日内,向统筹地区劳动保障行政部门提出工伤认定申请。遇有特殊情况,经报劳动保障行政部门同意,申请时限可以适当延长。工伤职工在事故伤害发生之日或者被诊断、鉴定为职业病之日起1年内,可以直接向用人单位所在地统筹地区劳动保障行政部门提出工伤认定申请。所以单位申请为1个月,劳动者申请为1年。

最后,单位未签劳动合同或者未交工伤保险,同样也可以申请工伤认定。值得注意的是,劳务关系是不能申请工伤认定的,只能走一般的民事侵权,根据《民法典》侵权责任编主张民事赔偿。

疑难解答

一、工伤认定如何申请？

(1)首先由用人单位申请工伤认定。

《工伤保险条例》第 17 条第 1 款、第 4 款规定，如果职工发生事故伤害，自事故伤害发生之日或者被诊断、鉴定为职业病之日起 30 日内，应该由用人单位向社会保险行政部门提出申请。遇有特殊情况，经报社会保险行政部门同意，申请时限可以适当延长。用人单位未在规定的时限内提交工伤认定申请，在此期间发生符合规定的工伤待遇等有关费用由用人单位负担。

(2)如果用人单位不申请，可以由工伤职工或者其直系亲属、工会组织申请。《工伤保险条例》第 17 条第 2 款规定，如果用人单位不同意为职工申请工伤认定，那么工伤职工或者其直系亲属、工会组织可以在事故伤害发生之日或者被诊断、鉴定为职业病之日起 1 年内，向用人单位所在地区的社会保险行政部门提出工伤认定申请。如果超过 1 年的申请期限才提出申请，主管部门将不再受理。当然有例外情形，如果职工在事故伤害发生之后，用人单位既不申请工伤认定，也不认可存在劳动关系，职工向劳动人事仲裁委员会申请进行仲裁的，不受 1 年申请期限的限制。

二、工伤职工的劳动关系如何解除？

根据《工伤保险条例》第 35 条、第 36 条、第 37 条的规定，用人单位应根据劳动者因工致残的伤残等级分别对待：

(1)劳动者因工致残被鉴定为一级至四级伤残，保留劳动关系，该劳动者退出工作岗位，用人单位不能因此解除劳动关系。

(2)劳动者因工致残被鉴定为五级、六级伤残，经工伤劳动者本人提出，用人单位可以解除或者终止劳动关系，并由用人单位支付一次性伤残就业补助金。

(3)劳动者因工致残被鉴定为七级至十级伤残的，劳动、聘用合同期满终止或者劳动者本人提出解除劳动、聘用合同，可以解除劳动合同，并由用人单位支付一次性伤残就业补助金。

三、需在什么期限内提出申请?

(1)用人单位的申请时限。

根据《工伤保险条例》《工伤认定办法》的规定,劳动者发生事故伤害或者被诊断为职业病,用人单位应当自事故伤害发生之日或者被诊断为职业病之日起 30 日内,向当地社会保险行政部门提出工伤认定申请。遇有特殊情况,经报社会保险行政部门同意,申请时限可以适当延长。

特别注意:依据《工伤保险条例》第 17 条规定,如果单位没有在 30 日内提交工伤认定申请,在此期间发生的工伤待遇等有关费用由该用人单位负担。

(2)劳动者的申请时限。

用人单位未在规定的时限内提出工伤认定申请的,受伤害职工或者其近亲属、工会组织在事故伤害发生之日起 1 年内,可以提出工伤认定申请。

(3)超过 1 年申请期限的特别规定。

根据《最高人民法院关于审理工伤保险行政案件若干问题的规定》,由于不属于职工或者其近亲属自身原因超过工伤认定申请期限的,被耽误的时间不计算在工伤认定申请期限内。特别注意:工会组织也可以申请。

有这些情形之一耽误申请时间的,应当认定为不属于职工或者其近亲属自身原因:不可抗力;人身自由受到限制;属于用人单位原因;社会保险行政部门登记制度不完善;当事人对是否存在劳动关系申请仲裁、提起民事诉讼。

法条链接

1.《工伤保险条例》

第十四条 职工有下列情形之一的,应当认定为工伤:

(一)在工作时间和工作场所内,因工作原因受到事故伤害的。

(二)工作时间前后在工作场所内,从事与工作有关的预备性或者收尾性工作受到事故伤害的。

(三)在工作时间和工作场所内,因履行工作职责受到暴力等意外伤害的。

(四)因工外出期间,由于工作原因受到伤害或者发生事故下落不明的。

（五）在上下班途中，受到非本人主要责任的交通事故或者城市轨道交通、客运轮渡、火车事故伤害的。

（六）法律、行政法规规定应当认定为工伤的其他情形。

第十五条 职工有下列情形之一的，视同工伤：

（一）在工作时间和工作岗位，突发疾病死亡或者在48小时之内经抢救无效死亡的。

（二）在抢险救灾等维护国家利益、公共利益活动中受到伤害的。

（三）职工原在军队服役，因战、因公负伤致残，已取得革命伤残军人证，到用人单位后旧伤复发的。

职工有前款第（一）项、第（二）项情形的，按照本条例的有关规定享受工伤保险待遇；职工有前款第（三）项情形的，按照本条例的有关规定享受除一次性伤残补助金以外的工伤保险待遇。

2.《社会保险法》

第三十七条 职工因下列情形之一导致本人在工作中伤亡的，不认定为工伤：

（一）故意犯罪；

（二）醉酒或者吸毒；

（三）自残或者自杀；

（四）法律、行政法规规定的其他情形。

第三十八条 因工伤发生的下列费用，按照国家规定从工伤保险基金中支付：

（一）治疗工伤的医疗费用和康复费用；

（二）住院伙食补助费；

（三）到统筹地区以外就医的交通食宿费；

（四）安装配置伤残辅助器具所需费用；

（五）生活不能自理的，经劳动能力鉴定委员会确认的生活护理费；

（六）一次性伤残补助金和一至四级伤残职工按月领取的伤残津贴；

（七）终止或者解除劳动合同时，应当享受的一次性医疗补助金；

（八）因工死亡的，其遗属领取的丧葬补助金、供养亲属抚恤金和因工死亡补助金；

（九）劳动能力鉴定费。

第三十九条 因工伤发生的下列费用，按照国家规定由用人单位支付：

(一)治疗工伤期间的工资福利;

(二)五级、六级伤残职工按月领取的伤残津贴;

(三)终止或者解除劳动合同时,应当享受的一次性伤残就业补助金。

第三节　职业病防治

实务精讲

一、职业病的概念和种类

(一)职业病的概念

根据《职业病防治法》规定,职业病是指企业、事业单位和个体经济组织等用人单位的劳动者在职业活动中,因接触粉尘、放射性物质和其他有毒、有害物质等因素而引起的疾病。

(二)职业病的种类

由于职业病危害因素种类很多,导致职业病范围很广,不可能把所有职业病都纳入法定职业病范围。根据我国的经济发展水平,并参考国际上通行的做法,2013年12月23日,原国家卫生计生委、人力和资源社会保障部、安全监管总局、全国总工会四部门联合印发《职业病分类和目录》,分10类共132种。其中,尘肺13种和其他呼吸系统疾病6种;职业性放射性疾病11种;职业性化学中毒60种;物理因素所致职业病7种;职业性传染病5种;职业性皮肤病9种;职业性眼病3种;职业性耳鼻喉口腔疾病4种;职业性肿瘤11种;其他职业病3种。

10类职业病:第一,尘肺。有硅肺、煤工尘肺等。第二,职业性放射病。有外照射急性放射病、外照射亚急性放射病、外照射慢性放射病、内照射放射病等。第三,职业性化学中毒。有铅及其化合物中毒、汞及其化合物中毒等。第四,物理因素职业病。有中暑、减压病等。第五,职业性传染病。有炭疽、森林脑炎等。第六,职业性皮肤病。有接触性皮炎、光敏性皮炎等。第七,职业性眼病。有化学性眼部烧伤、电光性眼炎等。第八，职业性耳鼻喉疾病。有噪声聋、铬鼻病。第九，职业性肿瘤。有石棉所致肺癌、间皮癌，联苯胺所致膀胱癌等。第十，其他职业病。有职业性哮喘等。

二、职业病的法条精讲

《职业病防治法》第19条对用人单位应当采取的职业病防治管理措施进行了规定。用人单位只有采取法律规定的职业病防治管理措施，才能更好地保护劳动者的身体健康。一些用人单位由于没有相应的职业病防治管理措施，所以职业病危害的情况比较严重。因此，依法采取防治职业病的管理措施，也是保护劳动者身体健康的前提条件。按照法律的规定，用人单位应当采取以下职业病防治管理措施：

第一，用人单位必须设置一个内设机构或者组织，或者是指定一个职业卫生管理机构或者组织，具体负责职业病防治工作，组织中要有专职或者兼职的专业人员从事职业病的防治工作。目的是职业病防治措施能够得到落实，并实行职业病防治责任制。

第二，制定职业病防治计划和实施方案。仅有职业病防治措施是不够的，必须制定出落实职业病防治计划的具体方案。

第三，建立健全职业卫生管理制度和操作规程。用人单位要建立并予以完善职业卫生管理制度。建立健全职业卫生档案和劳动者健康监护档案，其中包括两方面内容：用人单位基本情况、劳动者的基本情况。例如，单位职业病防护设施的设置、运转和效果劳动者职业病危害接触史等有关资料。

第四，建立健全职业病危害事故应急救援预案。用人单位应当制定一旦发生职业病危害事故如何救援的方案与措施，使得在职业病危害事故发生时，能够及时地采取有效的救援措施，及时地救治受到危害的劳动者，避免进一步扩大损失，尽量减少伤亡。

《职业病防治法》第20条对用人单位应当采用有效的职业病防护设施并为劳动者提供符合防治职业病要求的防护用品进行了规定。

第一，用人单位必须采用有效的职业病防护设施。职业病防护设施的使用，是保护劳动者身体健康所必需的。这是用人单位的一项法定义务，用人单位必须履行。

第二，用人单位还应当为劳动者提供个人使用的职业病防护用品，以保证劳动者的身体健康。关于劳动者个人防护用品的管理制度，早在新中国成立初期已经建立。如劳动者在劳动过程中使用的隔热工作衣物、防毒口罩等。按照有关规定，对于有吸入毒气危险的工种的劳动者应当发给防毒面具；对于从事粉尘作业的工种的劳动者应当发给防尘口罩等。

第三，用人单位为劳动者提供的职业病防护用品首先必须符合有关的标准，且必须能够真正起到防治职业病的作用。对于不符合要求防治职业病的，不得提供给劳动者使用。实践中，有些用人单位不给或者配备的防护用品难以起到防护作用的情况较多，如对接触粉尘作业的劳动者，只配发普通的纱布口罩，起不到防护作用，由此造成对劳动者的危害，这是用人单位违反法定义务的典型体现。

同时，《职业病防治法》规定，用人单位未履行有关法定义务应承担相应的法律责任：

第一，警告。当卫生行政部门发现用人单位有本条规定的违法行为时，对违法行为人给予告诫，使其认识到自己违法所在和如何改正。卫生行政部门在实施处罚时，还应根据《行政处罚法》第 23 条的规定，责令用人单位限期改正其违法行为。

第二，罚款。有关行政机关应当根据用人单位违法行为的情节、改正情况等决定是否采用罚款。罚款的数额，法律也明确规定 2 万元以上 5 万元以下，数额由卫生行政部门根据用人单位的违法行为情节轻重决定。

案例说法

案例 1：用人单位违反《职业病防治法》相关规定，应依法承担相应责任

2004 年 6 月，张某某到某公司上班，先后从事过杂工、破碎、开压力机等有害工种。2007 年下半年，他感到身体不适，主要表现为胸闷、咳嗽，他也没太在意，一直当作感冒来治，但效果不好。2007 年 10 月，张某某从公司离职不久，又到该市第六人民医院检查，医生怀疑他是肺结核，但不能确诊。此后，意识到问题严重性的张某某先后去过该市二院、省胸科医院、省人民医院、北京协和医院、首都医科大学朝阳医院、北京大学第三附属医院等数家医院检查，医生们都给出了一致的结论：职业病——尘肺。

这个不幸的消息让张某某回忆起了 2007 年 1 月单位曾在新密市卫生防疫站为

职工做过体检，还拍了胸片。“今年1月6日，我到新密市防疫站查询，防疫站说2007年拍胸片时就发现我的肺有问题，并通知单位让我去复查，但单位并没有通知我。”他找到单位询问，才知道单位私自扣下了复查通知。对此，新密市卫生防疫站耿站长接受记者采访时称，职工体检是受企业委托，检查结果也只对单位，不对个人。

由于公司单方不配合，张某某无法到职防所进行鉴定，而其他综合类医院又无权对职业病进行鉴定，无奈，张某某到新密市政府有关部门求助。5月25日，市职防所出具了诊断证明，鉴定结果是“无尘肺0期（医学观察）合并肺结核”。张某某无法接受该结果，决定“开胸验肺”。不顾医生劝阻，在他的一再要求下，医院为他做了手术。

医院出具的“出院诊断”中载明：“尘肺合并感染。”医嘱第1条就是：“职业病防治所进一步治疗。”

《职业病防治法》规定，当事人对市级职业病鉴定意见不服的，可向上一级卫生行政部门申请再鉴定。近两年维权求医，张某某花费近9万元，早已是债台高筑。为了省些医药费，现在只好转院到县级医院，虽然他入了农村医疗合作保险，但医院认为他是工伤，不在医保范围内。

处理结果：

《职业病防治法》第58条规定，职业病病人除依法享有工伤保险外，依照有关民事法律，尚有获得赔偿权利的，有权向用人单位提出赔偿要求。职业病不同于其他的疾病，它是一种人为的疾病，是一种可以预防的疾病，是赔偿性疾病。用人单位不采取卫生防护措施，导致劳动者罹患职业病，应当予以赔偿。

张某某获得120万元的赔偿金，该案公司相关责任人员被严肃处理，同时被罚款25万元。

案例2：工伤保险基金报销范围外的医疗费由用人单位按无过错原则负担

杨某于2003年入职蒂森北京分公司，于2007年因工受伤。2009年，经朝阳区劳动能力鉴定委员会鉴定，杨某已达到工伤职工工伤与职业病致残等级标准一级。2009年12月，朝阳社保中心开始向杨某给付伤残津贴、生活护理费、工伤辅助器具费等费用，并发放一次性伤残补助金。后双方就蒂森北京分公司是否应支付工伤保险基金报销范围外的医疗费发生争议。

法院认为,《工伤保险条例》并未明确规定工伤保险基金以外的费用应当由谁负担,但杨某在蒂森北京分公司因工患职业病,根据《职业病防治法》第 58 条的规定,职业病病人除依法享有工伤保险外,依照有关民事法律,尚有获得赔偿的权利的,有权向用人单位提出赔偿要求。可见,杨某享受工伤保险待遇并不排除其要求蒂森北京分公司支付民事赔偿的权利。综合考虑《工伤保险条例》的立法目的、工伤的人身损害性质以及法律的规范意旨,应当由蒂森北京分公司支付工伤保险基金报销范围外的医疗费。

【裁判文书编号】

(2018)京 03 民终 2903 号

风险应对

在我国,因超负荷工作造成各种疾病和亚健康状况的人数不计其数,作为企业 HR,应在劳动者健康管理方面做好以下工作。

第一,把好入职体检关。一般来说,对心脏类疾病,结核病,癫痫病类,"三高",容易突发性的疾病,职业病等要特别留心,要根据各个岗位的特点和要求综合考量,如果候选人身体有不适合岗位的疾病,哪怕他其他条件都很优秀,也可选择放弃,对其本人和公司都是很好的选择。

第二,重视年度体检。有条件的公司每年要定期安排劳动者进行体检,即作为一种员工福利,也可以了解劳动者的健康状况。HR 拿到体检报告后,要对体检结果进行分析,一旦发现有不适合在本岗位工作的劳动者,要及时调离,妥善处理,对患病的劳动者要求其配合治疗和康复,定期跟踪其康复情况。有职业病禁忌的岗位每年要安排做职业病体检,一旦发现有劳动者出现职业病禁忌的情况,要及时把该劳动者调离岗位。做好劳动者的健康档案管理工作,每年对劳动者的体检情况进行对比,可以发现劳动者在哪些健康指标上是改善了,哪些是恶化了,从而有针对性地指导劳动者进行治疗和改善。

第三,营造安全的工作环境。从空间、装饰、光线、整洁度、色彩、绿植等方面对工作环境加以改造和优化,提高劳动者的舒适度和满意度。有条件的企业可以在办公区布置休闲区、健身区、读书区、水果点心区,有利于劳动者身心放松。对于一些枯燥的重复性劳动,可以通过做工间操、播放优美音乐等形式,达到舒缓压动、调节情绪的目的。确保工作场所的空气、饮用水、食物等达到国家和行业标准,从源头上保护劳动者的身体健康。对于有职业病风险的工作环境,要降低职业病风险,做好保护措施,配备劳防用品,按章操作。

第四,建立健康企业文化。首先,定期安排健康讲座。讲授和传播健康的生活方式,让劳动者掌握基本的保健和养生知识。日本有些公司成立健康指导部门,督促劳动者的饮食起居。其次,高级管理人员示范。万科的创始人王石早期喜欢爬山,公司员工纷纷效仿爬山;万科现任董事长郁亮喜欢跑马拉松,员工也效仿他跑马拉松。最后,建立鼓励机制。用人单位给劳动者办理健身卡;用人单位租借健身馆的场地供劳动者锻炼身体等。

第五,购买医疗意外险。从风险预估的角度看,如果劳动者意外发生职业病,用人单位还是要承担相应的责任,因而给劳动者购买医疗意外险,或者雇主责任险,对劳动者和公司都是一种保障。

疑难解答

一、用人单位如何为劳动者建立职业健康监护档案?

用人单位应当为劳动者建立职业健康监护档案,并按照规定的期限妥善保存。劳动者离开用人单位时,有权索取本人职业健康监护档案复印件,用人单位应当如实、无偿提供,并在所提供的复印件上签章。

二、劳动者享有哪些职业卫生保护权利?

劳动者享有的职业卫生保护权利主要有以下几种:(1)获得职业卫生教育、培训;(2)获得职业健康检查、职业病诊疗、康复等职业病防治服务;(3)了解工作场所产生或者可能产生的职业病危害因素、危害后果和应当采取的职业病防护措施;(4)要求用人单位提供符合防治职业病要求的职业病防护设施和个人使用的职业病防护用品,改善工作条件;(5)对违反职业病防治法律、法规以及危及生命健康的行为提出批评、检举和控告;(6)拒绝违章指挥和强令进行没有职业病防护措施的作业;(7)参与用人单位职业卫生工作的民主管理,对职业病防治工作提出意见和建议。用人单位应当保障劳动者行使前款所列权利。因劳动者依法行使正当权利而降低其工资、福利等待遇或者解除、终止与其订立的劳动合同的,其行为无效。

三、用人单位的如实告知义务有哪些?

用人单位与劳动者签订劳动合同时,应当将该岗位可能产生的职业病危害及防护措施等如实告知劳动者,并列明在劳动合同中,不得隐瞒或者欺骗。

合同期间因岗位或工作内容变更,存在与劳动合同中未告知的职业病危害时,用人单位应当依照前款规定,向劳动者履行如实告知的义务,并协商变更原劳动合同相关条款。

用人单位违反前两款规定的,劳动者有权拒绝从事存在职业病危害的作业,用人单位不得因此解除与劳动者所订立的劳动合同。

法条链接

《职业病防治法》

第二十条 用人单位应当采取下列职业病防治管理措施:

(一)设置或者指定职业卫生管理机构或者组织,配备专职或者兼职的职业卫生专业人员,负责本单位的职业病防治工作;

(二)制定职业病防治计划和实施方案;

(三)建立、健全职业卫生管理制度和操作规程;

(四)建立、健全职业卫生档案和劳动者健康监护档案;

(五)建立、健全工作场所职业病危害因素监测及评价制度;

(六)建立、健全职业病危害事故应急救援预案。

第二十二条 用人单位必须采用有效的职业病防护设施,并为劳动者提供个人使用的职业病防护用品。

用人单位为劳动者个人提供的职业病防护用品必须符合防治职业病的要求;不符合要求的,不得使用。

第六十九条 建设单位违反本法规定,有下列行为之一的,由卫生行政部门给予警告,责令限期改正;逾期不改正的,处十万元以上五十万元以下的罚款;情节严重的，责令停止产生职业病危害的作业，或者提请有关人民政府按照国务院规定的权限责令停建、关闭：

（一）未按照规定进行职业病危害预评价的；

（二）医疗机构可能产生放射性职业病危害的建设项目未按照规定提交放射性职业病危害预评价报告，或者放射性职业病危害预评价报告未经卫生行政部门审核同意，开工建设的；

（三）建设项目的职业病防护设施未按照规定与主体工程同时设计、同时施工、同时投入生产和使用的；

（四）建设项目的职业病防护设施设计不符合国家职业卫生标准和卫生要求，或者医疗机构放射性职业病危害严重的建设项目的防护设施设计未经卫生行政部门审查同意擅自施工的；

（五）未按照规定对职业病防护设施进行职业病危害控制效果评价的；

（六）建设项目竣工投入生产和使用前，职业病防护设施未按照规定验收合格的。

第七十条 违反本法规定，有下列行为之一的，由卫生行政部门给予警告，责令限期改正；逾期不改正的，处十万元以下的罚款：

（一）工作场所职业病危害因素检测、评价结果没有存档、上报、公布的；

（二）未采取本法第二十条规定的职业病防治管理措施的；

（三）未按照规定公布有关职业病防治的规章制度、操作规程、职业病危害事故应急救援措施的；

（四）未按照规定组织劳动者进行职业卫生培训，或者未对劳动者个人职业病防护采取指导、督促措施的；

（五）国内首次使用或者首次进口与职业病危害有关的化学材料，未按照规定报送毒性鉴定资料以及经有关部门登记注册或者批准进口的文件的。

第七十一条 用人单位违反本法规定，有下列行为之一的，由卫生行政部门责令限期改正，给予警告，可以并处五万元以上十万元以下的罚款：

（一）未按照规定及时、如实向卫生行政部门申报产生职业病危害的项目的；

（二）未实施由专人负责的职业病危害因素日常监测，或者监测系统不能正常监测的；

（三）订立或者变更劳动合同时，未告知劳动者职业病危害真实情况的；

（四）未按照规定组织职业健康检查、建立职业健康监护档案或者未将检查结果如实告知劳动者的；

（五）未依照本法规定在劳动者离开用人单位时提供职业健康监护档案复印件的。

第七十二条 用人单位违反本法规定，有下列行为之一的，由卫生行政部门给予警告，责令限期改正，逾期不改正的，处五万元以上二十万元以下的罚款；情节严重的，责令停止产生职业病危害的作业，或者提请有关人民政府按照国务院规定的权限责令关闭：

（一）工作场所职业病危害因素的强度或者浓度超过国家职业卫生标准的；

（二）未提供职业病防护设施和个人使用的职业病防护用品，或者提供的职业病防护设施和个人使用的职业病防护用品不符合国家职业卫生标准和卫生要求的；

（三）对职业病防护设备、应急救援设施和个人使用的职业病防护用品未按照规定进行维护、检修、检测，或者不能保持正常运行、使用状态的；

（四）未按照规定对工作场所职业病危害因素进行检测、评价的；

（五）工作场所职业病危害因素经治理仍然达不到国家职业卫生标准和卫生要求时，未停止存在职业病危害因素的作业的；

（六）未按照规定安排职业病病人、疑似职业病病人进行诊治的；

（七）发生或者可能发生急性职业病危害事故时，未立即采取应急救援和控制措施或者未按照规定及时报告的；

（八）未按照规定在产生严重职业病危害的作业岗位醒目位置设置警示标识和中文警示说明的；

（九）拒绝职业卫生监督管理部门监督检查的；

（十）隐瞒、伪造、篡改、毁损职业健康监护档案、工作场所职业病危害因素检测评价结果等相关资料，或者拒不提供职业病诊断、鉴定所需资料的；

（十一）未按照规定承担职业病诊断、鉴定费用和职业病病人的医疗、生活保障费用的。

第六章

女工、未成年人及残疾人的特殊保护

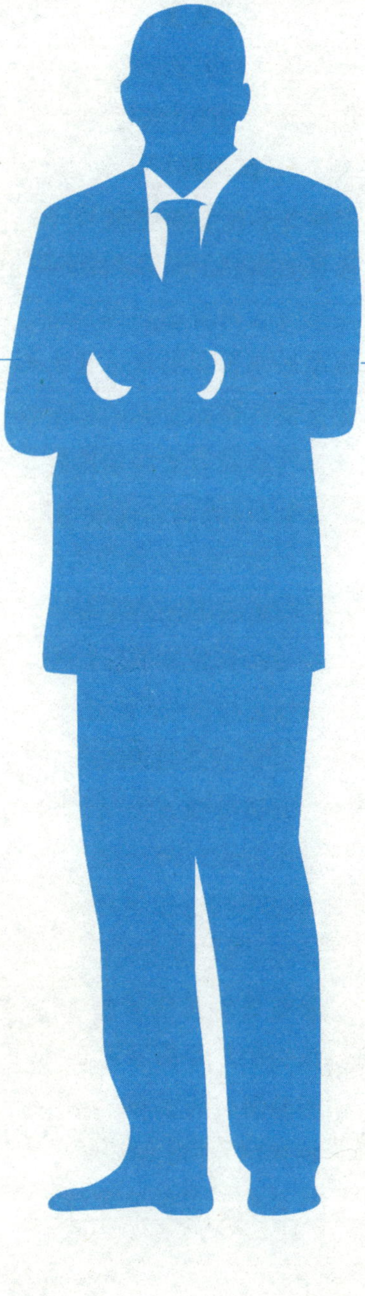

第一节 女职工管理

实务精讲

一、女职工管理的基本原则

男女平等是当代社会追求的主要原则之一,《妇女权益保障法》《劳动法》中均明文规定女性有平等就业的权利,因此,用人单位不得因性别原因在招用、待遇和晋升等方面对女性施予歧视性待遇,这是避免女职工管理产生的法律风险的基础原则。

另外,女性在生理上又有别于男性,由于女性往往需要面对经期、生育和哺乳等情形,如果没有针对这些情形进行特别对待,那么所谓同等对待将成为实质的不平等,同时考虑到女性就业中的种种现实情况,故现行法律以强制性规定的形式将一部分关怀女性的责任分配给用人单位,例如对处于"三期"的女员工,用人单位不得以无过失辞退单方解除劳动合同,如劳动合同期限届满应将合同延续至"三期"情形消失等。

最后,虽然用人单位应当承担社会责任,但是用人单位同样有追求利润、维持经营的基本目标。部分用人单位往往选择利用其优势,单方解除或者迫使女职工辞职试图免除责任,但这种做法违反了法律规定,反而面临仲裁、诉讼等风险,可谓适得其反。因此,在合法合理的前提下,如何适当运用用人管理自主权,通过平行调岗、平等协商等方式将社会责任和单位经营相平衡,是女职工管理操作性原则。

二、女职工管理的法条精讲

(一)女职工的平等就业权

《宪法》《劳动法》《妇女权益保障法》《女职工劳动保护特别规定》中均确认女职工的平等就业权受法律保护。在实务中,用人单位的以下行为往往构成歧视女性:

第一，在录用标准上，性别属于歧视性标准，仅仅因女性求职人员的性别而不予录取或设置更高门槛的行为不具有正当性，除非该岗位确属不适合女性从事的除外，但判断何种岗位系不适合女性，只能以国家规定为准；此外，要求女性对其婚育状况进行说明，亦构成隐性歧视。

第二，在劳动合同、章程上，创设限制女职工在职期间结婚或生育的条款。

第三，在用工管理上，因性别原因而在薪酬待遇上未能同工同酬，在绩效考核和岗位晋升等事项上为女职工设置高于男子的标准。

第四，对处于“三期”的女员工进行恶意调岗、降低薪酬或无法定理由单方解除劳动合同。需要注意的是，对于“三期”女员工不得降低的是工资性收入，但对于绩效奖金、销售提成、出勤奖等与业绩、出勤有关的报酬，可以根据女职工实际出勤和业绩发放。

总而言之，如果用人单位的行为是出于女性的性别身份而作出，且该行为不是基于根据女性生理特征所施予的保护，而使女性遭受不合理对待，那么就符合侵犯女性平等就业权的特征。

（二）在劳动关系上对“三期”女职工的保护

“三期”是对孕期、产期和哺乳期的简称，由于生育将对女职工从事劳动造成较大不便，法律对此予以特别保护。

根据《劳动合同法》第 42 条和第 45 条的规定，对于处于“三期”的女职工，用人单位既不能对其予以无过失辞退，也不能在经济性裁员时裁减“三期”女员工；即使双方劳动合同因期限届满终止，如果女职工在期限届满前已怀孕的，劳动合同延续至其哺乳期结束方可终止。违反上述规定的，用人单位构成违法解除或终止劳动合同。

需要注意的是，上述规定并不意味着“三期”女员工享有“铁饭碗”。第一，不论是双方协商一致，还是女员工单方解除劳动合同，如无欺诈、胁迫女职工离职等情形的，解除劳动合同的行为依然合法；第二，对如“三期”女职工仍可适用过失性辞退，“三期”女职工有《劳动合同法》第 39 条规定的情形之一的，用人单位有权单方解除劳动合同。

（三）在待遇上对“三期”女职工的保护

第一，对处于孕期的女职工，《女职工劳动保护特别规定》第 6 条予以多方面保护。首先，女职工因在孕期而无法适应原工作的，如有医疗机构证明，用人单位应据此减轻女职工的工作量或调动至其他能适应的劳动；其次，对怀孕7个月以上的女职工，用人单位不仅不能延长其劳动时间或者安排夜班，而且应当在工作时间内给予一定休息时间，上海市和广东省均规定休息时间应为1小时，广东省还要求对从事立位作业的怀孕女员工应为其安排座位；最后，怀孕女职工在劳动时间内进行产前检查，其检查时间计入劳动时间。

第二，对于产期女员工，根据《女职工劳动保护特别规定》第7条规定，生产的女职工享受98天产假，产前可休15天，如为难产应增加产假15天，而生育多胞胎的，每多生育1个婴儿，可增加产假15天。对于流产的女员工，怀孕未满4个月流产享受15天产假，怀孕满4个月流产享受42天产假，而广东省进一步作出细化，对于怀孕满7个月终止妊娠的女员工，享受75天产假，且用人单位应当给予1周至2周的适应时间。此外，由于产假的目的在于让女性生育后能够得到充分恢复，因此，产假按自然日计算，且遇到法定节假日不顺延。

第三，对于符合法律、法规规定生育子女的夫妻，不同地区还设置了时长不一的奖励假。广东省规定，女方享受80日的奖励假，男方享受15日的陪产假，而北京市和上海市规定的奖励假为女方60天，其配偶享受陪产假15天(上海市为10天)，其子女年满3周岁之前，双方每年可以享受育儿假各5天。并规定上述假期不影响工资、福利待遇和全勤评奖。需要注意的是，不同地区对奖励假遇节假日是否顺延规定不一，如上海市规定可以顺延，但是北京市和广东省均未作出规定，而北京市房山区和东城区政府在官方网站上针对此提问，明确说明该假期按照自然日计算，故应为不顺延。

第四，对于哺乳期的女职工，《女职工劳动保护特别规定》第9条规定，对哺乳未满1周岁婴儿的女职工，用人单位不得延长劳动时间或者安排夜班劳动；用人单位应当在每天的劳动时间内为哺乳期女职工安排1小时哺乳时间；女职工生育多胞胎的，每多哺乳1个婴儿每天增加1小时哺乳时间。上海市规定授乳时间及在本单位内授乳往返时间，应算作劳动时间。根据婴儿身体状况和女职工哺乳面临的实际困难，上海市和广东省还分别作出了细化。上海市规定，对于满1周岁婴儿，经区、县级以上医疗保健机构确诊为体弱儿的，女职工授乳时间最多可延长6个月。如女职工遇生产后有困难的，在工作许可且经申请后得到批准的，按照上海市规定，可享受哺乳假6个半月，而按照广东省规定，可以请哺乳假至婴儿1周岁。

（四）在工作场所上对女职工的保护

《女职工劳动保护特别规定》第 10 条规定，女职工比较多的用人单位应当根据女职工的需要，配备女职工卫生室、孕妇休息室、哺乳室等设施。此外，各地区分别要求用人单位根据女性的生理特征，为女职工提供适宜的工作环境和待遇。广东省和上海市均规定：对于经二级以上医疗机构（上海市的规定为经区、县级以上医疗保健机构）确诊为更年期综合症的女职工，且不适应原劳动岗位的，经本人申请，用人单位应当适当减轻其劳动量，或者协商安排其他合适的岗位；用人单位可以每 1 年至 2 年组织女职工进行一次妇科疾病检查；此外，广东省还要求月经期间的女职工如从事连续 4 小时以上立位作业，如本人申请，用人单位应当为其安排适当工间休息。

（五）在工作岗位上对女职工的保护

《女职工劳动保护特别规定》在附录中规定了女职工禁忌从事的劳动范围，因篇幅所限，详情请见本节“法条链接”部分。

案例说法

案例 1：因女职工隐瞒结婚事实而单方解除劳动合同属违法解除

林女士于 2017 年入职广州某网络科技有限公司。在公司开展的招聘调查中，林女士告知公司其仍处于未婚状态，2017 年 7 月，广州某网络科技有限公司因林女士入职前即已结婚，主张林女士的信息登记是虚假信息，违反双方关于信息真实性的约定。其后，公司以此为由，对林女士作出过失性辞退决定。林女士主张公司系违法解除劳动合同，遂提出劳动仲裁和诉讼。

法院经审理后认为，男女平等是《劳动法》的重要原则，不得歧视女性是用人单位的社会责任，然而，以“未婚”或“暂不得生育”作为招聘女职工的显明或隐性条件，本质上属歧视行为。一方面，虽然根据《劳动法》第 8 条规定，用人单位有权了解劳动者与劳动合同直接相关的基本情况，但婚姻状况并不在此列，且婚育状况对林女士从事的岗位并无影响，故林女士未如实告知不构成欺诈或重大误解；另一方面，用人单位的规章制度中也未将隐瞒婚育状况作为严重违反章程制度的事由,因此该公司单方解除劳动合同缺乏依据,判决支持林女士的诉请。[①]

案例2:劳务派遣中用工单位亦需保障“三期”女职工权益

洪女士受国企公司派遣,至德蒂公司任行政秘书。国企公司与德蒂公司订立服务协议约定了“三期”女员工可退回的情形。派遣期间,洪女士得知自己怀孕后告知德蒂公司,德蒂公司随即将其退回派遣单位,后国企公司又与洪女士解除劳动合同。洪女士不服,将国企公司与德蒂公司作为被告起诉至法院,诉请两家公司支付相应工资待遇。

经一审、二审后,德蒂公司不服提起再审申请。法院认为,在洪女士没有服务协议约定情形的情况下,德蒂公司径行退回的行为明显违背了立法保护弱势群体的初衷,并构成违约。而国企公司在不能举证洪女士有消极怠工等不当行为的情况下单方解除与洪女士的劳动合同,违反了《劳动合同法》的规定,裁定维持二审关于国企公司与洪女士恢复劳动关系,并足额支付洪女士无工作期间的工资的判决。

【裁判文书编号】

(2018)沪民申2236号

案例3:用人单位因产假扣发女职工年终奖不合法

陈女士与鸿兴达公司订立了期限为2014年7月1日至2017年6月30日的劳动合同,双方并未就年终奖作出特别约定。后陈女士于2016年因生产而休产假。2017年春节期间,鸿兴达公司向员工发放年终奖金5000元,但仅向陈女士发放2763.41元。2017年10月陈女士与鸿兴达公司因调岗事宜不能协调一致,陈女士遂离职。其后陈女士以自己系被迫离职为由将鸿兴达公司诉至法院,并诉请鸿兴达公司补足2016年的年终奖金。

法院认为,陈女士2016年系正常休产假,公司没有其他事由,不应当少发年终奖金,遂判决公司补发陈女士年终奖2236.59元。

---

① 参见《向就业歧视、性骚扰说“不”! 女职工权益保护典型案例今天发布》,微信公众号文章,最后访问日期:2020年2月29日。

【裁判文书编号】

(2019)苏01民终527号

风险应对

一、风险点：按过失性辞退单方解除与处于“三期”女员工的劳动合同

虽然《劳动合同法》并未禁止用人单位对“三期”女员工按过失性辞退单方解除劳动合同，但对举证劳动者存在过错却可能成为风险所在。一方面，在实体上劳动者是否存在不当行为，其不当行为是否达到了《劳动合同法》第39条所规定的情形，由用人单位举证，而在司法实践中，法院有可能以用人单位举证不能或者认为劳动者行为的程度未达到可以过失性辞退的程度；另一方面，即使劳动者的确存在过错，但是对于用人单位以“严重违反用人单位的规章制度的”解除劳动合同的，用人单位还需要证明其规章制度经劳动者知悉和同意，才具有程序合法性，而有些用人单位虽然主张劳动者的行为严重违反用人单位规章制度，但该规章未经劳动者同意也未进行公示，导致败诉。

【HR防范策略】

实践中，法院往往考虑到用人单位可能仅是以此为借口，试图解聘“三期”女员工以降低用人成本，其审查标准难言宽松。对此，用人单位需要强化证据意识，应当对劳动者的过错行为、所造成的结果和招致的损失予以记录，尤其是对于“不服从管理”一类的价值评价，更加需要对相关事实详加说明，否则法院有可能认为用人单位举证不能；同时，用人单位应对劳动合同和章程制度的程序合法性加以重视，应当按照《劳动法》的流程，经劳动者知悉、同意而通过，并及时公示说明，为用人单位按过失性辞退解除劳动合同提供依据。

二、风险点：对“三期”女员工进行调岗

女员工怀孕后或哺乳时，工作往往存在诸多不便，且女员工休产假期间不参与劳动，如果产假前有其经手的工作具有不可替代性，用人单位不得不另觅他人接受且需要从头熟悉工作，存在诸多不便。因此用人单位在女员工“三期”期间往往会对女员工进行调岗、调职。但是，其中亦存在以下风险：首先，如果用人单位不能说明

调岗理由，将被法院认定为恶意调岗；其次，用人单位在调岗的同时降低薪酬，将违反《劳动法》关于不得降低“三期”女员工待遇的规定；最后，如用人单位在女职工休产假期间聘用他人替代其工作，或取消该岗位，并以此为由解除劳动合同的，属违法解除，需支付赔偿金或继续履行劳动合同。

【HR防范策略】

对“三期”女员工进行合理调岗对单位经营运转而言确有必要，但是在操作中需注意以下事项：第一，其调岗行为确实针对经营需要，而不是为通过恶意调岗迫使劳动者离职，对此，用人单位有必要说明其经营运转流程，说明该女员工岗位的重要性，证明其调岗确有必要；第二，在此基础上，“三期”女员工的薪酬待遇应当与原岗位相当；第三，在遵守前两点的基础上，主动与劳动者协调，说明情况并对交涉过程予以记录，一方面可以力争取得女职工同意，另一方面可以体现用人单位的诚意和目的正当性，在诉讼中占据优势；第四，对于女职工休产假期间聘用他人替代其工作，或取消该岗位的，应当关注女职工的产假时间，尽早准备，为其安排其他女职工可以从事且符合法律规定的岗位。

三、风险点：职场性骚扰

就用人单位而言，职场性骚扰损害了女职工的基本权利，既影响了单位内部劳动者的工作状态，又对单位声誉造成了不良影响。实践中，不论是同事之间还是领导对下属的性骚扰却又是时有发生的事件，成为用人单位棘手的难题，还有一些用人单位为掩饰事件，甚至袒护侵害人，解除与受害人的劳动合同，然而如果受害人选择起诉或曝光，用人单位反而可能面临更大的法律风险和舆论压力，适得其反。

【HR防范策略】

对此，《江苏省女职工劳动保护特别规定》第9条中，创设了用人单位预防性骚扰发生所应采取的行动：(1)制定禁止劳动场所性骚扰的规章制度；(2)开展预防和制止性骚扰的教育培训活动；(3)提供免受性骚扰的工作环境；(4)畅通投诉渠道，及时处理并保护当事人隐私；(5)预防和制止对女职工性骚扰的其他措施。

具体策略：第一，经报批备案，在不侵犯劳动者的隐私的前提下，在单位场所安装监控设备；第二，在办公场所格局上，避免设置隐私性强，难以监控的办公空间；第三，制定或完善关于性骚扰的事后处理机制，在对受骚扰的员工进行心理疏导、予以调岗或带薪休假的同时，对性骚扰事件进行内部调查取证，调查取证的方式包括调取监控视频、由同事对受害人进行非正式访谈、对受害人和侵害人的直属上司进行约谈，其中涉及受害人的行动还需经受害人同意；第四，根据章程制度，对不同程度的性骚扰给予不同处罚，如情节未达到开除侵害人的，还需要特别注意在工作中对当事双方进行隔离以避免再次接触，保护受害人免受二次伤害及性骚扰行为人的打击报复。

疑难解答

一、用人单位在女职工“三期”期间违法解除劳动合同的，除支付赔偿金外，是否需要支付女职工“三期”待遇损失？

对此各地司法实践尚无统一司法观点。具体而言，广州市中级人民法院在《民事审判若干问题的解答(2010 年)》中认为应当支付，该解答第 15 条规定：“女职工在怀孕期间被用人单位解雇，因客观原因造成三期待遇损失的……产期应按正常工资标准足额支付，哺乳期和孕期可按其本人正常工资的 20% 支付，但不得低于当地最低工资标准。”而深圳市则仅支持原劳动合同终止之日前的“三期”待遇损失，《深圳市中级人民法院关于审理劳动争议案件的裁判指引》第 101 条、第 102 条规定，如果劳动者诉请恢复劳动关系的，应当支持，如果劳动者诉请用人单位支付“三期”待遇的，应在撤销用人单位解除劳动合同决定的同时，认定双方劳动合同终止，判令用人单位支付女职工工资和福利待遇至劳动合同终止之日以及终止劳动合同的经济补偿。由此，如果劳动者能够证明用人单位确系违法解除劳动合同的，其“三期”待遇损失至少能部分得到支持。

二、用人单位能否以劳动者违反计划生育政策单方解除劳动合同？

这一问题分为两个层次。第一，能否以劳动者违反法律行政法规规定解除劳动合同，此做法在实践中已被普遍否定。第二，能否将违反法律行政法规规定作为严重违反用人单位规章程度的情形，以劳动者严重违反用人单位规章制度解除劳动合同，目前在司法实践中没有统一观点，广东省规定，如约定违反计划生育可以解除劳动合同的，该行为合法；但是，在 2014 年江苏省高级人民法院公报 52 号案例中，虽然用人单位主张劳动者违反计划生育的行为违反公司规章制度，但是法院仍认为劳动者的行为仅应承担行政责任,判决用人单位败诉,进而考虑到“二孩”政策开放等政策因素以及用人单位举证相关约定和规章制定程序合法性的难度,故这样的做法存在风险,因此不建议用人单位以此为由解除劳动合同。

此外,需要注意的是,对于违反计划生育政策和产假待遇的问题,一方面,根据《女职工劳动保护特别规定》第 7 条规定,产假与计划生育不挂钩,但是对于生育津贴和产假待遇等,根据《上海市人口与计划生育条例》第 43 条、《北京市人口与计划生育条例》第 36 条等规定,违反计划生育的劳动者不享受奖励假、生育津贴和产假待遇,用人单位还可以给予纪律处分。

三、劳动合同期限届满终止或解除前怀孕,嗣后才发现的应如何处理?

对此法律并未明文规定。就劳动合同期限届满终止而言,(2013)鼓民初字第 3635 号判决和(2018)苏 05 民终 1704 号判决均认同劳动者在劳动合同期满之前已具有法律规定的孕期情形,用人单位不续延劳动合同的行为违反法律的强制性规定。对此,用工管理并不是为了追求法律上的唯一正解,而是为了尽量降低用人成本和风险,因此,如果有类似案例存在,HR 就应当从稳健的角度出发,与劳动者积极商谈,寻求最佳解决方法,避免引致讼争。

而对于解除劳动合同来说,不论是双方协商一致还是劳动者辞职,司法实践均不认为劳动者在此之前不知道自己怀孕属于重大误解或显失公平,因此,如果劳动者不能证明自己是被迫离职的,即使劳动合同解除后发现解除前已怀孕的,一般不能恢复履行劳动合同。

法条链接

1.《劳动法》

第十三条 妇女享有与男子平等的就业权利。在录用职工时,除国家规定的不适合妇女的工种或者岗位外,不得以性别为由拒绝录用妇女或者提高对妇女的录用标准。

2.《劳动合同法》

第四十二条 劳动者有下列情形之一的,用人单位不得依照本法第四十条、第四十一条的规定解除劳动合同：

（一）从事接触职业病危害作业的劳动者未进行离岗前职业健康检查，或者疑似职业病病人在诊断或者医学观察期间的；

（二）在本单位患职业病或者因工负伤并被确认丧失或者部分丧失劳动能力的；

（三）患病或者非因工负伤，在规定的医疗期内的；

（四）女职工在孕期、产期、哺乳期的；

（五）在本单位连续工作满十五年，且距法定退休年龄不足五年的；

（六）法律、行政法规规定的其他情形。

第四十五条 劳动合同期满，有本法第四十二条规定情形之一的，劳动合同应当续延至相应的情形消失时终止。但是，本法第四十二条第二项规定丧失或者部分丧失劳动能力劳动者的劳动合同的终止，按照国家有关工伤保险的规定执行。

第八十七条 用人单位违反本法规定解除或者终止劳动合同的，应当依照本法第四十七条规定的经济补偿标准的二倍向劳动者支付赔偿金。

3.《妇女权益保障法》

第二十三条 各单位在录用职工时，除不适合妇女的工种或者岗位外，不得以性别为由拒绝录用妇女或者提高对妇女的录用标准。

各单位在录用女职工时，应当依法与其签订劳动（聘用）合同或者服务协议，劳动（聘用）合同或者服务协议中不得规定限制女职工结婚、生育的内容。

禁止录用未满十六周岁的女性未成年人，国家另有规定的除外。

第二十四条 实行男女同工同酬。妇女在享受福利待遇方面享有与男子平等的权利。

第二十五条 在晋职、晋级、评定专业技术职务等方面，应当坚持男女平等的原则，不得歧视妇女。

第二十七条 任何单位不得因结婚、怀孕、产假、哺乳等情形，降低女职工的工资，辞退女职工，单方解除劳动（聘用）合同或者服务协议。但是，女职工要求终止劳动（聘用）合同或者服务协议的除外。

各单位在执行国家退休制度时，不得以性别为由歧视妇女。

4.《女职工劳动保护特别规定》

第六条 女职工在孕期不能适应原劳动的，用人单位应当根据医疗机构的证明，予以减轻劳动量或者安排其他能够适应的劳动。

对怀孕7个月以上的女职工,用人单位不得延长劳动时间或者安排夜班劳动,并应当在劳动时间内安排一定的休息时间。

怀孕女职工在劳动时间内进行产前检查,所需时间计入劳动时间。

第七条 女职工生育享受98天产假,其中产前可以休假15天;难产的,应增加产假15天;生育多胞胎的,每多生育1个婴儿,可增加产假15天。

女职工怀孕未满4个月流产的,享受15天产假;怀孕满4个月流产的,享受42天产假。

第九条 对哺乳未满1周岁婴儿的女职工,用人单位不得延长劳动时间或者安排夜班劳动。

用人单位应当在每天的劳动时间内为哺乳期女职工安排1小时哺乳时间;女职工生育多胞胎的,每多哺乳1个婴儿每天增加1小时哺乳时间。

第十条 女职工比较多的用人单位应当根据女职工的需要,建立女职工卫生室、孕妇休息室、哺乳室等设施,妥善解决女职工在生理卫生、哺乳方面的困难。

第十一条 在劳动场所,用人单位应当预防和制止对女职工的性骚扰。

附录 女职工禁忌从事的劳动范围

一、女职工禁忌从事的劳动范围:

(一)矿山井下作业;

(二)体力劳动强度分级标准中规定的第四级体力劳动强度的作业;

(三)每小时负重6次以上、每次负重超过20公斤的作业,或者间断负重、每次负重超过25公斤的作业。

二、女职工在经期禁忌从事的劳动范围:

(一)冷水作业分级标准中规定的第二级、第三级、第四级冷水作业;

(二)低温作业分级标准中规定的第二级、第三级、第四级低温作业;

(三)体力劳动强度分级标准中规定的第三级、第四级体力劳动强度的作业;

(四)高处作业分级标准中规定的第三级、第四级高处作业。

三、女职工在孕期禁忌从事的劳动范围:

(一)作业场所空气中铅及其化合物、汞及其化合物、苯、镉、铍、砷、氰化物、氮氧化物、一氧化碳、二硫化碳、氯、己内酰胺、氯丁二烯、氯乙烯、环氧乙烷、苯胺、甲醛等有毒物质浓度超过国家职业卫生标准的作业;

(二)从事抗癌药物、己烯雌酚生产,接触麻醉剂气体等的作业;

(三)非密封源放射性物质的操作,核事故与放射事故的应急处置;

(四)高处作业分级标准中规定的高处作业;

(五)冷水作业分级标准中规定的冷水作业;

(六)低温作业分级标准中规定的低温作业;

(七)高温作业分级标准中规定的第三级、第四级的作业;

(八)噪声作业分级标准中规定的第三级、第四级的作业;

(九)体力劳动强度分级标准中规定的第三级、第四级体力劳动强度的作业;

(十)在密闭空间、高压室作业或者潜水作业,伴有强烈振动的作业,或者需要频繁弯腰、攀高、下蹲的作业。

四、女职工在哺乳期禁忌从事的劳动范围:

(一)孕期禁忌从事的劳动范围的第一项、第三项、第九项;

(二)作业场所空气中锰、氟、溴、甲醇、有机磷化合物、有机氯化合物等有毒物质浓度超过国家职业卫生标准的作业。

5.《北京市人口与计划生育条例》

第十八条 生育子女的夫妻,符合国家和本市有关规定的,享受本章规定的奖励与社会保障等待遇。

第十九条 按规定生育子女的夫妻,女方除享受国家规定的产假外,享受延长生育假六十日,男方享受陪产假十五日。男女双方休假期间,机关、企业事业单位、社会团体和其他组织不得将其辞退、与其解除劳动或者聘用合同,工资不得降低;法律另有规定的,从其规定。

女方经所在机关、企业事业单位、社会团体和其他组织同意,可以再增加假期一至三个月。

按规定生育子女的夫妻,在子女满三周岁前,每人每年享受五个工作日的育儿假;每年按照子女满周岁计算。

夫妻双方经所在机关、企业事业单位、社会团体和其他组织同意,可以调整延长生育假、育儿假的假期分配。女方自愿减少延长生育假的,男方享受的陪产假可以增加相应天数;夫妻双方享受的育儿假合计不超过十个工作日。

6.《广东省人口与计划生育条例》

第三十条第一款 符合法律、法规规定生育子女的夫妻,女方享受八十日的奖励假,男方享受十五日的陪产假。在规定假期内照发工资,不影响福利待遇和全勤评奖。

7.《上海市计划生育奖励与补助若干规定》

第二条 符合法律规定结婚的公民，除享受国家规定的婚假外，增加婚假7天。增加的婚假一般应当与婚假合并连续使用，享受婚假同等待遇。

符合法律法规规定生育的夫妻，女方除享受国家规定的产假外，还可以再享受生育假30天，男方享受配偶陪产假10天。

生育假一般应当与产假合并连续使用，享受产假同等待遇。配偶陪产假应当在产妇产假期间连续使用，按照本人正常出勤应得的工资发给。

增加的婚假、生育假、配偶陪产假遇法定节假日顺延。

8.《上海市人口与计划生育条例》

第三十一条 符合法律规定结婚的公民，除享受国家规定的婚假外，增加婚假七天。

符合法律法规规定生育的夫妻，女方除享受国家规定的产假外，还可以再享受生育假六十天，男方享受配偶陪产假十天。生育假享受产假同等待遇，配偶陪产假期间的工资，按照本人正常出勤应得的工资发给。

符合法律法规规定生育的夫妻，在其子女年满三周岁之前，双方每年可以享受育儿假各五天。育儿假期间的工资，按照本人正常出勤应得的工资发给。

鼓励用人单位采取有利于照顾婴幼儿的灵活休假和弹性工作措施，支持家庭生育、养育。

第二节 未成年人保护

实务精讲

一、未成年工的招用与保护原则

未成年工一般是指年满16周岁而未满18周岁的未成年职工，而不满16周岁的未成年职工则为童工。未成年工虽同样参与工作，但由于其仍处于生长发育期，因此较一般用工，法律对招用未成年工施予了更多的限制的保护原则：

第一，特殊审查原则。对于确有必要招用未成年工的用人单位，应当向所在地的县级以上劳动行政部门办理登记。劳动行政部门根据《未成年工健康检查表》《未成年工登记表》，核发《未成年工登记证》，未成年工须持《未成年工登记证》上岗。

第二，禁用童工原则。《禁止使用童工规定》规定，用人单位不得招用16周岁以下的未成年人，违法招用童工的，需承担相应行政和刑事责任。禁用童工原则的唯一例外：文艺、体育单位在征得未成年人的父母或其他监护人同意，且保障其接受义务教育的前提下，可招用未满16周岁的专业文艺工作者、运动员。

第三，健康优先原则。首先，对于未成年工，法律在工作环境和工作强度上加以限制，用人单位不得安排未成年工从事涉及有毒、高空、高温、低温和冷水的危险工作；其次，用人单位应当定期安排未成年工进行健康检查，分别在未成年工安排工作岗位前，工作满1年时，如未成年工年满18周岁时距上一次健康检查以超过半年的，也需再次安排健康检查；最后，用人单位应根据未成年工的健康检查结果安排其从事适合的劳动，对不能胜任原劳动岗位的，应根据医务部门的证明，予以减轻劳动量或安排其他劳动。

第四，保障未成年工接受义务教育原则。对于仍处于义务教育阶段的未成年人，用工不得与义务教育相冲突。

二、未成年工保护的法条精讲

（一）未成年工的工作岗位限制

因为未成年工仍处于生长发育阶段，较成年工更需要得到法律的保护，我国法律对未成年工的工作岗位作出了较多的限制。由于本部分篇幅较大，详见本节“法条链接”部分。

（二）违法招用未成年人的法律责任

第一，对于违法招用童工的用人单位。需承担以下责任：

1. 行政责任。用人单位每招用一名童工，将处以5000元/月的罚款，并限期将童工送还原居住地交其父母或者其他监护人，用人单位应当全额负担其餐饮、住宿与返程费用。如用人单位在期限届满后仍不送还，自劳动保障行政部门责令其改正之日起，按照每招用一名童工，处以10,000元/月的罚款，并吊销其营业执照或撤销民办非企业单位登记。

此外，对于在有毒物品的作业场所使用童工的，按照《使用有毒物品作业场所劳动保护条例》规定的罚款幅度，或者按照每使用一名童工每月处5000元罚款的标准，从重处罚。

2. 刑事责任。有以下情形之一的，按照拐卖儿童罪、强迫劳动罪或者其他罪定罪量刑：对童工实施拐骗行为，强制童工参加劳动，使用童工从事高空、井下、放射性、高毒、易燃易爆以及国家规定的第四级体力劳动强度的劳动，童工年龄不满14周岁，其使用童工行为造成童工死亡或者严重伤残。需要注意的是，关于童工年龄不满14周岁的情形，《刑法》适用并未以用人单位明知或应知为前提。

3. 民事责任。童工患病或者受伤的，用人单位不仅需要将其送往医疗机构进行医治，而且医治期内所产生的治疗与生活费用全部由用人单位承担。如果发生童工伤残或者死亡的情形，那么用人单位将需承担行政责任，被吊销营业执照或撤销民办非企业单位登记。需要注意的是，用人单位承担相应上述民事责任或行政责任，并不以上述情形系因工所致，不能狭义理解为童工遭受工伤。

第二，对于用人单位虽招用系已满16周岁不满18周岁的未成年人，但在行政审核、用工限制和健康保护等方面存在违反《未成年工特殊保护规定》的，由县级以上劳动行政部门对用人单位的违法行为依照有关法规进行处罚。

案例说法

案例1：美容美发店涉嫌招用童工被罚款5000元[①]

2021年10月，长宁检察社会服务中心云平台接到举报，某美容美发店涉嫌招用童工。长宁区人民检察院联合区人社局、华阳派出所赴该美容美发店调查。通过约谈部门负责人、查看工作量记录单等方式，完成证据收集。

长宁区人民检察院向区人社局制发《检察建议书》，建议依法查处。区人社局执

① 参见 http://www.shchangning.jcy.gov.cn/cnjc/xwdt/jcdt/76897.jhtml，最后访问日期：2022年2月27日。

法大队进一步开展现场调查，对门店负责人和店员进行多次询问，并调取店内监控录像、被雇用童工的《出生医学证明》等证据，确认了该单位使用童工的事实，遂作出行政处罚决定。该美容美发店最终因雇用童工被处罚款人民币5000元整。

案例2：招用童工企业被罚款10,000元并承担将其送交家属的交通费和食宿费[1]

2021年12月，南庄镇综合行政执法办公室劳动监察中队（以下简称中队）收到佛山市公安局禅城分局转发的线索提示，辖区某店涉嫌违法招用童工，收到线索后，中队工作人员迅速前往该店展开调查。工作人员几经周折联系上该店负责人后，工作人员立即对其进行详细询问调查，加班加点收集了充足的证据材料。经查实，确认涉事的两名未成年人谭某涵、蓝某勇于2021年10月2日至12日在该店从事服务生工作期间均未满16周岁。根据《劳动法》和《禁止使用童工规定》，“童工是指年龄未满16周岁，与单位或者个人发生从事有经济收入劳动的少年和儿童。”“招用不满16周岁的未成年人工作的，即为非法使用童工。”据此可以认定该店违法使用童工事实成立。

经过工作人员的普法教育，该店负责人承认没有严格做好入职人员身份信息的审查工作，并意识到自身的错误，承诺今后将按要求依法依规进行用工管理。中队工作人员立即对该用人单位下达《整改指令书》，责令其限期内将童工送回监护人处。2日后，该店负责人联系两名童工的父母到南庄，在中队和区人社局的监督下，将谭某涵、蓝某勇安全交回其监护人，中队同时也对他们的监护人进行批评警告，要求监护人应当履行监护职责，保护被监护人的身心健康，保障其接受义务教育的权利，不得允许其被用人单位非法招用。

禁止使用童工历来是劳动用工的“高压线”，任何时候都不能触碰。对用人单位非法使用童工的行为，一经查证属实，用人单位除了立即将童工送交家属并承担所需交通和食宿费外，亦将面临重罚。根据《禁止使用童工规定》，12月上旬，中队对该店负责人作出10,000元行政处罚。

---

① 参见 https://xw.qq.com/amphtml/20211220A07UY800，最后访问日期：2022年2月27日。

风险应对

一、风险点：招用未成年工的审核义务

应当注意风险：在用工越发规范化的现代社会，故意招用童工的现象已不多见，但由于童工和合法的未成年工以满 16 周岁为分界线，然而年满与未满 16 周岁的未成年人在相貌、体格上往往不存在巨大差异，因此，用人单位在招用未成年工时，虽然主观上没有招用童工的故意，却未尽审查义务，导致因疏忽招用了童工，而不得不承担违法责任。

【HR 防范策略】

实际上，《禁止使用童工规定》第 4 条中已规定，用人单位在招用人员时，应当核查其身份证，故用人单位在招聘时依法核实拟招用的劳动者的身份证件，一般可以避免此种情形。但是，也可能存在未满 16 周岁的未成年人通过伪造或盗用身份证，使用人单位误以为其已年满 16 周岁，对此，用人单位不仅应当尽核实义务，在招工时可及时保存核实记录，证明其已尽审核义务，并无招用童工的故意。

二、风险点：未成年工的工作岗位限制

虽然《未成年工特殊保护规定》中已详尽列明了不得安排未成年工从事的工作，但是这些标准在不同行业中往往没有明确对应的工作，导致用人单位给未成年工安排的工作虽然看似常规无风险，实际上却属于相对危险的工作之列。如在（2017）甘民申 306 号一案中，申请人系餐饮公司，安排未成年工蔡某在酒店后厨工作，后蔡某因工受伤，并将餐饮公司诉至法院，法院认定，餐饮公司所安排的工作属相对危险的工作，餐饮公司已违反《禁止使用童工规定》，应承担违法责任。

【HR 防范策略】

对未成年工的工作岗位限制，本质上是避免未成年人在危险环境下遭受伤害，因此，一方面，招用未成年工的用人单位应当充分了解《未成年工特殊保护规定》中的相关标准，避免将未成年工安排至明显违法的工作环境中；另一方面，对于不能根据标准加以直接认定的工作岗位和环境，还应当根据日常经验和工作情况，考虑该岗位是否属于相对危险的工作，从而尽量予以避免。

法条链接

1.《劳动法》

第十五条 禁止用人单位招用未满十六周岁的未成年人。

文艺、体育和特种工艺单位招用未满十六周岁的未成年人，必须遵守国家有关规定，并保障其接受义务教育的权利。

第六十四条 不得安排未成年工从事矿山井下、有毒有害、国家规定的第四级体力劳动强度的劳动和其他禁忌从事的劳动。

第六十五条 用人单位应当对未成年工定期进行健康检查。

第九十四条 用人单位非法招用未满十六周岁的未成年人的，由劳动行政部门责令改正，处以罚款；情节严重的，由市场监督管理部门吊销营业执照。

2.《未成年工特殊保护规定》

第三条 用人单位不得安排未成年工从事以下范围的劳动：

（一）《生产性粉尘作业危害程度分级》国家标准中第一级以上的接尘作业；

（二）《有毒作业分级》国家标准中第一级以上的有毒作业；

（三）《高处作业分级》国家标准中第二级以上的高处作业；

（四）《冷水作业分级》国家标准中第二级以上的冷水作业；

（五）《高温作业分级》国家标准中第三级以上的高温作业；

（六）《低温作业分级》国家标准中第三级以上的低温作业；

（七）《体力劳动强度分级》国家标准中第四级体力劳动强度的作业；

（八）矿山井下及矿山地面采石作业；

（九）森林业中的伐木、流放及守林作业；

（十）工作场所接触放射性物质的作业；

（十一）有易燃易爆、化学性烧伤和热烧伤等危险性大的作业；

（十二）地质勘探和资源勘探的野外作业；

（十三）潜水、涵洞、涵道作业和海拔三千米以上的高原作业（不包括世居高原者）；

（十四）连续负重每小时在六次以上并每次超过二十公斤，间断负重每次超过二十五公斤的作业；

（十五）使用凿岩机、捣固机、气镐、气铲、铆钉机、电锤的作业；

（十六）工作中需要长时间保持低头、弯腰、上举、下蹲等强迫体位和动作频率每分钟在于五十次的流水线作业；

（十七）锅炉司炉。

第四条 未成年工患有某种疾病或具有某些生理缺陷（非残疾型）时，用人单位不得安排其从事以下范围的劳动：

（一）《高处作业分级》国家标准中第一级以上的高处作业；

（二）《低温作业分级》国家标准中第二级以上的低温作业；

（三）《高温作业分级》国家标准中第二级以上的高温作业；

（四）《体力劳动强度分级》国家标准中第三级以上体力劳动强度的作业；

（五）接触铅、苯、汞、甲醛、二硫化碳等易引起过敏反应的作业。

第五条 患有某种疾病或具有某些生理缺陷（非残疾型）的未成年工，是指有以下一种或一种以上情况者：

（一）心血管系统

1. 先天性心脏病；

2. 克山病；

3. 收缩期或舒张期二级以上心脏杂音。

（二）呼吸系统

1. 中度以上气管炎或支气管哮喘；

2. 呼吸音明显减弱；

3. 各类结核病；

4. 体弱儿，呼吸道反复感染者。

（三）消化系统

1. 各类肝炎；

2. 肝、脾肿大；

3. 胃、十二指肠溃疡；

4. 各种消化道疝。

（四）泌尿系统

1. 急、慢性肾炎；

2. 泌尿系感染。

(五)内分泌系统

1. 甲状腺机能亢进;

2. 中度以上糖尿病。

(六)精神神经系统

1. 智力明显低下;

2. 精神忧郁或狂暴。

(七)肌肉、骨骼运动系统

1. 身高和体重低于同龄人标准;

2. 一个及一个以上肢体存在明显功能障碍;

3. 躯干四分之一以上部位活动受限,包括强直或不能旋转。

(八)其他

1. 结核性胸膜炎;

2. 各类重度关节炎;

3. 血吸虫病;

4. 严重贫血,其血色素每升低于九十五克(<9.5/dL)。

3.《禁止使用童工规定》

第六条 用人单位使用童工的,由劳动保障行政部门按照每使用一名童工每月处5000元罚款的标准给予处罚;在使用有毒物品的作业场所使用童工的,按照《使用有毒物品作业场所劳动保护条例》规定的罚款幅度,或者按照每使用一名童工每月处5000元罚款的标准,从重处罚。劳动保障行政部门并应当责令用人单位限期将童工送回原居住地交其父母或者其他监护人,所需交通和食宿费用全部由用人单位承担。

用人单位经劳动保障行政部门依照前款规定责令限期改正,逾期仍不将童工送交其父母或者其他监护人的,从责令限期改正之日起,由劳动保障行政部门按照每使用一名童工每月处1万元罚款的标准处罚,并由工商行政管理部门吊销其营业执照或者由民政部门撤销民办非企业单位登记;用人单位是国家机关、事业单位的,由有关单位依法对直接负责的主管人员和其他直接责任人员给予降级或者撤职的行政处分或者纪律处分。

第十条 童工患病或者受伤的,用人单位应当负责送到医疗机构治疗,并负担治疗期间的全部医疗和生活费用。

童工伤残或者死亡的,用人单位由工商行政管理部门吊销营业执照或者由民政部门撤销民办非企业单位登记；用人单位是国家机关、事业单位的，由有关单位依法对直接负责的主管人员和其他直接责任人员给予降级或者撤职的行政处分或者纪律处分；用人单位还应当一次性地对伤残的童工、死亡童工的直系亲属给予赔偿，赔偿金额按照国家工伤保险的有关规定计算。

第十一条 拐骗童工，强迫童工劳动，使用童工从事高空、井下、放射性、高毒、易燃易爆以及国家规定的第四级体力劳动强度的劳动，使用不满14周岁的童工，或者造成童工死亡或者严重伤残的，依照刑法关于拐卖儿童罪、强迫劳动罪或者其他罪的规定，依法追究刑事责任。

第三节　残疾人保护

实务精讲

一、残疾人认定与用工的基本原则

（一）残疾人的法律界定

《残疾人保障法》第2条第1款对残疾人的概念进行了界定，残疾人是指在心理、生理、人体结构上，某种组织、功能丧失或者不正常，全部或者部分丧失以正常方式从事某种活动能力的人。具体而言，残疾的类型包括视力残疾、听力残疾、言语残疾、肢体残疾、智力残疾、精神残疾、多重残疾和其他残疾。

由于中国实施用人单位按比例安排残疾人就业的保障制度，且未按照比例安排残疾人就业的需缴纳残疾人就业保障金，因此认定残疾程度的具体标准，尤为重要。而由于残疾证的颁发系参照《全国残疾人抽样调查》进行，因此，用人单位可根据上述标准对本单位进行检查与安排。

（二）残疾人用工的基本原则

残疾人用工既具有一般性又具有特殊性。一方面，从人道主义立场出发，残疾人也应当得到平等尊重，且残疾人能够就业，就说明其具备基本的劳动能力；另一方面，由于残疾人存在部分生理或心理缺陷，客观上有部分工作不能负担，或需要特殊辅助才能开展工作。因此，残疾人用工需要遵循以下三项原则：

第一，平等原则。用人单位不得在就业中歧视残疾人，在招用、转正、资薪、福利、评定和晋升上应当与健全的劳动者一视同仁。当然，此处所说的平等不是结果平等，并不是指残疾人的绩效与贡献与其他员工不一致也需要予以相同对待，而是指机会平等原则，不能因为劳动者系残疾人即施予不平等的门槛与标准。

第二，特别对待原则。由于残疾人在生理或心理上较健康劳动者有所缺陷，对于部分工作需要在必要的辅助下方能完成，因此根据《残疾人就业条例》第 13 条之规定，用人单位有义务按照残疾人的身体状况，安排适当的工作，并提供相应的工作环境。

第三，法定性原则。一般而言，用人单位在合乎法律规范的情形下享有用工自主权，但是残疾人保障系社会性公益事业，因此根据《残疾人保障法》《残疾人就业条例》规定，用人单位应当按照一定比例安排残疾人就业，如未达到比例的则需要缴纳残疾人就业保障金，以此促进残疾人就业创业。

二、残疾人保护的法条精讲

（一）按比例安排残疾人就业制度

《残疾人保障法》第 33 条规定了按比例安排残疾人就业制度。即包括企业、民办非企业单位在内的用人单位，需安排一定比例的残疾人就业。而该比例根据《残疾人就业条例》第 8 条第 2 款规定，为不低于用人单位职工总数的 1.5%，同时赋予了各省、市以细化的权限。因此，根据各省、市的比例可能预缩不同。

另外，对于集中使用残疾人的用人单位，《残疾人就业条例》第 11 条规定，残疾人占全日制员工的比例不得低于 25%。

（二）残疾人就业保障金

《残疾人保障法》《残疾人就业条例》均规定，未达比例招用残疾人的，需缴纳残疾人就业保障金。具体而言，需要关注五个问题：

第一，招用残疾人的标准。《残疾人就业保障金征收使用管理办法》第 7 条第 1 款设定了三重标准：首先，需订立 1 年或以上的劳动合同、其工资不低于当地最低工资标准、依法缴纳社会保险，只有满足以上全部标准，才能认定用人单位招用残疾人，而且，用人单位需每年向残疾人服务机构申报残疾人劳动者人数，否则视为未招用。其次，如招用的是持有《中华人民共和国残疾人证》（1 级至 2 级）或《中华人民共和国残疾军人证》（1 级至 3 级）的人员就业的，按照安排 2 名残疾人就业计算。最后，如用人单位系跨地区招用残疾人的，也计入其中。

第二，用人单位应缴纳的残疾人就业保障金的计算公式。《残疾人就业保障金征收使用管理办法》第 8 条第 2 款规定，保障金年缴纳额 =（上年用人单位在职职工人数 ×1.5% －上年用人单位实际安排残疾人就业人数）× 上年用人单位在职职工年平均工资，更有财政部规定，残疾人就业保障金的征收标准上限为当地平均工资的两倍，当地社会平均工资按照所在地城镇非私营单位就业人员平均工资和城镇私营单位就业人员平均工资加权计算。

其中，在职人数按照与用人单位订立一年或以上劳动合同的劳动者计算，对于劳务派遣、季节性用工，应当折算为年平均用工人数，人数应当为整数；但是，如果残疾人就业不满 1 年的，按月折算，因此，计算的实际差额可以不为整数，其中，广东省规定可保留小数点后两位。

而各省、市也对工资计算作出特别规定，如北京市还规定计算公式中的用人单位平均工资的上限为北京市社会平均工资 2 倍，而广东省则按当地统计部门公布的上一年度职工年平均工资的 80% 计算。但是，该规定与《广东省残疾人就业保障金征收使用管理实施办法》第 8 条相冲突，尚待有权机关作出解释。

第三，缴纳保障金的要求。保障金一般为按年申报，按月缴纳，且为保证信息的完整性，用人单位在申报时还需提供本单位在职职工人数、实际安排残疾人就业人数、在职职工年平均工资等信息。具体的申报资料，需按照各省、市的地方性法规提交，如广东省规定用人单位确认残疾人劳动者数额，需向残疾人服务机构提交《用人单位已安排残疾人职工情况申报表》及《残疾人职工登记表》；残疾人职工身份证、《中华人民共和国残疾人证》或《中华人民共和国残疾军人证》（1～8 级）原件和复印件；用人单位与残疾人职工依法签订的劳动合同或服务协议；上年度用人单位按月向残疾人职工发放工资或通过财政统发形式发放工资的有效凭证；用人单位为残疾人职工依法缴纳社会保险费的有效凭证等材料。

第四，减免或者缓缴保障金。残疾保障金的减免依用人单位申请启动，其构成要件有二：一是用人单位遭遇不可抗力自然灾害或其他突发事件；二是上述情形使之蒙受重大损失。其中，减免额以1年为限，缓交最长时限为6个月。

第五，财政部对2020年1月1日至2022年12月31日残疾人就业保障金作出特别规定。一是用人单位的在职劳动者不超过30人的，免交残疾人就业保障金。二是用人单位安排残疾人就业比例达到1%（含）以上，但未达到所在地省、自治区、直辖市人民政府规定比例的，按规定应缴费额的50%缴纳残疾人就业保障金；用人单位安排残疾人就业比例在1%以下的，按规定应缴费额的90%缴纳残疾人就业保障金。

（三）招用残疾人的优惠政策

根据《残疾人保障法》第36条、《残疾人就业条例》第17条的规定，用人单位在残疾人就业方面达到、超过规定比例或者集中安排残疾人就业，将获得一系列政策优惠。如《企业所得税法》第30条规定，安置残疾人员所支付的工资在计算应纳税所得额时加计扣除。

（四）残疾人用工中涉及的法律责任

第一，对于在职工招用方面歧视残疾人的，《北京市实施〈中华人民共和国残疾人保障法〉办法》第61条列举了以下情形：无正当理由拒不安排残疾人就业的；无正当理由解除或者终止与残疾职工签订的劳动合同、聘用合同的；未依法为残疾人缴纳社会保险费的。考虑到上述情形即使对于健全的劳动者而言也适用，因此应认定为因劳动者系残疾人而有上述行为的，需承担法律责任。同时，根据实务见解，在薪酬待遇、职位晋升、职称评定等领域，因劳动者的残疾人身份而予以不公平对待的，也符合《残疾人保障法》所称的歧视。

第二，对于未按照规定缴纳残疾人就业保障金的用人单位，根据《残疾人就业保障金征收使用管理办法》第26条规定，先由财政部门责令限期缴纳，逾期不交的，自应缴之日起按日加收5‰的滞纳金。

案例说法

案例1:残疾人无上交《残疾人证》帮助用人单位免缴残疾人就业保障金的法定义务

残疾人杨某与沃尔玛公司于2007年订立劳动合同,既未在劳动合同中约定劳动者负有上交《残疾人证》的义务,也未在公司章程中将拒不上交的行为作为解除劳动合同的事由。2015年,沃尔玛公司要求杨某上交《残疾人证》以便于用人单位申报免缴残疾人就业保障金,杨某予以拒绝,沃尔玛公司以此为由,认定杨某的行为严重损害了公司利益,要求单方解除劳动合同。杨某遂向仲裁委申请仲裁,仲裁委裁定沃尔玛公司系违法解除劳动合同,需向杨某支付赔偿金。沃尔玛公司不服,诉至法院。

法院经审理后认为,不论是双方的劳动合同还是公司的章程中,均未明确列举员工不定期上交《残疾人证》属于严重违反公司劳动纪律或规章制度的行为。因此,杨某的行为不能认定为严重违纪,沃尔玛公司以此为由解除劳动合同没有依据,判决沃尔玛公司向杨某支付赔偿金。

【裁判文书编号】

(2017)晋01民终3189号

案例2:在残疾不影响工作的情况下,劳动者可以不主动向用人单位披露其身有残疾的事实,用人单位不得以劳动者隐瞒为由解除劳动合同①

牛某某为左手大拇指缺失残疾。其于2019年10月10日到某物流公司工作,担任叉车工。入职时提交了在有效期内的叉车证,入职体检合格。公司要求填写员工登记表,登记表上列明有无大病病史、家族病史、工伤史、传染病史,并列了“其他”栏。牛某某均勾选“无”。2020年7月4日,某物流公司以牛某某隐瞒持有残疾人证,不接受公司安排的工作为由解除劳动合同。2020年7月10日,牛某某申请仲裁,要求某物流公司支付违法解除劳动合同赔偿金30,000元。2020年10月

① 参见https://www.chinacourt.org/article/detail/2021/12/id/6411657.shtml,最后访问日期:2022年2月27日。

13日，劳动人事争议仲裁委员会裁决某物流公司支付牛某某违法解除劳动合同赔偿金5860元。牛某某起诉请求某物流公司支付其违法解除劳动合同赔偿金30,000元。

上海市浦东新区人民法院经审理认为，某物流公司招聘时，牛某某已提供有效期内的叉车证，入职时体检合格，从工作情况来看，牛某某是否持有残疾人证并不影响其从事叉车工的工作。故某物流公司以牛某某隐瞒残疾人证为由解除劳动合同，理由不能成立，其解除劳动合同违法。遂判决某物流公司支付牛某某违法解除劳动合同赔偿金5860元。上海市第一中级人民法院维持一审判决。

案例3：用人单位调整残疾人劳动者工作岗位时应当考虑残疾人身体状况

白某系智力残疾人士，就职于宏光机电厂。2014年，该厂搬迁至邯郸市，白某不愿随厂搬迁，工厂先后两次为白某安排工作，均未能与白某之父达成合意。后宏光机电厂又安排白某转岗担任销售，白某再次拒绝。宏光机电厂遂与白某解除劳动合同。白某不服，遂提出劳动仲裁与诉讼。

二审法院经审理后认为，用人单位在为白某安排工作时，应当考虑到白某智力残疾这一事实，据此，安排白某担任销售显然不妥。因此，工厂以白某拒绝调整岗位为由解除劳动合同，不具有合理性，构成违法解除劳动合同。

【裁判文书编号】

（2017）京03民终10313号

案例4：劳动者的意思表示或因其智力缺陷而缺乏效力

陈某系智力残障认识，智力残疾等级为一级，任职于太平洋百货。2017年，太平洋百货因故裁员，陈某亦被列入裁撤人员之列，并通知了陈某监护人庞某。庞某于2018年2月1日与太平洋百货进行面谈，明确表示拒绝接受裁撤。当日，陈某本人与太平洋百货约定解除劳动法律关系。庞某知晓后，先后提起劳动仲裁与诉讼，要求太平洋百货与陈某恢复对劳动合同的履行。

经一审、二审，法院认为，陈某智力残疾达到一级，可认为其无法正确理解劳动合同解除之意义与后果，其意思表示当属无效，兼之陈某监护人庞某已明确表示拒绝接受裁员，故陈某与太平洋百货的解除劳动合同协议没有法律效力，太平洋百货应与陈某恢复履行劳动合同。

【裁判文书编号】

(2019)沪01民终6533号

法条链接

1.《劳动法》

第十四条 残疾人、少数民族人员、退出现役的军人的就业,法律、法规有特别规定的,从其规定。

2.《残疾人保障法》

第三十三条 国家实行按比例安排残疾人就业制度。

国家机关、社会团体、企业事业单位、民办非企业单位应当按照规定的比例安排残疾人就业,并为其选择适当的工种和岗位。达不到规定比例的,按照国家有关规定履行保障残疾人就业义务。国家鼓励用人单位超过规定比例安排残疾人就业。

残疾人就业的具体办法由国务院规定。

第三十六条第一款 国家对安排残疾人就业达到、超过规定比例或者集中安排残疾人就业的用人单位和从事个体经营的残疾人,依法给予税收优惠,并在生产、经营、技术、资金、物资、场地等方面给予扶持。

第六十四条 违反本法规定,在职工的招用等方面歧视残疾人的,由有关主管部门责令改正;残疾人劳动者可以依法向人民法院提起诉讼。

3.《残疾人就业条例》

第八条 用人单位应当按照一定比例安排残疾人就业,并为其提供适当的工种、岗位。

用人单位安排残疾人就业的比例不得低于本单位在职职工总数的1.5%。具体比例由省、自治区、直辖市人民政府根据本地区的实际情况规定。

用人单位跨地区招用残疾人的,应当计入所安排的残疾人职工人数之内。

第九条 用人单位安排残疾人就业达不到其所在地省、自治区、直辖市人民政府规定比例的,应当缴纳残疾人就业保障金。

第十一条 集中使用残疾人的用人单位中从事全日制工作的残疾人职工,应当占本单位在职职工总数的25%以上。

第十二条 用人单位招用残疾人职工，应当依法与其签订劳动合同或者服务协议。

第十三条 用人单位应当为残疾人职工提供适合其身体状况的劳动条件和劳动保护，不得在晋职、晋级、评定职称、报酬、社会保险、生活福利等方面歧视残疾人职工。

第十四条 用人单位应当根据本单位残疾人职工的实际情况，对残疾人职工进行上岗、在岗、转岗等培训。

第二十七条 违反本条例规定，用人单位未按照规定缴纳残疾人就业保障金的，由财政部门给予警告，责令限期缴纳；逾期仍不缴纳的，除补缴欠缴数额外，还应当自欠缴之日起，按日加收5‰的滞纳金。

第二十八条 违反本条例规定，用人单位弄虚作假，虚报安排残疾人就业人数，骗取集中使用残疾人的用人单位享受的税收优惠待遇的，由税务机关依法处理。

4.《残疾人就业保障金征收使用管理办法》

第七条 用人单位将残疾人录用为在编人员或依法与就业年龄段内的残疾人签订1年以上（含1年）劳动合同（服务协议），且实际支付的工资不低于当地最低工资标准，并足额缴纳社会保险费的，方可计入用人单位所安排的残疾人就业人数。

用人单位安排1名持有《中华人民共和国残疾人证》（1至2级）或《中华人民共和国残疾军人证》（1至3级）的人员就业的，按照安排2名残疾人就业计算。

用人单位跨地区招用残疾人的，应当计入所安排的残疾人就业人数。

第八条 保障金按上年用人单位安排残疾人就业未达到规定比例的差额人数和本单位在职职工年平均工资之积计算缴纳。计算公式如下：

保障金年缴纳额＝（上年用人单位在职职工人数×所在地省、自治区、直辖市人民政府规定的安排残疾人就业比例－上年用人单位实际安排的残疾人就业人数）×上年用人单位在职职工年平均工资。

用人单位在职职工，是指用人单位在编人员或依法与用人单位签订1年以上（含1年）劳动合同（服务协议）的人员。季节性用工应当折算为年平均用工人数。以劳务派遣用工的，计入派遣单位在职职工人数。

用人单位安排残疾人就业未达到规定比例的差额人数，以公式计算结果为准，可以不是整数。

上年用人单位在职职工年平均工资，按用人单位上年在职职工工资总额除以用人单位在职职工人数计算。

第十二条 残疾人就业服务机构应当配合保障金征收机关做好保障金征收工作。

用人单位应按规定时限如实向残疾人就业服务机构申报上年本单位安排的残疾人就业人数。未在规定时限申报的,视为未安排残疾人就业。

残疾人就业服务机构进行审核后,确定用人单位实际安排的残疾人就业人数,并及时提供给保障金征收机关。

第十七条 用人单位遇不可抗力自然灾害或其他突发事件遭受重大直接经济损失,可以申请减免或者缓缴保障金。具体办法由各省、自治区、直辖市财政部门规定。

用人单位申请减免保障金的最高限额不得超过1年的保障金应缴额,申请缓缴保障金的最长期限不得超过6个月。

5.《北京市实施〈中华人民共和国残疾人保障法〉办法》

第六十一条 用人单位违反本办法,有下列情形之一的,由人力资源和社会保障等行政部门责令改正,并依法承担相应的法律责任:

(一)无正当理由拒不安排残疾人就业的;

(二)无正当理由解除或者终止与残疾职工签订的劳动合同、聘用合同的;

(三)未依法为残疾人缴纳社会保险费的;

(四)其他侵犯残疾人劳动权益的。

第六十二条 用人单位未按照规定缴纳残疾人就业保障金的,由财政部门给予警告,责令限期缴纳;逾期仍不缴纳的,除应当补缴欠缴数额外,还应当自欠缴之日起,按日缴纳5‰的滞纳金。

对未按规定履行按比例安排残疾人就业和缴纳残疾人就业保障金义务的,由市人民政府残疾人工作机构建立用人单位信用信息系统,并根据规定向社会公示。

6.《北京市残疾人就业保障金征收使用管理办法》

第八条 ……上年用人单位实际安排残疾人就业人数,是指上年本单位安排残疾人就业的实际人数,可以不满1年,不满1年的按月计算。

上年用人单位在职职工工资总额按照国家统计局有关文件规定口径计算,包括计时工资、计件工资、奖金、加班加点工资、津贴、补贴以及特殊情况下支付的工资等项目。

用人单位在职职工年平均工资，按用人单位在职职工工资总额除以用人单位在职职工人数计算。用人单位在职职工年平均工资未超过上年北京市社会平均工资2倍(含)的，按本单位实际在职职工年平均工资计算；超过上年北京市社会平均工资2倍的，按上年北京市社会平均工资2倍计算。社会平均工资指北京市人力资源社会保障部门公布的全口径城镇单位就业人员平均工资。

第九条 保障金由税务机关负责征收。安排残疾人就业的用人单位先到税务登记地所在的残疾人就业服务机构进行审核，再向主管税务机关自行申报缴纳保障金；未安排残疾人就业的用人单位采取自核自缴的方式向主管税务机关申报缴纳保障金。

第十条 保障金按年计算征缴，申报缴费期限为每年8月1日到9月30日。

用人单位应按规定时限向主管税务机关申报缴纳保障金。征缴期的最后一日是法定休假日的，以休假日期满的次日为征缴期的最后一日；在征缴期内有连续3日以上法定休假日的，按休假日天数顺延。在申报时，用人单位应当提供本单位上年度在职职工人数、经残疾人就业服务机构审核后的实际安排残疾人就业人数、在职职工年平均工资等信息，并保证信息的真实性和完整性。

7.《上海市实施〈中华人民共和国残疾人保障法〉办法》

第三十二条 国家机关、社会团体、企业事业单位、民办非企业单位均须按照本单位在职职工总数的一定比例，安排残疾人就业；对符合其招收、招聘条件的残疾人，应当录用。安排残疾人就业的具体比例，由市人民政府根据国家有关规定和本市实际情况确定。

国家机关、社会团体、企业事业单位、民办非企业单位安排残疾人就业超过前款规定比例的，按照规定标准给予经济奖励；达不到前款规定比例的，应当按照本市有关规定，缴纳残疾人就业保障金。

第七章

在职管理的其他问题

第一节　劳务派遣

实务精讲

一、劳务派遣的概念

根据《劳动合同法》第五章第二节对劳务派遣的规定，劳务派遣是指具备劳务派遣资质的用人单位与劳动者订立劳动合同后，作为派遣单位，与用工单位订立派遣协议，将劳动者派遣至用工单位工作的特殊用工形式。

第一，劳务派遣中劳务派遣单位与劳动者形成劳动关系。虽然劳动者并不直接在劳务派遣单位劳动，但劳务派遣单位应与劳动者订立劳动合同，进言之，是由劳务派遣单位对劳动者负劳动法上的用人义务。一方面，劳务派遣单位作为用人单位，有义务遵守《劳动法》《劳动合同法》规定及相关法律法规，向劳动者支付劳动报酬、为劳动者缴纳社会保险。可以说，除非法律另有规定，劳务派遣中劳务派遣单位与劳动者的关系适用劳动法规的一般规定。

另一方面，由于劳务派遣属于特殊用工形式，因此，《劳动合同法》在一般法律规定之外，又对劳务派遣单位增设了特别规定，如根据《劳动合同法实施条例》第 30 条不得以非全日制的形式招用被派遣劳动者，而应当按照《劳动合同法》第 58 条第 2 款规定，与劳动者订立 2 年以上固定期限劳动合同；再如，劳务派遣单位虽应向劳动者支付劳动报酬，但是劳动报酬的数量，根据《劳动合同法》第 63 条规定，除了在劳动合同中记载之外，还应在劳务派遣协议中约定。

第二，劳务派遣中劳务派遣单位与用工单位基于劳务派遣协议形成合同关系。根据《劳动合同法》第 59 条第 1 款规定，劳务派遣单位与用工单位可对派遣岗位和人员数量、派遣期限、劳动报酬和社会保险费的数额与支付方式以及违反协议的责任等事项进行协商，并应当就此形成劳务派遣协议。但是，劳务派遣涉及劳动者权益，因此，虽然劳动者不是劳务派遣协议的当事人，但根据《劳动合同法》第 60 条第 1 项规定，劳务派遣单位应将派遣协议内容告知被派遣劳动者。

第三，用工单位与被派遣劳动者基于《劳动合同法》形成权利义务关系。由于被派遣劳动者实际在用工单位处工作,事实上受用工单位的用人管理,因此《劳动合同法》第62条第1款中规定了用工单位的法律义务:(1)执行国家劳动标准,提供相应的劳动条件和劳动保护;(2)告知被派遣劳动者的工作要求和劳动报酬;(3)支付加班费、绩效奖金,提供与工作岗位相关的福利待遇;(4)对在岗被派遣劳动者进行工作岗位所必需的培训;(5)连续用工的,实行正常的工资调整机制。此外,《劳动合同法》在第63条中规定用工单位应当对被派遣劳务者按照同工同酬的原则。另外,实践中也有用工单位与被派遣劳动者订立用工协议,对法律和劳务派遣协议中的未尽事宜进行约定,法律对此并不禁止,但应注意用工协议与劳务派遣协议、劳动合同是否就同一事项作出不同甚至矛盾的约定。

二、劳务派遣用工的法条精讲

(一)劳务派遣单位的资质、法定义务与禁止性规定

《劳动合同法》、《劳动合同法实施条例》和《劳务派遣暂行规定》对劳务派遣单位的资质、法定义务与禁止行为作出了一系列规定,具体见表7-1。

表7-1 劳务派遣单位的资质、法定义务与禁止性规定

内容	具体规定	法律依据
资质	(1)注册资本不得少于人民币200万元 (2)有与开展业务相适应的固定经营场所和设施 (3)有符合法律、行政法规规定的劳务派遣管理制度 (4)法律、行政法规规定的其他条件 (5)得到劳动部门的行政许可并办理登记	《劳动合同法》第57条
义务	(1)与劳动者订立固定期限为2年以上的劳动合同 (2)除一般事项外,劳动合同中需载明被派遣劳动者的用工单位、派遣期限、工作岗位等情况 (3)在劳动者无工作期间,应按照当地最低工资标准,按月向其发放工资	《劳动合同法》第58条
	将劳务派遣协议的内容告知被派遣劳动者	《劳动合同法》第60条

续表

内容	具体规定	法律依据
义务	(1)岗前培训和安全教育义务 (2)支付被派遣劳动者的劳动报酬及待遇 (3)依法为被派遣劳动者缴纳社会保险费并办理社会保险相关手续 (4)督促用工单位保障被派遣劳动者安全 (5)依法出具解除或终止劳动合同的证明 (6)协助处理被派遣劳动者与用工单位的纠纷	《劳务派遣暂行规定》第 8 条
禁止	(1)不得克扣用工单位按劳务派遣协议支付给被派遣劳动者的劳动报酬 (2)不得向被派遣劳动者收取费用	《劳动合同法》第 60 条
	不得以非全日制的形式招用被派遣劳动者	《劳动合同法实施条例》第 30 条
	与同一被派遣劳动者不得约定超过一次试用期	《劳务派遣暂行规定》第 6 条

此外,还有几点需要注意:

第一,在经营资质上,经营劳务派遣业务的单位不具有经营资质需分为自始不具有和派遣后不具有两种情形。

其一,如果经营劳务派遣业务的单位自始不具有经营资质,对劳动合同和劳务派遣协议各有影响。就劳动合同而言,主要存在两个问题:第一个问题是,劳动者能否因被无经营派遣业务资质的单位派遣而单方解除劳动合同并要求劳务派遣单位支付经济补偿;第二个问题是,劳务派遣单位能否以自己无经营资质与劳动者解除劳动合同。对于第一个问题,法律并无明文规定,但如果劳务派遣单位在规章制度或劳动合同中规定劳动者应按照单位派遣安排工作的,损害劳动者权益的,就有可能属于“用人单位的规章制度违反法律、法规的规定”,劳动者据此单方解除劳动合同可获得经济补偿;对于第二个问题,根据《上海市关于劳务派遣适用法律若干问题的会议纪要》第 3 条第 2 款规定,如劳务派遣单位在此情况下,以《劳动合同法》第 40 条第 3 款解除劳动合同的,需支付经济补偿方能解除;虽然北京市和广东省并未作出类似规定,但根据《劳动合同法》,如果用人单位需单方解除劳动合同,除非劳动者有过错,否则需支付经济补偿,而劳务派遣单位无经营劳务派遣业务资质显然不是劳动者过错,因此可以认为,如果劳务派遣单位因没有派遣业务经营资质而单方解除劳动合同的,需向劳动者支付经济补偿。就劳务派遣协议而言,根据《广东省关于劳动人事争议仲裁与诉讼衔接若干意见》第19条和《上海市关于劳务派遣适用法律若干问题的会议纪要》第3条第1款规定，劳务派遣协议无效。但是，对于协议既已履行的部分应当如何确定，仅上海市规定可参照原协议和实际履行的内容确定。

其二，对于劳务派遣单位派遣劳动者前具有经营资质，但是派遣后行政许可被撤销、吊销、未延续的情形，对劳动合同与劳务派遣协议的影响不同于自始不具有经营资质。在劳动合同中，根据《劳务派遣暂行规定》第11条规定，不影响劳动合同的效力，劳动合同应履行至届满，但经协商一致的，可解除劳动合同。但对于劳务派遣协议的效力，法律、行政法规和部门规定并未规定，在地方性法规规章中，《上海市关于劳务派遣适用法律若干问题的会议纪要》第2条规定，劳务派遣协议可履行至期满，而北京市和广东省的地方性法规规章和司法文件并未对此作出规定。

第二，对于劳务派遣单位没有行政许可的情况下，用工单位与劳动者的关系暂无法律、法规或部门规章作出规定。实践中，有劳动者主张劳务派遣单位没有行政许可，劳动者与用工单位属事实劳动关系，对此，《上海市关于审理劳动争议案件若干问题的解答》第5条区分为三种情形：其一，用工单位需要继续使用劳动者，劳动者同意在实际使用单位工作的，双方劳动关系于明确达成合意之时成立；其二，不能达成合意的，不构成劳动关系，被派遣劳动者与劳务派遣单位按照现有劳动合同履行；其三，用人单位将其职工的劳动关系转入不具劳务派遣资格的单位，作为劳务派遣人员继续使用的，劳务派遣关系不成立，劳动者与用人单位的权利义务关系按原劳动合同确定，没有书面劳动合同的，按事实劳动关系处理。此外，北京市和广东省并未作出类似规定，《广东省关于劳动人事争议仲裁与诉讼衔接若干意见》第19条仅规定，因劳务派遣单位没有行政许可而导致劳务派遣协议无效的，用工单位未尽审查义务的，对被派遣劳动者承担连带责任。但在司法实践中，(2009)沪二中行终字第231号判决结论与《上海市关于审理劳动争议案件若干问题的解答》并不一致，该判决认为，用人单位与未经不具备劳务派遣经营资质的公司签订用工协议，与派遣人员形成事实劳动关系。

第三，在劳务派遣单位的法定义务上，虽然《劳动合同法》第59条规定，劳务派遣单位和用工单位可以就劳动报酬和社会保险费的数额与支付方式进行约定。但可约定的仅限于数额和支付方式，即使由用工单位代付工资或代缴社保，该约定也不免除劳务派遣单位作为劳务派遣单位支付劳动报酬和缴纳社会保险的义务。

(二)用工单位的法定义务、用工限制和禁止性规定

关于用工单位的法律规定，还有几点需要说明：

第一，在用工单位的义务上，其同工同酬的义务并非指支付的劳动报酬数额必须相同，而是指计算被派遣劳动者劳动报酬的标准应当与同类型岗位的劳动者相同，至于具体劳动报酬数额，用工单位有权根据衡量同类型岗位劳动者的标准，对被派遣劳动者的工作积极性、工作成果等确定。

第二，在用工限制上，临时性、辅助性及替代性从《劳动合同法》的表述来看，应是指满足其一即可，而非同时满足，司法实践中也支持这一观点，如(2017)苏01民终9759号判决中就认为“三性”并非并列关系。但是，对于“三性”中的临时性，法律虽然规定临时的标准是存续不超过6个月，但并未说明是累计6个月还是连续6个月；但是，从立法本意来看，临时性标准是为了防止某些岗位的用工长期化，那么，以往被派遣劳动者到岗前该岗位的存续时间对被派遣劳动者并无影响，因此，应当认为临时性要求是指该岗位连续存续时间不超过6个月。

第三，对于违反“三性”的法律后果，各地区规定有所不同。根据上海市的规定，《劳动合同法》对“三性”的规定为行政管理性规定，违反规定的应受行政处罚，但被派遣劳动者因此主张与用工单位系事实劳动关系的，不予支持；而《广东省关于劳动人事争议仲裁与诉讼衔接若干意见》虽然仅规定违反用工单位“三性”不影响劳务派遣协议的效力，但显然，如果认定违反“三性”的用工单位与被派遣劳动者系劳动关系，那么劳务派遣协议的效力不可能不受影响，因此广东省司法文件也不支持违反“三性”的用工单位与被派遣劳动者之间构成劳动关系；但其他地区也有相反观点，汕头、重庆和辽宁等地规定，在非“三性”岗位上使用被派遣职工的，视为用工单位已与被派遣职工建立劳动关系。

第四，对于劳务派遣单位将劳动者派遣至本劳务派遣单位控股股东全资设立的，且与本劳务派遣单位没有投资关系的子公司，这一行为是否违反《劳动合同法实施条例》第28条规定的“用人单位或者其所属单位出资或者合伙设立的劳务派遣单位，向本单位或者所属单位派遣劳动者”，法律并未明确。在这种情形下，虽然劳务派遣的控股股东是全资设立子公司，且劳务派遣单位也将劳动者派遣往该子公司，但是，由于该子公司并未投资或合伙设立该劳务派遣单位，因此该子公司不违反《劳动合同法实施条例》第28条，而控股子公司和劳务派遣单位的公司虽然与劳务派遣单位有控股关系，但不是被派遣劳动者的用人单位，因此有法院认为，该行为并不违反《劳动合同法实施条例》第28条。

表 7－2　劳务派遣用人单位的法定义务、用工限制和禁止性规定

内容	具体规定	法律依据
义务	(1)提供相应的劳动条件和劳动保护 (2)告知工作要求和劳动报酬的义务 (3)支付加班费、绩效奖，提供福利待遇 (4)培训义务 (5)连续用工应实行正常工资调整机制	《劳动合同法》第 62 条
	同工同酬原则，包括： (1)本单位有与被派遣劳动者从事岗位类型相同岗位的，按照本单位同类岗位确定被派遣劳动者劳动报酬 (2)本单位没有同类岗位的，按照用工单位所在地参照用工单位所在地相同或者相近岗位劳动者的劳动报酬确定	《劳动合同法》第 63 条
用工	用工岗位限制： (1)临时性岗位：存续不得超过 6 个月 (2)辅助性岗位：非主营业务岗位 (3)替代性岗位：用工单位劳动者在一定期间内因故不能工作期间，由被派遣劳动者替代的岗位	《劳务派遣暂行规定》第 3 条
	辅助性岗位设置程序：经职工代表大会或者全体职工讨论；与工会或者职工代表平等协商；在用工单位公示	
	用工比例限制： (1)使用的被派遣劳动者数量不得超过用工单位用工总量的 10% (2)用工总量的计算公式：已订立劳动合同的本单位劳动者＋被派遣劳动者	《劳务派遣暂行规定》第 4 条
禁止	不得向被派遣劳动者收费	《劳动合同法》第 60 条
	不得将连续用工期限分割订立数个短期劳务派遣协议	《劳动合同法》第 59 条
	不得将被派遣劳动者再派遣	《劳动合同法》第 62 条
	不得自我派遣，既包括不得将被派遣劳动者由自设的劳务派遣单位派遣至本单位，又包括不得将被派遣劳动者从本单位合伙或出资设立的劳务派遣单位派遣至本单位	《劳动合同法》第 68 条 《劳动合同法实施条例》第 27 条

(三)被派遣劳动者的退回与解除劳动合同

第一,根据《劳动合同法》第 65 条第 1 款规定,劳动者可以通过与劳务派遣单位协商一致解除劳动合同,或在劳务派遣单位有《劳动合同法》第 38 条规定情形之一的,单方解除劳动合同。

第二,《劳动合同法》并未对劳务派遣单位根据《劳动合同法》第 39 条和第 40 条单方解除劳动合同作出限制,可以认为,劳务派遣单位可以根据上述两条规定单方解除与劳动者的劳动合同。

第三,基于劳务派遣的性质,《劳动合同法》第 65 条、《劳务派遣暂行规定》第 12 条和第 15 条还规定了劳务派遣单位可因被派遣劳动者被退回而可以单方解除劳动合同的情形,具体见表 7-3。

表 7-3 被派遣劳动者的退回与解除劳动合同

<table>
<tr><th>情形</th><th>退回</th><th>解除劳动合同的条件</th><th>经济补偿金</th></tr>
<tr><td>劳动者有《劳动合同法》第 39 条规定的情形之一</td><td>可以</td><td>无</td><td>无须支付</td></tr>
<tr><td>劳动者有《劳动合同法》第 40 条第 1 项、第 2 项规定的情形</td><td>可以</td><td>不具有《劳动合同法》第 42 条规定的情形</td><td>需支付</td></tr>
<tr><td>用工单位有《劳动合同法》第 40 条第 3 项规定的情形</td><td>可以</td><td rowspan="4">被退回后,用人单位在重新派遣时维持或者提高劳动合同约定条件,劳动者仍不同意派遣</td><td rowspan="4">需支付</td></tr>
<tr><td>用工单位有《劳动合同法》第 41 条规定的情形</td><td rowspan="3">可以</td></tr>
<tr><td>用工单位被依法宣告破产、吊销营业执照、责令关闭、撤销、决定提前解散或者经营期限届满不再继续经营</td></tr>
<tr><td>劳务派遣协议期满终止的</td></tr>
</table>

第四,《劳务派遣暂行规定》第 13 条规定了用工单位不得退回被派遣劳动者的情形,劳动者有《劳动合同法》第 42 条规定情形之一的,如派遣期限未届满,用工单位不得以《劳务派遣暂行规定》第 12 条第 1 项退回被派遣劳动者;如派遣期限届满,则派遣期限延续至该情形消失。

第五,《劳务派遣暂行规定》第 15 条还规定了劳动者即使被退回劳务派遣单位也不得解除劳动合同的情形,即用工单位《劳务派遣暂行规定》第 12 条规定退回劳动者后,劳务派遣单位以降低劳动合同约定条件重新派遣劳动者的,如劳动者不同意,劳务派遣单位不得解除劳动合同,不过被派遣劳动者可提出解除劳动合同。

第六,《上海市关于劳务派遣适用法律若干问题的会议纪要》还列举了《劳动合同法》《劳务派遣暂行规定》规定以外的用工单位可退回劳动者的情形,详见表7 –4。

表 7 –4　关于劳动者退回的规定

<table>
<tr><th>引用法条</th><th>具体内容</th><th>退回后</th></tr>
<tr><td>《劳动合同法》
第 44 条第 1 项</td><td>劳动合同期满</td><td rowspan="8">依据劳动合同约定等对劳动者进行合理重新派遣而劳动者不同意的,派遣单位可按规章制度、劳动纪律或者劳动合同等相关规定处理</td></tr>
<tr><td>《劳动合同法》
第 44 条第 2 项</td><td>劳动者开始依法享受基本养老保险待遇</td></tr>
<tr><td>《劳动合同法实施条例》
第 21 条</td><td>劳动者达到退休年龄,劳动合同终止</td></tr>
<tr><td rowspan="5">无</td><td>劳务派遣协议解除的</td></tr>
<tr><td>三方事前约定或者事后达成合意的</td></tr>
<tr><td>用工单位不履行义务,派遣单位主动撤回劳动者</td></tr>
<tr><td>违反法律规定派遣进行整改</td></tr>
<tr><td>其他依据法律规定确需退回</td></tr>
</table>

第七,对于退回依据不足的情形,法律法规和部门规章并未作出规定,地方立法中,仅《上海市关于劳务派遣适用法律若干问题的会议纪要》第 8 条规定,劳动者被退回依据不足,且派遣单位未在合理期限内(一般为 1 个月)进行合理重新派遣的,劳动者可按照《劳动合同法》第 38 条规定单方解除劳动合同。

(四)劳务派遣中劳务派遣单位和用工单位的法律责任

劳务派遣中劳务派遣单位和用工单位的法律责任主要存在以下四种规定:

第一,一般规定,根据《劳动合同法》第 92 条第 2 款规定,用工单位给被派遣劳动者造成损害的,劳务派遣单位与用工单位承担连带赔偿责任。这一规定确定了劳务派遣单位无过错情形下的单方连带责任,在用工单位有过错造成劳动者损害的,如用工单位因违反“三性”规定造成被派遣劳动者损害的,劳务派遣单位承担连带责任;但是,这一规定并不意味着用工单位不可能承担责任,如劳务派遣单位给被派遣劳动者造成损害,且对于该损害用工单位也有过错的,同样可能承担连带责任;此外，劳务派遣单位和用工单位承担连带责任所具有的是外部效力，并不意味着两者内部平均分配责任，劳务派遣单位连带责任仅意味着被派遣劳动者可向请求二者承担法律责任，而在向劳动者承担责任后，劳务派遣单位和用工单位仍可对责任进行分配，如双方在劳务派遣协议约定责任分配，或另行达成责任分配约定，按照该约定在劳务派遣单位和用工单位之间分配责任，如没有规定的，司法实践中一般按照"谁用工谁负责"的原则进行责任分配。

第二，被派遣劳动者执行工务致他人损害的法律责任。根据《民法典》第 1191 条第 2 款规定，劳务派遣期间，被派遣劳动者因执行工务致他人损害，由用工单位承担侵权责任；劳务派遣单位有过错的，承担相应的补充责任。该补充责任应与劳务派遣单位的过错程度相当。

第三，劳动者工资支付法律责任。根据《劳动合同法》第 58 条第 2 款规定，由劳务派遣单位向劳动者支付劳动报酬，因此，未支付劳动报酬的法律责任由劳务派遣单位承担；而根据《劳动合同法》第 62 条第 1 款第 3 项规定，用工单位向劳动者支付加班费、绩效奖金，提供与工作岗位相关的福利待遇，因此，用工单位是未支付上述待遇时的担责主体，但根据《劳动合同法》第 92 条规定，用工单位需承担连带责任。

第四，劳动者工伤保险法律责任。根据《劳务派遣暂行规定》第 10 条第 1 款规定，被派遣劳动者在用工单位因工作遭受事故伤害的，劳务派遣单位应当依法申请工伤认定，用工单位应当协助工伤认定的调查核实工作。劳务派遣单位承担工伤保险责任，但可以与用工单位约定补偿办法，从这一规定来看，用工单位既不是工伤责任主体，也不承担连带责任，但由于用工单位与被派遣劳动者的工伤关系更为密切，劳务派遣单位可事前与用工单位约定相应的补偿办法。但《上海市关于规范劳务派遣用工若干问题的意见》第 5 条作出了相反规定，根据该条规定，受工伤的劳动者在劳动关系存续期间被退回的，由用工单位按《上海市工伤保险实施办法》的规定与劳务派遣单位结清劳动者的一次性伤残就业补助金，只有在与受工伤的劳动者解除或终止劳动合同时，才由劳务派遣单位支付一次性伤残就业补助金；另外，劳务派遣单位对用工单位的工伤保险责任依法承担连带赔偿责任。

（五）跨地区劳务派遣的劳动报酬与社会保险

第一，在劳动报酬和劳动标准上，根据《劳动合同法》第 61 条规定，被派遣劳动者享有的劳动报酬和劳动条件，按用工单位所在地标准执行。

第二,在社会保险上,根据《劳务派遣暂行规定》第18条规定,跨地区派遣的劳动者,由劳务派遣单位在用工单位所在地为被派遣劳动者参加社会保险,按照用工单位所在地的规定缴纳社会保险费。在代缴主体上,劳务派遣单位在用工单位所在地设立分支机构的,由其分支机构代缴;劳务派遣单位未在用工单位所在地设立分支机构的,由用工单位代劳务派遣单位缴纳。由此可见,法定为被派遣劳动者缴纳社会保险的仍为劳务派遣单位。

案例说法

案例1:逆向劳务派遣违反《劳动合同法》

程某于2007年3月27日与华夏助剂公司建立劳动关系,2014年,宏鑫劳务公司(非由华夏助剂公司或其上级单位自行设立,出资设立或合伙设立)与程某订立《劳务用工协议》,双方约定程某按照宏鑫劳务公司安排,在华夏助剂公司车间岗位工作,劳动报酬按华夏助剂公司计件标准核算综合工资。程某转为劳务派遣工后,在华夏助剂公司工作的工种、工作岗位均未发生改变,程某的报酬亦仍由华夏助剂公司支付。后程某向仲裁委申请确认与华夏助剂公司存在劳动关系。仲裁裁定,华夏助剂公司与程某存在劳动关系。华夏助剂公司不服,提起诉讼。

经一审、二审,法院判决:虽然2014年1月1日程某与宏鑫劳务公司签订《劳务用工协议》,但程某的工作岗位未改变,工资仍由华夏助剂公司发放,程某仍接受华夏助剂公司的管理,因此,华夏助剂公司与程某的劳动关系并未解除或终止,在此情况下,华夏助剂公司安排程某与宏鑫劳务公司签订用工合同,并派遣程某到华夏助剂公司仍从事原来的工作,该劳务派遣行为实质上违反了《劳动合同法》第67条的规定,应为无效。

【裁判文书编号】

(2017)豫06民终1307号

案例2:工作场所或工作岗位未发生变化的情形下,被派遣劳动者与用工单位成立劳动关系后工作年限可连续计算

包某于2006年4月4日由A劳动派遣公司派遣至申美公司工作,后于2007年

3月31日至2010年1月29日又先后由B劳务派遣公司和C劳务派遣公司派遣至申美公司从事销售工作,2010年2月,包某与申美公司签订劳动合同,劳动合同期限为2010年2月1日至2013年3月31日,仍在申美公司从事销售工作。自2013年3月25日起,包某因患病休假,未前往申美公司上班。后申美公司通知包某:2013年3月31日双方劳动合同因届满终止,因包某医疗期至2013年9月3日结束,因此,劳动合同顺延至2013年9月3日终止。2013年9月25日,包某提起仲裁,要求裁令申美公司与包某恢复劳动关系,并支付2013年10月1日至恢复劳动关系之日的疾病救助费。

经仲裁、一审、二审,法院判决:医疗期按劳动者在本用人单位的工作年限设置,虽然包某于2006年至2010年系由劳务派遣单位派遣至申美公司工作,但其工作场所并没有变更,根据《最高人民法院关于审理劳动争议案件适用法律若干问题的解释(四)》第5条第2款第1项的规定,可以认定本案的情形属于"劳动者非因本人原因从原用人单位被安排到新用人单位工作",因此,包某在申美公司的工作年限应从2006年4月4日起算,其医疗期应至2013年12月24日结束。因此,申美公司与包某于2013年9月3日终止劳动合同违反法律规定。由于双方劳动合同已于2013年12月24日终止,因此无恢复必要,但申美公司需向包某支付2013年9月25日至2013年12月24日的疾病救济费。

【裁判文书编号】

(2014)沪一中民三(民)终字第1258号

案例3:国际劳务贸易中的对外劳务派遣不适用《劳动合同法》对劳务派遣的规定

2006年,中东公司与西安国际经济技术合作有限公司订立合同,由西安国际经济技术合作有限公司向中东公司提供熟练工人。2007年2月,闫某参加由西安国际经济技术合作有限公司组织的选拔外派中东公司劳务人员的考试,并得到录用。后闫某因身体不适,经中东公司批准提前回国。后闫某将西安国际经济技术合作有限公司诉至法院,请求确认派遣协议及承诺无效。

经一审、二审,法院判决:闫某与西安国际经济技术合作有限公司系外派劳务法律关系,与中东公司之间形成雇佣法律关系,闫某与西安国际经济技术合作有限公司不构成劳动关系,不适用《劳动合同法》。

【裁判文书编号】

(2009)西民二终字第1172号

风险应对

一、劳务派遣单位风险点:工伤保险缴纳

实践中,有劳务派遣单位与用工单位约定,由用工单位代为缴纳工伤保险,然而,如用工单位并未缴纳工伤保险,而被派遣的劳动者发生了工伤,由于劳务派遣单位是劳动者的用人单位,因此是法定工伤保险缴纳主体,虽然劳务派遣协议约定由用工单位代缴工伤保险,但因未缴纳工伤保险而产生的工伤赔偿责任应由劳务派遣单位承担。如(2016)粤19民终2276号判决中指出:……即使特比斯公司(用工单位)负有向佳信公司(劳务派遣单位)支付社保费用的合同义务,亦不论特比斯公司是否已向佳信公司支付该费用,均不能作为佳信公司未为宋某办理社保参保手续及缴纳费用的免责事由。佳信公司未为宋某办理社保参保手续,导致宋某无法享受工伤的社保待遇,应由佳信公司对宋某承担全部赔偿责任。

【HR防范策略】

首先,为避免工伤赔偿责任的产生,如劳务派遣单位与用工单位约定由用工单位代缴工伤保险,也应当尽督促责任,保证用工单位及时缴纳工伤保险;其次,如果在劳务派遣协议中约定由用工单位代缴工伤保险,劳务派遣单位应与用工单位约定相应的违约责任,以便在承担工伤赔偿责任后要求用工单位担责。

二、劳务派遣单位风险点:工资支付

与工伤保险一样,尽管劳务派遣单位可以与用工单位约定劳动报酬的支付方式,但司法实践中,用工单位未支付劳动报酬的,法官往往基于不同理由,判决劳务派遣单位承担责任:第一,根据《劳动合同法》第58条第2款规定,认定劳务派遣单位为法定劳动报酬支付主体,因此为及时足额支付劳动报酬的法律责任由劳务派遣单位承担;第二,虽然没有认定劳务派遣单位为法定劳动报酬支付主体,但是根据《劳动合同法》第92条第2款规定,用工单位造成被派遣劳动者损害的,劳务派遣单位承担连带责任,从而认定劳务派遣单位应就用工单位未及时足额支付劳动报酬承

担责任。

【HR 防范策略】

除了及时督促用工单位支付劳动报酬和在劳务派遣合同中规定未支付劳动报酬的违约责任之外，由于《劳动合同法》第 92 条第 2 款规定的劳务派遣单位连带责任，劳务派遣单位还需注意和督促用工单位及时足额支付加班费、绩效奖金及其他与工作岗位有关的福利待遇，避免因用工单位过错而担责。

三、用工单位风险点：劳务派遣性质的认定

实践中，用工单位经过权衡，认为在边缘性和辅助性岗位上招用劳动者的成本高于收益，因此在这些岗位以实施劳务派遣用工的形式由劳务派遣单位派遣劳动者负责工作。但如用工单位在劳务派遣关系中审查不当，就有被法院认定为与被派遣劳动者存在事实劳动关系的风险。其一，对劳务派遣协议审查不当，如劳务派遣协议中约定劳务派遣单位系代用工单位招用劳动者，“代招”此类表述就有可能被法院认定为用工单位才是真正的用人主体，其劳务派遣协议约定无效；其二，对于劳务派遣关系中的劳务派遣单位有未经许可、没有资质、未与劳动者未订立或为到期后续订劳动合同等情形，虽然上海等地区规定此种情形下用工单位与被派遣劳动者不形成事实劳动关系，但也有部分地区的地方立法和司法实践中认定此种情形下两者存在事实劳动关系，从规避诉讼风险与节约时间成本的角度出发，应尽量避免此类纠纷发生。

【HR 防范策略】

第一，用工单位应当对劳务派遣协议的表述进行审查，此外，部分地区有印制由当地劳动行政部门监制的劳务派遣协议，对于没有特别需求的用工单位，可以使用此种劳务派遣协议；第二，用工单位应先行审查劳务派遣单位是否符合资质、是否具备劳务派遣资质，以及了解劳动者与劳务派遣单位的劳动合同情况。

四、用工单位风险点：劳务派遣追责的约定

对于被派遣的劳动者因执行工作任务，导致用工单位遭受损害的情形，当前《劳动合同法》、《劳动合同法实施条例》以及《劳务派遣暂行规定》均未规定何者为责任主体，因此，如果用工单位遭受损害往往会面对责任主体不明确，缺乏法律依据等风险。

【HR 防范策略】

其一，由于被派遣劳动者与劳务派遣单位之间存在劳动关系，因此，被派遣劳动者在用工单位处上班，也可看作劳动者执行劳务派遣单位的工作任务，兼之被派遣劳动者个人担责能力有限，因此，用工单位宜在劳务派遣协议中约定由劳务派遣单位作为被派遣劳动者在工作中致用工单位损害的法律责任主体；其二，并非所有劳务派遣单位均具有承担损害赔偿责任的能力，因此，用工单位在选择劳务派遣单位时，应当对其遭受损失的可能性及损失大小进行预估，如果预估结果为损失风险高、损失额较大，用工单位应当选择注册资本高、赔偿责任能力强的劳务派遣单位。

疑难解答

一、劳动合同、劳务派遣协议与用工协议就劳动报酬约定不一致应适用何者？

对此，存在两种情况：

(1)用工单位未与被派遣的劳动者订立用工协议，但劳务派遣单位与被派遣的劳动者订立的劳动合同约定的劳动报酬与劳务派遣协议不一致，如就不一致的事项发生冲突，应以何者为准。从争议主体看，因劳动报酬发生争议，既有可能发生在劳务派遣单位与用工单位之间，也有可能发生在劳动者与劳务派遣单位之间，还有可能发生在劳动者与用工单位之间。首先，劳务派遣单位与用工单位之间受劳务派遣协议约束，双方关系不涉及劳务派遣单位与劳动者的劳动合同，因此，应以劳务派遣协议为准；其次，劳动者与劳务派遣单位之间就劳动报酬不一致发生争议，虽然劳务派遣协议不对劳动者发生效力，但从《劳动合同法》第 59 条第 1 款规定劳务派遣单位应在劳务派遣协议中与用工单位约定劳动报酬数额和支付方式，以及第 60 条第 2 款规定劳务派遣单位不得克扣用工单位按照劳务派遣协议支付给被派遣劳动者的劳动报酬来看，劳务报酬数额应适用劳务派遣协议，但这同样存在缺陷，如劳务派遣协议约定的劳动报酬低于劳动合同的约定，劳务派遣单位就可能构成未及时足额支付劳动报酬；最后，在劳动者与用工单位之间就劳动合同与劳务派遣协议约定的劳动报酬数额约定不一致产生争议的情形下，虽然劳动报酬实际上来自用工单位，但《劳动合同法》第 58 条第 2 款规定，劳务派遣单位才是法定的劳动报酬支付主体，用工单位并非适格主体，因此，劳动者以劳动报酬事项提起劳动仲裁或诉讼，应对劳务派遣单位为被申请人或被告。例外情形是，根据《广东省高级人民法院关于审理劳动争议案件疑难问题的解答》第6条规定，在劳务派遣争议纠纷案件中，涉及追索劳动报酬的，如不能明确区分基本工资与加班费，劳动者可请求用工单位与劳务派遣单位连带支付劳动报酬。

（2）用工单位与被派遣的劳动者订立用工协议，且该用工协议与劳动合同或劳务派遣协议不一致。根据上海市黄浦区人民法院的观点，用工单位与劳动者订立的用工协议有效，如用工协议与劳动合同或劳务派遣协议不一致，用工协议对劳动者与用工单位仍有效力。而对于劳务派遣单位，用工协议中约定的劳动报酬超出其与被派遣劳动者在劳动合同中约定的部分，不负连带责任。[①]

此外，劳动合同、劳务派遣协议与用工协议还可能就工作场所、派遣期限、社会保险以及劳动报酬支付方式等约定不一致，由于劳务派遣中涉及多元主体，法律关系较为复杂，且法律并未就劳动合同、劳务派遣协议与用工协议不一致的情形作出规定，因此一旦发生不一致情形，难以预测实践中法官会作出何种裁判，多方当事人均存在法律风险，因此，建议劳务派遣单位、用工单位和被派遣劳动者就同一事项应在劳动合同与劳务派遣协议达成一致约定。如果用工单位与被派遣劳动者达成用工协议，用工单位可与劳务派遣协议就用工协议中可能涉及的法律责任进行协商，明确责任分配。

二、劳务派遣单位未与被派遣劳动者续订劳动合同，被派遣劳动者仍在用工单位工作有什么法律后果？

目前，法律对此并未作出规定，各地立法规定和司法实践不一，主要有三种做法：第一，视被派遣劳动者与用工单位形成事实劳动关系，如北京市（2015）石民初字第3106号判决，《汕头经济特区职工权益保障条例》第31条第1款第5项规定，如因劳务派遣单位关闭、破产或者其他原因致使被派遣劳动者劳动合同终止或者解除，而用工单位继续使用该被派遣劳动者的，视为用工单位与被派遣劳动者建立劳动关系；第二，视被派遣劳动者与劳务派遣单位以原条件继续履行劳动合同，如江苏

---

① 参见邹靖宇、王连国：《劳务派遣中三方法律关系协议之间的效力冲突及解决方案》，载《人民司法》2013年第4期。

省(2014)连民终字第0560号判决;第三,用工单位可将劳动者退回劳务派遣单位,如《上海市关于劳务派遣适用法律若干问题的会议纪要》第6条第2项规定,被派遣劳动合同与劳务派遣单位劳动合同期满的,用工单位可将被派遣劳动者退回。由于各地规定差异较大,因此建议用工单位事先知晓被派遣劳动者与劳务派遣单位的劳动合同期限,再与劳务派遣单位在劳务派遣协议中约定派遣期限。如果已经遇到此类问题,应先行了解劳务派遣单位所在地、用工单位所在地的劳务派遣政策,以及管辖法院及上下级法院的司法案例,再选择相应的策略。

法条链接

1.《劳动合同法》

第五十七条 经营劳务派遣业务应当具备下列条件:

(一)注册资本不得少于人民币二百万元;

(二)有与开展业务相适应的固定的经营场所和设施;

(三)有符合法律、行政法规规定的劳务派遣管理制度;

(四)法律、行政法规规定的其他条件。

经营劳务派遣业务,应当向劳动行政部门依法申请行政许可;经许可的,依法办理相应的公司登记。未经许可,任何单位和个人不得经营劳务派遣业务。

第五十八条 劳务派遣单位是本法所称用人单位,应当履行用人单位对劳动者的义务。劳务派遣单位与被派遣劳动者订立的劳动合同,除应当载明本法第十七条规定的事项外,还应当载明被派遣劳动者的用工单位以及派遣期限、工作岗位等情况。

劳务派遣单位应当与被派遣劳动者订立二年以上的固定期限劳动合同,按月支付劳动报酬;被派遣劳动者在无工作期间,劳务派遣单位应当按照所在地人民政府规定的最低工资标准,向其按月支付报酬。

第六十二条 用工单位应当履行下列义务:

(一)执行国家劳动标准,提供相应的劳动条件和劳动保护;

(二)告知被派遣劳动者的工作要求和劳动报酬;

(三)支付加班费、绩效奖金,提供与工作岗位相关的福利待遇;

（四）对在岗被派遣劳动者进行工作岗位所必需的培训；

（五）连续用工的，实行正常的工资调整机制。

用工单位不得将被派遣劳动者再派遣到其他用人单位。

2.《民法典》

第一千一百九十一条 用人单位的工作人员因执行工作任务造成他人损害的，由用人单位承担侵权责任。用人单位承担侵权责任后，可以向有故意或者重大过失的工作人员追偿。

劳务派遣期间，被派遣的工作人员因执行工作任务造成他人损害的，由接受劳务派遣的用工单位承担侵权责任；劳务派遣单位有过错的，承担相应的责任。

3.《劳动合同法实施条例》

第二十八条 用人单位或者其所属单位出资或者合伙设立的劳务派遣单位，向本单位或者所属单位派遣劳动者的，属于劳动合同法第六十七条规定的不得设立的劳务派遣单位。

第三十条 劳务派遣单位不得以非全日制用工形式招用被派遣劳动者。

第三十一条 劳务派遣单位或者被派遣劳动者依法解除、终止劳动合同的经济补偿，依照劳动合同法第四十六条、第四十七条的规定执行。

第三十二条 劳务派遣单位违法解除或者终止被派遣劳动者的劳动合同的，依照劳动合同法第四十八条的规定执行。

4.《劳务派遣暂行规定》

第三条 用工单位只能在临时性、辅助性或者替代性的工作岗位上使用被派遣劳动者。

前款规定的临时性工作岗位是指存续时间不超过6个月的岗位；辅助性工作岗位是指为主营业务岗位提供服务的非主营业务岗位；替代性工作岗位是指用工单位的劳动者因脱产学习、休假等原因无法工作的一定期间内，可以由其他劳动者替代工作的岗位。

用工单位决定使用被派遣劳动者的辅助性岗位，应当经职工代表大会或者全体职工讨论，提出方案和意见，与工会或者职工代表平等协商确定，并在用工单位内公示。

5.《上海市高级人民法院关于审理劳动争议案件若干问题的解答》

第五条 关于不具备劳务派遣资格的单位从事劳务派遣的问题

在劳动争议案件审理中，发现劳务派遣单位虽不具备劳务派遣资格，但已与其派出的劳动者签有劳动合同、与实际使用单位签有派遣协议等情形的，劳动争议处理机构按以下方式处理：

（一）实际使用单位需要继续使用劳动者，劳动者同意在实际使用单位工作的，双方劳动关系于明确达成合意之时成立。

（二）实际使用单位与劳动者就劳动关系的成立未能达成合意的，对争议发生前的权利义务，劳动争议处理机构可按原协议处理。被派人员与派遣单位按照现有劳动合同履行。

（三）用人单位将其职工的劳动关系转入不具劳务派遣资格的单位，作为劳务派遣人员继续使用的，该派遣关系不成立。若用人单位与职工原签有书面劳动合同的，双方劳动权利义务内容可参照原劳动合同确定；若双方原未签有书面劳动合同的，应按事实劳动关系处理。

6.《广东省高级人民法院、广东省劳动人事争议仲裁委员会关于劳动人事争议仲裁与诉讼衔接若干意见》

第十七条 符合《劳动合同法》第十四条第二款、第三款规定的情形的，劳务派遣单位应依法与被派遣的劳动者订立无固定期限劳动合同。

第十八条 用工单位违反《劳务派遣暂行规定》第三条、第四条规定的劳务派遣用工范围和用工比例的，由人力资源社会保障行政部门依法处理，不影响劳务派遣合同的效力。

第十九条 根据《劳动合同法》第五十七条的规定，劳务派遣单位未取得经营劳务派遣业务行政许可的，劳务派遣协议无效。因劳务派遣协议无效给劳动者造成损害的，劳务派遣单位与用工单位承担连带责任，但用工单位能证明其已尽审查义务的除外。

文书工具

《劳务派遣协议范本》【见书尾文书，文书编号：NO. 19】

第二节 业务外包

实务精讲

一、业务外包的概念

现行《劳动法》《劳动合同法》等劳动法律法规并未对外包行为作出规定，一般来说，与劳动法业务相关的业务外包，是指用人单位作为发包方，与其他专业机构订立民事合同，将本单位部分的业务交由本单位之外的机构具体负责实施的生产管理方式。

业务外包有以下特征：

第一，业务外包在法律关系的性质上不属于人事关系。对于用人单位而言，合同相对人是负责该业务的专业机构，用人单位并不与承包方负责该业务的工作人员形成劳动关系或劳务关系，因此，用人单位与工作人员并不存在劳动法意义上的权利义务关系，用人单位不对工作人员承担发放报酬等义务，同理，工作人员也不存在法律上对用人单位的权利主张。

第二，业务外包的标的是完成一定工作，形成相应劳动成果。进言之，用人单位虽然并不直接管理从事相应业务的工作人员，但是有权利要求合同相对人——专业机构按合同交付相应工作成果，换言之，在业务外包中，由承包方对工作人员的素质与生产管理风险负责，而不能以此作为对发包方诉请的抗辩事由，而发包方仅以工作成果认定承包方是否忠实履行合同义务。在此意义上，业务外包更近似于加工承揽合同。

第三，业务外包中用人单位与负责该业务的工作人员不存在用工管理关系。那么虽然在事实上用人单位不可避免地需要管理与指导负责外包业务的工作人员，但这种管理并不具备法律意义，既然业务外包并非劳动关系或劳务关系，那么用人单位就没有行使管理权的法律基础；另外，既然业务外包的标的是劳动成果，那么用人单位也就没有对劳动过程进行管理的必要。

二、业务外包与劳务派遣的区别

业务外包与劳务派遣在适用法律、涉及的法律关系、管理主体等方面存在区别。如前所述，业务外包涉及发包方与承包方的合同关系，一般适用《民法典》合同编的规定，用人单位作为发包方不对负责外包业务的工作人员进行管理。而劳务派遣涉及用人单位、用工单位与派遣员工，其中，用人单位与派遣员工形成实际用工关系、用工单位与派遣员工为劳动关系、用人单位与用工单位构成劳务派遣关系；在适用法律上，实际用工关系与劳动关系适用《劳动法》《劳动合同法》；而且，劳动派遣中，派遣员工受实际用工单位管理，受其规章制度约束。

此外，在实际用工中，两者还有以下区别：

第一，适用劳动派遣的岗位仅限于临时性、辅助性与替代性的岗位，故此，实际用工单位不能够将整个部门或业务完全交由派遣员工负责；而业务外包由于尚无法律调整，因此并未对此作出规定。当然，二者也有可能存在形式上的相似性，这是因为，业务外包可以仅将生产三要素中的劳动力进行外包，也即所谓劳务外包，此时，承包方根据与发包方的协议，指派员工负责发包方的部分业务，但是使用的是发包方的生产工具。

第二，劳务派遣单位资质在《劳动合同法》中已作出了明确规定，未经许可，任何单位和个人不得经营劳务派遣业务；而业务外包在资质上并不受《劳动合同法》规制，而具体根据其所从事的专业业务受其他法律法规调整。

第三，在责任承担上，如被派遣的工作人员因执行工作任务造成他人损害的，由接受劳务派遣的用工单位承担侵权责任，而用工单位给被派遣劳动者造成损害的，由劳务派遣单位与用工单位承担连带赔偿责任。而在业务外包中，负责外包业务的工作人员因执行工作任务造成他人损害的，由于用人单位系与承包单位而非工作人员形成法律关系，因此并不对此承担责任；即使用人单位给负责外包业务的工作人员造成伤害，也是根据《民法典》侵权责任编而非《劳动合同法》承担责任。相应地，用人单位作为发包方，如存在违约事由，也应按照《民法典》合同编的规定，向承包方承担责任。

案例说法

案例1:业务外包与劳务派遣的区分标准

刘某系吉优境物业公司员工,根据吉优境物业公司与康德莱公司的保安服务合同,刘某受吉优境物业公司指派,担任康德莱公司保安。2012年5月31日,程某因琐事激惹刘某并与之发生冲突,后刘某手持钢管追打已逃的程某造成程某因外伤所致重型颅脑损伤等。后程某提起诉讼,要求刘某及康德莱公司、吉优境物业公司赔偿其各项损失。一审法院认为,程某系由吉优境物业公司劳务派遣至康德莱公司担任保安,而根据《劳动合同法》的规定,被派遣的工作人员因执行工作任务造成他人损害的,由接受劳务派遣的用工单位承担侵权责任,判令康德莱公司向程某承担赔偿责任。康德莱公司不服,提起上诉。

二审法院经审理后认为,根据康德莱公司与吉优境物业公司订立的保安服务合同以及吉优境物业公司提供的员工手册、每周会议记录,可以证明康德莱公司委托吉优境物业公司对康德莱公司厂区提供保安服务,吉优境物业公司享有对劳动者和劳动生产的管理权,掌握对劳动及生产过程的管理控制,直接对厂区保安进行指挥、监督和管理。而康德莱公司不直接参与厂区保安的管理,不对厂区保安实施指挥、控制,也并不直接向劳动者发放劳动报酬。因此,康德莱公司、吉优境物业公司之间系劳务外包关系。故康德莱公司无须对程某承担赔偿责任。

【裁判文书编号】

(2014)沪二中民一(民)终字第408号

案例2:业务发包方承担用工责任的情形

海燕粮贸有限公司与李某订立承包合同,约定由李某雇用工人承包海燕粮贸有限公司的钢结构罩棚仓的土建工程。后李某雇用王某等六人开展工程建设,其后,李某因拖欠工资,王某等六人将海燕粮贸有限公司诉至法院,请求法院判令海燕粮贸有限公司支付工资。经法院查明,李某并无用工主体资格。

一审、二审判决与再审裁定书认为,根据《劳动和社会保障部关于确立劳动关系有关事项的通知》第4条的规定,"建筑施工、矿山企业等用人单位将工程(业务)或经营权发包给不具备用工主体资格的组织或自然人,对该组织或自然人招用的劳动者，由具备用工主体资格的发包方承担用工主体责任”。据此，海燕粮贸有限公司将业务发包给不具备用工主体资格的李某，对李某雇用的工人，海燕粮贸有限公司应当承担用工主体责任。遂维持判令海燕粮贸有限公司给付王某等六人被拖欠的劳动报酬的原审判决。

【裁判文书编号】

(2019)吉民申621号

风险应对

一、风险点：业务外包与劳务派遣的区分

劳务派遣与业务外包最显著的区分点在于何者系员工的管理主体。在劳务派遣中，被派遣员工受实际用工单位管理，而业务外包中员工由承包方进行管理。然而，在实务中，由于劳动生产工作往往需要协作，且为使具体工作能够符合承包方要求，承包方往往需要在实际中对执行业务的工作人员进行指导管理，因此，如果承包方与发包方在合同中未明确法律关系的性质，或者承包方深度介入对执行业务的工作人员的管理，根据《劳务派遣暂行规定》第27条规定，用人单位以承揽、外包等名义，按劳务派遣用工形式使用劳动者的，按照本规定处理。如果被认定为劳务派遣关系，若工作人员因工致人损害，则承包方将因被认定为实际用人单位而承担相应责任。

【HR防范策略】

根据实务观点，承包方如要规范外包行为，避免法律风险，就有必要退出以下领域：从外包员工的招聘、劳动合同的签订、变更、终止和解除；确定外包工作人员的薪资待遇；外包员工的日常及绩效考核管理；员工的排班、工作时间和休息休假，工作的具体安排、调度等。[①] 此外，发包方在与承包方订立合同时，应当明确合同的性质，清晰说明承包方系将某业务委托由发包方负责，并妥善保存；同时，还可向法院提供薪酬发放记录等供会议记录、相关日常生产管理文件，证明发包方并未对外包员工进行管理。

---

① 参见《劳务派遣与劳务外包的12个实务要点》，载 https://mp. weixin. qq. com/s/mK6CxkA4HieiGYqAKwQX2w，最后访问日期：2020年4月27日。

二、风险点：商业秘密的保护

不同于劳务派遣，发包方进行业务外包并无明确法律规定，换言之，既不要求发包方仅在临时性、辅助性与替代性的岗位实施外包，也不限制其将整个部门或者业务外包给专业服务机构。而在实务中，将某个部门或者生产线一体外包给其他机构是较为常见的做法。然而，由于发包方并不直接管理发包员工，因此对外包员工行为的约束力和及时性相当受限。如果外包员工所从事的工作可能接触到本单位的商业秘密，兼之外包员工的流动性较强，则容易导致本单位的商业秘密外泄。

【HR 防范策略】

对此，发包方首先应尽量将可能涉及商业秘密的业务或部门由订立劳动合同关系的劳动者负责，由本单位直接进行管理，虽然法律并未限制业务外包的实施范围，但基于稳妥起见，外包的业务应当与本单位的生产经营领域无涉或者较为边缘；其次，对于优秀的外包员工，如确需其长期工作，可以与员工和承包方协商，转为劳务派遣，或者与之订立劳动合同，既能够保护商业秘密，又能够增强用工稳定性；最后，可以在外包协议中对保密作出明确合适的约定，对于外包员工对发包企业造成的损失，保留对劳务外包企业的追偿权。①

法条链接

1.《劳务派遣暂行规定》

第二十七条　用人单位以承揽、外包等名义，按劳务派遣用工形式使用劳动者的，按照本规定处理。

2.《劳动和社会保障部关于确立劳动关系有关事项的通知》

第四条　建筑施工、矿山企业等用人单位将工程（业务）或经营权发包给不具备用工主体资格的组织或自然人，对该组织或自然人招用的劳动者，由具备用工主体资格的发包方承担用工主体责任。

---

① 参见《劳务派遣与劳务外包区别及风险防范》，载 https://mp. weixin. qq. com/s/BsoE _ _ zOMHiCTLhF8NP - _g，最后访问日期：2020 年 4 月 27 日。

第三节　工会

实务精讲

一、工会的概念、性质与职能

根据《工会法》第 2 条规定，工会是指由职工自愿结合而形成的工人阶级的群众组织。根据这一概念，可以得出工会的三项性质：

第一，立场性。工会是由职工组成的，基于工人立场的组织。因此，理论上，工会是劳动者的代言人，以维护劳动者利益为目的，如《工会法》第 2 条第 2 款规定，中华全国总工会及其各工会组织代表职工的利益，依法维护职工的合法权益；在劳资关系中，工会起到平衡“强资方，弱劳动者”的局面，对用人单位可能存在的违法损害劳动者权威的行为进行监督与纠正。根据工会的立场性，只有在劳动关系中作为提供劳动一方的劳动者才能加入工会，不具有这一身份的主体，如用人单位的一般股东就不能加入工会。

第二，自愿性。工会是劳动者自愿加入的群众组织。这就意味着，加入工会不是劳动者的义务，而是其基于劳动者角色而拥有的权利。如《劳动法》第 7 条规定，劳动者有权依法参加和组织工会。推言之，用人单位既不得要求劳动者必须加入工会，在没有特别约定的情况下，也不得以劳动者未加入工会为由终止劳动合同。

第三，独立性。工会的独立性体现在两个方面：其一，相对于用人单位的自主性，即工会作为组织，并不服从于用人单位的决定，自主开展工作，相对的，用人单位也没有义务建立工会；其二，法律主体地位上的独立性，工会应当维护劳动者的利益，并不意味着在法律上工会自身没有主体资格，根据《工会法》第 14 条第 2 款规定，基层工会符合法定法人条件的，可取得社会团体法人的资格，而根据《工会法》第 49 条规定，工会对违反本法规定侵犯其合法权益的，可向人民法院提起诉讼。

如前所述，由于工会的立场性，工会天然地具有维护劳动者权益的职能，而为了维护劳动者的权益，根据《工会法》、《劳动法》和《劳动合同法》，工会主要执行三项职能：

第一，监督职能。工会的监督对象为用人单位，其监督类型有二：其一，对用人单位不适当行为的监督，如《劳动合同法》第 4 条规定，在规章制度与重大事项的实施过程中存在不适当情形的，工会有权向用人单位提出；其二，介入涉及劳动者重大权益的劳动关系事项，用人单位在作出涉及劳动者重大利益的决定前，需听取工会的意见，如《劳动合同法》第 41 条规定，用人单位在进行经济性裁员时，需提前 30 日向工会说明情况，并听取工会意见。

第二，援助职能。在劳动者权益确实受到侵害的情形下，为保障劳动者能够通过法律途径维护自身合法权益，工会应向劳动者提供必要的援助。这主要有三种类型：首先，协助性的，如《工会法》第 21 条规定，职工认为企业损害其合法权益而申请劳动仲裁或起诉的，工会应给予帮助；其次，协调性的，即通过协商的方式，对劳资双方的争议事项予以化解，如《劳动合同法》第 6 条规定，工会应当并与用人单位建立集体协商机制，维护劳动者的合法权益；最后，主导性的，工会根据《工会法》设定的义务，对部分严重损害劳动者权益的行为，如《工会法》第 22 条所述的克扣职工工资、不提供劳动安全卫生条件、随意延长劳动时间和侵犯女职工和未成年工特殊权益等行为，工会可以要求用人单位纠正或请求当地政府处理。

第三，代表职工订立集体劳动合同。根据《工会法》第 20 条和《劳动合同法》第 51 条的规定，工会代表劳动者一方与用人单位签订劳动合同，而对于未建立工会的用人单位，上级工会负有指导义务，指导由用人单位的劳动者代表与用人单位订立集体劳动合同。

二、工会的法条精讲

《工会法》对工会内部的组织、经费等事项作出了规定，但是，这些内容并不涉及用人单位的用人管理与劳资双方的劳动关系，与本书主体相距甚远；因此，对工会的法条精讲将侧重于讲解涉及用人单位与劳动者的劳动关系的法律规定。

（一）工会的组织

1. 工会委员会的建立。

根据《工会法》第 11 条规定，如一个用人单位中有会员 25 名以上的，应当成立基层工会委员会，工会委员会由主席、副主席、委员组成，任期为 3 ~5 年。如不满 25 名会员的，有三种组织形式：第一，可以单独成立基层工会委员会；第二，可以与其他单位联合建立基层工会委员会;第三,选举联络员 1 名,组织会员活动。而根据《工会法》第 14 条规定,职工 200 人以上的企业、事业单位的工会,还可以设专职工会主席。

2. 基层工会主席、副主席与委员人选的限制。

根据《工会法》第 9 条规定,企业的主要负责人的近亲属不得作为本企业基层工会委员会成员候选。由于主要负责人并非法定概念,因此其范围较为模糊,不同地区的地方法规、政府规章各有其规定。如《深圳市实施〈中华人民共和国工会法〉办法》第 11 条第 3 款规定,用人单位的法定代表人、总经理、副总经理以及同类职务人员和人事部门负责人属于企业的主要负责人,其本人及在本企业工作的亲属均不得担任本企业工会委员会成员,也不得担任经费审查委员会成员。而《北京市实施〈中华人民共和国工会法〉办法》第 14 条规定,工会主席、副主席不得由本企业的法定代表人兼任,也不宜由分管劳动、工资、人事的企业负责人兼任,企业主要负责人的近亲属不得作为本企业基层工会委员会的成员。从这一规定来看,北京市认定的企业主要负责人应是指本企业的法定代表人,而其他负责人不在此列,否则该规定将自相矛盾:如果分管劳动、工资、人事的企业负责人也是主要负责人,那么其亲属已达到法定不得担任基层工会委员会成员的程度,然而该负责人本人却仅是不宜担任主席或副主席。

3. 基层工会主席、副主席、委员与其他工作成员的特殊待遇。

第一,在劳动合同期限上,对于专职工会主席、副主席和委员,根据《工会法》第 18 条规定,自其担任相应职务之日起,其与用人单位的劳动合同将自动延长期限,所延长的期限与其担任相应职务期间相当,而根据全国人大常委会对本条的释义,该情形属于劳动合同的中止,推言之,如果该专职主席、副主席或委员连选连任,那么在此期间劳动合同将一直处于中止状态,直至其不再担任专职职务;而对于非专职主席、副主席和委员,如其劳动合同较其任期短,则劳动合同期限自动延长至任期期满。

但是,劳动合同延长存在两个例外:其一,劳动者到达法定退休年龄而应当退休的;其二,劳动者有严重过失的。所谓严重过失,根据《最高人民法院关于在民事审判工作中适用〈中华人民共和国工会法〉若干问题的解释》第 2 条规定,应限于《劳动法》第 25 条规定的在试用期间严重违反劳动纪律或者用人单位规章制度、严重失职和营私舞弊造成用人单位利益重大损害的、被依法追究刑事责任四种情形。此外,《劳动合同法》第 39 条除上述规定外,又规定了如因劳动者原因导致劳动合同无效、兼职影响本职工作或经用人单位提出仍拒不改正两类用人单位可过失性辞退劳动者的事由,此两类事由是否属于严重过失的范畴,没有明确规定。

第二,在工作调动上,根据《工会法》第 17 条规定,工会主席、副主席任职期间,工作需要调动时,应当征得本级工会委员会和上一级工会的同意,换言之,用人单位无权单独决定工会主席和副主席的工作岗位变更。而《上海市工会条例》在此基础上进一步规定,工会委员的工作调动,也需经过工会委员会同意。

第三,如工会工作成员被解除劳动合同系因参加工会活动或履行工会法定职责的,可以请求恢复工作并补发相应劳动报酬,如不选择恢复工作,根据《工会法》第 52 条和《最高人民法院关于在民事审判工作中适用〈中华人民共和国工会法〉若干问题的解释》第 6 条规定,用人单位不仅应支付经济补偿,还应支付工会工作人员年收入二倍的赔偿,并根据《劳动合同法》第 46 条和第 47 条的规定给予解除劳动合同时的经济补偿。

(二)用人单位在用人管理中涉及工会的事项

根据《工会法》和《劳动合同法》的规定,工会可以参与用人单位下述涉及劳动关系的事项:

第一,在单位管理上,根据《劳动合同法》第 4 条规定,在执行规章制度或重大决定时,如工会认为存在不适当情形的,有权向用人单位提出,通过协商予以修改完善。

第二,在集体合同上,根据《劳动合同法》第 51 条规定,集体合同由工会代表劳动者一方与用人单位订立;对于尚未建立工会的用人单位,则由上级工会指导劳动者推举的代表与用人单位订立。虽然劳动者个人不是集体合同的一方主体,但是该合同对于未与用人单位订立劳动合同的劳动者同样具有约束力。

第三,在经济性裁员上,根据《劳动合同法》第 41 条规定,用人单位在进行经济性裁员时,需提前 30 天通知工会,并听取工会的意见。需要注意的是,用人单位的义务是通知和听取意见,因此,即使工会表达了反对意见,也不意味着用人单位必须终止经济性裁员。

第四,在用人单位与劳动者解除劳动合同上,根据《劳动合同法》第 43 条和《工会法》第 21 条的规定,用人单位如根据《劳动合同法》第 39 条与第 40 条单方解除劳动合同，需事先将理由告知工会；此外，如工会认为用人单位的解除行为违法，有权要求其纠正，此时用人单位应对工会的意见进行研究，并书面回复工会。

如果有用人单位在解除劳动合同前并未告知工会，原则上解除行为系程序违法，但是，根据《最高人民法院关于审理劳动争议案件适用法律问题的解释（一）》第47条规定，用人单位可以在劳动者起诉前通过告知工会以补正程序，此时，解除行为不因未告知工会而违法。

第五，在加班事项上，根据《劳动法》第41条规定，用人单位延长劳动者工作时长的，需先与劳动者和工会协商。

第六，在劳动纠纷上，根据《劳动合同法》第54条和《工会法》第20条规定，如因履行集体合同发生争议的，工会可以提起劳动仲裁或诉讼。

（三）用人单位违反工会法规的法律责任

用人单位如具有以下情形的，可能违反《工会法》、《劳动合同法》和《劳动法》关于工会的规定：

第一，阻挠职工依法参加和组织工会或者阻挠上级工会帮助、指导职工筹建工会。

第二，对依法履行职责的工会工作人员无正当理由调动工作岗位，进行打击报复，以及对履行职责的工会工作人员进行侮辱、诽谤或者进行人身伤害。

第三，妨碍工会组织职工通过职工代表大会和其他形式依法行使民主权利；非法撤销、合并工会组织的；妨碍工会参加职工因工伤亡事故以及其他侵犯职工合法权益问题的调查处理的；无正当理由拒绝进行平等协商的。

第四，侵占工会经费和财产拒不返还。

案例说法

案例：工会不能代行职工（代表）大会的权力

孟某于2011年入职格兰云天大酒店分公司，双方连续两次订立劳动合同，期限为2011年10月10日至2016年10月9日。2014年12月，公司以孟某在前台工作期间违反酒店规章制度及前厅部工作流程为由，根据《劳动合同法》第39条和《员工手册》10.3.3甲类过失第35条，对孟某作出开除处分并解除劳动合同。孟某不服，提起劳动仲裁，仲裁委认定该公司系违法解除劳动合同，应向孟某支付违法解除赔偿金。后格兰云天大酒店分公司对仲裁结果不服，向法院提起诉讼。

一审、二审法院认为，根据最高人民法院的司法解释，可以作为法院审理劳动争议案件依据的规章制度，应当是通过民主程序制定的规章制度，而民主程序根据《劳动合同法》第4条规定，需经职工代表大会或者全体职工讨论，提出方案和意见，与工会或者职工代表平等协商确定。在本案中，该公司用以与孟某解除劳动合同的《员工手册》，仅能证明其经过工会审查，因此不能证明该手册系经民主程序制定的，因此不能作为辞退孟某的依据，遂认定该公司单方解除与孟某的劳动合同系违法解除。

【裁判文书编号】

(2015)二中民一终字第1715号

操作指引

准备阶段

- 1.报请同级或上级党组织同意；
- 2.书面向上级工会申请，上级工会一般指街道总工会和地方各级总工会；
- 3.上级工会书面批准筹建

筹建阶段

- 1.本单位工会成员成立筹备组，设立筹备机构；
- 2.筹备组开展筹备工作，发展工会成员、准备选举事项并推荐基层工会委员会成员、经费审查委员会候选人；
- 3.召开会员大会，选举工会主席，副主席以及其他工会委员会成员，对于女职工较多的单位，还可成立工会女职工委员会；
- 4.筹备会员大会需准备的文件有：第一次会员（代表）大会会议议程、筹备工作报告、第一次会员（代表）大会选举办法草案、选票、结果报告

报批阶段

- 1.向上级工会报告会议情况和选举结果；
- 2.接收上级批复；
- 3.刻制工会公章、经费审查委员会公章和工会财务章，上述公章需凭上级工会批复前往公安局刻制；
- 4.办理社会团体法人证件；
- 5.前往银行以工会名义开户

图7－1　工会成立过程指引

疑难解答

一、本单位未建立工会，用人单位单方解除劳动合同时是否免除告知义务？

由于建立工会不是用人单位的义务，因此，在本单位未建立工会的情况下，用人单位属于非因自身原因，无法履行《劳动合同法》第43条的告知义务。对此，用人单位是否不再负有其他告知义务，实践中有不同的意见。如《江苏省劳动合同条例》第31条规定，如本单位没有建立工会的，通知用人单位所在地的工会；而上海市(2014)沪二民三(民)终字第462号判决认为，即使本单位未建立工会，但用人单位也应以告知并听取职工代表或行业工会的意见等方式变通履行法定义务，持相同意见的还有(2016)琼民申898号、(2016)苏民申4486号等判决。相反，上海市(2014)沪一种民三(民)终字1190号判决认为，在本单位尚未建立工会的情况下，用人单位未通知工会而单方解除劳动合同违法，不属于违法解除，持相同意见的有《天津市高级人民法院关于印发〈天津法院劳动争议案件审理指南〉的通知》第21条规定。

上述规定和判决虽然意见相异，但是都明确了未建立工会这一情形可以使用人单位免除告知工会的义务，但问题在于，用人单位是否应当以告知职工或其他工会的方式变通履行该义务。由于实践中不同地区存在不同规定，因此，用人单位应当尽量查明所在地区的地方性法规、规章，然而，北京、广东和上海等地目前尚未出台相应规定，同一地区也有相反司法判决，因此，用人单位在单方解除劳动合同前告知职工或工会依然是最稳健的做法。

二、如工会反对用人单位单方解除劳动合同的决定应如何处理？

根据《劳动合同法》第43条规定，用人单位应当研究工会意见，并将处理结果书面通知工会，但是，并不意味着工会有审批用人单位单方解除行为的权力，换言之，工会意见对用人单位而言不具有法律约束力。相反，工会的意见具有参考性质，最终是否采纳由用人单位决定。因此，即使工会反对，用人单位依然可以单方解除劳动合同。

但这并不意味着用人单位可以对工会意见置之不理，如果用人单位在工会提出反对意见后，并未书面告知其处理结果，那么用人单位的行为就构成了程序违法。

法条链接

1.《工会法》

第二条 工会是中国共产党领导的职工自愿结合的工人阶级群众组织，是中国共产党联系职工群众的桥梁和纽带。

中华全国总工会及其各工会组织代表职工的利益，依法维护职工的合法权益。

第六条 维护职工合法权益、竭诚服务职工群众是工会的基本职责。工会在维护全国人民总体利益的同时，代表和维护职工的合法权益。

工会通过平等协商和集体合同制度等，推动健全劳动关系协调机制，维护职工劳动权益，构建和谐劳动关系。

工会依照法律规定通过职工代表大会或者其他形式，组织职工参与本单位的民主选举、民主协商、民主决策、民主管理和民主监督。

工会建立联系广泛、服务职工的工会工作体系，密切联系职工，听取和反映职工的意见和要求，关心职工的生活，帮助职工解决困难，全心全意为职工服务。

第十条 工会各级组织按照民主集中制原则建立。

各级工会委员会由会员大会或者会员代表大会民主选举产生。企业主要负责人的近亲属不得作为本企业基层工会委员会成员的人选。

各级工会委员会向同级会员大会或者会员代表大会负责并报告工作，接受其监督。

工会会员大会或者会员代表大会有权撤换或者罢免其所选举的代表或者工会委员会组成人员。

上级工会组织领导下级工会组织。

第十一条 用人单位有会员二十五人以上的，应当建立基层工会委员会；不足二十五人的，可以单独建立基层工会委员会，也可以由两个以上单位的会员联合建立基层工会委员会，也可以选举组织员一人，组织会员开展活动。女职工人数较多的，可以建立工会女职工委员会，在同级工会领导下开展工作；女职工人数较少的，可以在工会委员会中设女职工委员。

企业职工较多的乡镇、城市街道，可以建立基层工会的联合会。

县级以上地方建立地方各级总工会。

同一行业或者性质相近的几个行业，可以根据需要建立全国的或者地方的产业工会。

全国建立统一的中华全国总工会。

第十四条 职工二百人以上的企业、事业单位、社会组织的工会，可以设专职工会主席。工会专职工作人员的人数由工会与企业、事业单位、社会组织协商确定。

第十六条 基层工会委员会每届任期三年或者五年。各级地方总工会委员会和产业工会委员会每届任期五年。

第十七条 基层工会委员会定期召开会员大会或者会员代表大会，讨论决定工会工作的重大问题。经基层工会委员会或者三分之一以上的工会会员提议，可以临时召开会员大会或者会员代表大会。

第十八条 工会主席、副主席任期未满时，不得随意调动其工作。因工作需要调动时，应当征得本级工会委员会和上一级工会的同意。

罢免工会主席、副主席必须召开会员大会或者会员代表大会讨论，非经会员大会全体会员或者会员代表大会全体代表过半数通过，不得罢免。

第十九条 基层工会专职主席、副主席或者委员自任职之日起，其劳动合同期限自动延长，延长期限相当于其任职期间；非专职主席、副主席或者委员自任职之日起，其尚未履行的劳动合同期限短于任期的，劳动合同期限自动延长至任期期满。但是，任职期间个人严重过失或者达到法定退休年龄的除外。

第二十条 企业、事业单位、社会组织违反职工代表大会制度和其他民主管理制度，工会有权要求纠正，保障职工依法行使民主管理的权利。

法律、法规规定应当提交职工大会或者职工代表大会审议、通过、决定的事项，企业、事业单位、社会组织应当依法办理。

第二十一条 工会帮助、指导职工与企业、实行企业化管理的事业单位、社会组织签订劳动合同。

工会代表职工与企业、实行企业化管理的事业单位、社会组织进行平等协商，依法签订集体合同。集体合同草案应当提交职工代表大会或者全体职工讨论通过。

工会签订集体合同，上级工会应当给予支持和帮助。

企业、事业单位、社会组织违反集体合同，侵犯职工劳动权益的，工会可以依法要求企业、事业单位、社会组织予以改正并承担责任；因履行集体合同发生争议，经协商解决不成的，工会可以向劳动争议仲裁机构提请仲裁，仲裁机构不予受理或者对仲裁裁决不服的，可以向人民法院提起诉讼。

第二十二条 企业、事业单位、社会组织处分职工，工会认为不适当的，有权提出意见。

用人单位单方面解除职工劳动合同时，应当事先将理由通知工会，工会认为用人单位违反法律、法规和有关合同，要求重新研究处理时，用人单位应当研究工会的意见，并将处理结果书面通知工会。

职工认为用人单位侵犯其劳动权益而申请劳动争议仲裁或者向人民法院提起诉讼的，工会应当给予支持和帮助。

第二十三条 企业、事业单位、社会组织违反劳动法律法规规定，有下列侵犯职工劳动权益情形，工会应当代表职工与企业、事业单位、社会组织交涉，要求企业、事业单位、社会组织采取措施予以改正；企业、事业单位、社会组织应当予以研究处理，并向工会作出答复；企业、事业单位、社会组织拒不改正的，工会可以提请当地人民政府依法作出处理：

（一）克扣、拖欠职工工资的；

（二）不提供劳动安全卫生条件的；

（三）随意延长劳动时间的；

（四）侵犯女职工和未成年工特殊权益的；

（五）其他严重侵犯职工劳动权益的。

2.《劳动法》

第七条 劳动者有权依法参加和组织工会。

工会代表和维护劳动者的合法权益，依法独立自主地开展活动。

第二十七条 用人单位濒临破产进行法定整顿期间或者生产经营状况发生严重困难，确需裁减人员的，应当提前三十日向工会或者全体职工说明情况，听取工会或者职工的意见，经向劳动行政部门报告后，可以裁减人员。

用人单位依据本条规定裁减人员，在六个月内录用人员的，应当优先录用被裁减的人员。

第四十一条 用人单位由于生产经营需要，经与工会和劳动者协商后可以延长工作时间，一般每日不得超过一小时；因特殊原因需要延长工作时间的，在保障劳动者身体健康的条件下延长工作时间每日不得超过三小时，但是每月不得超过三十六小时。

3.《劳动合同法》

第四条 用人单位应当依法建立和完善劳动规章制度，保障劳动者享有劳动权利、履行劳动义务。

用人单位在制定、修改或者决定有关劳动报酬、工作时间、休息休假、劳动安全卫生、保险福利、职工培训、劳动纪律以及劳动定额管理等直接涉及劳动者切身利益的规章制度或者重大事项时，应当经职工代表大会或者全体职工讨论，提出方案和意见，与工会或者职工代表平等协商确定。

在规章制度和重大事项决定实施过程中，工会或者职工认为不适当的，有权向用人单位提出，通过协商予以修改完善。用人单位应当将直接涉及劳动者切身利益的规章制度和重大事项决定公示，或者告知劳动者。

第四十三条 用人单位单方解除劳动合同，应当事先将理由通知工会。用人单位违反法律、行政法规规定或者劳动合同约定的，工会有权要求用人单位纠正。用人单位应当研究工会的意见，并将处理结果书面通知工会。

第五十一条 企业职工一方与用人单位通过平等协商，可以就劳动报酬、工作时间、休息休假、劳动安全卫生、保险福利等事项订立集体合同。集体合同草案应当提交职工代表大会或者全体职工讨论通过。

集体合同由工会代表企业职工一方与用人单位订立；尚未建立工会的用人单位，由上级工会指导劳动者推举的代表与用人单位订立。

第五十六条 用人单位违反集体合同，侵犯职工劳动权益的，工会可以依法要求用人单位承担责任；因履行集体合同发生争议，经协商解决不成的，工会可以依法申请仲裁、提起诉讼。

4.《最高人民法院关于审理劳动争议案件适用法律问题的解释(一)》

第四十七条 建立了工会组织的用人单位解除劳动合同符合劳动合同法第三十九条、第四十条规定，但未按照劳动合同法第四十三条规定事先通知工会，劳动者以用人单位违法解除劳动合同为由请求用人单位支付赔偿金的，人民法院应予支持，但起诉前用人单位已经补正有关程序的除外。

5.《最高人民法院关于在民事审判工作中适用〈中华人民共和国工会法〉若干问题的解释》

第二条 根据工会法第十八条规定，人民法院审理劳动争议案件，涉及确定基层工会专职主席、副主席或者委员延长的劳动合同期限的，应当自上述人员工会职务任职期限届满之日起计算，延长的期限等于其工会职务任职的期间。

工会法第十八条规定的“个人严重过失”，是指具有《中华人民共和国劳动法》第二十五条第（二）项、第（三）项或者第（四）项规定的情形。

第六条 根据工会法第五十二条规定，人民法院审理涉及职工和工会工作人员因参加工会活动或者履行工会法规定的职责而被解除劳动合同的劳动争议案件，可以根据当事人的请求裁判用人单位恢复其工作，并补发被解除劳动合同期间应得的报酬；或者根据当事人的请求裁判用人单位给予本人年收入二倍的赔偿，并根据劳动合同法第四十六条、第四十七条规定给予解除劳动合同时的经济补偿。

6.《北京市实施〈中华人民共和国工会法〉办法》

第十四条 工会主席、副主席不得由本企业的法定代表人兼任，也不宜由分管劳动、工资、人事的企业负责人兼任。

企业主要负责人的近亲属不得作为本企业基层工会委员会的成员。

7.《深圳市实施〈中华人民共和国工会法〉办法》

第十一条 工会主席、副主席、常务委员、委员的候选人由会员民主推荐，报上级工会批准后，经会员大会或者会员代表大会直接选举产生，其中主席、副主席、常务委员也可以由工会委员会选举产生。

女职工人数较多的，应当有女会员担任工会主席、副主席或者常务委员、委员职务。女职工人数在三人以上的，工会委员会中的女职工委员应当由女会员担任。

用人单位的法定代表人、总经理、副总经理以及同类职务人员和人事部门负责人及其在本单位工作的近亲属，不得担任本单位工会主席、副主席、常务委员、委员和经费审查委员会成员。

8.《上海市工会条例》

第三十八条 工会主席、副主席、委员任期未满的，不得随意调动其工会工作岗位或者劳动合同约定的岗位，因工作需要调动的，应当事先征得本单位工会委员会的同意；工会主席、副主席的调动，还应当征得上一级工会的同意。

调动工会筹建负责人的工作，应当事先征求上一级工会的意见。

征求上一级工会的意见应当采取书面形式。上一级工会应当在接到书面意见之日起十五日内予以答复，逾期未答复的，视为同意。

基层工会专职主席、副主席或者委员自任职之日起，其劳动合同期限自动延长，延长期限相当于其任职期间;非专职主席、副主席或者委员自任职之日起,其尚未履行的劳动合同期限短于任期的,劳动合同期限自动延长至任期期满。但是,任职期间个人严重过失或者达到法定退休年龄的除外。

基层工会专职主席、副主席或者委员任期期满不再担任专职工会职务的,所在单位应当妥善安排其工作。

9.《江苏省劳动合同条例》

第三十一条 用人单位解除或者终止劳动合同,应当符合法定的条件和程序。

用人单位单方解除劳动合同,应当事先将理由通知工会;用人单位尚未建立工会的,通知用人单位所在地工会。

第四节 股权激励

实务精讲

一、股权激励的概念

股权激励是指用人单位附条件地将部分股权转由劳动者持有,从性质上看,股权激励是一种对劳动者的长期性激励,即对于符合资格(如一定业绩、一定职位等)的劳动者,通过持有股票、享有股票(股权)期权或者增值收益的方式,将劳动者的长期利益与用人单位利益结合在一起,既使劳动者从用人单位的增值发展中按贡献享有回报,又能够塑造既定薪酬之外的长远激励目标。

股权激励虽然与劳动关系息息相关,但是并非所有因股权激励引发的纠纷都与劳动关系有关,其中多数纠纷所适用的是《公司法》而与本书主题不具有相关性,因此,本节仅就与劳动关系有关的部分进行讲解。

二、股权激励的类型

(一)按照公司类型:上市公司股权激励和非上市公司股权激励

根据《上市公司股权激励管理办法》第 2 条第 1 款规定,所谓上市公司股权激励，是指“上市公司以本公司股票为标的，对其董事、高级管理人员及其他员工进行的长期性激励”；而非上市公司股权激励目前尚未有明确法律规定，目前，证监会已起草了《非上市公众公司监管指引第×号——股权激励和员工持股计划的监管要求（试行）》，拟对非上市公司的股权激励行为进行规制。上市公司股权激励与非上市公司股权激励在股权激励的模式上并无显著区别，其关键在于，上市公司股权激励的情形、对象、股票来源和程序等方面受到《上市公司股权激励管理办法》的严格约束，而对于非上市公司则尚无此类约束。

（二）按照收益来源：权益结算类和现金结算类

权益结算类是指以权益作为激励标的，其最终形态体现为一定的公司股权由被激励的劳动者持有，具体有股票期权、限制性股票和干股等模式。所谓股票期权，是指授予符合要求的劳动者以在一定期限内按照劳资双方事前约定的价格购买公司股票的权利，这一激励模式在上市公司被称为股票期权，而在非上市公司则为股权期权；而限制性股票是指符合公司给予劳动者以一定数额的公司股票，但劳动者不可出售，待劳动者满足激励条件后，方可出售该股票以获取利益；干股又称员工持股，是指符合激励资格的劳动者无须出资，即由公司将本公司部分股票无偿地转由劳动者持有的股权激励模式。

而现金结算类是指员工并非享有权益本身，而仅是享有股票升值所带来的收益，其最终形态即体现为劳动者因股票增值所获得的现金，现金结算类的股权激励有虚拟股票和股票增值权两种主要类型。前者是指被授予虚拟股票的劳动者并不实际持有股票，但是可以根据虚拟股票，享有一定分红权和股价升值收益；后者是指在劳资双方约定的时间内，如股价上升，则劳动者可以行使股票增值权，获得相应的升值收益，例如，公司在股价为 10 元/股时约定，劳动者在 1 年内可以行使股票增值权，获得该股增值所得的全部收益，如在半年后劳动者行使该权利，行权日该股股价上升为 15 元/股，则劳动者可以按照 15 元/股享有收益。

权益结算类和现金结算类的根本区别在于，权益结算类的股权激励意味着劳动者可以因持股而享有作为股东的分红权、表决权等各项权利，而现金结算类本质上无关乎股东权利，受激励的劳动者所享有的仅仅是公司股票增值的收益。因此，现金结算类的股权激励往往在劳动者离职后即告自行失效，而权益结算类的股权激励在劳动者离职后并无此效果。

案例说法

案例1:虚拟股票引发的纠纷是否属于劳动纠纷有分歧

案例观点一

刘某入职青岛天银纺织科技有限公司后,于2012年与天银纺织科技有限公司、辛某、卜某订立《干股协议》,约定以虚拟股对刘某的工作进行激励,后刘某从该公司离职,天银纺织科技有限公司、辛某和卜某遂通过登报的方式与刘某解除劳动合同,并起诉请求与刘某解除《干股协议》,刘某提起反诉,要求按照协议进行分红。

法院经审理后认为,股权(分红权)激励的取得是基于劳动合同,是对劳动者付出超额劳动、作出突出贡献等行为的一种奖励,系奖励性的劳动报酬,实际上体现的是用人单位和劳动者之间的双方关系,双方呈现的仍是隶属关系,应受《劳动合同法》调整。而双方的劳动关系纠纷并未处理完毕,故无法对分红权纠纷进行处理,遂驳回天银纺织科技有限公司、辛某、卜某的起诉与刘某之反诉。

【裁判文书编号】

(2016)鲁0214民初2286号

案例观点二

刘某于2016年7月1日入职尚美伊品服饰有限公司,双方订立了《虚拟股权激励协议》,约定授予刘某2%的虚拟股权,对于公司上一会计年度的税后净利润,刘某凭虚拟股权获得分红。其后,刘某因被调岗、取消分红等原因辞职,后诉至法院,请求判令尚美伊品服饰有限公司根据协议向其支付分红报酬。

法院经审理后认为,刘某依据《虚拟股权激励协议》向尚美伊品服饰有限公司、该公司股东主张盈余分配,应属合同纠纷,而本案所处理的是劳动关系纠纷,因此,刘某应当另案提起主张。

【裁判文书编号】

(2019)湘0203民初4842号

案例2:劳动合同关系解除后,股权激励权益分红不再属于劳动争议案件管辖范围

2013年8月12日马某进入南京埃尔法电液技术有限公司工作,于2016年2月1日入职埃斯顿公司工作,最后一期劳动合同期限为2017年8月13日至2020年12月31日。2017年8月28日早上,埃斯顿公司部门主管周某某强行终止其工作,并安排人事部通知信息技术部查封电脑登录账号,搬走办公电脑,终止办公系统。在马某离职后的第一天,埃斯顿公司以集团名义发文公布了马某在外有自有公司,已严重违反《奖惩制度》第13条规定,已解除劳动关系。2017年9月27日,埃斯顿公司发邮件以原始购买价通知回购股权激励股票,并从本金中扣除现金分红,马某因此诉至法院。

法院认为,马某关于埃斯顿公司支付其在职时已领取的股权激励分红2800元、离职后的股权激励权益分红,恢复并解锁股权21,000股的请求,除涉及其请求是否符合埃斯顿公司相关的规章制度规定之外,尚可能涉及其请求是否符合《公司法》《证券法》《上市公司股权激励管理办法》等对股票解锁、发放等事宜的规定,而后者属平等主体之间的纠纷范畴,不宜在劳动争议案件中处理,马某对此可另行提起诉讼进行主张。

【裁判文书编号】

(2020)苏0191民初4712号

风险应对

风险点:公司章程中约定股随岗变

股随岗变的许多公司在进行股权激励时设定的约束条件之一,这一条款的主要目的之一是使公司可以回收离职的劳动者所持有的股份。但由于许多公司在设定该条款时并未详加规定,仅是规定劳动者离职后需转让其出资;然而,对于采取权益结算类股权激励的公司来说,劳动者一旦持有股票,即系公司股东,而股权自由是《公司法》的基本原则之一,除非双方合意,达成股权转让协议,否则公司无权凭公司章程单方要求持股员工转让股权。根据司法实践中的观点,由于公司章程本身不具有要求持股员工转让股权的效力,劳动者作为股东,享有股权转让的议价权和选择转让方式的自由，如果不能就此两项内容形成定论，则无法实际转让股权，据此，即使约定了股随岗变，持股员工依然作为原权利人持股。

【HR 防范策略】

如公司通过权益结算类股权激励，将一定股权转由劳动者持有，这就意味着双方在劳动关系之外又建立了“股东—公司”关系，故此，公司章程只能约束双方的劳动关系，而不能调整后者。因此，面对劳动关系变动可能引发的股权问题，就有必要单独建立股权激励调整与退出机制，对行权期限、转让方式、价格议定和解除限制的条件等内容与持股员工协商一致，形成书面合同，待劳动者岗位变动或离职而需要变动股权时，该合同可以充当具有法律效力的行权依据。

操作指引

一、上市公司股权激励操作流程

1. 拟定阶段：

由资薪管理部门制定股权激励方案草案。

2. 审议阶段：

(1)提交董事会对股权激励方案草案进行审议，听取独立董事、监事会意见后，形成决议。

(2)进行公示，期限不少于 10 日。

(3)如需变更或否决股权激励方案草案的，则由董事会听取独立董事、监事会意见后，重新作出决议。

(4)无须变更股权激励方案草案的，通知股东大会进行审议，并在审议前 5 日披露监事会对股权激励方案和对象的意见。

(5)股东大会对方案进行审议。

3. 授予阶段：

(1)由董事会向交易所提出申请。

(2)股票登记机构办理结算登记事项。

4. 行权阶段：

(1) 由董事会审查激励对象是否符合行权条件。

(2) 以限制性股票进行激励的，在解除限售前进行公告；对于以股票期权进行激励的，在完成后就行权事宜进行公告。

二、股权激励方案设计

(一) 摸底清查

1. 对拟激励人员进行访谈调查，了解其利益诉求、未来期待和对公司发展与现状的评价，从而为拟定激励方案和限定激励对象提供信息。

2. 进行财务分析，了解公司财务现状，包括年度净利润、估值和每股净资产等。

3. 对持股现状进行分析，了解公司现有的股权结构。

(二) 方案设计

1. 明确目标，根据股权激励所欲实现的目标、公司运营现状和人事情况选择激励方案。

2. 明确激励对象。

3. 明确激励模式。

4. 确定股票(股权)来源。

5. 明确激励细节，包括股权数量、行权时间和确定价格，具体要素需要根据选择的股权激励模式确定。

6. 确定激励规则和机制，以合同、章程等方法形成有法律效力的文件。

(三) 实施阶段

1. 公示股权激励方案。

2. 确定具体激励对象。

3. 对激励对象订立股权激励协议，明确个人业绩考核标准，公司业绩认定标准、激励实现方式、流转与退出机制，如实施现金结算类的股权激励模式，还对股权代持问题进行明确约定。

4. 形成持股成员代表大会以及配套的管理、监督机构。

5. 根据授予股权的情况，办理工商变更登记手续。

（四）行权阶段

1. 对是否符合行权条件进行审核。首先由持股员工提交申请以及配套材料，其次由股权管理机构进行资格审核，再次由法务部门或律所进行合法性与合规性审查，最后由决策机构作出决定。

2. 在符合条件的情况下，向持股员工支付分红。在公司章程规定或合同约定的分红期限内，由股权管理机构根据分红方式和约定的支付比例，向符合资格的员工支付分红金额。

疑难解答

权益结算类股权激励引发的纠纷是否属于劳动争议？

对这一问题并无明确法律规定，司法实践中也存在截然相反的观点，法院在审查纠纷性质时一般需要进行实质性考察，判断该股权激励与劳动关系之间的联系。

如在（2015）浙绍民终字第986号案中，法院认为"《股权激励协议》系上诉人为争取被上诉人刘某到上诉人处工作的机会，在与被上诉人约定《劳动合同》相关事项基础上，经平等自愿的协商，上诉人愿意提供与被上诉人在原单位开元旅业集团同等价值激励给予其补偿，该协议基于上诉人与被上诉人之间的劳动关系产生，与双方之间的劳动关系存在密不可分的联系，系上诉人为引进高级管理人才自愿作出的激励和补偿，应当视为被上诉人刘某到上诉人处工作除基本工资外的附加报酬，故也应属于劳动争议审理范围"。

而在（2014）深中法商终字第1770号判决中，上诉人彭某认为股权激励承诺书中约定离职需支付违约金违反了《劳动合同法》关于违约金的约定，但法院将上诉人彭某与富安娜公司的劳动合同关系与彭某购买富安娜公司限制性股份形成的股权关系视为两个独立的、不同性质的法律关系，认为在承诺函中彭某承诺如离职则向公司支付违约金这一条款虽然涉及劳动关系，但并非是为了获得工作而订立的，而是为按照优惠价格购股而订立的，因此认定彭某与富安娜公司的纠纷并非劳动纠纷而属于股权纠纷。

文书工具

《员工股权激励协议书》【见书尾文书,文书编号:NO.20】

《员工股权激励承诺函》【见书尾文书,文书编号:NO.21】

文书工具附录

NO. 01 《续订劳动合同意向通知书》

续订劳动合同意向通知书

________:

您与公司签订的劳动合同将于________年____月____日届满，公司拟与你按以下“□”中划“√”意见办理。

□签订无固定期限劳动合同。

□签订有固定期限劳动合同，期限为________年。

请您于________年____月____日之前，将回执返回本公司________________部。到期未返回回执者，视为您不愿与公司续订劳动合同意愿。

员工签名：　　　　　　　　________________公司________________部

日期：________年____月____日　　　　　　　　________年____月____日

回　　执

本人于________年____月____日收到________________公司《续订劳动合同意向通知书》，其意见已在下“□”中划“√”。

□本人同意公司续订无固定期限劳动合同的意向安排。

□本人愿意与公司续订有固定期限劳动合同，期限为________年。

□本人不愿意与公司续订无固定期限劳动合同/有固定期限劳动合同。

□本人要求终止劳动关系。

员工签名：　　　　　　　　日期：________年____月____日

NO.02 《劳动合同续订书》

（一）

劳动合同续订书

经甲乙双方协商同意，续订本合同。

1. 甲乙双方按以下第________种方式确定续订合同期限：________

(1)固定期限：自________年____月____日起至________年____月____日止。

(2)无固定期限：自________年____月____日起至依法解除或终止劳动合同时止。

2. 双方就有关事项约定如下：________

(1)________；

(2)________；

(3)________。

3. 除以上约定事项外，其他事项仍按照双方于________年____月____日签订的劳动合同中的约定继续履行。

甲方(盖章)________　　乙方(签字)________

法定代表人(主要负责人)________

或委托代理人(签字或盖章)________

________年____月____日　　________年____月____日

（二）

劳动合同续订书

本次续订劳动合同期限类型为________期限合同，续订合同生效日期为________年____月____日，续订合同________________终止。

甲方（盖章）　　　　　　　　　　　　　　　　　　　　乙方（签章）
法定代表人
或委托代理人（签章）　　　　　　　　　　　　　　　________年____月____日

本次续订劳动合同期限类型为________期限合同，续订合同生效日期为________年____月____日，续订合同________________终止。

甲方（盖章）　　　　　　　　　　　　　　　　　　　　乙方（签章）
法定代表人
或委托代理人（签章）　　　　　　　　　　　　　　　________年____月____日

NO. 03 《劳动合同中止协议》

劳动合同中止协议

甲方：

乙方：

因个人发展需要，乙方向甲方书面申请中止劳动合同，经甲乙双方协商，特签订本协议。

1. 劳动合同中止期限自××××年××月××日起至××××年××月××日止，共计×个月。

2. 劳动合同中止期间，甲方保留与乙方的劳动关系，但乙方不在甲方的工作时间不计算为工作年限。

3. 劳动合同中止期间，乙方不享受甲方的工资、奖金等各项薪酬福利待遇。

4. 劳动合同中止期间，按照国家规定应由乙方缴纳的社会保险费（包括个人缴纳部分和单位缴纳部分）由乙方全额承担，由甲方代缴。每月 10 日前乙方应将当月的社会保险费全额支付给甲方，乙方若未按期支付的，甲方可以与乙方解除劳动关系。

5. 劳动合同中止期间，乙方必须遵纪守法，如从事非法活动或发生对甲方造成严重影响的行为，甲方有权按规定与乙方解除劳动关系。

6. 劳动合同中止期间，乙方患病或者非因工负伤并被确认丧失或者基本丧失劳动能力的，甲方有权按规定与乙方解除劳动关系。

7. 劳动合同中止协议期满后，乙方愿意继续回甲方工作的，须在期满前一个月内向甲方提出书面申请，以便于甲方进行工作安排。若乙方未书面申请回甲方工作，又未提交解除劳动合同的书面通知，当劳动合同中止协议期满后，乙方未回甲方工作的，甲方视同乙方为旷工，并按规定与乙方解除劳动关系。

8. 本协议在履行期间，如遇国家政策调整等客观因素发生变化时，可以依照相关政策执行。本协议未尽事宜，应由甲乙双方根据国家政策规定进行协商，作出补充规定。补充规定与本协议具有同等效力。

9. 本协议一式两份，甲乙双方各执一份，本协议自劳动合同中止期限开始之日起生效。

甲方（盖章）：　　　　　　　　　　　　乙方：

法定代表人：　　　　　　　　　　　　身份证号码：

________年____月____日　　　　　　________年____月____日

NO. 04 《劳动合同变更协议范本》

劳动合同变更协议

甲方：

乙方：

1. 经甲乙双方协商同意，对________年____月____日签订的劳动合同书作如下变更：

劳动合同变更内容：

(1)________；

(2)________；

(3)________。

2. 除以上约定事项外，其他事项仍按照双方于________年____月____日签订的劳动合同中的约定继续履行。

甲方（盖章）　　　　　　　　　　　　乙方（签章）

法定代表人

或委托代理人（签章）

日期：________年____月____日　　　　日期：________年____月____日

NO.05 《用人单位用工管理规章制度参考文本》

某有限公司员工手册

目　　录

前　　言

（略）

第一章　总　　则

1.1　本着促进劳资关系和谐发展，维护公司的正常生产经营运作，明确工作制度、劳动纪律及其考核奖惩标准，依据中华人民共和国《劳动法》、《劳动合同法》及《劳动合同法实施条例》等有关法律、法规，结合本公司的具体情况，特制定本《员工手册》（以下简称手册），以资遵守执行。

1.2　员工任职后即与本公司形成合同约束关系，本手册为公司与员工签订的劳动合同的有效附件。

1.3 遇国家有关法律法规与政策的变化,公司将依据国家相关法律规定,修改本手册。

1.4 如对本手册内容的理解有歧义的地方,以公司的解释为准。

1.5 本手册经与职工代表平等协商后,依法在公司内向全体员工公示。公司以前的政策、规定及有关文件与本手册内容不一致的,按本手册内容执行。

第二章 企业愿景与精益文化

(略)

第三章 聘用政策及劳动合同管理

3.1 聘用条件

所有员工之聘用,在遵循政府招工规定的前提下,只要具备适当的品德、能力、学历、经验,无论其性别、国籍、种族、信念、信仰及背景,均有平等之机会获得在本公司工作和接受公司提供的良好的培训与发展。但所有申请人员必须事先经人力资源部审核,符合本公司以下手续及雇佣条件:

3.1.1 符合法定就业年龄,并具有正常民事行为能力。

3.1.2 申请人必须填写《入职申请表》,如实申报个人简历和数据,同时提供本人有效身份证、学历证及其他相关有效证明文件。

3.1.3 特种岗位须持有特殊工种上岗证。

3.1.4 无不诚实表现,包括但不限于提供虚假证件及数据、虚假陈述及瞒报等。

3.1.5 曾在本公司任职,因违纪解约将不能再加入本公司;按正常手续办理辞工者需满3个月后才能再次加入本公司(特殊情况下,确因公司经营业务需要,必须获得总经理批准方可录用);违约自动离职者,需满1年方能申请重新加入本公司(特殊情况下,确因公司经营业务需要,必须获得总经理批准方可录用)。

3.1.6 所有重新受聘之员工在办理应聘手续时,必须主动填报曾于本公司担任的职务及服务时间等数据。

3.1.7 所有应聘员工需主动填报在公司内工作之亲属关系资料。

3.1.8 本公司不招用未停止与第三方的劳动关系、社会保险关系的员工或未与其他用人单位解除劳动合同而擅自离职人员。

3.2 聘用程序

人力资源部根据职位空缺和需求发布招聘信息。员工可通过以下途径申请相关职位：

3.2.1 自荐：人力资源部将需招聘且接受内部推荐的空缺职位张贴在“招聘栏”内予以公布，有意向的员工可根据以下程序提出自荐申请应聘：

◇ 填写《内部应聘表》，得到所在部门主管或经理审核批准。

◇ 人力资源部签字确认并安排面试；公司内部员工经人力资源部和用人部门面试合格后，由原部门填写《人事变动表》，经双方（原部门和录用部门）的部门负责人审批、人力资源部复核后正式生效；人力资源部根据核准的《人事变动表》对录用人员进行人事档案更新。同等应聘条件，优先考虑本公司内部员工。

3.2.2 人才推荐及各招聘渠道候选人：公司欢迎并鼓励员工推荐候选人。

◇ 候选人填写《应聘申请表》，由人力资源部招聘人员进行初步面试，根据职位要求，必要时进行职位知识/能力笔试或英文能力笔试，并将考试结果记录在《面试评估表》上，初试合格者推荐给部门制定的负责人进行复试，并记录复试评语及结果。

◇ 复试结果由人力资源部招聘人员负责通知候选人。

3.3 聘用批准权限

雇员受聘须取得下列管理人员签署的入职申请：

3.3.1 工人：所在部门主管或经理。

3.3.2 职员：

◇ 一般职员：所在部门主管或经理；

◇ 主管或以上级别职员：总监级别以上人员。

3.4 报到入职流程

3.4.1 新员工需在入职前办理相关报到手续，提交相关资料至人力资源部，详列如下：

◇ 身份证正反面复印件一份；

◇ 毕业证复印件一份；

◇ 半年内拍摄的一寸红底免冠照片两张；

◇ 体检报告单原件（如适用）；

◇ 最近一份工作的离职证明（如适用）；

◇ 参加学术/团体的证明（如适用）；

◇ 特殊工种职业资格证/上岗证复印件（如适用）；

◇ 其他相关的文件。

3.4.2　人力资源部为报到员工制作厂牌和考勤卡，并建立个人档案。

3.4.3　人力资源部实施新员工入职培训。

3.4.4　行政部安排新员工膳宿。

3.5　人事记录

3.5.1　雇员受聘前须如实填写个人资料并呈交有关证件及证书的正本，以供查核。公司会将雇员证件的复印件长期存放在人事档案中，但只会用于与雇佣有关事项、履行法例要求或审核用途。

3.5.2　员工应及时向人力资源部更新其最新的个人资料，并保证呈报的资料真实无讹。虚报数据、使用无效或假证件或借用他人证件的属于严重违反规章制度，一经发现，公司将予以实时解除劳动合同，并不需要支付任何经济补偿。

3.5.3　公司为每位员工建立个人档案并存于人力资源部。员工档案除文件管理者外，只允许其本人和其直属主管或以上的管理人员查阅。

3.5.4　员工档案包括员工个人有关的基本资料、工作评估考核、职级调整、工资调整、纪律奖惩等人事方面的数据。另外还包括员工培训和业余进修的记录。

3.5.5　员工的通讯地址、联系电话等个人资料变更，请及时到人力资源部登记，以便公司在必要的时候运用正确的通讯方式与员工联系，如果员工不作变更，原通讯地址仍作为有效通讯地址，公司仍视原通讯地址为有效的文件送达地址。

3.6　劳动合同

3.6.1　劳动合同，是根据国家和广东省规定的劳动合同制度，旨在确立双方劳动关系，明确双方权利和义务而自愿协商签订的协议。

3.6.2　所有员工入厂后30日内必须与公司签订劳动合同。如果员工入职后，在公司指定的时间内未与公司签订劳动合同，视为员工自愿与公司提出辞职，双方劳动关系即日解除。

3.6.3　合同期满后，经双方协商同意，可续约。劳动合同期满，如不续签，应提前3个工作日予以书面通知。

3.6.4　劳动合同必须经员工本人签名，并由本公司法定代表人签名（或法定代表人书面授权委托人）或加盖本公司公章或劳动合同章方能生效。劳动合同一式两份，员工与公司各持一份。

3.7 试用期

3.7.1 试用期依据相关法律规定执行，公司按照不同工种或不同岗位的需要设定1~6个月的试用期，具体按所签订之劳动合同相关内容执行。

3.7.2 在试用期内，有关部门会按照员工入职岗位的要求对员工进行入职、上岗培训及工作表现的考核。员工必须达到生产或工作要求，并遵守员工手册及相关制度，才能通过试用期。

3.8 岗位调整

3.8.1 因生产和工作的需要，公司可在劳动合同约定的岗位类型内调整员工的工作岗位，而不需要进行协商；如果在劳动合同约定的岗位类型外调整员工的工作岗位，则需要与员工进行协商达成一致意见后方可变更。

3.8.2 员工如在雇佣期内希望调职，可咨询部门负责人或人力资源部。

3.8.3 员工在合同期内工资调整，不视为劳动合同的变更，无须另行签订劳动合同；员工在合同期内工作职位调整，应对签订的劳动合同进行修改，或者签订补充协议。

3.9 劳动合同的解除和终止

3.9.1 劳动合同解除：

3.9.1.1 试用期内解除劳动合同。

1）员工在试用期内须提前3个工作日通知公司解除劳动合同，并在离职前完成交接工作；如未能提前3个工作日通知公司，公司有权按未提前天数扣除相应工资作为代通知金。

2）员工在试用期间被证明不符合录用条件和要求的，部门填写试用期评估表后给人力资源部审批后，公司可以即时解除劳动合同，无须支付任何经济补偿或代通知金。

3.9.1.2 合同期内提前解除劳动合同。

1）试用期满后，员工提前解约的，需提前30日以书面形式通知公司。同时，员工必须在离职前完成交接工作。辞职期间的请假时间不包括在辞职期内（特殊情况除外，需经总经理批准）；如未能提前30日以书面形式通知公司，公司有权按未提前天数扣除相应工资作为代通知金。

2）试用期满后，公司依据相关法律规定提出提前解约的，需提前30日书面通知员工。如未能提前30日以书面形式通知员工,公司按未提前天数支付相应工资作为代通知金。

3.9.1.3　员工严重违纪解除劳动合同:公司无须提前通知员工,即可立即解除劳动合同,无须支付代通知金或任何经济补偿金,并依法追究其违纪行为对公司造成的经济损失的赔偿责任。

1)严重违反公司规章制度的,按《违纪处理制度》相关规定进行处理;

2)严重失职,营私舞弊,给公司造成重大损害或经济损失的;

3)同时与其他用人单位建立劳动关系,对完成本公司的工作任务造成严重影响,或者经公司提出,拒不改正的;

4)以欺诈、胁迫的手段或者乘人之危,使公司在违背真实意思的情况下订立或者变更劳动合同的;

5)被依法追究刑事责任的。

3.9.2.员工违约自动离职。

员工无故连续旷工3天或一年内累计旷工达6天的,劳动合同自动终止,如给公司造成损失的,应承担赔偿责任。

3.9.3　劳动合同终止。

劳动合同期满或达到法定退休年龄及其他劳动合同终止的条件出现时,劳动合同终止;劳动合同期满的前3天为合同终止的通知期,逾期视为同意续签劳动合同。

3.9.4　其他情况按相关法律法规实施。

第四章　工作时间及考勤制度

4.1　工作时间

4.1.1　公司根据生产经营的需要,对不同的部门及岗位分别实行标准工时工作制、不定时工作制、综合计算工时工作制。

4.1.2　采用标准工时工作制的部门及岗位,每周正常工作40小时。

4.1.3　公司根据某些部门及岗位的工作特殊需要或职责范围特点,采用不定时工作制。

4.1.4　在不定时工作制下,员工在标准工作时间以外从事生产和工作,不视为加班或延长工作时间,不享受加班或延长工作时间的工资待遇。

4.1.5　公司因某些岗位的工作性质特殊,需连续作业或受季节条件、外界因素影响，生产任务不均衡，实行综合计算工时工作制。除特殊情况外，在一个综合计算工时的周期内，员工平均每周工作40小时，具体上下班时间及休息日由公司决定安排。

4.1.6　公司根据《劳动法》的有关规定，在保障员工身体健康的基础上，采用集中工作、集中休息、轮休调休、弹性工作时间等适当方式，确保员工的休息、休假权利和生产、工作任务的完成。

4.1.7　公司采用标准工时工作制、不定时工作制、综合计算工时工作制的具体部门及岗位，见与员工签订的劳动合同或公司公布的出勤管理规定。

4.1.8　员工同意公司根据生产经营需要适当加班或延长工作时间。员工如不同意，应当书面向公司提出。

4.1.9　公司支付给员工的工资标准不低于当地本年度最低工资标准。

4.1.10　员工必须完成公司规定的合理的劳动任务及劳动定额。

4.2　考勤制度

员工所持考勤IC卡为考勤卡，员工出勤记录将作为工资计算凭证。

4.2.1　公司根据实际运作需要，设定两个基本白班上班考勤班次及一个夜班班次，详细以人力资源部公布之上班时间为准；如有部门根据工作需要，需设立其他班次的，提前填写特殊班次申请表，交予人力资源部审核后设置。

4.2.2　员工上下班必须排队逐一刷卡，刷卡时将卡片正面紧贴到考勤机外的玻璃上，等听到“滴”声，并显示员工姓名、工号，即表示刷卡成功，否则刷卡无效。如有异常，请立即到人力资源部考勤处进行查核。

4.2.3　所有员工根据班次每天刷4次卡，上午上、下班各一次，下午上、下班各一次；加班时间的，须在加班上、下班各刷卡一次。

4.2.4　如有遗失或人为损坏IC卡，本人需到人力资源部重新申请一张新卡，同时支付工本费人民币10元。

4.2.5　员工上下班打卡有效时间：上班打卡以不早于上班时间20分钟内有效，下班打卡以不晚于下班时间20分钟内有效，此部分时间不计入上班时间，下班及上班打卡时间间隔不能少于10分钟。

4.2.6　员工必须认真遵守上下班时间，不得无故旷工、迟到和早退。迟到或早退按每月总计的时间，依照缺勤时间计算在工资中扣除。

4.2.7　员工上下班应依规定由本人打卡。上下班不打卡或不在规定时间内打卡,计算机考勤将无法识别,自动处理考勤结果为旷工。

4.2.8 任何情况下也不能由他人代替打卡,凡指使、代替他人打卡或做假考勤记录的一律按严重违纪处理,被记录人的当日按旷工处理。如有下列情形之一者,将按第九章《违纪处理制度》相关规定处理:

1)委托他人代打卡或代他人打卡者;

2)打上班卡后不直接上班而先去办理私事者;

3)下班后不直接打下班卡而先去办理私事者;

4)没有加班而回厂打加班卡者;

5)因为迟到、早退而刻意不打卡者。

4.2.9 因工作或非员工个人原因未能打卡的,由本人如实写明情况,经部门负责人签署意见确认,交人力资源部补考勤记录。

4.2.10 员工若遇卡钟损坏或刷卡有误或忘带厂卡,应及时到保安室补签并给本人部门主管或经理签名证实。

4.2.11 所有补签卡申请及批准必须在3个工作日内完成,超过3个工作日一律视为未打卡。

4.2.12 员工在上班时间内,不得无故离开工作岗位,不得从事与生产、工作无关的事情,不得串岗聊天,不得妨碍他人生产或工作。

4.2.13 出差:因工作需要,公司安排员工到公司以外的地方完成某项任务或办理特殊事务为出差。

1)员工出差前需填写《出差单》,经部门主管或经理审批后,交由人力资源部备案,员工将人力资源部开的《出门放行条》交给保安方可离厂。

2)出差后:核对实际出差时间与《出差单》时间是否相符,不符合的要在1个工作日内补签《出差单》(之前提交的作废)并交人力资源部;——出差后,员工提前或延迟回来,须在回来当日或次日到人力资源部修改《出差单》时间以作备案。

3)遇特殊原因(如休息日接到出差指令)出差但不能亲自填写《出差单》的,应通知下属或同事在上班第一时间代填《出差单》,经审核后交人力资源部。

4.2.14 迟到/早退/旷工。

1)上班时间未到岗者为迟到。

2)未到下班时间而提前离岗者为早退。

3)工作时间未经上司批准离开工作岗位者为擅离职守。

4)有以下情况之一的为旷工或无故缺勤,旷工或无故缺勤时间不计薪:

➢ 迟到、早退或擅离职守超过30分钟;

➢ 未经请假或请假未被批准而无故缺勤的;

➢ 休假期满未续假而无故缺勤的;

➢ 只有上下班打卡记录,但无工作记录的;

➢ 上班时间外出办理私事者;

➢ 出差不填写出差单到人力资源部备案的;

➢ 其他无正当理由而缺勤的。

4.2.15 每月考勤统计的截止日期为每月最后一日;所有员工要签名确认作实,并按规定的期限以部门为单位交回考勤组,逾期未交回者以默认考勤无误作实。

4.3 加班制度

4.3.1 员工因在工作时间内不能完成任务而需要加班的,应向其上级主管递交加班申请书,经部门经理审核后方可加班。未经批准的,不属于加班。

4.3.2 公司因生产或工作需要安排员工加班(如不同意加班,需书面提出),由部门统一填写加班申请表,经部门主管或经理审批后执行,方给予计算加班工资。如未经批准加班,视为无效。

4.3.3 因工作需要安排周日加班的,须提前至少3个工作日申请,并经过总经理审批方可进行。

4.3.4 以下情况不视为加班或延长工作时间:

1)公司在节假日组织的郊游及其他娱乐活动;

2)公司在非节假日组织的下班后的娱乐活动;

3)参加在非工作时间组织的非强制性的培训或座谈。

4.4 请假制度

4.4.1 请假办理流程:填写《请假单》→直属上司审核→部门主管审批→部门经理审批→总经理批准(如适用)→《请假单》交人力资源部。

4.4.2 除另有规定者外,员工各种请假都必须提前填写《请假单》办理手续,未经批准而不上班的按旷工处理。

4.4.3 若请假提前回来上班者,由本人到人力资源部办理消假手续。

4.4.4 经理级以下人员请假3天内(含3天)的须提前1天申请,由部门主管批准;请假4~7天(含7天)的须提前3天申请,由部门经理批准;请假7天以上的必须提前一个星期申请，最终由总经理批准。

4.4.5 经理级或以上人员请假，3 天内（含 3 天）的须提前一个星期向上一级经理申请批准；4 天以上的须提前至少两个星期向上一级经理申请，最终由总经理批准，紧急特殊情况除外。

4.4.6 员工患病急诊，须在当天亲自通过电话或亲友传递方式向所属部门主管申请，并在事后上班的第一天补交假单，否则作旷工处理。如发生急诊，员工无须受指定医院限制。

4.4.7 凡不按此规定办理假期申请手续或请假未经批准而缺勤者、无正当理由逾期不归者，一律按旷工处理。

4.4.8 员工的休息休假按照法律的有关规定执行。

4.4.9 请假须本人假前亲自办理，他人一律不得代假（因病不能亲自办理的例外）。

4.4.10 申请有薪假期必须符合相关标准，并得到人力资源部经理批准。

4.5 调休制度

4.5.1 公司若因生产或工作需要，而需安排员工在休息日上班的，原则上应优先安排调休。确实因工作而不能调休的，按加班计算。

4.5.2 员工因调休请假时，部门主管须告知其调休日期并在“请假申请表”上批注具体调休日期。

4.5.3 调休时间可以累积，但须在当月内休完（以每月月底最后一天为界限）。

4.5.4 批准权限：文员组长级、主管调休由部门经理批准；经理调休由上一级经理批准。

4.5.5 实行综合工时员工的调休须经部门经理和人力资源部经理批准。

第五章 薪酬福利

5.1 薪资计算

5.1.1 薪资构成：详细请参阅公司《员工薪酬制度》。

应发工资 = 正常上班时间工资 + 加班工资 + 奖金 + 补贴

实发工资 = 应发工资 − 相关扣减 − 代扣代付费用（社保个人缴交及个人所得税）

5.1.2 正常上班时间工资：

➢ 根据各职位类别及职级设定正常上班时间工资，支付标准不低于当地最低工资标准。

➢ 正常上班出勤工资计算公式:

当月实际出勤时数小于 80 小时:正常上班出勤工资 = 正常上班时间工资/21.75 天/8 小时 × 正常上班时数

当月实际出勤时数大于 80 小时:正常上班出勤工资 = 正常上班时间工资 −(正常上班时间工资/21.75 天/8 小时 × 缺勤时数)

5.1.3 加班工资。

➢ 工作日加班工资计算:正常工作时间工资/21.75 天/8 小时 ×150% × 工作日加班小时数

➢ 休息日加班工资计算:正常工作时间工资/21.75 天/8 小时 ×200% × 休息日加班小时数

➢ 法定假日加班工资计算:正常工作时间工资/21.75 天/8 小时 ×300% × 法定假日加班小时数

5.1.4 奖金及其他补贴:根据公司颁布的相关管理办法执行。

5.1.5 相关扣减。

➢ 社会保险费:公司在每月薪资中代扣代缴个人缴纳部分的金额,标准按当地政府规定扣缴;社会养老保险个人缴交部分在工资"税前扣减项"中扣除。

➢ 个人所得税:应缴个人所得税 = 应纳税所得额 × 适用税率 − 速算扣除数,其中,应纳税所得额 = 月工资、薪金收入 − 免税扣除额。个税扣除详细参照国家相关法规。

➢ 税后扣减项包括住宿管理费、水电费、管理费及其他成本费用扣除等。

5.2 薪资支付

5.2.1 薪资发放前,公司向员工提供详细的工资清单,如发现工资有问题,应在 3 个工作日内持工资清单到部门文员处备案,说明薪资异常原因及金额,由部门文员呈人力资源部薪资核算人员查询,经核实后作相应补计手续。

5.2.2 员工收到工资单并确认签收后,视为员工收到的工资与应发工资的全部发放及扣除"专项"数额(其中包括正常工作时间工资与加班工资)与实际情况相符。同时公司拒绝员工此外的(员工已签名确认的支付周期内工资除外的)其他工资专项及数额要求。

5.2.3 支付日期及方式:公司每月 25 日或之前通过现金或银行转账形式支付

员工工资。

5.3 假期

5.3.1 法定节假日:所有员工每年可享有以下法定节假日,共计11天。

➤ 元旦1天(1月1日)。

➤ 春节3天(农历除夕、正月初一、初二)。

➤ 清明1天(清明当日)。

➤ 劳动节1天(5月1日)。

➤ 端午节1天(农历五月初五)。

➤ 中秋节1天(农历八月十五)。

➤ 国庆节3天(10月1日、2日、3日)。

➤ 如果法定节假日适逢休息日的,将给予员工相应补休时间。

5.3.2 年休假:员工累计工作已满1年的,可享受带薪年假。

服务年限	可享受带薪年假天数
累计工作已满1年不满10年的	5天
已满10年不满20年的	10天
已满20年的	15天
(副)经理级以上人员1年至10年的	10天
(副)经理级以上人员满10年或以上的	15天

1)带薪年假的其他相关规定按国家有关规定执行。

2)一般情况下,依法可享有年休假的员工,年休假安排在春节放假时统一休假。

3)若在春节放假时尚未休完上年度带薪年休假的,可在春节后安排年休假。如在12月31日前仍未休完上年度年休假的,将被认为自动放弃,并不予以折合薪资。

4)年休假可以由公司根据实际生产经营状况作出灵活安排,员工不得有任何异议。

5)辞职员工因工作原因没及时休年假的,年假工时在离职时折算成工资在离职工资中发放。

6)员工有下列情形之一的,不享受当年的年休假:

➤ 累计工作满1年不满10年的员工,请病假累计2个月以上的;

➤ 累计工作满10年不满20年的员工,请病假累计3个月以上的;

➤ 累计工作满20年以上的员工,请病假累计4个月以上的。

5.3.3 婚假。

1）凡符合法定结婚年龄（男年满22周岁、女年满20周岁）的员工，均可享受3天有薪婚假；晚婚（男年满25周岁，女年满23周岁）给予婚假13天；

2）请假时或于假后3个工作日内向人力资源部提供《结婚证》原件、复印件及民政部门相关证明，否则当事假处理；原件经核对后，立即归还员工；

3）婚假须于领取《结婚证》之日起半年内申请连续休完应休假期，过期视为自动放弃；

4）婚假时间适逢休息日及法定假日，不另外延长假期；

5）婚假工资按正常上班时间工资支付；

6）其他按国家有关规定执行。

5.3.4 产假。

1）符合计划生育政策怀孕生育之女性员工，均可享受不少于90天的有薪产假，其中产前休假15天；难产的增加产假30天；实行晚育的（23周岁后生育第一胎），增加产假15天；多胞胎生育的，每多生育一个婴儿增加产假15天；领取独生子女父母光荣证的，增加产假35天。

2）休假前须向人力资源部提供《准生证》；返回后，须提供《出生证明》《独生子女证明》（如适用）及以上附加假期的相关证明，否则当事假处理。

3）产假时间包含休息日及法定节假日。

4）产假期间工资按正常上班时间工资支付。

5）其他按国家有关规定执行。

5.3.5 看护假。

1）领取独生子女父母光荣证的，男方享受10天的看护假；假期时间包含休息日及法定节假日。

2）假后需要提供有效的准生证明、出生证明及独生子女证。

3）假期工资按正常上班时间工资支付。

5.3.6 丧假。

1）直系亲属（父母、配偶、子女）过世的，可获3天有薪丧假；假期时间包含休息日及法定节假日。

2）假后须向人力资源部提供当地公安机关或民政单位开具的家属死亡证明及亲属关系相关证明，否则当事假处理。

3)假期工资按正常上班时间工资支付。

5.3.7　工伤假。

员工因公受伤的,在治疗、修养期间给予工伤假;休息天数根据镇级及以上医院开出的休假证明为准;工伤假及医疗期按有关法律规定办理相关手续。

5.3.8　病假。

除工伤外,员工因伤病确实无法上班的,需在假后第一个工作日向人力资源部递交镇级以上(含镇级)人民医院或附属医院及分院或社保定点医疗机构开具病假建议书原件和相关病历以及相关收费收据,否则将做事假处理。其他按国家有关规定执行。

5.3.9　事假。

1)事假应按有关请假规定办理相关手续。

2)若员工有未休完的年休假或待补休的假,在申请事假时应优先休年休假或待补休的假。休完年休假和待补休的假的,按事假处理。

3)事假不计发薪资。

5.4　社会保险

依据相关法规及当地政府及社会保障部门规定,公司为所有员工购买社会保险,其中包括工伤保险、养老保险、住院基本医疗保险、门诊医疗保险和失业保险。

5.5　其他福利

5.5.1　娱乐设施:设有图书室、乒乓球、桌球、象棋、篮球等娱乐设施。

5.5.2　娱乐活动:如生日晚会、电影、大型节日庆典、各类比赛项目等。

第六章　培训与发展

6.1　员工入职时须自觉参加相关入职培训。

6.2　所有人员应自觉参加公司组织的各种培训(含内训和外训)。

6.3　公司依据自身的发展和员工的实际需要,向员工提供必要的专项培训。专项培训成本包含培训费用,培训导师的工资成本、参加培训者的工资成本、培训期间所产生的相关交通及食宿成本,员工接受公司安排的专项培训,应和公司签订专项培训协议,并保证遵守。

6.4　员工须按照公司规定和安排参加相关安全培训。

6.5　其他管理按照公司《培训系统程序》执行。

第七章　奖励制度

7.1　对参加公司活动、工作表现优秀、取得荣誉、为公司节约成本、对公司做出较大贡献或有维护公司重大利益行为的员工，公司都将视其程度和性质给予一定的奖励。包括通报表扬、调薪和晋升等，同时还可给予一定的奖金或奖品。

7.1.1　为公司争得荣誉：

1)以公司名义在报纸、杂志或其他期刊中发表文章，及在征文中获奖的；

2)代表公司参加政府部门、企事业单位组织的文艺演出，表现优秀的；

3)代表公司参加政府部门、企事业单位组织的各种比赛活动(如篮球、乒乓球等)且表现优秀的；

4)其他情况下为公司争夺荣誉或维护公司荣誉的。

7.1.2　工作表现突出的：

1)生产车间员工日产量大幅提高，超历史记录的；

2)提出改善工作方法，并得到批准，且在实践中证明对工作很有帮助的；

3)检举揭发管理人员违规行为(如弄虚作假、损害公司利益、接受贿赂等)；

4)节省原材料或废料利用有具体成效的；

5)发现同事工作中的错误，并及时向管理人员提出，给公司挽回巨大损失的。

7.1.3　特别贡献奖：

1)在各种灾难下，全力救灾，使公司损失减少、表现突出的，如抢救公司人员、财物；

2)发现或消除意外重大事故，减少公司损失的；

3)在工作中有重大发现，或突出贡献的。

7.2　对符合第7.1.1条及第7.1.2条规定的，公司予以通报表扬并视情况给予一定的奖励；第7.1.3条奖金不封顶，视情况而定(其他规定上有奖励的，照标准执行，不同标准的以此为准)。

7.3　其他值得奖励之行为均会由总经理或其授权人根据其结果和性质做出相应处理。所有奖励都会记入员工档案作为日后可能出现的人事调动之依据。

第八章　保密制度

8.1　员工应自觉遵守保密制度，不私自打听、传播、窃取公司保密资料。

8.2　本保密制度中的保密数据包括但不限于：本公司的厂房及设施布局、机器设备、工艺流程、发明、专利及其申请过程、生产配方、技术秘诀、质控手段、设计方案及图纸、产销策略、客户数据、市场数据、广告创意及计划、货源情报、产品的价格、原料价格、产品式样、加工单价、财务管理、人事管理及其他管理方法、政策、计划、方案、数据、信息、销售管道、计算机软件和本公司认为需保密的其他事项等技术信息和经营信息。

8.3 本公司的保密资料还包括:员工在本公司服务期间任何及所有的构思、发明、发现、改良和革新,无论其拥有专利与否,亦无论上述成果是由其单独或他人合作构思或完成与否。除非是完全在其业余时间完成的,且必须是不使用本公司的任何设备、供给、设施或商业秘密信息,以及在构思和实践时不涉及本公司的业务和它的研究与开发。

8.4 凡载有保密数据的媒体(如文件、印刷品、手册、笔记、记录、教材、样品、音像制品、计算机软件、电子邮件、图表及其复制品等),未经部门经理同意,员工不得私自从他处移取、复制,亦不得以任何方式提取其内容,并且不得私自将上述物品或其复制品提供给他人;未经总经理批准,员工不得将上述物品提供给非本公司的任何人员和单位。

8.5 使用保密数据后,要及时收存好,不得置于台面或文件架上,计算机使用完毕后,要退出网络,取出存储媒介,并妥善保管。

8.6 过期及废弃的保密数据,需回收(交回),并按规定程序销毁,不得翻用载有保密数据的纸张等。

8.7 员工无论是在本公司服务期间还是在其后任何时间,都不得以文字、口头或其他方式直接或间接向公司内无关人员和公司以外的任何人或单位透露本公司的商业秘密,也不得将其用于本公司以外用途,无论这些信息是否由其在本单位服务期间的工作所获得或是本公司取自第三方的需要保密的信息。

8.8 员工在发现公司保密数据正在或可能泄露时,应以最快捷的方式向上级(直至总经理)报告,并采取尽可能有效的保护措施。

8.9 当员工与本公司的劳动关系终止或解除时,员工必须把其本人保管与使用的或从他处复制、借用、取得的保密资料及其复制品移交给公司指定人员,并办理相应手续。

8.10 严格执行公司工资保密制度,不得泄露自己或他人工资收入。

8.11 本公司员工都应当严守公司的商业秘密,防止和制止泄密事件的发生,以维护企业的合法权益。员工如违反本规定,企业将视其情节和后果,给予处罚、开除甚至追究法律责任的处理。

第九章 违纪处理制度

9.1 员工违反公司操作规程、规章制度及各项管理制度，公司将按其行为的严重性和引致的后果，给予相应的纪律处分，根据员工违纪情节严重性从轻至重分别为书面警告、严重书面警告和无偿解除劳动合同三种。

9.2 书面警告一年内累计两次计为一次严重书面警告；严重书面警告一年内累计二次者可给予无偿解除劳动合同处分，本条所述"一年内"之计算周期截止日期为最后统计日。

9.3 本章所列条文中如出现小额经济损失或较小经济损失是指损失金额在500元人民币以下，较大经济损失是指损失金额在500元人民币（不含）以上不超过2000元人民币，重大经济损失或严重经济损失是指损失金额在2000元人民币（不含）以上的。

9.4 违纪处分复印件都将记入员工人事档案，并作为日后人事变动的参考；原件由员工关系专员留档备案。员工主动承认错误并有悔改表现者，可视情形减轻处罚。

9.5 本章所列条文为本公司执行日常劳动纪律的依据，但所述内容并非完备，如有员工过失行为未列其中，部门主管经理、人力资源部经理、总经理有权根据过失的具体情况，决定过失性质并作出相应处理。

9.6 执行程序：

9.6.1 违纪事件发生后，部门主管责成当事人就事件作出书面陈述，或口述后由其主管进行笔录，并由当事人签名确认。

9.6.2 人力资源部对员工违纪事件应进行调查处理，并按情节轻重给予书面警告、严重书面警告和无偿解除劳动合同纪律处分。

9.6.3 如员工在工作中出现过失的，由部门主管或经理视过失的严重性签发书面警告或严重书面警告，将列明员工犯错的细节及处理意见交人力资源部审核后生效。

9.6.4 无偿解除劳动合同的处分由部门主管经理提出，列明详细原因交人力资源部。人力资源部审核并交总经理审批后，会同部门主管或经理通知当事人无偿解除劳动合同事宜，并要求当事人签认。被无偿解除劳动合同的员工应实时办理有关离职手续并于当日结算工资离厂。

9.6.5　公司发出的所有违纪处分记录应由被处罚的员工签收,如被处罚的员工拒绝签认的,将由违纪发生时两名以上在场员工证明,并在公司内公告栏进行公告,视为违纪行为确认及违纪处理结果已送达。

9.7　员工有下列情况之一的,属于一般违反劳动纪律或公司规章制度,公司将作书面警告处理:

9.7.1　一个月(自然月)内累计迟到/早退(超过规定打卡时间5分钟)3次或以上的;或一个月内漏打卡超过3次的;

9.7.2　旷工1次的;

9.7.3　不按公司规定穿着工作服、佩戴劳动保护用品和厂证的;出入公司不遵守规定,如不遵守进出时间、不按规定刷考勤卡或门禁卡等,或携带物品出厂而拒绝保安查询的;

9.7.4　擅自移动消防保安设施,未造成严重后果及公司经济损失的;

9.7.5　未经允许私自接驳电源且未造成经济损失或意外事故的;

9.7.6　在非吸烟区吸烟的(禁止吸烟区或严禁吸烟区另有规定);

9.7.7　未经批准在正常上班时间缺席公司组织的相关培训的;

9.7.8　不遵守上下班秩序的(如插队打卡、上下楼梯等);

9.7.9　带私人工具或食物进入车间、货仓及其他生产区的;

9.7.10　破坏公共设施,情节轻微,未造成经济损失的;

9.7.11　乱停乱放车辆,乱摆放物品,妨碍公共安全的;

9.7.12　随地吐痰、乱扔垃圾、乱倒污水、胡乱张贴、损坏绿化等破坏公司环境卫生的;

9.7.13　不服从正常工作安排,经教育知错能改的;

9.7.14　工作疏忽,导致返工,对公司造成小额经济损失或对正常运作造成较小影响,但情节不严重的;

9.7.15　违反公司操作规程、规章制度等而导致意外事故,情节轻微且未造成人员受伤或未对公司造成经济损失的;

9.7.16　在上班时与人吵闹但未造成恶劣影响的;

9.7.17　在工作中串岗,影响他人工作的;

9.7.18　在工作岗位或范围内,扰乱工作秩序或干扰其他同事工作的;

9.7.19　未按规定做好交接班,私下换班或更改作息时间的;

9.7.20 工作中不听上司或师傅指导，不按工作指示操作导致生产出次品的；

9.7.21 在工作时间内从事与工作无关的事情的（如上班期间传送及玩计算机游戏、下棋、玩纸牌或干私活等）；

9.7.22 故意在规定时间内不完成指定工作任务的；

9.7.23 在工作时间内擅自离开工作岗位的；

9.7.24 非直落加班而提前到一楼、二楼饭堂就餐者（通过查询证实无直落加班申请单）；

9.7.25 业余时间在宿舍范围从事任何销售活动的；

9.7.26 违反宿舍管理规定，对他人或正常管理运作造成影响，但情节不严重的；

9.7.27 违反“7S”管理规定，对他人或正常管理运作造成影响，但情节不严重的；

9.7.28 违反饭堂管理规定，对他人或正常管理运作造成影响，但情节不严重的；

9.7.29 违反生产安全管理规定，对他人或正常管理运作造成影响，但情节不严重的；

9.7.30 其他同类的过失，严重性与以上过失、过错相近的一般违纪行为。

9.8 员工有下列情况之一的，属于严重违反劳动纪律或公司规章制度，公司将作严重书面警告处理：

9.8.1 一个月（自然月）内累计迟到/早退（超过规定打卡时间5分钟）6次或以上的；或一个月内漏打卡超过6次的；或当月迟到、早退累计达100分钟以上（含100分钟）者；

9.8.2 连续旷工2天或一年内累计旷工达4天的；

9.8.3 在禁止吸烟范围内吸烟且未造成经济损失或意外事故的；

9.8.4 在工作时间内打盹、睡觉的；

9.8.5 高空抛物的；

9.8.6 在宿舍或公司范围内赌博的；

9.8.7 故意损坏本公司财物的；

9.8.8 委托或代替他人打考勤卡的；

9.8.9 擅自放行或将员工证借予非本公司人员让其冒充本公司人员进入公司

或宿舍的且未造成公私财物损失或意外事故的；

9.8.10　无证驾驶或私自驾驶公司机动车的；

9.8.11　工作时间内酗酒、酗酒后上班或驾驶公司机动车，但未造成意外事故或公司经济损失的；

9.8.12　在公司或宿舍区通过麻将、纸牌、色子等方式进行赌博，被发现后实时知错能改者；

9.8.13　拒不服从上司合理的工作安排，经劝告仍不执行任务的；

9.8.14　在执行上级的合理指示时，消极怠工或阳奉阴违，不完成规定工作的；

9.8.15　越权行使职权的；

9.8.16　违反公司操作规程、规章制度并造成人员受伤或对公司造成经济损失的；

9.8.17　因疏忽或过失造成数据或报表失实，影响正常运作，给公司造成名誉或经济损失的；

9.8.18　传播小道消息，谣言或侵犯他人隐私，对公司或同事造成伤害，但情节不严重的；

9.8.19　私自张贴任何未经部门经理以上批准的通告，影响公司生产经营秩序的；

9.8.20　辱骂、威胁各级管理人员，有粗暴行为而且情况严重者；

9.8.21　辱骂同事或客户、态度恶劣的；

9.8.22　私自将公司的非贵重物品占为己有的；

9.8.23　拾获他人财物，隐瞒不报且拒不交还失主的；

9.8.24　非机械设备的操作者，随意操作机械设备，造成机器故障或损害的；

9.8.25　工作时间内私自外出或擅离职守；

9.8.26　在公司范围内，利用工作时间从事任何形式的销售活动的；或者利用职权便利向利益相关方从事任何销售活动的；

9.8.27　未经人力资源部管理人员批准，擅自在公司范围（含宿舍区域）张贴任何启示、海报或其他文件的；

9.8.28　未经许可有意翻阅他人文文件或数据（包括但不限于电子文文件）的；

9.8.29　私自接驳电源等造成安全隐患的；

9.8.30 擅自挪用或损坏消防设施，造成严重后果或公司经济损失的；

9.8.31 遗失或损毁公司经营重要证件、财产、物品者；

9.8.32 破坏公共设施，造成较大经济损失的；

9.8.33 利用公司电话擅打私人电话，按电信局收费标准承担相应费用，并记严重书面警告一次；

9.8.34 遗失或损毁公司经营证件、财产、物品者；

9.8.35 违反公司保密制度，泄露公司机密，尚未造成恶劣影响者；

9.8.36 管理人员歪曲事实、徇私舞弊、未能秉公处理公司事务者；

9.8.37 因个人过失而损坏机器设备、工具、原料、产品或其他公司财物，致使公司蒙受较大经济损失的；

9.8.38 对突发机电设备故障，维修人员不及时抢修或采取预防措施，导致机电设备损毁严重，评定应负上责任者；

9.8.39 违反宿舍管理规定，对他人或正常管理运作造成影响，且情节严重的；

9.8.40 违反"7S"管理规定，对他人或正常管理运作造成影响，且情节严重的；

9.8.41 违反饭堂管理规定，对他人或正常管理运作造成影响，且情节严重的；

9.8.42 违反生产安全管理规定，对他人或正常管理运作造成影响，且情节严重的；

9.8.43 有第9.7条的行为之一且经公司书面警告两次的；

9.8.44 发生其他违反法律法规、政策、公司规章制度规定情形的；

9.8.45 其他同类的过失，严重性与以上过失、过错相近的。

9.9 员工有下列情况之一的，属于严重违反劳动纪律或企业规章制度，公司可依法开除，并实时解除劳动合同，而不需支付任何的经济补偿金：

9.9.1 连续旷工3天或一年累计旷工达6天的。

9.9.2 指使、代替他人打卡或者做假考勤2次以上的（含2次）。

9.9.3 擅自放行或将员工证借予非本公司人员让其冒充本公司人员进入公司或宿舍且造成公私财物损失或意外事故的。

9.9.4 在公司及宿舍范围内吸烟且造成经济损失或意外事故的；或在仓库等生产重地及危险地区等严禁吸烟区吸烟的。

9.9.5 蓄意破坏公司财产及员工财物的。

9.9.6 擅自动用公共或公司设备、财物为自己谋取利益。

9.9.7　在公司(含宿舍区域)有打架行为的。

9.9.8　在公司内聚众斗殴者、打架、吵架、谩骂、胁迫以及耍流氓行为的。

9.9.9　在公司内聚众赌博、偷窃或从事其他非法活动者。

9.9.10　工作时间内酗酒、酗酒后上班或驾驶公司机动车,造成意外事故或公司经济损失的。

9.9.11　假造文件或恶意涂改资料的:销毁文件、涂改发票、购买原材料以次冲好、虚假票据报销的;冒充公司管理人员签字的;伪造或盗用公司印章的。

9.9.12　弄虚作假欺骗公司或上司。

9.9.13　携带违禁品及对其他员工的人身健康及安全有重大或潜在危害的物品进入公司或宿舍的:如有攻击性的武器、易燃易爆品、腐蚀品、毒品、有毒物品或有伤害性之化学物品等。

9.9.14　盗窃、骗取或侵占公司或他人财物。

9.9.15　组织员工集体旷工及阻挠员工正常上班者。

9.9.16　不服从公司的合理工作安排,以谩骂、消极怠工(如不领货、不用心做、拖慢做)等手段对抗,经通报批评、教育后,仍不悔改的;恶意破坏公司形象或散播谣言并严重影响公司工作秩序的。

9.9.17　与公司发生劳动争议,不经协商或不依法律途径解决,采用聚众罢工或贴大字报,或不经依法申请上街游行上访等违法情形。

9.9.18　采取暴力行为或恐吓、报复、威胁公司其他人的人身安全,指使其他人对公司员工采取暴力行为或进行恐吓、报复、威胁他人人身安全的。

9.9.19　使用欺骗手段,或提交虚假的个人资料的,如使用假身份证、虚报个人工作经历、假学历证、假资格证、假体检证明、假准生证、假医生证明、瞒报在公司的亲属关系和骗取病假者等。

9.9.20　恶意撕毁、涂污或隐藏公司贴出之公告,经劝阻无效的。

9.9.21　违反公司保密制度,侵犯公司商业秘密,造成恶劣影响者或公司经济损失的。

9.9.22　蓄意破坏公司财物和生产设备或弄脏生产材料,半制成品和制成品等。

9.9.23　盗用、挪用公司产品及其他资产的;未经许可,私自将公司的原材料、半成品及成品带入宿舍或带离公司的。

9.9.24　指挥工作和生产或从事工作和生产时,违反国家、政府部门和公司安全的。

9.9.25　诋毁公司名誉和信用,给公司造成名誉或经济损失的。

9.9.26　从事任何第二职业,包括从事与本公司类似及职务上有关的业务,或兼任其他厂商的职务的,经劝说无效的。

9.9.27　违反宿舍管理规定,对他人或正常管理运作造成影响,且情节恶劣的。

9.9.28　违反“7S”管理规定,对他人或正常管理运作造成影响,且情节恶劣的。

9.9.29　违反生产安全管理规定,对他人或正常管理运作造成影响,且情节恶劣的。

9.9.30　触犯国家法律的行为,如吸毒、贩毒、盗窃、卖淫、嫖娼等违法行为以及被依法追究刑事责任的。

9.9.31　违反劳动纪律或者公司规章制度,被记严重书面警告2次的。

9.9.32　发生其他违反法律法规、政策、公司规章制度规定的情形的。

9.9.33　其他同类的过失,严重性与以上过失、过错相近的。

9.10　员工因严重失职、营私舞弊,对公司利益造成重大损害的,公司可以依法开除,实时解除劳动合同,并通报批评,而且有权追究赔偿责任;构成犯罪的,移交司法部门处理,而不需支付任何的经济补偿金:

9.10.1　利用职权,收受回佣等非法利益的;

9.10.2　利用职权,收取入公司介绍费或其他费用及各类服务的;

9.10.3　串通他人,报假数、报大数,以增加工资收入的;

9.10.4　管理上,马虎从事、疏忽职守而造成公司重大经济损失的;

9.10.5　擅自放行或勾结非本公司员工进入公司或宿舍区,造成公司重大经济损失或人员伤亡的;

9.10.6　擅自按下消防警铃开关导致警铃报警或蓄意破坏消防设施,对公司造成严重经济损失的;

9.10.7　转售公司财物;

9.10.8　伪造、变造单据票证,虚报各种业务开支或其他欺骗公司行为的;

9.10.9　弄虚作假,提供失实数据或报表,以图掩饰其过失、过错或不正当行为,或以图欺骗公司或损害公司利益及信誉或以图谋取不正当利益的;

9.10.10　收受礼品或者金钱而未经批准的,或收受任何金额的回扣;截留促销货物或礼品，转作他用的；

9.10.11 虚报出勤情况和奖金评估结果，骗取工资或未经批准私自扣发员工工资奖金的；

9.10.12 未获公司授权，代表公司与其他单位或个人签订合同、协议或意向书的；

9.10.13 未获公司授权，代表公司（或令他人误解其代表）在媒体（如广播电台、电视、报纸杂志、互联网、电子邮件等）披露本公司经营策略、业务政策、营运、技术或人事等资产，或评论其他公司、个人或政府政策的；

9.10.14 发生其他违反法律法规、政策、公司规章制度规定的情形的；

9.10.15 其他同类的过失，严重性与以上过失、过错相近的。

9.11 管理人员廉洁自律管理规定：

9.11.1 公司管理人员要以身作则，廉洁自律，自觉维护公司形象，保证公司利益；

9.11.2 公司管理人员不得以任何理由和借口私自接受公司合作商之任何馈赠（含现金、物品、请客吃饭等），对无法推脱的馈赠品，应在第一时间（24 小时内，节假日以上班为准）交到人力资源部办公室，由人力资源部登记后处理；

9.11.3 公司管理人员不得以任何理由向合作商索取任何馈赠，更不得以损害公司利益作为条件向合作商索取馈赠；

9.11.4 公司管理人员不得与合作商有任何不正当交易（如到合作商处领取工资、奖金、报销费用、获取好处、入股分红等）；

9.11.5 对不遵守上述规定和要求者，一经发现，实时解除劳动合同，构成犯罪的移送司法机关处理；

9.11.6 公司希望大家互相监督，积极举报，对举报属实者将给予奖励，且为举报者保密。

9.12 员工因失职、过错、或违反公司规章制度，造成公司直接经济损失的，员工应承担相应赔偿责任。

9.13 员工因违反规定或者违反劳动合同约定而解除劳动合同，造成公司损失的，公司有权要求员工赔偿相关损失。

9.14 以上列举之违章、违纪行为并非完全，员工如有类似上列有损公司权益或信誉行为面未列入上述类别，公司有权根据其过失的严重性和引致的后果，按模拟的原则给予相应的处罚。

9.15 申诉的处理:

9.15.1 员工因失职、过错、违反公司操作规程、规章制度等被公司处罚后,认为公司对违纪的认定与事实不符,或者处罚不当的,应在2日内向公司书面申诉。

9.15.2 公司接到员工的申诉后,会以客观、公正的态度展开调查,并以事实为依据,以法律、法规及公司的规章制度为准绳,重新衡量公司所作出的处罚决定是否适当;公司认为处罚适当的,维持原决定;认为处罚不适当的,应当及时改变或撤销原决定。

9.15.3 公司的申诉负责人,应将员工申诉的调查回馈和处理结果亲自告知员工;公司申诉最高负责人为公司总经理。

第十章 建议与投诉

10.1 公司在各方面实行机会均等的原则,员工不因性别、年龄、婚姻状况、种族、宗教信仰、国籍等方面在工作上受到歧视。员工有建议向公司提出或有问题需要申诉时,可通过正常程序进行反映。

10.2 员工投诉与建议程序请阅读人力资源部操作指引《员工投诉与建议制度》。

第十一章 实施细则

11.1 本手册自××××年××月××日起生效。

11.2 由于公司的发展与经营环境不断的变化,本手册中规定的政策也会随之作相应的修订,如果涉及员工的工资福利等重大变更事项时,需经职工代表大会重新审议讨论通过方可生效,如系部分非工资福利项目条款的变更,只需要由人力资源部将更改条款提前5个工作日在公司内依法公示至少4个工作日,公示期内没有收到超过5%比例的员工提出书面反对或修改意见的,则变更条款视为依法经过民主程序可以公布生效实施。

11.3 本制度所提到之"员工",指本公司任职的所有人员,包括职员及工人。

11.4 本手册的制定、更新和解释权归公司人力资源部。

11.5 员工离职务必将本手册交回人力资源部。

附 言

本手册工人手一册,请妥善保管,离职办理手续时,需交回公司人力资源部,如有遗失,将承担相应赔偿。

NO. 06 《奖惩审批表》

员工奖惩审批表

填写日期：

□奖励 □处分

<table>
<tr><td>姓名</td><td></td><td>部门</td><td></td><td>职务</td><td></td></tr>
<tr><td rowspan="2">奖惩事项</td><td colspan="5">奖惩原因：</td></tr>
<tr><td colspan="2">奖励分： 分</td><td colspan="3">惩罚分： 分</td></tr>
<tr><td rowspan="3">部门经理意见</td><td colspan="3">□口头表扬 □书面表扬 □奖金 元
□提升工资 元</td><td>其他</td><td></td></tr>
<tr><td colspan="3">□批评 □扣发奖金 元 □降低工资 元
□辞退</td><td>其他</td><td></td></tr>
<tr><td colspan="5">签名：
日期：</td></tr>
<tr><td>人力资源部意见</td><td colspan="5">签名：
日期：</td></tr>
<tr><td>总经理意见</td><td colspan="5">签名：
日期：</td></tr>
</table>

NO.07 《公司绩效考核管理制度》

公司绩效考核管理制度

第一章 总 则

第一条 目的

公司秉承"××××"的管理理念，为全面客观地评价××××集团各部门各层级员工业绩，解放思想，调动员工积极性，激发员工的热情、干劲和奉献精神；从而使得人治向系统管理转移，特制定本方案。

第二条 适用范围及考核范围

本办法适用公司各部门，考核范围为在岗正式员工，不包括试用期员工、实习生、置业顾问等岗位。

第三条 考核标准

高标准、严要求、重质量；

量化为核心，非量化为补充；

重工作不重分数，重结果；

关注计划进度、工作质量、成本意识、员工满意度。

第二章 公司考核体系及职责

第一条 考核层级及主体

为保证公司目标层层传递，绩效考核层级遵循自上而下，逐级分解的原则，绩效考核层级划分具体如下：

层级		考核者	被考核者
公司	总监/副总	总经理	公司高级管理人员
	经理级	直管总监/主管副总/总经理	公司各部门中层管理
	员工/主管级	部门经理/直管总监/主管副总	部门内各级员工

第二条 考核体系构成

现将员工收入分为两部分，一部分为月度固定工资，按照考勤发放；另一部分为浮动绩效工资，按照绩效考核业绩累计分月度/季度/年度兑现。其中考核体系分为绩效考核和评优考核两类，如下：

考核周期	现月度工资 分配固定工资： 绩效工资	考核内容	建议内容	考核权重	主要应用
月度（员工/主管级）	90%：10%	月度工作计划	个人月度重要工作	80%	月度绩效工资
		月度行为评价	个人月度行为评价	20%	
季度（经理级）	80%：20%	关键业绩指标	部门计划季度均值	80%	季度绩效工资
		管理能力评价	季度管理能力评价	20%	
年度（总监/副总）	70%：30%	年度目标责任书	年度《目标责任书》的达成	70%	年度绩效工资
		所管部门考核成绩	所管部门年度内考核均值	30%	
		个人述职	年度个人述职报告	必备	

评优考核				
公司全体员工	优秀评选	管理奖	业绩贡献奖、创新奖、成本效益奖等	年度评选
		优秀奖	优秀团队奖、优秀员工奖等	单次奖励
		特殊贡献奖	1. 书面提交合理化建议，使公司节省成本，部门申报并经公司绩效考核领导小组批准，节省成本 A. 1 万～10 万元奖励 1000～5000 元；B. 10 万～100 万元奖励 5000～10,000 元；C. 100 万元以上奖励 10,000～50,000 元； 2. 书面提交合理化建议，使公司完成对外的工作计划时间（按执行下发计划）或工程工期（按公司批准的工期）缩短 30 天以上，部门申报并经公司绩效考核领导小组批准，给予奖励 5000～10,000 元； 3. 书面提交合理化建议，使公司工程、工作质量大幅提高并有目共睹的，部门申报并经公司绩效考核领导小组批准，给予奖励，奖励数额由绩效考核领导小组确定； 4. 为公司取得荣誉或争得经济效益或社会效益并取得奖项，部门申报并经公司绩效考核领导小组批准，给予奖励，奖励数额由绩效考核领导小组确定。	
		单项奖励	1. 书面投递合理化建议到公司建议箱，公司给予投递人奖励金 100 元。 2. 收到公司以外人员表扬信，公司给予被表扬人奖励金 100 元。	

第三条 各部门在绩效考核中的职责

1. 公司总经理:

(1)下达公司战略目标、年度业绩指标,与公司各部门负责人签订《年度经营目标责任书》;

(2)绩效考核方案中基数、权重、特别奖励金额等关键事项的最终裁定人;

(3)考核计划及考核结果的审定人;

(4)年度考核申诉的最终裁定人。

2. 公司各部门负责人:

(1)与公司总经理签订《年度目标责任书》;

(2)协助运营总监(副总)将业绩指标分解到各部门,并反馈、参与评估目标完成情况;

(3)负责本部门考核工作的整体组织及管理:包括将本部门绩效指标分解到本部门员工,并按要求对本部门完成情况与员工完成情况进行总结,报人力资源部。

3. 运营总监(副总):

(1)组织制定年度目标责任书及月度、季度绩效指标;

(2)考核计划指标的业务复审、下发;

(3)考核分数的业务评议;

(4)组织考核中的重大事项进行评审;

(5)运营总监(副总)为计划考核小组组长,人力资源总监为计划考核小组副组长,其他业务部门负责人为计划考核成员。

4. 人力资源部:

(1)制定绩效考核管理办法;

(2)组织公司各部门负责人进行绩效考核培训;

(3)考核计划指标标准的初审;

(4)按照部门总结的完成情况,进行考核分数的核查;

(5)与运营总监(副总)、行政部共同抽查计划的落实;

(6)绩效考核分数的核算汇总;

(7)建立考核档案,为后期岗位轮换、培训、职务调整、员工职业规划等提供依据。

5. 行政部：

(1)与运营总监(副总)、人力资源部共同抽查计划的落实；

(2)计划管理会议的组织。

6. 财务部：

对绩效考核最终结果进行工资的兑现及发放。

第三章　公司绩效考核实施

第一条　绩效考核工资的兑现：

1. 年度绩效考核工资计算：(总监级以上)

年度考核分数 =《年度目标责任书》得分 ×70% + 所管部门年度内季度绩效考核均值 ×30%

- 按年发放绩效工资总额；
- 发放标准如下：

差：年度考核分数 < 年度各部门平均分 ×90%

则：发放绩效工资 50%；

一般：年度各部门平均分 ×90% ≤年度考核分数 < 年度各部门平均分

则：发放绩效工资 80%；

良好：年度各部门平均分≤年度考核分数 < 年度各部门平均分 ×120%

则：发放绩效工资 110%；

优秀：年度各部门平均分 ×120% ≤年度考核分数

则：发放绩效工资 150%。

2. 季度绩效考核工资计算：(部门经理级)

季度考核分数 = 部门季度绩效考核均值 ×80% + 季度管理能力考核 ×20%

- 绩效工资分 4 次发放，每季度发放 1 次；
- 发放标准如下：

差：季度考核分数 < 季度各部门平均分 ×90%

则：发放绩效工资 50%；

一般：季度各部门平均分 ×90% ≤季度考核分数 < 季度各部门平均分

则：发放绩效工资 80%；

良好：季度各部门平均分≤季度考核分数 < 季度各部门平均分 ×120%

则:发放绩效工资 110%;

优秀:季度各部门平均分 ×120% ≤季度考核分数

则:发放绩效工资 150%。

3. 月度绩效考核工资计算:(主管、员工级)

月度考核分数 = 员工月度绩效考核均值 ×80% + 员工月度行为考核均值 ×20%

- 绩效工资按月度发放;
- 发放标准如下:

差:月度考核分数 < 月度各部门平均分 ×90%

则:发放绩效工资 50%;

一般:月度各部门平均分 ×90% ≤月度考核分数 < 月度各部门平均分

则:发放绩效工资 80%;

良好:月度各部门平均分≤月度考核分数 < 月度各部门平均分 ×120%

则:发放绩效工资 110%;

优秀:月度各部门平均分 ×120% ≤月度考核分数

则:发放绩效工资 150%。

第二条 各项考核中成绩低于各部门平均分 50%,则该考核期间绩效工资为"0"。

第三条 考核各标准图

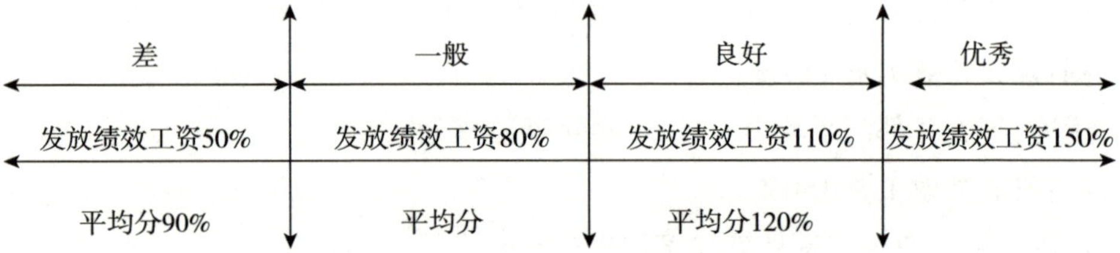

第四条 考核计划中关键业绩指标的权重参考:(工作计划中项目的配比)

略

第五条 考核时间安排及流程:

1. 各部门负责人根据《公司年度经营计划》《部门年度工作计划》于每月 25 日前编制次月《部门月度考核表》计划部分(初稿),报主管领导审核;并指导员工进行部门月度计划分解的《员工月度考核表》计划部分完成。

2. 各部门负责人于每月 27 日前将部门审核过的《部门月度考核表》计划部分(初稿)报人力资源部初审通过后,人力资源部报至运营总监(副总)复审。

3. 运营总监(副总)于每月 3 日前下发当月《部门月度考核表》计划部分,各部门负责人依据下发《部门月度考核表》计划部分进行工作分解,并严格按照《部门月度考核表》计划部分落实各项工作。

4. 各部门负责人于每月 26～28 日对本月《部门月度考核表》计划完成情况进行总结,并详细填制《部门月度考核表》月末完成情况,报人力资源部统一至考核人处评分;人力资源部根据部门总结完成情况,进行分数核查,后报运营总监(副总)评分;员工对本月《员工月度考核表》计划完成情况进行总结,先由部门经理根据总结及具体完成情况评分,后由部门经理交至主管副总评分,评分结束后以部门为单位统一报至人力资源部。

5. 每月 1 日人力资源部将考核成绩汇总,下发至各部门,并按照季度将结果交至财务部,财务部负责在每月度/季度/年度发放阶段性绩效考核工资。

6. 行政部组织召开月度计划会议,负责绩效结果宣传板的信息更新。

7. 运营总监(副总)、人力资源部、行政部及时跟进各项业务的进度及需协调解决困难等问题,对潜在计划延期问题及时提出预警,并向主管领导反映。

8. 各部门负责人依据工作需求可向运营总监(副总)申请协调及总经办申请重大事项评审。

9. 评分标准

<table>
<tr><th colspan="2">主管副总评分</th><th rowspan="2">考核人评分</th><th rowspan="2">计划考核
小组评分标准</th></tr>
<tr><th>前提条件</th><th>评分标准</th></tr>
<tr><td rowspan="2">无紧先条件未完成</td><td>无影响年度计划,满分为原分值 40%</td><td rowspan="9">考核人评分采用零和原则。即完成为满分,未完成分值为“0”。</td><td rowspan="9">考核小组依据工作实际完成程度及完成质量,参照主管副总评分标准进行评分。</td></tr>
<tr><td>影响年度计划,满分为原分值 0%</td></tr>
<tr><td>有紧先条件未完成</td><td>满分为原分值 60%</td></tr>
<tr><td>未按期已完成</td><td>无影响年度计划,满分为原分值 80%</td></tr>
<tr><td rowspan="2">已完成未合格</td><td>影响年度计划,满分为原分值 0%</td></tr>
<tr><td>无影响年度计划,满分为原分值 80%</td></tr>
<tr><td rowspan="2">按期完成</td><td>影响年度计划,满分为原分值 0%</td></tr>
<tr><td>满分为原分值 100%</td></tr>
</table>

第六条 考核结果的应用:(具体参照人力资源其他相关管理制度,此处不做重点描述)

1. 作为年底晋升及职业规划培养的依据；

2. 作为阶段项目奖励的评定标准；

3. 作为降级及淘汰的依据；

4. 岗位轮换、培训及职务调整的依据。

第四章　绩效面谈与考核申诉

第一条　绩效面谈：

绩效考核结果确定后，部门负责人应及时完成绩效面谈，面谈可采取非正式沟通形式，结合日常工作交流而进行。面谈主要包括向被考核者反馈当期绩效考核核定结果，给予被考核者其绩效的肯定及提升建议，并最终使考核者与被考核者对当期考核结果达成一致意见。

第二条　考核申诉：

在绩效考核过程中，对于特殊业务部门或者特殊工作事项完成情况有异议的，在考核周期结束后，呈报书面材料，统一至年底由公司高层对于特殊事项进行评议，给予综合评价。

第五章　附　　则

第一条　本制度解释权归公司人力资源部，最终审核权归总经理。

第二条　本制度自发布之日起执行，原制度废止。

××××××× 公司

人力资源部

202×年××月××日

NO. 08 《变更工资申请表》

变更工资申请表

日期：

姓名		所属部门		职位		入司日期	
考核记录	[ ]优 [ ]好 [ ]普通 [ ]差						
现在工作率			将调整工作率				
理由(任选一种)							
[ ]晋升 [ ]调整工作 [ ]考绩优良 [ ]年资增加							
最低工作率			工作等级				
前工作需要条件							
新工作需要条件							
备注：							

NO. 09 《年终奖发放统计表》

2018 年年终奖发放统计表

序号	部门	岗位	姓名	岗级	考核分数	考核等级	入职时间	金额	备注
1									
2									
3									
4									
5									
6									
7									
8									
9									
10									
11									
12									
13									
14									
15									

NO. 10 《工资明细表》

工资明细表

科目：　　人数：　　本月应出勤天数:22 天　　单位:元

序号	职工姓名	部门	岗位	身份证号码	入职时间	基本工资	绩效工资	岗位工资	标准工资	跨度工资	职称津贴	月出勤天数	病假天数	事假天数	其他休假	异常次数	加班费	其他应发	缺勤扣款	其他扣款	应发工资
1	张三	销售部	文员	123	2015－03－03	2500			2500			22									2500.00
2	李四	业务部	经理	456	2016－01－08	4000			4000			22									4000.00
3						0			0			22									0.00
4						0			0			22									0.00
5						0			0			22									0.00
6						0			0			22									0.00
7						0			0			22									0.00
8						0			0			22									0.00
9						0			0			22									0.00
10						0			0			22									0.00
11						0			0			22									0.00
12						0			0			22									0.00
13						0			0			22									0.00
14						0			0			22									0.00
15						0			0			22									0.00
16						0			0			22									0.00
17						0			0			22									0.00
18						0			0			22									0.00

NO. 11 《不定时工作制和综合工时制申请表》

四川省实行不定时工作制和综合计算工时工作制申请表

<table>
<tr><td>单位名称</td><td colspan="4"></td><td>法定代表人</td><td></td></tr>
<tr><td>地址</td><td colspan="4"></td><td>邮政编码</td><td></td></tr>
<tr><td>联系人</td><td colspan="4"></td><td>联系电话</td><td></td></tr>
<tr><td>职工人数</td><td colspan="2"></td><td colspan="3">申请实行特殊工时制度的职工人数</td><td></td></tr>
<tr><td colspan="3">其中:申请实行不定时工作制的职工</td><td colspan="4">其中:申请实行综合计算工时工作制的职工</td></tr>
<tr><td>岗位或工种</td><td>人数</td><td>实行期限</td><td>岗位或工种</td><td>人数</td><td>计算周期</td><td>实行期限</td></tr>
<tr><td></td><td></td><td></td><td></td><td></td><td></td><td></td></tr>
<tr><td></td><td></td><td></td><td></td><td></td><td></td><td></td></tr>
<tr><td></td><td></td><td></td><td></td><td></td><td></td><td></td></tr>
<tr><td></td><td></td><td></td><td></td><td></td><td></td><td></td></tr>
<tr><td>申请实行特殊工时制度的主要理由</td><td colspan="6">单位负责人签章:　　　　年　月　日(公章)</td></tr>
<tr><td>工会或职工代表大会意见</td><td colspan="6">年　月　日(章)</td></tr>
<tr><td>人力资源和社会保障行政部门审批意见</td><td colspan="6">年　月　日(章)</td></tr>
</table>

NO. 12 《加班申请表范本》

员工加班申请表

部门						日期：				
编号	姓名	预定加班时间			工作内容及地点	实际加班时间			变更预定加班时间原因	证明人
		起	止	时数		起	止	时数		
申请人：						主管：				

NO. 13 《请假休假申请单范本》

范文 1

尊敬的领导：

本人于 20____年____月____日至 20____年____月____日参加丧葬仪式，特此请丧假____天，望领导批准。

申请人：

20____年____月____日

范文 2

尊敬的公司领导：

本人于 20____年____月____日登记结婚，现年____周岁。按照国家及地方有关婚假的规定，可享受____天婚假（包括双休日）。现特向领导请求休婚假，假期自

20 ____年____月____日至20 ____年____月____日共计____天。当前工作已安排交接完毕,请领导予以审批。

申请人:

20 ____年____月____日

范文3

尊敬的________部门领导:

您好!

本人因20 ____年____月____日需要________________,特此请20 ____年____月____日至20 ____年____月____日共____天假,望领导予以批准。

申请人:

20 ____年____月____日

NO.14 《考勤管理制度范本》

员工考勤管理制度

一、目的

根据本公司《规章制度》,为明确本考勤机制,形成有序工作环境,制定本制度。

二、适用范围

本制度适用于执行标准工时制的员工,实施其他工作制的员工的考勤管理,按照劳动合同或公司其他规定执行。

三、作息时间

公司实行每周____天8小时工作制,具体安排为上午________________,下午________________;午休时间________________不计入工作时间。

四、违纪界定

员工违纪分为迟到、早退、旷工和脱岗四种,管理程序如下:

1. 迟到:指未按规定达到工作岗位(或作业地点);迟到30分钟以内的,扣除惩戒分__分;迟到1小时以上的,扣除惩戒分__分;迟到2小时的扣除本月全勤奖。

迟到认定以员工打卡记录、监控录像为准。

2. 早退：指提前离开工作岗位下班；早退10分钟以内的，扣除惩戒分__分；早退30小时以上的，扣除惩戒分__分；早退1小时的扣除本月全勤奖。

早退认定以员工打卡记录、监控录像为准。

3. 旷工：指未经同意或按规定程序办理请假手续而未正常上班的；旷工半天的，扣除本月全勤奖；旷工1天的，经____（决定部门）评议；一个月内连续旷工3天或累计旷工5天的，作解除合同处理。

4. 脱岗：指员工在上班期间未履行任何手续擅自离开工作岗位的，脱岗一次扣除惩戒分__分；造成重大损失的，按照《工资支付暂行规定》第16条规定，由员工赔偿经济损失，该赔偿工资中扣除。

五、请假制度

1. 假别：病假、事假、婚假、产假、年假、工伤假、丧假等七种。凡发生以上假者取消当月全勤奖。

2. 病假：指员工因患病进行治疗而请的假别；病假必须持二甲以上医院证明，包括就诊记录、诊断及其医学证明（如化验单等）、病历、医疗费发票；不能有效证明的，按旷工处理；员工事前不能提交的，应在5个工作日内向公司提交相关证明；出据虚假证明的，属违反规章制度诚实义务，作解除合同处理。

3. 事假：指员工因事必须亲自办理而请的假别；但全年事假累计不得超过30天，超过天数按旷工处理；事假期间公司不支付工资。

4. 婚假：指员工达到法定结婚年龄并办理结婚证明而请的假别，按国家相关法律法规执行。

5. 年假：指员工在公司工作满一年后可享受3天带薪休假，可逐年递增，但最多不得超过7天，特殊情况根据工作能力决定；年假必须提前申报并当年使用。

6. 工伤假：按国家相关法律法规执行。

7. 丧假：指员工父母、配偶父母、配偶、子女等因病伤亡而请的假别；丧假按国家相关法律法规执行。

六、批假权限

1. 病事假：1天以内的，由部门负责人批准；3天以内的，由分管该部门的________批准；3天以上的，需经________批准。请假手续送行政部处备案。

2. 其他假别由部门负责人签署意见后报分管该部门的________审批，并送行政部处备案。

3. 所有假别都必须由本人书面填写请假单，并按规定程序履行签字手续后方为有效假别；各假别有特殊情况的，必须通过来电、来函或其他负责人有及时得知可能的方式请示，并于事后1日内补办手续方为有效假别；未按规定执行的，视为旷工。

七、考勤登记

公司实行每日打卡签到制度，员工每日早上及下午在上班、下班时需打卡（签名、人脸识别）（共计每日4次）。

八、外出

1. 员工因公需外出的，需经部门负责人确认或批准。

2. 员工上班直接因公外出的，返回公司时应当进行登记，并交由部门负责人签字确认。

3. 员工上班后因公外出的，外出前需先经部门负责人签字同意，并往前台处登记。

4. 员工未经申请外出，且不能证明其因公干外出的，视为旷工。

九、加班

1. 公司提倡员工提高工作效率，争取在正常工作时间完成既定任务，不鼓励员工加班加点。特殊情况需加班的，必须填写《加班审批表》，部门负责人签字后报公司分管该部门的________批准。未经批准，认定为员工自愿加班。

2. 经批准的加班，公司办公室以小时为计算单位，按月进行统计结算。所有加班首先必须抵冲病、事假，有一天抵冲一天，多余部分由公司发给加班工资，不作调休处理。

3. 行政部对每月的考勤进行统计，统计表由经理签字后交财务部计发工资。

十、出差

员工出差应事先填写《出差申请表》，由部门负责人签署意见后报公司分管领导批准，部门经理以上人员由分管该部门的________批准；总经理出差时应知会办公室，以便联络。《出差申请表》交行政部处备查。

十一、执行时间

本制度自公司公布之日起执行。

十二、解释权属

本制度解释权归行政部。

NO. 15 《考勤表单》

月度考勤记录								
序号	姓名	出勤天数	休假天数	休假事由	经批准加班	考勤违纪		
						迟到	早退	旷工

NO. 16 《保密协议范本》

保 密 协 议

甲方：________________

乙方：________________

根据《中华人民共和国劳动法》《中华人民共和国劳动合同法》等国家法律法规的规定，甲乙双方经平等自愿、协商一致签订本保密协议，共同遵守保密协议所列条款。

第一条 保密信息的定义

1.1 本协议所称保密信息（商业秘密）是指不为公众知悉，能为甲方带来经济利益、具有实用性并经甲方采取保密措施的技术信息和经营信息，具体包括甲方的技术信息、经营信息和规章制度中列为绝密、机密级的各项文件。

1.2 技术信息指甲方拥有或获得的有关生产和产品销售的技术方案、制造方法、工艺流程、计算机软件、数据库、实验结果、技术数据、图纸、样品、样机、模型、模具、说明书、操作手册、技术文档、涉及商业秘密的业务函电等一切有关的信息，以及有关生产和产品销售的技术知识、信息、技术资料、制作工艺、制作方法、经验、方法或其组合，并且未在任何地方公开过其完整形式的、未作为工业产权来保护的其他技术。

1.3　经营信息指有关商业活动的市场行销策略、货源情报、定价政策、不公开的财务资料、合同、交易相对人资料、客户名单等经营信息。

1.4　甲方依照法律规定和有关协议约定，应对外承担保密义务的事项，也属本保密协议所称的商业秘密。

1.5　乙方对上述商业秘密承担保密义务。本协议之签订可认为甲方已对其商业秘密采取了合理的保密措施。

第二条　保密义务

2.1　乙方应当遵守甲方的规章制度中关于保密的规定，履行保密职责。未经甲方同意，乙方不得披露和使用商业秘密。

2.2　劳动合同解除或终止，乙方承担保密义务的期限为下列第__种（没有做出选择的，视为无限期保密）：

（1）无限期保密，直至甲方宣布解密或者秘密信息实际上已经公开。

（2）有限期保密，保密期限自劳动合同解除或终止之日起至________年____月____日止。

2.3　乙方因承担保密义务，甲方应当向乙方支付保密费。保密费的支付方式为下列第____种：

（1）劳动合同解除或终止，甲方一次性支付乙方________元。

（2）双方约定，甲方支付乙方的工资报酬已经包含保密费。劳动关系解除或终止，甲方不另行支付保密费。

第三条　违约责任

3.1　乙方违反上述约定，造成甲方损失的，乙方应当承担赔偿责任。乙方给甲方造成的损失，甲方可以从乙方的工资报酬中扣除，扣除后仍然不足的部分，甲方可以向乙方追偿。

3.2　乙方按照甲方要求或者为了完成甲方工作任务可能侵犯他人知识产权的，如果甲方遭受第三方的侵权指控，应诉费用和侵权赔偿不得由乙方承担。

3.3　损失赔偿额为甲方因乙方的违约行为受到的实际经济损失。计算方法：因乙方的侵权行为导致甲方的产品销售数量下降，其销售数量减少的总数乘以每件产品利润所得之积。

3.4　如果甲方的损失依照上述计算方法难以计算的，损失赔偿额为乙方因违约行为获得的全部利润。计算方法：乙方从每件与违约行为直接关联的产品获得的利润乘以在市场上销售的总数所得之积，或者以不低于甲方商业秘密许可使用费的合理数额作为损失赔偿额。甲方因调查乙方的违约行为而支付的合理费用，应当包含在损失赔偿额之内。

第四条 争议处理及其他

4.1 因本协议而引起的纠纷，如果双方无法协商解决，任何一方可以向当地劳动争议仲裁委员会申请仲裁。不服裁决的，可以向人民法院提起诉讼。

4.2 本协议一式二份，甲乙双方各执一份，具有同等法律效力。经双方签字盖章之日起生效。

以下无正文。

甲方（签章）：____________　　　　乙方（签章）：____________

法定代表人：____________　　　　法定代表人：____________

________年____月____日　　　　________年____月____日

NO.17 《专业技术培训与服务期合同范本》

专项培训协议

甲方：

法定代表人或主要负责人：

住所：

乙方：

身份证号码：

住址：

根据《中华人民共和国劳动法》《中华人民共和国民法典》等国家法律法规的规定，甲乙双方经平等自愿、协商一致签订培训服务期协议，共同遵守协议所列条款。

第一条 专业培训的期限和费用

1.1 甲方已经履行公司规章制度中关于专业技术培训管理规定的告知义务，

乙方承诺遵守甲方的规章制度。

1.2 甲方为乙方提供有关________方面的专业技术培训，地点为(国家或地区)________，培训时间从________年____月____日至________年____月____日，预计培训费用为________元人民币。

1.3 预计培训费用是指甲方为了对乙方进行专业技术培训而支付的有凭证的培训费用、培训期间的差旅费用以及因培训产生的用于乙方的其他直接费用。若实际培训总费用与预计培训总费用不符，则本协议约定的违约金数额应根据实际发生的总费用自动调整。

第二条 服务期的履行和终止

2.1 根据甲方规章制度的规定，双方约定，从乙方完成培训之日起，乙方必须为甲方服务________月，即从________年____月____日起至________年____月____日止。双方协商一致，可以延长本协议规定的服务期。

2.2 乙方在完成培训后未经甲方批准而逾期未归的，甲方可以解除劳动合同，并要求乙方承担赔偿责任。

2.3 乙方在进行专项培训期间，甲方应向乙方支付工资________元人民币，并提供相应福利待遇。

2.4 服务期内，如劳动合同期限变更或者届满，双方对续订劳动合同不能达成一致，应按原劳动合同确定的条件继续履行至服务期终止之日。

第三条 违约责任

3.1 乙方在培训开始前放弃培训或解除劳动合同的，应当向甲方支付违约金________元人民币。违约金不超过甲方提供的培训费用。

3.2 乙方在培训完成之后违反服务期约定的，包括单方提出解除劳动合同，因自身过错等原因导致劳动合同解除或终止，应当向甲方支付违约金。违约金的数额的计算方法：违约金金额＝实际培训总费用/应服务月数×(应服务月数－实际服务月数)。

第四条 争议处理及其他

4.1 因履行本协议发生争议，若双方无法协商解决的，可以向当地劳动争议仲裁委员会申请仲裁。对仲裁裁决不服的，可以向人民法院提起诉讼。

4.2 本协议一式两份，甲乙双方各执一份，具有同等法律效力。经双方签字或盖章之日起生效。

以下无正文。

甲方(盖章):　　　　　　　　　　　　　　　乙方(签名):
法定代表人或委托代理人(签名):　　　　　　签订日期:
签订日期:

NO.18 《竞业禁止协议范本》

保密及竞业禁止协议书

甲方(用人单位):____________________

乙方(劳动者):____________________身份证号码:____________________

鉴于:

乙方已同甲方签订了劳动合同,为甲方员工,因工作需要,接触到甲方的商业秘密和技术秘密,为维护公司与员工的共同利益,防止公司的商业秘密和技术秘密流失,明确双方的权利、义务,甲、乙双方根据《公司法》《劳动法》《劳动合同法》等法律、法规规定,双方按照平等自愿、协商一致的原则,达成如下协议:

1. 本协议书中的商业秘密、技术秘密是指属于甲方所有的,具有实用性,不为公众所知或者不能从外界公开渠道直接取得的,能给甲方带来经营利益,并经甲方采取了保密措施的经营信息或技术信息。

商业秘密包括但不限于:甲方的发展规划、投资决策、机构改革方案、客户名单、营销计划、采购资料、定价政策、进货渠道、财务资料、法律事务信息、未公布的工资福利和人事调整方案、未公开的办公室会议记录、不宜对外公开的内部规章制度。

技术秘密包括但不限于:技术方案、工程设计、制造方法、配方、工艺流程、技术指标、计算机软件、数据库、研发记录、技术报告、检测报告、实验数据、实验结果、图纸、样本、样品、模型、操作手册、技术文档、相关函电等。

甲方与乙方签订本协议书,是甲方保护其商业秘密、技术秘密的措施之一。

2. 甲方依法享有商业秘密、技术秘密的所有权。

双方确认,乙方在甲方任职期间和终止与甲方劳动关系一年内,因履行职务或者利用了甲方的物资或者资料或者甲方提供的其他物质条件、业务信息等产生的成果，属于职务成果，其知识产权归甲方所有。甲方有权使用或者转让这些职务成果。乙方应当积极提供一切必要的信息资料和采取一切必要的行动，协助甲方取得和利用有关知识产权。

3. 保密责任：

（1）乙方在甲方任职期间，必须遵守甲方的各项保密规章、制度，履行与其工作岗位相应的保密职责。甲方的保密规章、制度没有规定或者有不明确之处，乙方应本着谨慎、负责的态度，采取必要、合理的措施，保守其知悉的或者持有的任何属于甲方的商业秘密和技术秘密。

（2）除履行职务的需要之外，未经甲方事先书面同意，乙方不得泄露、传播、公布、发表、传授、转让或者以其他任何方式使任何第三方（包括按照甲方的保密规定无权知悉该秘密的甲方员工）知悉属于甲方的商业秘密、技术秘密，也不得在履行职务之外使用这些秘密。

（3）乙方与甲方签订的劳动合同终止或解除后，仍有义务保守甲方的商业秘密和技术秘密，直至甲方的商业秘密和技术秘密以解密等方式公开时止。

4. 竞业禁止义务。

（1）乙方承诺，在甲方任职期间，不从事任何第二职业。

（2）乙方承诺，无论何种原因从甲方离职，离职后 2 年内不在与甲方从事的行业相同或相近似的企业及与甲方有竞争关系的企业内工作。

（3）乙方承诺，无论何种原因从甲方离职，离职后 2 年内不得自办与甲方有竞争关系的企业或者从事与甲方商业秘密、技术秘密有关的产品的研发、生产和经营活动。

（4）乙方承诺，无论何种原因从甲方离职，乙方应当于离职前，应立即向甲方移交所有自己所持有或掌握的甲方的财物和载有甲方商业秘密、技术秘密信息的一切载体，包括但不限于所有文件记录、资料、图表、笔记、报告、信件、传真、磁盘、光盘、仪器及其他任何形式的载体。乙方应保证有关商业秘密、技术秘密信息不外泄，并不得将商业秘密、技术秘密擅自保留或复制或交与任何第三方。

5. 经双方协商，乙方离职后，在竞业限制期内，甲方将按月发给乙方补偿费用。补偿费用：□无。□以乙方离职前 12 个月本单位的个人月实发平均工资的 30% 为标准。领取方式为乙方逐月到甲方领取。

6. 违约责任。

乙方违反本协议的约定，应向甲方支付违约金标准为：离职前12个月本单位个人月实发平均工资的五倍。给甲方造成损失的，乙方应当赔偿甲方的损失，并承担甲方因调查违约行为所支付的合理费用。同时，甲方有权选择要求乙方继续履行本协议或者解除劳动合同并追究乙方的法律责任。

因乙方的违约行为造成甲方技术完全公开的，甲方的实际损失为该项技术的全部价值，价值认定由国家认可的无形资产评估机构评定。

7. 争议解决。

本协议书作为劳动合同的补充，因执行本协议而引起的纠纷由双方协商解决；协商不成的，任何一方均可以依法申请劳动仲裁。

上述约定不影响甲方请求知识产权管理部门对侵权行为的处理。

8. 其他事项。

(1)本协议所称的任职期间，是指乙方入职甲方到劳动合同终止或解除，甲方不再向乙方支付工资的期间。

本协议所称的离职，是指乙方表示终止劳动关系并将此种意愿付诸实践的行为，包括辞职、辞退等正常离职和乙方的非正常离职。

(2)本协议与甲、乙双方签订的《劳动合同书》具有同等法律效力；如与双方以前的任何口头或书面协议有抵触，以本协议为准。

(3)本协议未尽事宜，参照国家有关法律、法规执行；在本协议期内，如遇国家法律、法规、政策调整的，按照新规定执行。

(4)本协议一式二份，甲、乙双方各执一份，经双方签字盖章后生效。

甲方：(盖章)　　　　　　　　　　　　　　乙方(签字)：

法定代表人或授权代表(签字)

日期：　　　　　　　　　　　　　　　　　日期：

NO.19 《劳务派遣协议范本》

(一)

劳务派遣协议

甲方(派遣单位):

法定代表人(主要负责人):____________________

注册地址:

乙方(用工单位):

法定代表人(主要负责人):____________________

注册地址:

根据《中华人民共和国劳动合同法》《××省劳动合同条例》等法律法规规定,甲乙双方经过平等协商,订立本协议,并承诺共同遵守。

一、派遣人员数量、岗位及期限

第一条 甲方按照乙方要求派遣________名劳动者到乙方工作,派遣劳动者从事的岗位(工种)符合临时性、辅助性、替代性的要求,其中:

1. 临时性岗位________人,具体岗位为________,派遣协议期限自________年____月____日起________年____月____日止(不得超过________个月)。

2. 替代性岗位________人,具体岗位为________,派遣协议期限自________年____月____日起________年____月____日止(不得超过________年)。

3. 辅助性岗位________人,具体岗位为________,派遣协议期限自________年____月____日起________年____月____日止。

第二条 乙方要求甲方派遣的劳动者应当符合以下条件:

第三条 甲方负责按照上述条件组织派遣劳动者。派遣劳动者一经确定,甲乙双方应拟订《派遣劳动者花名册》,并签字、盖章作为本协议的附件。甲乙双方按照本协议约定对被派遣劳动者进行变更的,应相应修改《派遣劳动者花名册》,并须经双方签字、盖章认可。

二、有关费用及结算

第四条 甲乙双方商定派遣劳动者的工资发放形式为________(由甲方发放、由乙方直接发放)。

乙方应当按照同工同酬原则,对被派遣劳动者与本单位同类岗位的劳动者实行相同的劳动报酬分配办法。乙方无同类岗位劳动者的,参照所在地相同或者相近岗位劳动者的劳动报酬确定。

第五条 派遣劳动者的社会保险费,由乙方按月支付给甲方,甲方依法为派遣劳动者缴纳各项社会保险费,具体明细:养老________医疗________工伤________失业________生育________,总费用为________。乙方向甲方支付的社会保险费的付费标准,按照当地公布的社会保险费用调整比例做相应调整。

第六条 乙方按照________的标准向甲方支付服务费。

第七条 乙方支付给甲方的其他费用及标准:

1.   ;

2.   ;

3.   。

第八条 乙方每月________日前以银行转账方式将________月派遣劳动者的工资、社会保险费、服务费等费用一次性支付到甲方账户;甲方按照费用总额开具正规、合法有效发票,税金由________承担。

三、劳动安全卫生、职业病危害防治及福利待遇

第九条 乙方保证执行国家劳动标准,提供相应的劳动条件、劳动保护和职业危害防护。甲乙双方共同负责对被派遣劳动者进行职业技能、安全生产、劳动纪律等方面的培训与教育。

第十条 乙方负责保障被派遣劳动者的生命安全和身体健康。被派遣劳动者有权拒绝乙方管理人员违章指挥、强令冒险作业,并不视为违反本协议。被派遣劳动者对危害生命安全和身体健康的行为,有权提出批评、检举和控告。

第十一条 被派遣劳动者因工作遭受事故伤害或患职业病,乙方应在________日内书面通知甲方,甲方应按规定为被派遣劳动者申请工伤认定和劳动能力鉴定。工伤保险的相关手续由甲方办理,社会统筹范围外的费用由________承担。

第十二条 被派遣劳动者患病或非因工负伤,乙方应保证其享受国家规定的医疗期和相应的医疗待遇。甲方负责相关手续的办理,被派遣劳动者的工资、社会保

险等费用以及社会统筹范围外的费用由________承担。

第十三条 被派遣劳动者在乙方工作期间，因病、工伤（含职业病）在医疗期内的，以及女性职工的“三期”（产期、孕期、哺乳期）期间，乙方应按有关规定继续履行实际用人单位的职责。

第十四条 乙方负责保障被派遣劳动者享有法定休息休假、带薪年休假等权利。被派遣劳动者具体休息办法和时间按乙方规定执行。乙方因工作需要安排被派遣劳动者延长工作时间或在节假日加班的，应当征得被派遣劳动者同意，并依法支付加班加点工资或另行安排换休。

第十五条 被派遣劳动者所在岗位实行特殊工时制度的，由乙方负责报人力资源社会保障行政部门审批，并告知被派遣劳动者。

四、甲方的权利和义务

第十六条 甲方有权采取多种形式了解乙方使用派遣劳动者的情况，乙方应予以配合；甲方应配合乙方做好派遣劳动者的管理工作，协助乙方教育派遣劳动者遵守相关法律、法规和乙方依法制定的规章制度。

第十七条 甲方必须具有合法的劳务派遣资质，由于不具备相关资质或违反国家相关法律法规而引起的纠纷、损失，由甲方承担。

第十八条 甲方应依法与派遣劳动者签订劳动合同，并自派遣劳动者到乙方报到之日起________日内，向乙方提供派遣劳动者已与甲方建立劳动关系的有效证明。

第十九条 甲方应以法定货币形式按月支付派遣劳动者工资，不得克扣或无故拖欠，所支付工资不得低于最低工资标准。

第二十条 甲方应按时足额为派遣劳动者缴纳各项社会保险，如因甲方截留、未及时足额缴纳社会保险，由此引起的与派遣劳动者的纠纷等后果，由甲方承担。

五、乙方的权利和义务

第二十一条 乙方有权制定、修改或者决定有关劳动报酬、工作时间、休息休假、劳动安全卫生、保险福利、职工培训、劳动纪律以及劳动定额管理等直接涉及甲方员工切身利益的规章制度或者重大事项；但该规章制度或者重大事项在实体和程序上均不得与法律相冲突，而且应当向甲方员工公示或者告知。

第二十二条 乙方有权查询甲方发放劳务派遣人员的工资和缴纳社会保险费等情况，出现违法现象，乙方可以依法向甲方交涉要求纠正，因此造成乙方损失的，甲方应当给予赔偿。

第二十三条 乙方不得将被派遣劳动者再派遣到其他用人单位。否则，甲方有权解除协议并要求乙方赔偿损失。

第二十四条 乙方应按本协议约定及时足额向甲方支付派遣劳动者的工资、社会保险费、服务费等费用，不得无故拖欠。

第二十五条 乙方应当对派遣劳动者履行下列义务：

1. 执行国家劳动标准，提供相应的劳动条件和劳动保护；

2. 告知被派遣劳动者的工作要求和劳动报酬；

3. 支付加班费、绩效奖金，提供与工作岗位相关的福利待遇；

4. 对在岗被派遣劳务人员进行工作岗位所必需的技能培训；

5. 连续用工的，实行正常的工资调整机制；

6. 法律、法规、规章规定的其他相关义务。

六、协议的变更、解除、终止

第二十六条 甲乙双方应共同遵守本协议的各项条款。在本协议履行期间，未经对方同意，任何一方不得变更或解除；若一方因法律法规及相关政策改变或不可抗力等因素不能继续履行本协议，应及时通知对方，双方通过协商，可对本协议进行变更或解除。

第二十七条 甲乙双方商定如出现下列情形之一的，乙方可以将派遣劳动者退回甲方：

1. 被派遣劳动者有《劳动合同法》第三十九条、第四十条第一项、第二项规定情形的；

2. 乙方出现《劳动合同法》第四十条第三项、第四十一条规定情形的；

3. 乙方被依法宣告破产、吊销营业执照、责令关闭、撤销、决定提前解散等；

4. 劳务派遣协议期限届满；

5. ________；

6. ________；

7. ________；

因退回产生的费用由________承担。

第二十八条 任何一方违反本协议的约定，超过________日仍未改正的，另一方有权书面通知对方解除本协议，本协议自书面通知发出之日起即行解除。

七、违反协议的责任

第二十九条 乙方未能按时支付派遣劳动者的工资、社会保险费、服务费等费用的,应按每日________%的标准向甲方支付违约金。

第三十条 甲乙双方另约定以下违约责任:

1. ________;

2. ________;

3. ________。

八、其他事项

第三十一条 甲乙双方约定本协议增加以下内容:____。

第三十二条 本协议未尽事宜,法律法规有规定的,按法律法规规定执行;法律法规没有规定的,由双方协商解决。

第三十三条 本协议附件与正文具有同等效力,未尽事宜由甲乙双方协商一致后书面约定。

第三十四条 本协议一式两份,甲乙双方各执一份,自双方签字、盖章之日起生效。乙方应自本协议订立之日起30日内将本协议以及使用被派遣劳动者岗位情况报所在地人力资源社会保障行政部门备案。

甲方(盖章)________　　乙方(盖章)________

法定代表人:________　　法定代表人:________

________年____月____日　　________年____月____日

(二)

劳动合同(劳务派遣)

甲方(劳务派遣单位):________

乙方(劳动者):________

签订日期:________年____月____日

注意事项

1. 本合同文本供劳务派遣单位与被派遣劳动者签订劳动合同时使用。

2. 劳务派遣单位应当向劳动者出具依法取得的《劳务派遣经营许可证》。

3. 劳务派遣单位不得与被派遣劳动者签订以完成一定任务为期限的劳动合同,不得以非全日制用工形式招用被派遣劳动者。

4. 劳务派遣单位应当将其与用工单位签订的劳务派遣协议内容告知劳动者。劳务派遣单位不得向被派遣劳动者收取费用。

5. 劳动合同应使用蓝、黑钢笔或签字笔填写,字迹清楚,文字简练、准确,不得涂改。确需涂改的,双方应在涂改处签字或盖章确认。

6. 签订劳动合同,劳务派遣单位应加盖公章,法定代表人(主要负责人)或委托代理人应签字或盖章;被派遣劳动者应本人签字,不得由他人代签。劳动合同交由劳动者的,劳务派遣单位、用工单位不得代为保管。

甲方(劳务派遣单位):________

统一社会信用代码:________

劳务派遣许可证编号:________

法定代表人(主要负责人)或委托代理人:________

注册地:________

经营地:________

联系电话:________

乙方(劳动者):________

居民身份证号码:________

(或其他有效证件名称________证件号:________________)

户籍地址:________

经常居住地(通讯地址):________

联系电话:________

根据《中华人民共和国劳动法》《中华人民共和国劳动合同法》等法律法规政策规定,甲乙双方遵循合法、公平、平等自愿、协商一致、诚实信用的原则订立本合同。

一、劳动合同期限

第一条 甲乙双方约定按下列第________种方式确定劳动合同期限:________。

1. 二年以上固定期限合同：自________年____月____日起至________年____月____日止。其中，试用期从用工之日起至________年____月____日止。

2. 无固定期限的劳动合同：自________年____月____日起至依法解除或终止劳动合同止。其中，试用期从用工之日起至________年____月____日止。

试用期至多约定一次。

二、工作内容和工作地点

第二条 乙方同意由甲方派遣到________（用工单位名称）工作，用工单位注册地________，用工单位法定代表人或主要负责人________。派遣期限为________，从________年____月____日起至________年____月____日止。乙方的工作地点为________。

第三条 乙方同意在用工单位________岗位工作，属于临时性/辅助性/替代性工作岗位，岗位职责为________日。

第四条 乙方同意服从甲方和用工单位的管理，遵守甲方和用工单位依法制定的劳动规章制度，按照用工单位安排的工作内容及要求履行劳动义务，按时完成规定的工作数量，达到相应的质量要求。

三、工作时间和休息休假

第五条 乙方同意根据用工单位工作岗位执行下列第________种工时制度：________。

1. 标准工时工作制，每日工作时间不超过 8 小时，平均每周工作时间不超过 40 小时，每周至少休息 1 天。

2. 依法实行以________为周期的综合计算工时工作制。

3. 依法实行不定时工作制。

第六条 甲方应当要求用工单位严格遵守关于工作时间的法律规定，保证乙方的休息权利与身心健康，确因工作需要安排乙方加班加点的，经依法协商后可以延长工作时间，并依法安排乙方补休或支付加班工资。

第七条 乙方依法享有法定节假日、带薪年休假、婚丧假、产假等假期。

四、劳动报酬和福利待遇

第八条 经甲方与用工单位商定，甲方采用以下第________种方式向乙方以货币形式支付工资，于每月：________日前足额支付：________。

1. 月工资________元。

2. 计件工资。计件单价为________。

3. 基本工资和绩效工资相结合的工资分配办法，乙方月基本工资________元，绩效工资计发办法为________。

4. 约定的其他方式________。

第九条 乙方在试用期期间的工资计发标准为________或________元。

第十条 甲方不得克扣用工单位按照劳务派遣协议支付给被派遣劳动者的劳动报酬。乙方从甲方获得的工资依法承担的个人所得税由甲方从其工资中代扣代缴。

第十一条 甲方未能安排乙方工作或者被用工单位退回期间，甲方应按照不低于甲方所在地最低工资标准按月向乙方支付报酬。

第十二条 甲方应当要求用工单位对乙方实行与用工单位同类岗位的劳动者相同的劳动报酬分配办法，向乙方提供与工作岗位相关的福利待遇。用工单位无同类岗位劳动者的，参照用工单位所在地相同或者相近岗位劳动者的劳动报酬确定。

第十三条 甲方应当要求用工单位合理确定乙方的劳动定额。用工单位连续用工的，甲方应当要求用工单位对乙方实行正常的工资调整机制。

五、社会保险

第十四条 甲乙双方依法在用工单位所在地参加社会保险。甲方应当按月将缴纳社会保险费的情况告知乙方，并为乙方依法享受社会保险待遇提供帮助。

第十五条 如乙方发生工伤事故，甲方应当会同用工单位及时救治，并在规定时间内，向人力资源社会保障行政部门提出工伤认定申请，为乙方依法办理劳动能力鉴定，并为其享受工伤待遇履行必要的义务。甲方未按规定提出工伤认定申请的，乙方或者其近亲属、工会组织在事故伤害发生之日或者乙方被诊断、鉴定为职业病之日起1年内，可以直接向甲方所在地人力资源社会保障行政部门提请工伤认定申请。

六、职业培训和劳动保护

第十六条 甲方应当为乙方提供必需的职业能力培训，在乙方劳务派遣期间，督促用工单位对乙方进行工作岗位所必需的培训。乙方应主动学习，积极参加甲方和用工单位组织的培训，提高职业技能。

第十七条 甲方应当为乙方提供符合国家规定的劳动安全卫生条件和必要的劳动保护用品，落实国家有关女职工、未成年工的特殊保护规定，并在乙方劳务派遣期间督促用工单位执行国家劳动标准，提供相应的劳动条件和劳动保护。

第十八条 甲方如派遣乙方到可能产生职业危害的岗位，应当事先告知乙方。甲方应督促用工单位依法告知乙方工作过程中可能产生的职业病危害及其后果，对乙方进行劳动安全卫生教育和培训，提供必要的职业危害防护措施和待遇，预防劳动过程中的事故，减少职业危害，为劳动者建立职业健康监护档案，在乙方上岗前、派遣期间、离岗时对乙方进行职业健康检查。

第十九条 乙方应当严格遵守安全操作规程，不违章作业。乙方对用工单位管理人员违章指挥、强令冒险作业，有权拒绝执行。

七、劳动合同的变更、解除和终止

第二十条 甲乙双方应当依法变更劳动合同，并采取书面形式。

第二十一条 因乙方派遣期满或出现其他法定情形被用工单位退回甲方的，甲方可以对其重新派遣，对符合法律法规规定情形的，甲方可以依法与乙方解除劳动合同。乙方同意重新派遣的，双方应当协商派遣单位、派遣期限、工作地点、工作岗位、工作时间和劳动报酬等内容，并以书面形式变更合同相关内容；乙方不同意重新派遣的，依照法律法规有关规定执行。

第二十二条 甲乙双方解除或终止本合同，应当按照法律法规规定执行。甲方应在解除或者终止本合同时，为乙方出具解除或者终止劳动合同的证明，并在 15 日内为乙方办理档案和社会保险关系转移手续。

第二十三条 甲乙双方解除终止本合同的，乙方应当配合甲方办理工作交接手续。甲方依法应向乙方支付经济补偿的，在办结工作交接时支付。

八、劳动争议处理

第二十四条 甲乙双方因本合同发生劳动争议时，可以按照法律法规的规定，进行协商、申请调解或仲裁。对仲裁裁决不服的，可以依法向有管辖权的人民法院提起诉讼。

第二十五条 用工单位给乙方造成损害的，甲方和用工单位承担连带赔偿责任。

九、其他

第二十六条 本合同中记载的乙方联系电话、通讯地址为劳动合同期内通知相关事项和送达书面文书的联系方式、送达地址。如发生变化，乙方应当及时告知甲方。

第二十七条 双方确认:均已详细阅读并理解本合同内容,清楚各自的权利、义务。本合同未尽事宜,按照有关法律法规和政策规定执行。

第二十八条 本劳动合同一式(________)份,双方至少各执一份,自签字(盖章)之日起生效,双方应严格遵照执行。

甲方(盖章)________ 乙方(签字)________

法定代表人(主要负责人)________

或委托代理人(签字或盖章)________

________年____月____日 ________年____月____日

NO.20 《员工股权激励协议书》

股权激励协议书(员工干股激励)

甲方:

________有限公司,地址:________,法定代表人:________,联系电话:________

乙方:

________身份证号码:________________,地址:________,联系电话:________

乙方系甲方员工。鉴于乙方以往对甲方的贡献和为了激励乙方更好的工作,也为了使甲乙双方进一步提高经济效益,经双方友好协商,双方同意甲方以虚拟股权的方式对乙方的工作进行奖励和激励。为明确双方的权利义务,特订立以下协议:

一、定义

除非本协议条款或上下文另有所指,下列用语含义如下:

1.股权:指某某制品有限公司在工商部门登记的注册资本金,总额为人民币________万元,一定比例的股权对应相应金额的注册资本金。

2.虚拟股权:指某某制品有限公司对内名义上的股权,虚拟股权拥有者不是指甲方在工商注册登记的实际股东,虚拟股权的拥有者仅享有参与公司年终净利润的分配权,而无所有权和其他权利。此虚拟股权对内、对外均不得转让,不得继承。

3.分红:指某某制品有限公司按照《中华人民共和国公司法》及公司章程的规定可分配的税后净利润总额,各股东按所持股权比例进行分配所得的红利。

二、协议标的

根据乙方的工作表现，甲方经过全体股东一致同意，决定授予乙方________%的虚拟股权。

1. 乙方取得的________%的虚拟股权不变更甲方公司章程，不记载在甲方公司的股东名册，不做工商变更登记。乙方不得以此虚拟股权对外作为拥有甲方资产的依据。

2. 每年度会计结算终结后，甲方按照公司法和公司章程的规定计算出上一年度公司可分配的税后净利润总额。

3. 乙方可得分红为乙方的虚拟股比例乘以可分配的净利润总额。

三、协议的履行

1. 甲方应在每年的________月进行上一年度会计结算，得出上一年度税后净利润总额，并将此结果及时通知乙方。

2. 乙方在每年度的________月享受分红。甲方应在确定乙方可得分红后的________个工作日内，将可得分红一次性支付给乙方。

3. 乙方的可得分红应当以人民币形式支付，除非乙方同意，甲方不得以其他形式支付。

四、协议期限以及与劳动合同的关系

1. 本协议无固定期限，乙方可终身享受此________%虚拟股权的分红权。

2. 本协议与甲乙双方签订的劳动合同相互独立，履行及解除劳动合同不影响本协议所约定的权利义务。

3. 乙方在获得甲方授予的虚拟股权的同时，仍可根据甲乙双方签订的劳动合同享受甲方给予的其他待遇。

五、协议的权利义务

1. 甲方应当如实计算年度税后净利润，乙方对此享有知情权。

2. 甲方应当及时、足额支付乙方可得分红。

3. 乙方对甲方负有忠实义务和勤勉义务，不得有任何损害公司利益和形象的行为。

4. 乙方对本协议的内容承担保密义务，不得向第三人泄露本协议中乙方所得虚拟股及股数以及分红等情况。

5. 若乙方离开甲方公司的，或者依据第六条变更、解除本协议的，乙方仍应遵守本条第3、4项约定。

六、协议的变更、解除和终止

1. 甲方可根据乙方的工作情况将授予乙方的________%虚拟股权部分或者全部转化为实际股权，但双方应协商一致并另行签订股权转让协议。

2. 甲乙双方经协商一致同意的，可以书面形式变更协议内容。

3. 甲乙双方经协商一致同意的，可以书面形式解除本协议。

4. 乙方违反本协议义务，给甲方造成损害的，甲方有权书面通知乙方解除本协议。

5. 乙方有权随时通知甲方解除本协议。

6. 甲方公司解散、注销或者乙方死亡的，本协议自行终止。

七、违约责任

1. 如甲方违反本协议约定，迟延支付或者拒绝支付乙方可得分红的，应按可得分红总额的________%向乙方承担违约责任。

2. 如乙方违反本协议约定，甲方有权视情况相应减少或者不予支付乙方可得分红，并有权解除本协议。给甲方造成损失的，乙方应当承担赔偿责任。

八、争议的解决

因履行本协议发生争议的，双方首先应当争取友好协商来解决。如协商不成，则将该争议提交甲方所在地人民法院裁决。

九、协议的生效

甲方全体股东一致同意是本协议的前提，《股东会决议》是本协议生效之必要附件。本协议一式两份，双方各持一份，自双方签字或盖章之日起生效。

________有限公司　　　　　　　　　　乙方（签署）

全体股东（签署）　　　　　　　　　　________年____月____日

NO. 21 《员工股权激励承诺函》

股权激励对象承诺书

承诺人：
身份证号码：
联系电话：
联系地址：
紧急联系人：
联系电话：

为了寻求与________________有限公司(以下简称公司)共同发展,本人自愿参与公司推行的股权激励计划,愿意遵守股权激励制度及股权激励计划的各项规定。现本人郑重作出如下承诺:

1. 本人作为本公司正式员工,愿意接受本次股权激励计划的有关规定,本人承诺,本人符合股权激励计划规定的各项条件,并自愿接受薪酬与考核委员会对本人的绩效考核,并同意按照绩效考核结果决定本人是否有资格成为激励对象并调整本人有权行权的标的股权数量。

2. 本人承诺,遵守法律法规、公司规章制度,积极维护公司利益,不得从事任何有损公司利益的行为,不得以任何方式直接或者间接参与公司业务相同或者相似的投资或经营活动。

3. 本人承诺,若在《股权激励计划》规定的行权结束后离职的,应当在 2 年内不从事与公司同业竞争相同或类似的相关工作,如果本人在规定的限售期结束后离职,并在 2 年内从事与公司同业竞争相同或类似工作的,本人应当将其所得全部收益返还给公司。

4. 本人承诺在持有激励股权期间,所持激励股权不存在出售、相互或向第三方转让、对外担保、质押或设置其他第三方权利等行为。

5. 本人承诺已详细阅读并知悉《股权激励计划》《股权激励管理制度》及相关文件的内容及含义，愿意遵守《股权激励计划》《股权激励管理制度》的相关规定。

以上内容均为本人真实意思表示。

承诺人(签字)：

________年____月____日

后　　记

2007 年秋，我与导师颜运秋教授合著《劳动合同争议处理程序》一书，在法律出版社出版，其时《劳动合同法》草案已经公布，但未正式施行，我硕士快要毕业，即将投身律师行业，开始我漫长的律师生涯。我当时并没有想到，我会在今后的工作中与劳动法结下如此深刻而难解的缘分。

2008 年我开始从事律师工作，服务了数十家大中型企业，这些企业管理的劳动者达数万人之多。我因此接触了许多的劳动争议案件，还有更多的咨询，也深深感受到劳动合同法对于中国的意义。它对于劳动者倾斜性的权利保护，让用人单位感到压力巨大。我也因此认识了不少 HR 朋友，他们在处理劳动关系过程中的酸甜苦辣，我都感同身受。我想写一本书，把我在从业过程中碰到过的劳动争议风险故事告诉他们，让他们能够及时规避这些风险。

在法律出版社朱海波编辑的帮助下，我超出预期地实现了这个梦想。他建议我分“入职”“在职”和“离职”各编写一本书，要系统地讲述劳动关系管理全过程中的法律知识，描述潜藏的法律风险和解决方法，以便 HR 能够更为深刻地理解这个领域的劳动法律知识。我欣然接受了他的建议和任务，这三本书于是得以面世，呈现在你们面前。

2007 年编写《劳动合同争议处理程序》时，我并无实务经验，导致这本书理论偏多，实用性不足，显得较为粗糙，我内心颇为不安，觉得对不住读者。15 年过去了，我也已经在这个领域执业十余年，对相关的主题有了更深的体会，但愿这三本书比 2007 年那本能够好一些，同时希望它们能为 HR 们及相关从业人员提供一些帮助，这样我才会觉得这个工作是对我 15 年前粗糙写作的一些补救，至少让我觉得心安一点。

感谢朱海波编辑，您的构思和后期的诸多帮助使这三本书得以顺利付梓出版。感谢我的合作编写者郑孟孟、池翔、黄俞欣、封温馨、刘诗瑾，你们为这三本书的编写辛勤工作,克服不少困难,你们的努力使我们团队如期完成了这个工作,你们出色的表现让我颇感欣慰。

周晓明

2023 年 1 月于广州